工程建设理论与实践丛书

大跨度混合梁斜拉桥施工要点及精度控制

DAKUADU HUNHELIANG XIELAQIAO SHIGONG YAODIAN JI JINGDU KONGZHI

王宏兵　饶道盛　何　钢　主编

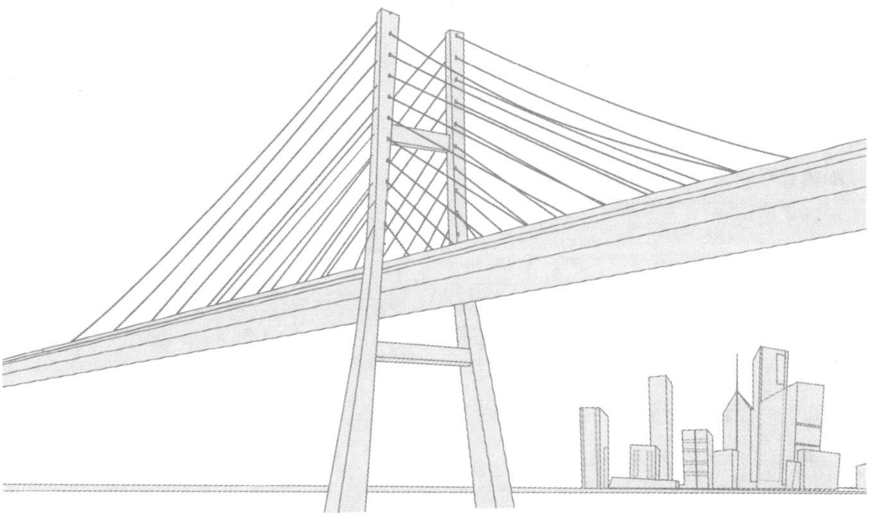

華中科技大學出版社
http://press.hust.edu.cn
中国·武汉

图书在版编目(CIP)数据

大跨度混合梁斜拉桥施工要点及精度控制/王宏兵,饶道盛,何钢主编. —武汉:华中科技大学出版社,2023.12

ISBN 978-7-5772-0185-6

Ⅰ. ①大… Ⅱ. ①王… ②饶… ③何… Ⅲ. ①混合梁－长跨桥－斜拉桥－桥梁施工 Ⅳ. ①U448.27

中国国家版本馆 CIP 数据核字(2023)第 223322 号

大跨度混合梁斜拉桥施工要点及精度控制 王宏兵 饶道盛 何 钢 主编

Dakuadu Hunheliang Xielaqiao Shigong Yaodian ji Jingdu Kongzhi

策划编辑:周永华

责任编辑:叶向荣

封面设计:杨小勤

责任监印:朱 玢

出版发行:华中科技大学出版社(中国·武汉) 电话:(027)81321913

武汉市东湖新技术开发区华工科技园 邮编:430223

录 排:华中科技大学惠友文印中心

印 刷:武汉科源印刷设计有限公司

开 本:710mm×1000mm 1/16

印 张:20.5

字 数:368 千字

版 次:2023 年 12 月第 1 版第 1 次印刷

定 价:98.00 元

编　委　会

程　琍（江西省交通工程集团有限公司）
洪建青（江西省交通工程集团有限公司）
李　焜（江西省交通工程集团有限公司）
徐志强（江西省交通工程集团有限公司）
方　瑾（江西省交通工程集团有限公司）
吴　飞（江西省交通工程集团有限公司）
李　刚（江西省交通工程集团有限公司）
夏　辉（江西省交通工程集团有限公司）
徐康钰（江西省交通工程集团有限公司）
余意聪（江西省交通工程集团有限公司）
熊红海（江西省交通工程集团有限公司）
涂序缙（江西省交通工程集团有限公司）
邹　容（江西省交通工程集团有限公司）
金　强（江西省交通工程集团有限公司）
陶红云（江西省交通工程集团有限公司）
杨志鹏（江西省交通工程集团有限公司）

前言

斜拉桥(cable-stayed bridge)又称斜张桥,是用许多拉索将主梁直接拉在桥塔上的一种桥梁,是由承压的塔、受拉的索和承弯的梁体组合起来的一种结构体系。斜拉桥的主梁材料一般有钢和混凝土两种,由于钢与混凝土结合可以提高桥梁力学性能和改善经济性,近些年来混合梁斜拉桥的工程实例不断增多,混合梁斜拉桥因其独特的构造与技术特点显示出强大的生命力。所谓的混合梁斜拉桥是指斜拉桥的主梁沿长度方向由两种不同的材料组成,主跨的梁体为钢梁,边跨(或伸入主跨一部分)的梁体为混凝土梁。混合梁斜拉桥与混凝土斜拉桥和钢斜拉桥相比,施工方便且造价低,所以在 20 世纪 80 年代末得到了飞速的发展。1986 年加拿大建成的混合梁斜拉桥——安娜西斯桥,保持了 7 年世界最大跨度斜拉桥的纪录。我国的混合梁斜拉桥虽起步晚,但发展很快,近年来国内设计并建成了许多大跨度混合梁斜拉桥,包括鄂东长江大桥、荆岳大桥、二七长江大桥、嘉鱼大桥、青山大桥、丹江口水库特大桥等,使我国在该领域的实践走向了世界的前列。

本书系统介绍了大跨度混合梁斜拉桥的建造技术,着重总结了大跨度混合梁斜拉桥的施工控制。全书共有六章,包括绪论、大跨度混合梁斜拉桥结构体系与特性、大跨度混合梁斜拉桥施工、大跨度混合梁斜拉桥施工控制、钢-混结合段施工要点及精度控制、合龙施工要点及精度控制。

本书适合道路与桥梁工程的从业人员参考使用。由于编者水平有限,书中难免有错漏之处,欢迎广大读者批评指正。

目　　录

第1章　绪　　论

1.1　斜拉桥概述

1.1.1　斜拉桥的发展概况

斜拉桥是一种由塔、梁、索三种基本构件组成的组合桥梁结构体系。索塔形式有A形、倒Y形、H形、独柱，材料有钢和混凝土等；梁有混凝土梁、钢梁、叠合梁；斜拉索布置有单索面、平行双索面、斜索面等。

现代斜拉桥可以追溯到1955年瑞典建成的斯特伦松德桥，主跨跨径182.6 m。这种桥型在世界范围内的应用是从20世纪70年代开始的，历经半个世纪，斜拉桥技术得到空前发展，世界上已建成的主跨跨径在200 m以上的斜拉桥有200余座，其中主跨跨径大于400 m的有40余座。斜拉桥在20世纪90年代迅速发展，其跨径已经进入以前只有悬索桥适用的特大跨径范围。结构分析的进步、高强材料和施工方法以及防腐技术的发展，对于大跨径斜拉桥的发展起到了关键作用。

国外建成的著名斜拉桥——法国1994年修建的诺曼底大桥，主跨跨径856 m，是一座钢-混凝土混合结构斜拉桥，引桥采用混凝土结构，而主跨中部则采用正交异性板钢箱梁。与此设计相似，1999年，日本多多罗大桥把主跨跨径纪录提高到890 m。

目前世界上建成的最大跨径的斜拉桥为俄罗斯的跨东博斯鲁斯海峡大桥，主跨跨径为1104 m，于2012年8月正式开通。我国正在建设中的常泰长江大桥主跨跨径1176 m，建成后将是世界上最大跨度的斜拉桥，大桥于2019年1月开工建设，计划于2024年建成投入使用。斜拉桥在我国的发展始于1975年重庆市云阳县主跨跨径为76 m的预应力混凝土斜拉桥。

20世纪80年代末，我国在总结国内外桥梁建设经验的基础上，于1991年建成了南浦大桥（主跨跨径为423 m的结合梁斜拉桥），开创了我国修建400 m

以上大跨度斜拉桥的先河，大跨径斜拉桥如雨后春笋般发展起来。目前，我国已成为拥有斜拉桥最多的国家，已建成的代表性的大跨径桥梁——2008 年建成通车的苏通长江公路大桥，当时创下 4 项“世界之最”：其主跨跨径达到 1088 m，是世界最大跨径的斜拉桥；其主塔高度达到 300.4 m，为世界最高的索塔；主桥两个主墩基础分别采用 131 根直径 2.5～2.85 m、长约 120 m 的灌注桩，是世界最大规模的群桩基础；主桥最长的斜拉索长达 577 m，也是世界最长的斜拉索。在此之后，我国陆续建成颇具震撼力的大跨径斜拉桥有 2009 年 12 月通车的香港昂船洲大桥（1018 m）、2010 年 9 月通车的湖北鄂东长江大桥（926 m）、2010 年 12 月通车的荆岳大桥（816 m）、2013 年 10 月通车的九江二桥（818 m）、2020 年 7 月通车的沪苏通长江公铁大桥（1092 m）、2023 年 5 月通车的广州红莲大桥（912 m）。以上成果充分表明我国的斜拉桥建设水平已进入世界先进水平。

1.1.2 斜拉桥的特点

1. 斜拉桥的构造原理

斜拉桥是用若干斜拉索将梁拉在塔柱上的桥，由梁、索和塔三部分组成。斜拉桥是一种自锚式体系，斜拉索的水平力由梁承受，梁除支承在墩台上外，还支承在由塔柱引出的斜拉索上。

斜拉桥承受的主要荷载是主梁自重，而非车辆荷载。以一个索塔为例，索塔的两侧是对称的斜拉索，通过斜拉索将索塔与主梁连接在一起。现在假设索塔两侧只有两根斜拉索，左右对称各一条，这两根斜拉索受到主梁的重力作用，对索塔产生两个对称的沿着斜拉索方向的拉力，根据受力分析，左边的力可以分解为水平向左的一个力和竖直向下的一个力；同样的右边的力可以分解为水平向右的一个力和竖直向下的一个力；由于这两个力是对称的，所以水平向左和水平向右的两个力互相抵消，最终主梁的重力分解为对索塔的竖直向下的两个力，这样，力就传给索塔下面的桥墩了。

斜拉索数量再多，道理也是一样的。之所以要多根斜拉索，是为了分散主梁传给单根斜拉索的力。

2. 斜拉桥施工特点

经过几十年的发展，我国斜拉桥的施工技术已日趋成熟。

(1)主梁施工。

我国斜拉桥的主梁形式:混凝土梁以箱梁、板梁、边箱中板梁为主;钢梁以正交异性板钢箱梁为主,也有边箱中板梁。

主梁除钢梁和组合梁采用工厂加工制造、现场起吊拼装形成外,预应力混凝土主梁大多采用挂篮悬浇法或支架现浇法,少数也采用预制拼装法。挂篮悬浇法由于其造价较低,且主梁线形易于控制,采用较为广泛。在我国,挂篮悬浇法从后支点发展到前支点(也称“牵索式挂篮”),从小节距发展到大节距,从轻型发展到超轻型,从节段施工周期 15 天发展到最快 4 天。“牵索式挂篮”的采用提高了挂篮承载能力,加快了施工速度。

(2)索塔及索塔基础施工。

目前我国斜拉桥索塔无论采用 H 形、倒 Y 形,还是钻石形,多采用钢筋混凝土结构,也有部分索塔采用钢结构。钢筋混凝土索塔的形成,主要取决于支架与模板工艺。近年来大多采用简易支架或无支架施工法。索塔施工模板相继出现了滑模、提模、翻模及爬模工艺。

斜拉桥因其跨径较大使得主塔墩基础竖向荷载较大,基础工程相对较大。索塔基础一般采用桩基础、钢围堰、沉井或围堰加桩基础。

(3)拉索施工。

①拉索的加工。拉索一般采用热挤 PE 防护法在工厂或现场加工。拉索锚头有热铸与冷铸两种,大多采用冷铸锚头。拉索大多系整束集中防护、张拉,但也有个别采用平行钢绞线分束防护与张拉。

②斜拉索的张挂、牵引与张拉。随着斜拉桥跨径增大,拉索长度和质量随之增大,其张挂、牵引及张拉的力度与难度也随之增大,一般采用放盘法自下而上牵引到位或采用整盘吊装上梁然后牵引上塔。

1.1.3　斜拉桥的分类及适用范围

1. 斜拉桥的分类

斜拉桥的基本构件特征和结构形式的不同,演变出了形形色色的斜拉桥桥型。

(1)按主梁的受力状态分类。

斜拉桥按主梁的受力状态可分为飘浮体系、支承体系、固结体系和刚构体系等类型。

①飘浮体系：塔、墩固结，塔、梁分离，主梁除两端有支承外，其余全部为拉索悬吊的多点弹性支承的单跨梁（如上海杨浦大桥）。

②支承（半飘浮）体系：塔、墩固结，塔、梁分离，主梁在墩、塔处均设有支座，为具有多点弹性支承的三跨连续梁。所有墩上支座均不约束纵向位移的称为半飘浮体系（如广州珠江黄埔大桥）。

③固结体系：塔、梁固结并支承在墩上，梁的内力和挠度同主梁与塔柱的弯曲刚度比值有关。这种体系的连续支座至少有一个为纵向固定（如法国布鲁东纳大桥）。

④刚构体系：梁、塔、墩互为固结，形成跨度内具有多点弹性支承的刚构（如广州海印大桥）。

另外，还有边跨斜拉索锚固在地锚上的地锚体系（如湖北郧阳汉江大桥）和在斜拉桥主跨跨中设置挂孔（如四川三台涪江特大桥）或剪力铰（如西班牙卢纳桥）形成的 T 构体系。

（2）按主梁材料分类。

斜拉桥的主梁材料一般有钢和混凝土两种，主梁按这两种材料的不同组合可分为钢梁、混凝土梁、组合梁和混合梁，对应钢斜拉桥、混凝土斜拉桥、组合梁斜拉桥和混合梁斜拉桥。

①钢斜拉桥，如图 1.1(a)所示。如广州珠江黄埔大桥，即主梁与桥面均为钢结构的斜拉桥。钢主梁的优点是自重轻、跨越能力大、构件可在工厂制作、质量可靠、施工速度快，但价格贵、后期养护工作量大。钢主梁以箱形截面为主，钢桁梁采用较少，多数用于双层桥面或公铁两用桥。

②混凝土斜拉桥，如图 1.1(b)所示。如江苏淮安大桥，主梁为混凝土或预应力混凝土斜拉桥。混凝土主梁优点是造价低，但当斜拉桥跨径超过 500 m 时，混凝土主梁的造价节省难以抵消由于混凝土自重大而导致的拉索和基础费用的额外增加；刚度大、挠度小，在汽车荷载作用下，产生的主梁挠度约为类似钢主梁的 60%；抗风稳定性好，混凝土结构具有两倍于钢结构的衰减系数；后期养护比钢主梁简单且费用较低。缺点是跨越能力不如钢主梁大，施工速度不如钢主梁快。

③组合梁斜拉桥，如上海南浦大桥，为钢结构主梁与混凝土桥面组合共同承载的斜拉桥。组合梁在横截面内由钢和混凝土两种材料组成，是不同材料在截面内的组合。组合梁斜拉桥主要有如下 4 种类型：a. 行车道板采用混凝土板，主梁采用钢板或钢箱梁（两者共同受力），如图 1.1(c)所示；b. 主梁为混凝土，横隔

板采用钢结构的组合梁；c. 组合钢桁梁，又可以细分为钢桁架与混凝土桥面板的组合和钢桁腹杆与混凝土上下弦杆的组合；d. 波折钢腹板组合梁，顶板和底板采用混凝土，腹板采用波折钢板。组合梁优点是用混凝土板代替正交异性钢桥面板，经济性好、刚度大，可拆分为小构件，易于运输和安装。缺点是需要解决好桥面板开裂的问题。组合梁斜拉桥在 300～600 m 跨度范围内，具有良好的适用性。

④混合梁斜拉桥，如武汉白沙洲大桥，主梁沿长度方向由钢和混凝土两种材料组成，主跨的梁体为钢梁，边跨（部分连接或全部连接或伸入主跨一部分）的梁体为混凝土梁，如图 1.1(d)所示。钢主梁重量较轻，跨越能力强，而混凝土主梁自重大，造价低。混合梁合理使用钢和混凝土两种材料，充分发挥钢梁和混凝土梁各自的优势，改善了结构体系的受力性能，灵活利用施工条件，提高工程经济性。但是钢梁和混凝土梁连接部分（简称钢-混结合段，以下同）是主梁刚度突变点，容易形成结构体系的弱点，是有待深入研究的关键技术问题之一。混合梁斜拉桥可为跨度 600 m 以上的斜拉桥建设项目提供更强的竞争力，尤其是当边跨长度受到限制时，可优先考虑混合梁方案。

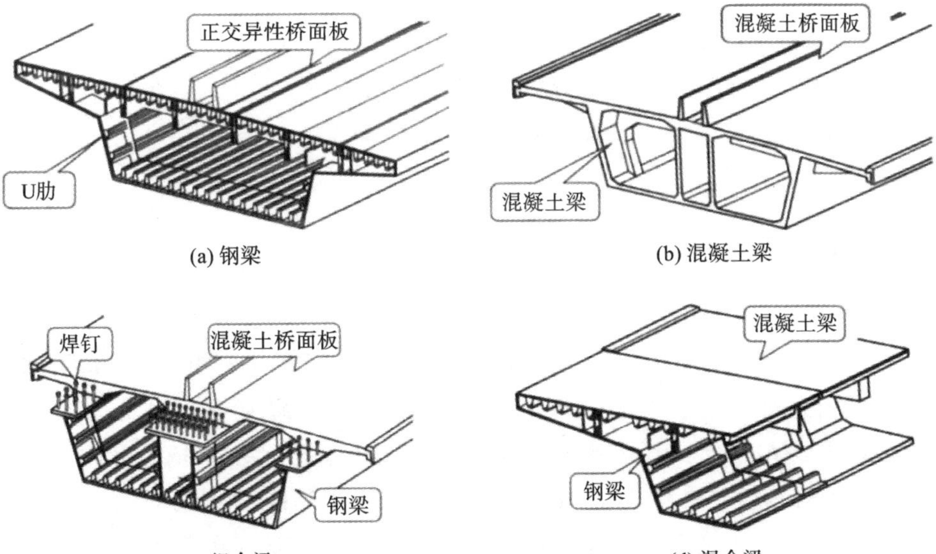

图 1.1　斜拉桥主梁示意图

(3)按索的特征分类。

斜拉桥按索的特征分类有双索面（如德国塞弗林大桥）、单索面（如德国北易北河大桥);稀索体系(如委内瑞拉马拉开波湖桥)、密索体系(如美国 P-K 桥)以及无背索体系(如西班牙阿拉米略桥)。

(4)按拉索的锚固体系分类。

斜拉桥按拉索的锚固体系分类有自锚(如江苏淮安大桥)、地锚(如湖北郧阳汉江大桥)及部分地锚(如日本松山桥,一端自锚,一端地锚)等类型。

(5)按塔数分类。

斜拉桥按塔数分类有独塔(如广州珠江黄埔大桥)、双塔(如江苏淮安大桥)、三塔(如湖南岳阳洞庭湖大桥)、四塔(如希腊里奥-安托里恩桥)、五塔(如日本揖斐川桥)、六塔(如委内瑞拉马拉开波桥)和七塔(如法国米约大桥)等类型。

(6)按塔形分类。

斜拉桥按塔形分类有门形、独柱形、钻石形、A 形、H 形、倒 V 形、倒 Y 形等,还有斜塔、矮塔(如日本木曾川桥)、拆线塔(如荷兰伊拉斯谟斯桥)、曲线形塔(如南京大胜关长江大桥、墨西哥柯察考尔科斯桥)等多种类型。

(7)按塔的材料分类。

斜拉桥按塔的材料分类有混凝土索塔、钢索塔(如南京大胜关长江大桥采用曲线形钢索塔)等类型。

(8)按组合体系分类。

斜拉桥按组合体系分类有由斜拉桥与其他桥型组合产生的一些混合体系桥型,如吊拉组合体系桥(贵州乌江大桥)、斜拉板桥(瑞士甘特桥)、斜拉拱桥(马来西亚布城桥)等。

2. 斜拉桥的适用范围

各种体系的斜拉桥由于各自优缺点不同,其适用范围也有所不同。

(1)飘浮体系主要优点是两跨布载时,塔柱处主梁无负弯矩峰值,温度及收缩、徐变内力较小,变形和内力变化平缓,地震时允许全梁纵向摆动,成为长周期运动,从而吸震消能。缺点是悬臂施工时塔柱处主梁需临时固结,以抵抗施工中不平衡弯矩和纵向剪力(如美国的 P-K 桥和我国的天津永和桥、上海杨浦大桥等),因而飘浮体系适用于跨度较大、索距较小或在有抗震要求的地区修建的斜拉桥。

(2)支承体系的主梁在塔墩上设置支承,为具有多点弹性支承的三跨连续梁。优点是较经济美观,缺点是两跨布载时,塔柱处主梁有负弯矩峰值,温度、收缩及徐变内力较大。设有固定支座的支承体系仅适用于跨度较小的斜拉桥。

(3)固结体系特点是塔根部弯矩和温度内力小,但是支座反力、梁负弯矩和梁跨中竖向位移较大，而且动力特性不理想，对抗风、抗震不利，近年来除用于梁刚度较大的矮塔斜拉桥外，已较少采用。

(4)刚构体系结构特点是塔、梁、墩均固结，无须转换体系，适用于独塔和对刚度要求较高的斜拉桥。这种体系的优点是既免除了大型支座，又满足悬臂施工的稳定要求，结构的整体刚度较好，主梁挠度小；缺点是主梁固结处负弯矩大，较适用于独塔斜拉桥。在塔墩很高的双塔斜拉桥中，若采用薄壁柔性墩来适应由于温度、收缩、徐变和活载等对结构产生的水平变形，形成连续刚构，能保持刚构体系的优点，并使行车平顺舒适(如主跨跨径为 1018 m 的香港昂船洲大桥)。

不同材料主梁的斜拉桥适用范围也不同。对于双塔斜拉桥，主跨跨径小于 400 m 时宜采用混凝土主梁；主跨跨径为 400～500 m 时宜对钢-混凝土组合梁和混凝土主梁进行比较后选用；主跨跨径为 500～1000 m 时宜对钢主梁和钢-混凝土混合梁进行比较后选用。

一般认为，斜拉桥是适用于跨径 200～500 m 的桥梁结构形式。跨径小于 200 m 时采用预应力混凝土桥经济，跨径大于为 500 m 时则采用钢悬索桥经济。实践的发展证明了斜拉桥不仅适用于中小跨径桥梁建设项目，对于跨径 1000 m 以上的大跨径桥梁建设项目也极具竞争力。一方面国内外已修建了若干跨径小于 50 m 的斜拉桥，另一方面正向 1000 m 以上特大跨径发展。因此，斜拉桥以其特有的结构优势和造型特色，不但适用于中、小跨径桥梁，同时也适用于特大跨径桥梁。

1.2　混合梁斜拉桥概述

1.2.1　混合梁斜拉桥的发展概况

混合梁斜拉桥的构思是在 1963 年德国进行勒沃库森(Leverkussen)桥方案设计时首次提出的。此方案是一座跨度为 50 m+280 m+50 m 的 3 跨斜拉桥，由于边跨与主跨的比值过小，有方案建议边跨采用混凝土梁、主跨采用钢梁，但当时此方案未被采纳。此后德国于 1972 年建成了世界上首例混合梁斜拉桥，主跨跨径达 287 m 的独塔斜拉桥库尔特-舒马赫(Kurt-Schümacher)桥，于 1979 年建成了主跨跨径达 368 m 的独塔斜拉桥杜塞尔多夫-弗莱赫(Düsseldorf-Flehe)桥，而瑞典于 1981 年建成中跨跨径达 386 m 的双塔斜拉桥 Tjom 桥。早期将混合梁应用于大跨径桥梁工程中，是对斜拉桥结构体系的创新，也对后续的大跨径斜拉桥设计产生了较大的影响。

随后混合梁斜拉桥的设计从欧洲走向世界，并在较长时期内引领了特大跨径斜拉桥的设计。法国于 1994 年建成主跨跨径达 856 m 的诺曼底大桥，一举将斜拉桥跨径提高了 40%，是混合梁斜拉桥应用的范例。日本于 1999 年建成主跨跨径达 890 m 的混合梁斜拉桥多多罗大桥，保持世界最大跨径斜拉桥纪录近 10 年，直至 2008 年我国建成主跨跨径达 1088 m 的苏通长江公路大桥，才打破这个纪录。2012 年俄罗斯建成的主跨跨径达 1104 m 的跨东博斯鲁斯海峡大桥，再一次打破斜拉桥跨径的世界纪录。

我国于 1997 年建成了主跨跨径达 590 m 的上海徐浦大桥，首次将混合梁应用于大跨径斜拉桥中，并陆续建成了汕头礐石大桥、白沙洲大桥和桃夭门大桥，为后来我国混合梁斜拉桥建设积累了较为丰富的经验。

近年来，伴随我国交通基础设施大规模的建设，混合梁斜拉桥建设得到快速发展。2009 年建成主跨跨径达 1018 m 的香港昂船洲大桥和 708 m 的上海闵浦大桥。2010 年建成的主跨跨径达 926 m 的鄂东长江大桥和 816 m 的荆岳大桥，均采用混合梁斜拉桥方案。2011 年建成主跨跨径为 616 m+616 m 的二七长江大桥。2019 年建成主跨跨径为 920 m 的嘉鱼大桥。2020 年建成主跨跨径为 938 m 的青山大桥。2023 年 1 月 6 日，世界最大跨径部分地锚式混合梁斜拉桥——十(堰)淅(川)高速(湖北段)丹江口水库大桥建成通车。目前世界前 10 座最大跨度斜拉桥中混合梁斜拉桥占绝大多数。可以预见，混合梁在超大跨径斜拉桥建设中，将得到更为广泛的应用。

混合梁在超大跨径斜拉桥中占较大比例，在 100～400 m 中等跨径斜拉桥中依然应用广泛，且有灵活的结构创新设计。低塔斜拉桥中，塔高较低，斜拉索作用范围小，桥塔附近斜拉索锚固范围内采用预应力混凝土主梁，远离桥塔的跨中处采用钢主梁以减轻自重，如日本的木曾川桥与揖斐川桥。德国 2009 年在莱茵河上建成主跨跨径为 335 m 的威塞尔桥，我国于 2004 年建成主跨跨径为 310 m 的塘沽海河大桥，以及厦门马新大桥、南昌英雄大桥，均为中小跨混合梁斜拉桥。

早期的稀索斜拉桥中，主梁刚度比较大，而后来发展起来的密索斜拉桥中，主梁承受的弯矩相对较小，所以其结构抗弯刚度也渐趋变小。但是，在斜拉桥设计中都是将边跨作为主跨的锚固构件考虑，所以边跨梁的抗弯刚度减小并不合理。特别是边跨跨度相对较短时，如果其刚度太小，不能很好地起到锚固作用。此外，斜拉桥的整体刚度虽然受拉索轴向抗拉刚度的影响较为明显，但仅仅提高拉索刚度并不能将跨径提高到特大跨径范围内，还必须增加边跨的锚固支承作用，从而减小挠跨比以提高整体刚度，这可以采用刚度较大的混凝土主梁做边跨、边跨设密辅助墩的方法来解决。边跨主梁刚度的增大，不仅可以减小主跨梁的内力和变形，而且还可以减小或避免边跨端支点的负反力。鉴于这种思路，出现了主跨设计为钢梁、边跨设计为刚度和自重较大的混凝土梁的混合梁斜拉桥。

在实际应用中，混合梁斜拉桥较单一的钢斜拉桥或混凝土斜拉桥有许多的优点，主要体现在如下方面。

(1)边跨采用自重较大的混凝土梁，可以起到对自重较轻的钢结构中跨的锚固和压重作用，所以其主跨的跨越能力比一般斜拉桥要大，而边跨与主跨的比例比一般斜拉桥要小。

(2)边跨预应力混凝土梁不但能平衡主跨的钢梁重量且边跨各支点均不出现负反力，而且由于后锚拉索分布较密，从而总体上提高了整座桥的刚度。

(3)索和混凝土边跨提供了稳固支撑，当边跨布置活载时，对主跨影响较，主跨的弯矩变幅和斜拉索变幅就明显减小，因此也就减小了主梁和拉索的疲劳影响。

(4)主塔和边跨预应力混凝土梁可以同时施工。当主塔和边跨主梁完成后即可采用悬臂法架设主跨钢梁，有利于加快施工进度。同时，由于其始终为单悬臂施工，可提高施工期安全性。

(5)超大跨混合梁斜拉桥扭弯频率比提高 25%，跨中风致竖向位移减小约 20%，抗风性能优良。

(6)主跨和边跨分别采用钢结构和预应力混凝土结构，可以在结构重量与用钢量两个指标上寻求较好的平衡，从而从总体上降低工程造价、节省费用。

一般而言，当斜拉桥的主跨与边跨的正常比例受到限制(即边跨跨度较小)时，若采用钢斜拉桥，在活荷载作用下，边跨的支点可能会出现负反力，如果边跨采用预应力混凝土梁，则可以有效地控制主跨钢箱梁的变形，即提高斜拉桥的刚度。由此可知，混合梁斜拉桥可较好地解决主跨与边跨间比例不协调的矛盾，且混合梁斜拉桥集钢与混凝土两种材料的优点于一体，满足了超大跨度的要求。

1.2.2　混合梁斜拉桥的特点及适用范围

1. 混合梁斜拉桥的特点

混合梁斜拉桥与钢斜拉桥和混凝土斜拉桥最大的不同就在于它的主梁布

置，由钢梁和混凝土梁通过钢-混结合段连接而成的主梁使得混合梁斜拉桥拥有更大的适用性。相比这两种桥梁，混合梁斜拉桥有如下特点。

(1)混合梁斜拉桥的边跨采用混凝土梁，考虑到混凝土材料抗弯能力强的特点，边跨的重量和抗弯性能也得到提升，因此边跨的锚固性能较好，即使主塔两侧跨度不一样，结构受力也很安全；主跨采用自重较轻、抗压性能好的钢梁，在密索体系中，能大大提高主跨的跨越能力。

(2)通过加密边跨的辅助墩可以大大增加边跨结构的刚度，挠跨比的降低将使边跨的锚固能力增强，从而增强桥梁的跨越能力。

(3)不同于悬索桥的锚固体系，混合梁斜拉桥依靠边跨混凝土梁来锚固，这样既提高了主跨的跨越能力，也控制了边跨跨径。

(4)成桥通车后，斜拉桥主梁在活载的影响下会出现桥面震动，这种震动会引起斜拉索和主梁的疲劳效应。由于混合梁斜拉桥边跨的刚度很大，比起同跨径的钢斜拉桥而言，活载引起的疲劳效应也会小很多。

(5)混合梁斜拉桥的结构体系有效地利用了钢和混凝土的材料性能，特别适合一些边跨跨径不宜过大的桥梁，经济且合理。

2. 混合梁斜拉桥的适用范围

当钢斜拉桥最大跨径超过 800 m 时，在斜拉索索力的作用下主梁变形严重，极不稳定，即使建成通车，车辆等桥面活载作用也会引起桥梁较大的震动，结构十分不安全也不经济；混凝土斜拉桥最大跨径超过 500 m 以后，为了加大主梁的刚度，梁体势必要做厚，这样的做法既不经济又施工困难。出于以上考虑，为了提高桥梁的跨越能力，就必须要综合两种桥梁结构的优点，即使用混合梁斜拉桥，如今世界上建成的诺曼底大桥、多多罗大桥均是通过采用此种桥型达到了超过 800 m 的最大跨径。另外，有些时候，斜拉桥的主跨和边跨并不能按正常相等或相近跨度布置，即在边跨和主跨差距较大的情况下，如果采用钢斜拉桥或混凝土斜拉桥，其边跨支墩都会出现负反力，这种情况就要利用混合梁。

第2章　大跨度混合梁斜拉桥结构体系与特性

混合梁斜拉桥全部或部分边跨采用混凝土梁、部分或全部中跨采用钢梁，边中跨的刚度比和恒载比相差较大，边跨对中跨起到很好的锚固和压重作用。混合梁斜拉桥与混凝土梁斜拉桥相比，中跨的跨越能力大大增强；与全钢箱梁斜拉桥相比，在跨越能力相同的情况下，边跨的长度可以设置得小一些，且刚度和动力特性相对更优。混合梁斜拉桥充分发挥了钢与混凝土两种材料的特性，有很好的经济性，同时具有很强的建设条件适应性。

由于主梁不同区段采用两种不同的材料，其结构特性与钢斜拉桥、混凝土斜拉桥具有较大的差异。

钢梁与混凝土梁连接部分（简称钢-混结合段，以下同）是混合梁斜拉桥独有的，且最为重要的构造。

钢-混结合段位置及构造的合理确定是混合梁斜拉桥设计的关键。

混合梁斜拉桥结构总体设计既有与钢斜拉桥和混凝土斜拉桥总体设计基本相同的内容，又有其特殊性，主要包括：基于桥梁各项总体设计参数对结构受力影响进行对比分析，全面开展结构总体静、动力受力计算，掌握全桥整体结构受力性能，进而优化桥梁总体设计参数。在此基础上，确定桥梁整体跨径布置，同时确定混合梁钢-混结合段的位置；以结构受力性能优化为目标，研究确定主梁的各向支承体系等。

2.1　大跨度混合梁斜拉桥结构体系

结构体系是指由构成整座桥梁的所有外在和内在的宏观因素组成的系统，包括受力体系与分类、结构组成与总体布置、结构支承体系等。

2.1.1　斜拉桥基本受力体系与分类

斜拉桥是由主梁、斜拉索和桥塔3种主要构件组成的高次超静定体系，主梁直接承受活载，以轴向受压或压弯为主；斜拉索受拉并将荷载传递至桥塔；桥塔承担由斜拉索传递的荷载，成为典型的压弯构件。在活载及其他附加荷载作用下，构件受力按刚度分配。斜拉索的作用相当于在主梁跨内增加了若干弹性支承，使主梁跨径显著减小，从而大大减小了梁内弯矩、梁体尺寸和梁体重量，使桥梁的跨越能力显著增大。调整斜拉索的索力可以调整主梁的内力，使主梁的内力分布更均匀合理。斜拉桥无需悬索桥那样的锚碇装置，斜拉索水平分力对主梁产生轴向预加力，可增强主梁的抗裂性能。在活载作用下，索的刚度是结构刚度的重要组成部分。斜拉桥的拉索一般采用柔性索，索在自重作用下有垂度，垂度大小受到索力影响，属于非线性构件。拉索的自重垂度使其弹性模量下降或损失，导致其刚度降低。

斜拉桥与一般连续梁桥都有作为跨越和承受荷载作用的主梁，它们的本质差别在于斜拉桥多了连续支承主梁的斜拉索、将主梁承受的力通过斜拉索进一步传递至基础和地基的桥塔。斜拉索的弹性支承作用降低了主梁的截面弯矩和剪力，斜拉桥的主梁比一般连续梁高度更小、重量更轻、刚度更小，进而跨越能力更大。斜拉桥的主梁、斜拉索、桥塔形成了一个简单明确的受力体系。

综上所述，斜拉桥上部结构由主梁、斜拉索和桥塔 3 种构件组成，它是一种桥面体系以主梁承受轴向力（密索体系）为主，支承体系以斜拉索受拉和桥塔受压为主的桥梁。在活载等荷载作用下，构件受力按刚度分配。斜拉桥的主要特点就是利用桥塔引出的斜拉索作为主梁的弹性中间支承，从而降低主梁的截面弯矩和剪力，减轻梁重，提高主梁的跨越能力。

因主梁是桥梁的最主要构件，通常根据主梁材料和结构的不同将斜拉桥分为混凝土斜拉桥（混凝土梁斜拉桥）、钢斜拉桥（钢梁斜拉桥）和混合梁斜拉桥。

2.1.2　混合梁斜拉桥结构组成与总体布置

1. 混合梁斜拉桥结构组成

混合梁斜拉桥，具备斜拉桥上部结构的基本受力体系。其主梁由钢梁和混凝土梁共同组成，两者通过钢-混结合段结合在一起共同受力。

对于下部结构，由于全部或部分边跨为混凝土梁，因此除了必有的边墩（与引桥相接的过渡墩或交接墩）或桥台，通常还设置有一个或多个辅助墩。

可见，混合梁斜拉桥由主梁、斜拉索、桥塔、桥墩（台）和基础组成。其中主梁为混合梁，由钢主梁、混凝土主梁及钢-混结合段组成。桥墩一般包括辅助墩及过渡墩。典型混合梁斜拉桥结构组成见图 2.1。

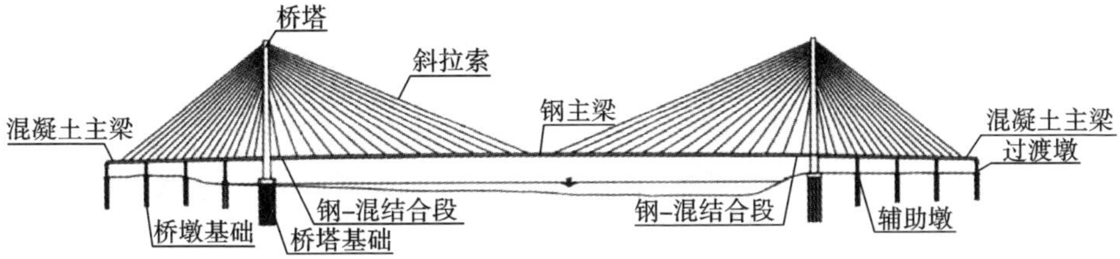

图 2.1　典型混合梁斜拉桥结构组成

2. 混合梁斜拉桥总体布置

路线平、纵、横设计是桥梁总体设计的基本内容，应考虑桥梁和道路的关系，以路线设计的一般性原则为指导，开展桥梁路线的平面线形、纵断面线形和横断面布设的设计和优化。

桥梁跨径布设则是桥梁总体布置的又一项基本内容，每座桥梁的设计首先都应进行跨径布设，并确定各塔、墩的位置。

根据桥梁主跨孔数设置情况的不同，斜拉桥可以分为双塔单主跨、三塔双主跨、多塔多主跨等总体布置形式。混合梁斜拉桥主要是通过边跨采用混凝土主梁起到很好的锚固和压重作用，提高桥梁整体的刚度和静、动力受力特性。对于多塔多主跨的斜拉桥，仅在两侧边跨采用混凝土梁，将难以达到上述目的，从而丧失混合梁斜拉桥的本质特征，因此，这里所论述的混合梁斜拉桥在总体布跨上主要针对双塔单主跨斜拉桥（包含单侧混合梁和双侧混合梁），也可外延到三塔双主跨斜拉桥。

主梁钢-混结合段位置直接关系到桥梁的边跨总跨径及其分跨组成，即关系到桥梁的边中跨跨径之比和边跨桥墩的数量和位置，因此，主梁钢-混结合段位置确定是混合梁斜拉桥总体布置应单独开展的一项特殊性工作。

在桥梁塔、墩位置和跨径布设确定后，需要进一步开展桥塔和斜拉索的布置，确定桥塔总体高度、斜拉索索面布设方式及其在桥塔、主梁上的设置范围等，从而完成混合梁斜拉桥的总体布置。

上述总体布置的各项内容中，对于遵照桥梁总体设计一般性原则和方法来开展的工作，如路线平、纵、横设计，中跨及有通航要求的边跨的确定等，这里不再赘述。重点论述属于混合梁斜拉桥独具特点的总体布置等设计内容。

应该注意到，桥梁总体布置涉及的各项内容并不是孤立存在的，而应是相互联系、相辅相成的。

国内外典型大跨度混合梁斜拉桥的总体方案设计概要见表 2.1。

表 2.1　国内外典型大跨度混合梁斜拉桥的总体方案设计概要

序号	桥名	桥跨布设/m	结合段位置(距桥塔中心线)	主梁断面及轮廓尺寸/m	塔高/m	斜拉索结构形式	结构支承体系(塔-梁)	建成年份/年
1	昂船洲大桥	289+1018+289	伸入边跨 49.75 m	独立双箱横梁相连，50.9×3.5	约 295	—	容许主梁扭转，横向约束，纵向加装液压缓冲器	2009
2	鄂东长江大桥	275+926+275	伸入中跨 12.5 m	分离双箱 38×3.8	242.5、236.5	平行钢丝	横竖向约束，纵向黏滞阻尼器	2010
3	多多罗大桥	270+890+270	边跨，距桥塔分别为 164.5 m 和 257.2 m	整箱，23×2.7	224.0	平行钢丝	竖向支承，纵向弹性约束	1998
4	诺曼底大桥	518+856+737	伸入中跨 116 m	整箱，21.2×3	202.7	钢绞线	塔墩梁固结	1995
5	九江二桥	229+818+358	单侧混合梁，伸入中跨 49.5 m	单箱多室 38.9×3.6	约 260	钢绞线	横竖向约束，纵向黏滞阻尼器	2013
6	荆岳大桥	398+816+230	单侧混合梁，伸入中跨 22 m	分离双箱 38.5×3.8	265.5、224	平行钢丝	横竖向约束，纵向黏滞阻尼器	2010
7	武汉白沙洲大桥	230+618+230	边跨，距桥塔 143 m	分离双箱 30.2×3	174.7	平行钢丝	横竖向约束，纵向弹性约束	2000
8	上海徐浦大桥	590	桥塔中心处	主跨边主梁断面 35.95×3.0	212.5	平行钢丝	横竖向约束	1997
9	舟山桃夭门大桥	146+580+146	伸入中跨 16.7 m	单箱多室 27.6×2.8	151	平行钢丝	横竖向约束	2003

续表

序号	桥名	桥跨布设/m	结合段位置（距桥塔中心线）	主梁断面及轮廓尺寸/m	塔高/m	斜拉索结构形式	结构支承体系（塔-梁）	建成年份/年
10	汕头礐石大桥	294+518+294	边跨，距桥塔 100 m	分离双箱 30.75×3	148	钢绞线	横竖向约束，纵向弹性约束	1998
11	日本生口大桥	150+490+150	伸入中跨 2.65 m	整箱，约 23	—	—	桥塔处设支座，边墩设橡胶支座	2000

(1)总体布跨原则。

桥梁总体布跨包括中跨跨径的确定、边跨跨径的确定和边跨分跨布置三个方面。桥梁中跨跨径主要根据工程建设条件(如地形、通航、水文、地质、生态、环保等)、技术经济性、景观等综合确定，对于靠近桥塔的有通航要求的边跨则主要根据通航要求确定其最小跨径，这两个跨径的确定遵从桥梁总体设计的一般性原则。

对于混合梁斜拉桥，桥跨布设的关键内容是：在中跨及有通航要求的近塔边跨跨径确定的前提下，如何合理确定边中跨比及边跨分跨布置，以最大限度地发挥混凝土梁的作用，使之既能满足受力要求又能达到经济合理且利于施工的目的。

边中跨比与钢-混结合段位置密不可分，两者可以说是一个问题的两个方面。钢-混结合段位置一般应从结构受力性能、施工和经济性三个方面来进行研究和考虑。在施工和经济性方面，各桥情况不同，会存在较大的差异。而在结构受力性能方面，则通过研究获得了一种具有普遍适用性的理论方法。

(2)总体布跨设计方法。

边跨分跨布置主要考虑的问题有：边跨是否设置辅助墩？若设置，设几个辅助墩？辅助墩设于什么位置？边跨分跨布置与钢-混结合段位置同样密切相关。边跨分跨布置对全桥结构静、动力受力性能均有很大影响，同时也决定了桥梁施工方案和造价的合理性。

对于混合梁斜拉桥，选取合理的钢梁与混凝土梁连接位置，即钢-混结合段位置，是该类桥型设计和施工中需首先解决的关键问题。结合段位置一方面决定了重量及刚度差别很大的钢梁与混凝土梁的长度比例，对全桥结构特别是主梁整体受力影响很大，需综合考虑跨径布置、辅助墩设置、塔梁约束条件、斜拉索疲劳性能等多方面因素的影响，合理的结合段位置能显著改善混合梁斜拉桥的整体结构性能；另一方面从结合段自身局部考虑，为防止混凝土开裂，合理的结合段位置还应选在主梁弯矩较小的地方。此外，经济因素、施工因素等也是结合段位置选取时必须考虑的。

目前，国内外已公开报道的有关混合梁斜拉桥钢-混结合段位置选取的研究还十分有限。

同济大学徐利平教授根据斜拉桥主梁和桥塔理想成桥状态的要求，对双塔三跨辐射式混合梁斜拉桥的合理跨径进行了概念分析，得到了与钢梁和混凝土梁每延米重量之比、边跨内钢梁和混凝土梁长度之比有关的混合梁斜拉桥合理边中跨比例。其研究成果对混合梁斜拉桥钢-混结合段位置的合理选择有一定的参考意义。该方法对于初步确定混合梁斜拉桥合理边中跨比例及钢-混结合段位置具有较强的实践指导作用。

此外，丹麦学者吉姆辛(Gimsing)采用双塔三跨辐射式斜拉桥缆索体系，从控制锚索应力比以保证其抗疲劳性能的角度出发，对斜拉桥的边中跨比问题进行了较系统的理论研究。

混合梁斜拉桥合理钢-混结合段位置及边跨布置可按以下三阶段设计方法确定。

①采用基于斜拉桥理想成桥状态推导的简化方法初步确定混合梁斜拉桥合理钢-混结合段位置及边跨布置。该方法对于初步确定混合梁斜拉桥合理边中跨比例及钢-混结合段位置具有较强的实践指导作用。基于该法初步确定的边中跨比例，可以作为基于主梁弯曲应变能方法来精确分析研究钢-混结合段位置基本模型的参数。

②基于主梁弯曲应变能方法，计算求得在结构受力方面最合理的钢-混结合段位置及边跨布置。利用斜拉桥桥塔只承受轴力、不承担弯矩的理想成桥恒载状态，采用主梁弯曲应变能作为主要指标，同时考虑在运营状态汽车活载下的结合段局部弯矩值、斜拉索索力及在恒载+活载下的支墩反力分布，可建立从结构受力性能上确定混合梁斜拉桥结合段合理位置的有效方法。合理的结合段应选在成桥状态恒载下使主梁弯曲应变能最小的位置，同时应保证在运营状态汽车活载下结合段弯矩幅值较低。

③结合实际工程的建设条件、施工因素、经济性因素，最终综合确定混合梁斜拉桥的合理钢-混结合段位置、边中跨比及边跨布置。

(3)基于恒载平衡成桥状态的合理钢-混结合段位置及边跨布置设计方法。

①斜拉桥理想成桥状态一般要求。

斜拉桥理想的成桥状态是：主梁恒载弯矩接近刚性支承连续梁的弯矩，桥塔恒载弯矩接近于零。显而易见，斜拉桥的主梁和桥塔要达到这一理想成桥状态，桥塔两侧的主梁要求处于一定的重力平衡状态。

根据理想成桥状态的要求，边跨主梁最小总长度应满足：边跨梁重力平衡中跨梁重力，即成桥状态边跨不出现负反力，中跨满布活载时，边跨出现负反力。边跨主梁最大总长度应满足：边跨梁重力平衡中跨满布活载时总重力。这样，边跨任何时候均不出现负反力。

②钢梁伸入边跨。

定义 L_s 为钢梁伸入边跨长度或混凝土梁伸入中跨长度。

图 2.2 为混合梁斜拉桥钢梁伸入边跨的跨径布置，其中 L_a、L_m 分别为边跨跨径和中跨跨径；L_{a1}、L_{a2} 分别为边跨内混凝土梁的长度和钢梁的长度，$L_{a1}+L_{a2}=L_a$；g_a、g_m 分别为混凝土梁和钢梁包括二期恒载在内的每延米重力；p 为满布作用在中跨的活载换算集度。

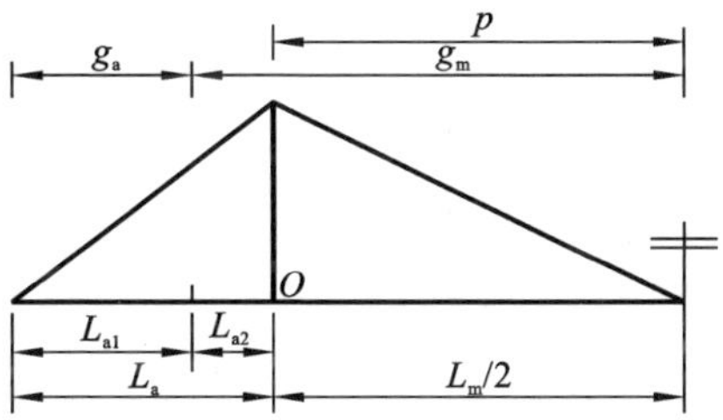

图 2.2　钢梁伸入边跨的情况

当斜拉桥满足理想成桥状态要求时，由对 O 点的力矩平衡条件可得式(2.1)：

$$g_a L_{a1}\left(\frac{L_{a1}}{2}+L_{a2}\right)+\frac{1}{2}g_m L_{a2}^2-\frac{1}{2}(g_m+p)\left(\frac{L_m}{2}\right)^2=0 \tag{2.1}$$

如设 $\beta_g=\dfrac{g_m}{g_a}$，$\beta_p=\dfrac{p}{g_a}$，$r_a=\dfrac{L_a}{L_m}$，$L_s=L_{a2}$，$r_s=\dfrac{L_s}{L_m}$，则由式(2.1)可解得式(2.2)：

$$r_a^2-(1-\beta_g)r_s^2=\frac{\beta_g+\beta_p}{4} \tag{2.2}$$

只要给出恒、活载条件，由式(2.2)即可得到满足理想成桥状态的混合梁斜拉桥边中跨比 r_a 与伸入长度比 r_s 间的关系。

当 $L_s=0$ 时，即边跨完全为混凝土梁，中跨为钢梁，可得式(2.3)：

$$r_{amin}=\frac{1}{2}\sqrt{\beta_g+\beta_p} \tag{2.3}$$

当 $L_{a2}=L_a$ 时，即边跨完全为钢梁，中跨为钢梁，可得式(2.4)：

$$r_{amax}=\frac{1}{2}\sqrt{\frac{\beta_g+\beta_p}{\beta_g}} \tag{2.4}$$

式(2.3)和式(2.4)给出了满足斜拉桥理想成桥状态的边中跨比的上、下限值，该限值取决于边中跨的恒载及活载。如边中跨比超出该限值，则无论边跨内混凝土梁和钢梁如何布置，都无法达到斜拉桥理想成桥状态，是不合理的跨径布置形式。

③混凝土梁伸入中跨。

图 2.3 为混合梁斜拉桥混凝土梁伸入中跨的跨径布置，其中 L_a、L_m 分别为边跨跨径和中跨跨径；L_{m1}、L_{m2} 分别为中跨内混凝土梁的长度和钢梁的长度，$2(L_{m1}+L_{m2})=L_m$；g_a、g_m 分别为混凝土梁和钢梁包括二期恒载在内的每延米重力；p 为满布作用在中跨的活载换算集度。

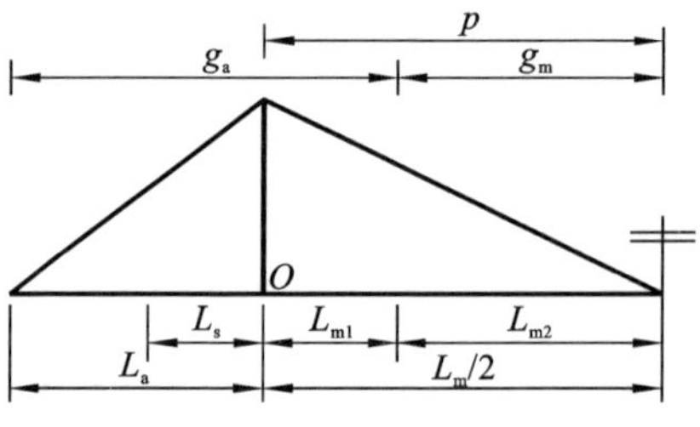

图 2.3　混凝土梁伸入中跨的情况

当斜拉桥满足理想成桥状态要求时，由对 O 点的力矩平衡条件可得式(2.5)：

$$\frac{1}{2}g_aL_a^2-\frac{1}{2}(g_a+p)L_{m1}^2-(g_m+p)L_{m2}\left(L_{m1}+\frac{L_{m2}}{2}\right)=0 \tag{2.5}$$

如设 $\beta_g=\frac{g_m}{g_a}$，$\beta_p=\frac{p}{g_a}$，$r_a=\frac{L_a}{L_m}$，$L_s=L_{m1}$，$r_s=\frac{L_s}{L_m}$，则由式(2.5)可解得式(2.6)：

$$r_a^2-(1-\beta_g)r_s^2=\frac{\beta_g+\beta_p}{4} \tag{2.6}$$

当 $L_s=0$ 时，即边跨为混凝土梁，中跨完全为钢梁，可得式(2.7)：

$$r_{amin} = \frac{1}{2}\sqrt{\beta_g + \beta_p} \tag{2.7}$$

当 $L_s = \frac{L_m}{2}$ 时，即边跨为混凝土梁，中跨完全为混凝土梁，可得式(2.8)：

$$r_{amax} = \frac{1}{2}\sqrt{1 + \beta_p} \tag{2.8}$$

比较式(2.2)和式(2.6)可见，对于满足理想成桥状态的混合梁斜拉桥，无论是钢梁伸入边跨，还是混凝土梁伸入中跨，它们满足相同的控制方程。只要给出恒、活载条件，即可得到满足理想成桥状态的混合梁斜拉桥边中跨比 r_a 与伸入长度比 r_s 间的关系。这表明，混合梁斜拉桥在满足重力平衡的理想成桥状态下，钢梁伸入边跨与混凝土梁伸入中跨的效果是相同的，即如果混凝土梁伸入中跨一定长度使混合梁斜拉桥满足理想成桥状态，那么把钢梁伸入边跨相同的长度也可达到相同的效果。

需要注意的是，根据式(2.3)、式(2.7)和式(2.4)、式(2.8)，钢梁伸入边跨与混凝土梁伸入中跨两种情况下，满足理想成桥状态的斜拉桥边中跨比限值并不完全一致，如表 2.2 所示。由表 2.2 可见，两者的边中跨比下限值相同，均对应于边跨为混凝土梁、中跨为钢梁的跨径布置形式；而对于边中跨比的上限值，两者分别对应于钢主梁和混凝土主梁的跨径布置形式，由于 $\beta_g \leqslant 1$，故前者要大于后者，这表明在满足理想成桥状态时，钢梁伸入边跨的斜拉桥跨径布置可调范围更大。表 2.3 给出了不同钢梁与混凝土梁重力(包括二期恒载)之比 β_g 下的满足斜拉桥理想成桥状态的边中跨比限值，其中取 $p/g_m = 0$、$p/g_m = 0.25$ 两种情况。

表 2.2　理想成桥状态下混合梁斜拉桥边中跨比限值

跨径布置	钢梁伸入边跨	混凝土梁伸入中跨
下限值	边跨为混凝土梁，中跨为钢梁： $r_{amin} = \frac{1}{2}\sqrt{\beta_g + \beta_p}$	边跨为混凝土梁，中跨为钢梁： $r_{amin} = \frac{1}{2}\sqrt{\beta_g + \beta_p}$
上限值	边跨、中跨均为钢梁： $r_{amax} = \frac{1}{2}\sqrt{\frac{\beta_g + \beta_p}{\beta_g}}$	边跨、中跨均为混凝土梁： $r_{amax} = \frac{1}{2}\sqrt{1 + \beta_p}$

表 2.3　混合梁斜拉桥边中跨比限值典型值

跨径布置	p/g_m	β_g	1	1/2	1/3	1/4	1/5	1/6
钢梁伸入边跨	0	r_{amin}	0.500	0.354	0.289	0.224	0.224	0.204
		r_{amax}	0.500	0.500	0.500	0.500	0.500	0.500
	0.25	r_{amin}	0.559	0.395	0.323	0.250	0.250	0.228
		r_{amax}	0.559	0.559	0.559	0.559	0.559	0.559
混凝土梁伸入中跨	0	r_{amin}	0.500	0.354	0.289	0.224	0.224	0.204
		r_{amax}	0.500	0.500	0.500	0.500	0.500	0.500
	0.25	r_{amin}	0.559	0.395	0.323	0.250	0.250	0.228
		r_{amax}	0.559	0.530	0.520	0.512	0.512	0.510

对于常见的钢梁与混凝土梁重力之比 $\beta_g=1/4$，由式(2.2)～式(2.4)和式(2.6)～式(2.8)可得如图 2.4 所示的混合梁斜拉桥合理跨径关系曲线。对于跨径布置合理的混合梁斜拉桥，其边中跨比 r_a 与伸入长度比 r_s 应在 $p=0$ 和 $p=0.25g_m$ 两条曲线之间的区域内，此时，恒载状态下边跨不出现负反力，恒载＋中跨满布活载下边跨才出现不大的负反力；如果高于 $p=0$ 曲线，则表明边跨偏轻，恒载状态下边跨即已出现较大的负反力；如果低于 $p=0.25g_m$ 曲线，则表明边跨偏重，恒载＋中跨满布活载时，边跨仍有较大的正值反力，对于该种跨径布置，如使桥塔获得较理想的恒载弯矩，则边跨在多余部分重力作用下将产生非常大的恒载弯矩，这时已不是典型的斜拉桥主梁受力特性，而是介于斜拉桥主梁与连续梁之间的受力特性。

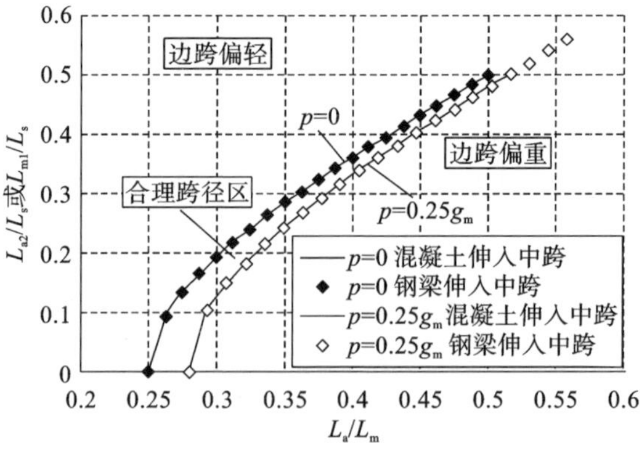

图 2.4　混合梁斜拉桥合理跨径关系曲线

实际上，这里所讨论的是典型的混合梁斜拉桥合理跨径问题，基本出发点是其符合典型的斜拉桥受力特性，即主要通过缆索体系（包括缆索和只承受轴力作用的塔梁）承受外部荷载。如果抛开该前提，则并不存在所谓的合理跨径，因为边跨过轻，可于边跨压重或设置拉力墩；边跨过重，则可设置辅助墩，按连续梁设计。

④算例分析。

按照上述方法，对几座典型的混合梁斜拉桥跨径比例问题进行了分析，见表 2.4。由表 2.4 可见，对于所列的几座混合梁斜拉桥，除个别桥梁外，其他各桥均在按上述方法确定的基于理想成桥状态的混合梁斜拉桥合理跨径范围之内。对于处于计算合理跨径范围外的大桥，其主要特点均是边跨较重，其优点在于：边跨支墩反力始终为正值，不会出现上拔力，不需要压重；对中跨锚固效果较好，可以有效控制跨中的活载变形。不利的是，边跨过重，会使边跨支墩及基础造价增加；在成桥状态时，如使桥塔获得较理想的恒载弯矩，则边跨在多余部分重力作用下将产生较大的恒载弯矩，这时已不是典型的斜拉桥主梁受力特性，而是介于斜拉桥主梁与连续梁之间，设计时应特别注意。

表 2.4　基于理想成桥状态的混合梁斜拉桥合理跨径分析

桥名	混合梁布置	β_g	r_a	r_s	r_s^p	r_s^0	结论
昂船洲大桥	钢梁伸入边跨	1/4	0.284	0.049	0.057	0.155	边跨偏重
多多罗大桥 生口岛侧边跨	钢梁伸入边跨	1/4	0.303	0.185	0.136	0.198	合适
多多罗大桥 大三岛侧边路	钢梁伸入边跨	1/4	0.360	0.289	0.261	0.298	合适
武汉白沙洲大桥	钢梁伸入边跨	1/4	0.372	0.231	0.284	0.318	边跨偏重
汕头礐石大桥	钢梁伸入边跨	1/4	0.375	0.193	0.288	0.322	边跨偏重
诺曼底大桥	混凝土梁伸入中跨	1/6	0.417	0.136	0.382	0.398	边跨偏重
日本生口大桥	混凝土梁伸入中跨	1/3	0.306	0.005	0.000	0.125	合适
舟山桃夭门大桥	混凝土梁伸入中跨	1/4	0.252	0.003	0.000	0.034	合适
鄂东长江大桥	混凝土梁伸入中跨	1/3	0.298	0.013	0.000	0.088	合适

(4)基于施工和经济性的合理桥跨布置原则和设计方法。

以全桥结构受力性能最优来确定混合梁斜拉桥的边中跨比及边跨布置，是在不受其他任何条件限制、完全理想状态下的单一因素设计方法。而对于实际工程而言，建设条件、施工因素、经济性因素对于确定混合梁斜拉桥的边中跨比及边跨布置同样重要，有时往往还成为决定性因素。以下给出基于施工和经济性的合理桥跨布置的原则和设计方法。对于实际工程而言，最终应综合三方面因素确定合理钢-混结合段位置、边中跨比及边跨布置。

①钢主梁的施工方案及适应性分析。

对于混合梁斜拉桥，随着钢-混结合段所处位置的不同，钢主梁在不同的区域范围，分别可能分布于“全部或部分中跨、桥塔附近、部分边跨”。不同位置的钢主梁可以采用不同的安装施工方案，并各具适应性。在确定钢-混结合段的位置及确定全桥合理布跨时，应考虑钢主梁的施工方案。

a. 钢主梁的施工方案。

(a)中跨钢主梁段均采用节段拼装。钢主梁节段在工厂预制完成，运至桥位，一般通过桥面吊机进行起吊，并完成梁段间的连接和斜拉索的张拉。

(b)桥塔旁侧膺架预置。对于桥塔附近钢主梁节段，在工厂预制完成后运至桥位，一般通过浮吊(或其他可行的吊装设备)起吊，放置于塔侧预先施工完成的膺架上，完成梁段间的连接，并与相邻的节段拼装法梁段施工进行工艺转换和衔接。

(c)边跨若具备浮吊的水深条件，对于辅助墩及过渡墩顶钢主梁节段，在工厂预制完成后运至桥位，一般通过浮吊起吊，放置于墩旁预先施工完成的膺架上，其他边跨钢主梁可通过浮运到位后以桥面吊机吊装。

(d)边跨支架预置。预先搭设边跨支架，钢主梁节段在工厂预制完成后运至桥位，一般通过浮吊起吊，放置于塔侧然后在支架上移至梁段位置，完成节段间连接。随着中跨的后续拼装，对称安装并张拉边跨侧斜拉索。

b. 钢主梁施工方案的适应性分析。

中跨钢主梁节段施工方案不受跨径布置和钢-混结合段位置的影响，一般均采用节段拼装。

桥塔附近钢主梁节段施工方案不受跨径布置和钢-混结合段位置的影响，一般均采用膺架预置。

②混凝土主梁的施工方案及适应性分析。

随着钢-混结合段所处位置的不同，混凝土主梁在不同的区域范围，分别可能分布于“全部或部分边跨、桥塔附近、部分中跨”。不同位置的混凝土主梁可采用不同的施工方案(支架现浇、挂篮悬臂浇筑和悬臂拼装等方案)，并各具适应性。在确定钢-混结合段的位置及全桥合理布跨时，应考虑混凝土主梁的施工方案。

a. 混凝土主梁的施工方案。

(a)支架现浇。搭设满堂支架或立柱排架式的支架，在支架上以分跨、分段等方式进行混凝土现场浇筑施工。

(b)挂篮悬臂浇筑。在塔区已完成现浇的混凝土主梁节段，拼装挂篮，利用挂篮逐节段进行混凝土梁节段的施工，并完成斜拉索张拉。

(c)悬臂拼装。混凝土梁段工厂预制并运至桥位，在塔区已完成现浇的混凝土主梁节段上拼装桥面吊机，利用桥面吊机逐节段进行混凝土梁的吊装与连接，并完成斜拉索张拉。

(d)顶推法施工。对所有混凝土梁段范围搭设顶推施工需要的临时墩和推移系统，在边跨端部搭设支架，按节段进行混凝土主梁的浇筑、预应力张拉施工，将已施工梁段向中跨侧顶推，并逐步完成混凝土主梁的接长。重复顶推及接长直至完成所有梁段的施工及顶推到位。

b. 混凝土主梁施工方案的适应性分析。

(a)支架现浇。在墩高相对较矮、具备陆地施工条件或水深较浅的施工条件下，结合经济性，一般适宜采用支架现浇，如昂船洲大桥、鄂东长江大桥等。

(b)挂篮悬臂浇筑。在墩高相对较高、不具备陆地施工条件且水深较深的施工条件下，综合比较又不适合采用节段预制悬拼时，适宜采用挂篮悬臂浇筑。

(c)悬臂拼装。在墩高相对较高、不具备陆地施工条件且水深较深的施工条件下，梁段运输、吊装能力等条件较好，综合比较较优时适宜采用悬臂拼装。

(d)顶推法施工。在地形、通航、水深条件合适，临时墩易于设置，顶推工法条件容易具备，综合比较较优时适宜采用顶推法施工，如诺曼底大桥。

③钢-混结合段的施工方案及适应性分析。

钢-混结合段一般采用支架现浇或挂篮悬臂浇筑施工。在特殊情况下也可采用工厂预制完成后悬臂拼装施工方案，但该方案应与结构设计相对应。

钢-混结合段施工方案应与混凝土主梁施工方案相对应。若混凝土主梁采用支架现浇，则钢-混结合段采用支架现浇；若混凝土主梁采用挂篮悬臂浇筑，则钢-混结合段采用挂篮悬臂浇筑。

④基于施工的合理桥跨布置原则和设计方法。

a. 地形、水文条件对主梁施工方案和合理布跨的适应性分析。

(a)桥全在水中。从桥梁总体设计的一般原则而言，全钢主梁斜拉桥更具优势。在确定采用混合梁斜拉桥的前提下，边跨宜尽量减小采用混凝土主梁的范围，并减少辅助墩的设置；相应地，钢-混结合段宜设置于辅助墩附近。

(b)中跨在水中，边跨部分在水中、部分在陆地。根据水深条件，边跨可全部或部分采用混凝土主梁，辅助墩的设置根据支架设置条件及施工期间对临时预应力的设计需求确定；相应地，钢-混结合段宜设置于最靠近桥塔的辅助墩附近或桥塔附近。

(c)中跨在水中，边跨在陆地。边跨全部采用混凝土主梁。中跨根据水深条件，可较少或较多范围采用混凝土主梁；相应地，钢-混结合段设置于靠近桥塔附近或中跨离桥塔较远处。

(d)边跨在陆地，中跨部分在水中、部分在陆地。边跨全部、中跨陆地部分及水深较浅范围采用混凝土主梁；相应地，钢-混结合段设置于中跨水深条件转换位置附近。

b.基于施工的合理桥跨布置原则和设计方法。

(a)因地制宜原则。如上述“地形、水文条件对主梁施工方案和合理布跨的适应性分析”，混合梁斜拉桥跨径布置必须是因地制宜的。有时，尽管中跨跨径很大，但若中跨与边跨的正常比例不受限制，或边跨采用混凝土梁综合分析不尽合理，仍采用钢斜拉桥。而当中跨与边跨的正常比例受到限制即边跨跨度较小时，边跨采用混凝土梁可有效控制边跨支座的负反力和中跨钢箱梁的变形，提高桥梁刚度，从而解决边、中跨比例不协调的矛盾。

(b)以地形、水文条件作为首要输入条件，考虑施工受力等因素初步确定钢-混结合段的位置。

(c)根据钢主梁、混凝土主梁的分布区域，结合施工设备、人力、经济性等因素，选择钢主梁、混凝土主梁、钢-混结合段的施工方案。

(d)根据确定的施工方案，进一步调整确定钢-混结合段位置。

(e)针对性研究分析辅助墩的设置与结构受力、预应力永久束与临时束以及施工方案的关系，分析施工方案对辅助墩的要求。

(f)综合各项因素，确定合理跨径布置。例如鄂东长江大桥，从施工方面对边跨合理布跨研究成果如下：根据水文条件，若结合段设在边跨，则南岸边跨钢箱梁难以吊装；设在中跨，若位置合适，则钢箱梁均方便吊装。但若伸入过多，且北岸仍采用边跨支架法施工，则面临在深水区搭设支架问题，工程量大、经济性差、安全风险突出，故结合段位置宜设于利用承台搭设膺架的最远范围内。最终经结合段结构受力最优原则和计算分析，综合确定了边跨跨径取值、辅助墩设置数量及位置、钢-混结合段位置。

⑤基于经济性的合理桥跨布置原则和设计方法。

a. 直接费用分析。

混凝土梁伸入中跨，中跨钢梁长度可相应减小，有利于降低造价，可进行准确的直接费用的计算分析。

b. 施工费用分析。

结合前述各种施工方案开展施工费用分析。

c. 综合分析确定。

以总造价最优原则选择边跨跨径及辅助墩的设置。

(5)主梁钢-混结合段位置方案。

根据桥梁总体布置的不同，混合梁斜拉桥主梁钢-混结合段的位置可以设置在中跨、桥塔附近、边跨。理论上讲，桥塔中心线为中跨和边跨的分界线，不存在桥塔附近的概念，但从钢-混结合段位置的特点和相对关系而言，可以将靠近桥塔中心线的范围定义为桥塔附近，在此界定桥塔两侧第一对斜拉索之间的范围为桥塔附近。

如前所述，钢-混结合段的位置主要是由结构受力性能、施工及经济性三方面因素综合决定。理论上讲，钢-混结合段可以设置在中跨的任何位置，但从实际工程出发，很少有设置在距离桥塔中心线 1/7 倍中跨跨径的情形。也就是说，中跨混凝土主梁长度很少占到中跨跨径的 30%。因为，一般情况下，如果中跨混凝土主梁长度占到中跨跨径的 30%或以上，对于混合梁斜拉桥，其总体设计是不尽合理的。当然，对于中跨，这并不排除钢-混结合段设置在更靠近跨中的实桥设计的可能性。

对于在桥塔附近的情况，钢-混结合段可以设置在桥塔中心线处及其边、中跨两侧。但鉴于桥塔下横梁能够为混凝土梁的施工提供支承及其他方面的考虑，钢-混结合段一般多设置在桥塔中心线中跨侧，很少有设置在桥塔中心线边跨侧以及结合面刚好设置在桥塔中心线上的情形。

同样，理论上讲，钢-混结合段可以设置在边跨的任何位置，但鉴于辅助墩能够为混凝土梁的施工提供支承，钢-混结合段一般总是跨越辅助墩，设置在辅助墩中心线朝中跨侧的位置，且考虑受力性能，结合面多设置在该边跨跨径 1/4 范围内。

主梁钢-混结合段位置不同方案见图 2.5。图 2.5 仅为示意，对于结合段设置在边跨的某个位置方案，其他靠近桥塔的各辅助墩一般不设置，边跨跨径及斜拉索布置也相应不同。

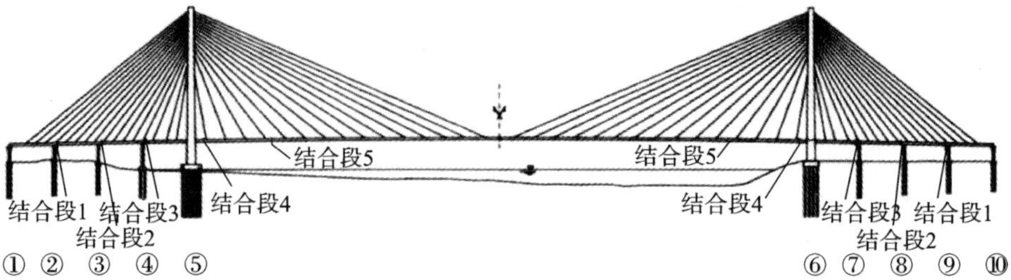

图 2.5　主梁钢-混结合段位置不同方案

注:结合段 1～3 为在边跨的位置方案;结合段 4 为在桥塔附近的位置方案;

结合段 5 为在中跨的位置方案

国内外已建及在建大跨度混合梁斜拉桥桥跨布置及钢-混结合段位置见表 2.5。

表 2.5　国内外已建及在建大跨度混合梁斜拉桥桥跨布置及钢-混结合段位置

序号	桥名	桥跨布置/m	结合段位置(距桥塔中心线)
1	昂船洲大桥	(69.25＋70＋70＋79.75)＋1018＋(79.75＋70＋70＋69.25)	伸入边跨 49.75 m
2	鄂东长江大桥	(67.5＋67.5＋67.5＋72.5)＋926＋(72.5＋67.5＋67.5＋67.5)	伸入中跨 12.5 m
3	多多罗大桥	(50＋50＋170)＋890＋(270＋50)	边跨,距桥塔分别为 164.5 m 和 257.5 m
4	诺曼底大桥	(6×43.5＋96)＋856＋(96＋6×43.5)	伸入中跨 116 m
5	九江二桥	(70＋75＋84)＋818＋(233.5＋124.5)	单侧混合梁,伸入中跨 49.5 m
6	荆岳大桥	(100＋298)＋816＋(80＋75＋75)	单侧混合梁,伸入中跨 22 m
7	武汉白沙洲大桥	230＋618＋230	边跨,距桥塔 143 m
8	上海徐浦大桥	590	桥塔中心处
9	舟山桃夭门大桥	(48＋48＋50)＋580＋(50＋48＋48)	伸入中跨 16.7 m
10	汕头礐石大桥	294＋518＋294	边跨,距桥塔 100 m
11	日本生口大桥	(50＋50＋50)＋490＋(50＋50＋50)	伸入中跨 2.65 m

(6)桥塔布置。

桥塔布置主要包括塔形选择和比例的确定。

斜拉桥桥塔在横桥向的造型有单柱式、双柱式和多柱式，其中双柱式又有门形、H 形、A 形、倒 Y 形、钻石形、花瓶形、人字形、宝塔形等。根据桥梁总体布置，桥塔在横桥向可分为一座桥塔或两座（相连）桥塔。在顺桥向的造型主要有单柱式、A 形、倒 Y 形等，也可根据需要设置成其他各种变异的形式。

桥塔构造从材料上可以分为混凝土桥塔、钢桥塔和混合桥塔。

塔型选择和比例确定应以建设条件为基础、建设需求为目标，统筹桥梁美学、结构受力、桥塔与斜拉索和主梁之间的构造关系等综合确定。

桥塔是表达斜拉桥特色和视觉效果的最主要结构物，应遵从桥梁美学设计的基本法则，从桥梁整体和桥塔局部开展桥塔的总体布置和造型设计。

桥塔布置中要重点注意如下两个比例。

①桥面以下塔柱高度与全塔高度之比（H_1/H）。

斜拉桥桥面以上桥塔的高度 H_2，一般为中跨跨径 L 的 20%～25%。

桥塔在桥面以下（下塔柱）的高度由桥梁总体纵立面设计决定，总体纵立面则主要由桥下通航净空高度决定。若希望桥塔横断面造型美观、比例协调，一般认为宜 $H_1/H \geqslant 1/4$，则 $H_1/L \geqslant 1/12$。

②桥面以上塔柱高度与桥面宽度（B）之比。

同样，为使桥塔横断面比例协调，不显矮胖，一般认为宜 $H_2/B \geqslant 4$，才能保证桥塔有挺拔之感。

在美学设计的基础上，桥塔布置还应考虑受力性能，应保证传力明确、简单，在恒载作用下，桥塔塔柱应尽可能处于轴心受压状态或小偏心受压状态。此外，桥塔的布置还应结合斜拉索布置、主梁断面、主梁与桥塔之间的连接关系、基础等综合考虑。

（7）斜拉索布置。

根据斜拉索数量及其对主梁形成弹性支承的受力特征，斜拉索布置可以分为稀索体系和密索体系。现代斜拉桥多为密索体系。

斜拉索的顺桥向索面内的布置形式，有竖琴体系（平行式）和扇形体系（辐射式）两种；根据索面数量的不同可分为单索面体系、双索面体系、多索面体系；根据索面的角度关系可分为垂直平行索面和空间索面。

斜拉索的布置应统筹桥梁美学、结构受力、其与桥塔和主梁之间的构造关系等综合确定。

2.1.3 混合梁斜拉桥结构支承体系

1. 斜拉桥结构支承体系

一般按照主梁、桥塔(塔墩)间的结合方式,将斜拉桥分为 4 种不同的结构支承体系,即全飘浮体系、支承(半飘浮)体系、固结体系和刚构体系(图 2.6)。

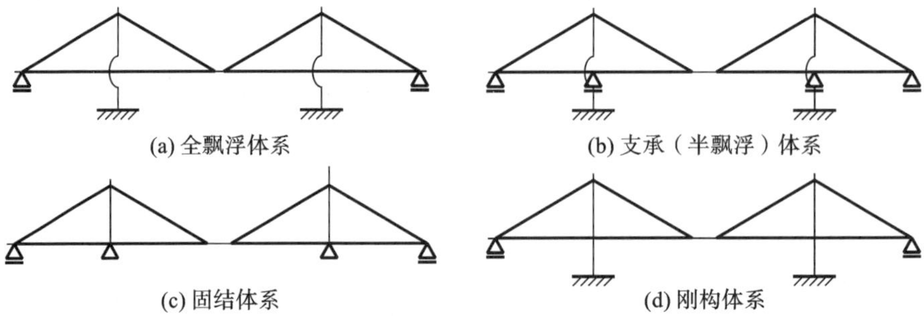

图 2.6 不同的结构支承体系示意图

斜拉桥主梁的支承体系包括竖向、纵向和横向支承体系。一般将竖向和纵向合在一起进行斜拉桥结构支承体系的划分,而横向支承体系则具有独立性。大跨度斜拉桥少有塔身和塔墩独立设置的情形,因此不存在图 2.6 的 4 种基本体系中的刚构体系。大跨度斜拉桥的主梁纵向约束体系对桥梁整体结构受力影响很大,以其纵向约束为主要特征,并结合竖向约束特征,可进一步将大跨度斜拉桥的结构支承体系归纳为全飘浮、半飘浮、纵向约束(竖向约束或不约束)和塔梁固结 4 种。

大跨度斜拉桥不同结构支承体系特点对比分析见表 2.6。

表 2.6 大跨度斜拉桥不同结构支承体系特点对比分析

结构体系	全飘浮	半飘浮	纵向约束	塔梁固结
梁塔处主梁支承	不设置竖向支座,仅设置横向支座;由于桥塔处第一对索间距较大,常设置 0 号索	设横向支座,桥塔下横梁上设置竖向支座	设横向支座,塔梁间设置纵向弹性索或阻尼装置。竖向设或不设支座	塔梁固结,所有自由度均被约束

续表

结构体系	全飘浮	半飘浮	纵向约束	塔梁固结
结构静力特点	温度、纵向风荷载及汽车荷载在梁端、塔顶产生较大水平位移，在塔底产生较大弯矩	温度、纵向风荷载及汽车荷载在梁端、塔顶产生较大位移；竖向支座对结构整体刚度和静力反应影响不大，仅对支座局部主梁内力有较大影响	减小纵向风荷载、汽车荷载的梁端位移及塔底弯矩；由温度引起的主梁轴力及塔底弯矩介于全飘浮体系与塔梁固结体系之间	显著提高结构的整体刚度，减小梁端和塔顶水平位移；由温度引起的主梁轴力和塔底弯矩远大于全飘浮体系
结构动力特点	结构固有周期较长，减小了地震响应；梁端及塔顶位移反应大	结构的纵飘振型无显著影响，结构固有周期较长，减小了地震响应	可抑制由风、地震等产生的梁端、塔顶位移反应	结构固有周期相对较短，地震响应相对较大

相关文献研究表明：塔梁固结体系能显著提高结构的纵向刚度，可大大减小梁端和塔顶水平位移，但由温度引起的主梁轴力和塔根弯矩远大于全飘浮体系结构。全飘浮体系使温度力得到释放，但主梁和塔顶的水平位移较大；由纵向静风力和汽车制动力产生的塔底弯矩很大。从动力方面分析，全飘浮体系可以使结构固有运动周期加长，减小了地震力。桥塔处设竖向支座（半飘浮）对结构总体刚度和静力反应影响不大，仅对支座位置主梁局部受力有一定影响。

桥塔处设置纵向约束或有限位移约束，一方面可减小由活载、纵向静风力等产生的塔底弯矩和梁、塔的水平位移；另一方面，由温度引起的主梁轴力和塔根弯矩介于塔梁固结和全飘浮体系之间。对于全飘浮及半飘浮体系，通常需要设置纵向附加装置以改善结构的静、动力反应，由此形成纵向约束体系。附加装置根据提供的刚度及阻尼的不同，可以分为弹性约束和阻尼约束两类。弹性约束通常采用水平拉索装置、大型橡胶支座等，提供附加刚度，对结构静、动力反应均有明显的影响；阻尼约束提供附加阻尼，使冲击荷载产生的能量大部分由装置吸收而不是结构吸收，对结构的动力响应有较大影响，但对于静力反应无影响。因此，阻尼约束通常与静力刚性限位装置联合使用。阻尼约束主要对纵向地震力、汽车冲击力和纵向动风荷载起到约束作用，静力刚性限位则用以降低导致桥塔纵向弯矩过大的纵向风荷载等静荷载。

2. 混合梁斜拉桥结构支承体系

混合梁斜拉桥中跨采用钢主梁以减轻自重、提高跨越能力，边跨则采用混凝土主梁进行配重并提高全桥刚度，以其整体受力优越性、发挥两种材料各自优势的合理性及便于施工的特点而日益得到广泛的应用，并在千米级及更大跨度的斜拉桥方案中有很强的竞争力。国内外部分经典的大跨度混合梁斜拉桥结构体系概要见表 2.7。从表 2.7 中可知，目前大多数混合梁斜拉桥多为塔梁间设置竖向支承的竖向约束体系。

表 2.7　国内外部分经典的大跨度混合梁斜拉桥结构体系概要

序号	桥名	桥跨布置/m	结合段位置（距桥塔中心线）	结构支承体系（塔-梁）	建成年份
1	昂船洲大桥	289＋1018＋289	伸入边跨 49.75 m	容许主梁扭转，横向约束，纵向加装液压缓冲器	2009
2	鄂东长江大桥	275＋926＋275	伸入中跨 12.5 m	横竖向约束，纵向黏滞阻尼器	2010
3	多多罗大桥	270＋890＋270	边跨，距桥塔分别为 164.5 m 和 257.5 m	竖向支承，纵向弹性约束	1998
4	诺曼底大桥	518＋856＋737	伸入中跨 116 m	塔墩梁固结	1995
5	九江二桥	229＋818＋358	单侧混合梁，伸入中跨 49.5 m	横竖向约束，纵向黏滞阻尼器	2013
6	荆岳大桥	398＋816＋230	单侧混合梁，伸入中跨 22 m	横竖向约束，纵向黏滞阻尼器	2010
7	武汉白沙洲大桥	230＋618＋230	边跨，距桥塔 143 m	横竖向约束，纵向弹性约束	2000
8	舟山桃夭门大桥	146＋580＋146	伸入中跨 16.7 m	横竖向约束	2003
9	汕头礐石大桥	294＋518＋294	边跨，距桥塔 100 m	横竖向约束，纵向弹性约束	1998
10	日本生口大桥	150＋490＋150	伸入中跨 2.65 m	桥塔处设支座，边墩设橡胶支座	2000

3. 纵、竖向结构支承体系

下面以我国某混合梁斜拉桥设计为例，对混合梁斜拉桥支承体系进行研究。

某混合梁斜拉桥位于长江水道之上，线路全长 15.149 km，桥梁总长 6230 m；桥面设计为双向 6 车道高速公路，设计速度为 100 km/h。该桥为双塔双索面九跨连续半飘浮体系混合梁斜拉桥，大桥边跨为 PK 断面混凝土箱梁，中跨为 PK 断面钢箱梁，钢-混结合段采用 PC 箱梁过渡连接，边跨设计 3 个辅助墩和 1 个过渡墩。采用分离式双箱断面，桥面板、底板、斜底板及中纵腹板纵向均采用 U 形加劲，边纵腹板及顶板、斜底板的边角部采用板式加劲，钢箱梁上索梁锚固采用钢锚箱方式；钢箱梁隔板分为 B1、B2、B3 三类，B1 类用于斜拉索处，B2 类为钢箱梁段普通横隔板，B3 类用于钢箱梁过渡段。采用材质为 Q345D。边跨为单侧预应力混凝土箱梁，边跨 PC 箱梁采用 C55 混凝土，三向预应力结构。桥塔为钻石形态，分为下塔柱、下横梁、中塔柱及上塔柱四部分，除下横梁设置预应力外，塔柱为钢筋混凝土结构。北塔基础采用变截面钻孔灌注桩，南塔基础采用钻孔灌注桩；桩基按摩擦桩设计。斜拉索采用平行镀锌钢丝斜拉索，为扇形布置，采用热挤双层 PE 防护。

分析中，辅助墩、过渡墩处仅设置竖向滑动支座。塔梁间设置竖向滑动支座，重点对塔梁处的纵向支承体系及附加装置进行比选。

(1)体系比选。

①静、动力受力计算比较。

将纵向动力阻尼限位约束体系、水平弹性约束体系以及半飘浮体系的静、动力反应做比较，见表 2.8。其中，约束体系参数直接采用了对参数优化的最优值。在表 2.8 中，静力反应的数值取控制荷载组合(100 年重现期风荷载＋温度)计算结果，位移正号表示跨中方向，负号表示边跨方向。地震作用取 100 年 3％超越概率的加速度时程进行非线性时程分析，两个数值分别取北、南塔响应峰值。

表 2.8　三种纵向约束体系静、动力反应比较

支承体系		动力阻尼限位约束体系	水平弹性约束体系	半飘浮体系
约束体系参数		塔梁处竖向支承，$C=1000\ \mathrm{kN/(cm/s)^{0.6}}$（$\alpha$ 取 0.6，±500 mm 限位）	塔梁处竖向支承，水平弹性刚度 $K=40\ \mathrm{MN/m}$	塔梁处竖向支承
静力反应	梁端水平位移/m	−0.505/0.516	−0.305/0.323	−0.815/0.858
	塔顶水平位移/m	−0.562/0.578	−0.339/0.352	−0.885/0.902
	塔底弯矩/(MN·m)	−2018.8/2715.5	−1798.9/2355.6	−3205.5/3899.1
	装置约束力/MN	3.488	11.2	—
	装置行程/m	−0.424/0.500	−0.271/0.282	—
地震反应	梁端水平位移/m	0.067/0.066	0.039/0.037	0.177/0.189
	塔顶水平位移/m	0.108/0.088	0.072/0.059	0.253/0.248
	塔底弯矩/(MN·m)	146.5/220.7	235.7/299.5	209.3/215.9
	装置约束力/MN	1.915/1.899	6.588/7.112	—
	装置行程/m	0.066/0.065	0.037/0.037	—

经比较，可得到如下结论。

a. 动力阻尼限位约束体系在静力控制荷载组合下充分体现了其限位作用，通过成桥运营状态±500 mm 的行程量控制，与半飘浮体系相比，结构的内力和位移均得到了较好的改善，梁端位移幅值减小 39.9%，塔顶水平位移幅值减小 35.9%，塔底弯矩减小 30.4%。

b. 水平弹性约束体系对结构的静力反应有较好的改善，在动力响应下对梁端及塔顶的位移有较好的限制作用，但由于弹性约束并不提供额外的耗能作用，因此，塔柱的地震内力响应与半飘浮体系及动力阻尼限位约束体系相比均较大。此外，由于动力阻尼装置的附加阻尼，结构的地震内力与位移响应均较迅速地衰减，结构的响应峰值出现在地震初期；而弹性约束没有额外的耗能作用，地震响应的衰减较为缓慢。

c. 三种体系中，动力阻尼限位约束体系的纵桥向塔底动弯矩最小（相应的剪力也较小），水平弹性约束体系最大。水平弹性约束体系对动位移的控制最好，

塔柱动内力相对较大。但由于此桥并不处于高烈度区，地震作用并非结构的控制作用，因此，具有适当弹性刚度的水平弹性约束也具有一定的适用性。

②构造比较。

动力阻尼限位装置由动力阻尼装置和额定行程限位装置串联而成，目前市场上已形成将两种功能集于一体的工业产品。

水平弹性约束采用弹性拉索时，对于 40 MN/m 的弹性刚度，若选用 4 根高强平行钢丝拉索，且满足控制荷载组合下 2.5 倍的安全系数，则需要型号为 PES7-109 的高强平行钢丝索，单根长度为 82 m。从计算上该装置是可行的，但合适的弹性刚度较小，导致弹性拉索长度较长，构造上处理起来较为困难。

③体系选定与应用。

综合考虑结构静、动力分析及构造形式、施工方便性、运营管理养护难易程度，动力阻尼限位约束体系体现了较好的适用性，对此桥而言，该种约束体系最优。

对于水平弹性约束体系，通过弹性刚度的比选，可以找到合适的刚度以同时改善结构静力反应及地震位移响应。此外，由于动力阻尼装置对脉冲荷载（大规模制动或其他冲击荷载）的适用性不强，而水平弹性约束提供的约束力不存在与位移的相位差，因此对脉冲荷载也有较好的适用性。

(2)参数优化。

在确定纵向支承体系及装置后，应对支承的技术参数进行优化，使结构受力性能达到最优。

①动力阻尼限位约束体系。

纵桥向阻尼限位约束体系是动力阻尼和额定行程量的刚性限位两者组合的结构体系，应进行非线性地震时程反应分析以确定阻尼参数，并进行静力分析以确定限位量和结构内力。

液体黏滞阻尼器的阻尼力可表达为式(2.9)：

$$F = CV^{\alpha} \tag{2.9}$$

式中：F——阻尼力；C——阻尼系数；V——阻尼器冲程速度；α——阻尼器速度指数。

对结构进行非线性地震时程分析，确定阻尼系数 C 取 1000～3000 kN/(cm/s)$^{0.6}$较优。从主梁纵向位移来看，随着阻尼器速度指数的增加，纵向位移基本上呈线性增加，阻尼器速度指数为 1 时，主梁梁端纵向位移约为 0.075 m。

塔底弯矩则在阻尼器速度指数为 0.6 左右时达到最小值。显然在降低主梁纵向位移与桥塔内力两方面,阻尼器速度指数不能达到一致(图 2.7)。考虑到梁端纵向位移反应相对于此桥所采用的伸缩缝规格(±800 mm)而言不起控制作用,因此以降低桥塔弯矩为主要目标,阻尼器速度指数可取 0.6。

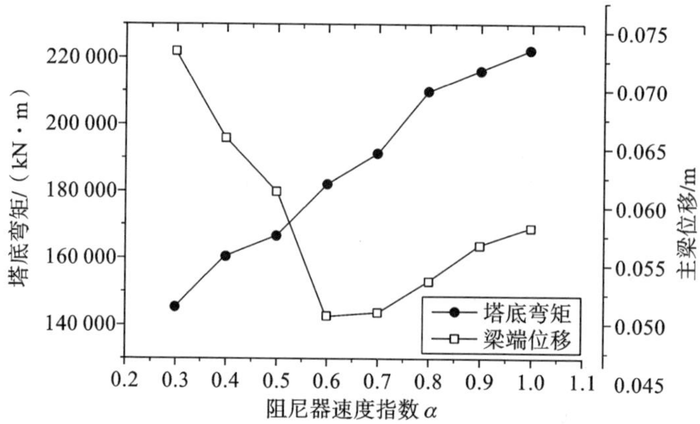

图 2.7 塔底弯矩及梁端位移峰值与阻尼器速度指数关系[$C=1000\ \mathrm{kN/(cm/s)^{0.6}}$]

综合考虑位移及阻尼力、梁端位移、塔顶位移、桥塔剪力和弯矩随阻尼器参数的变化情况,该混合梁斜拉桥的阻尼装置参数取为:阻尼力≥1000 kN、阻尼器速度指数 α 取 0.6、线性阻尼系数 C 取 1000 $\mathrm{kN/(cm/s)^{0.6}}$、最大行程±600 mm。

刚性限位装置的额定行程由控制荷载组合决定,一般情况下应满足下述三个方面要求:在正常运营荷载[车辆,温度,参与汽车荷载组合的风荷载(以下简称"有交通风")]作用下,阻尼器有足够的行程,保证基本不限制位移的情况;保证在正常运营荷载情况下发生地震时,阻尼器有足够的行程能正常工作,尽可能不发生限制振幅的情况;尽可能取较小的行程以有效控制无交通风作用下结构的反应(控制伸缩缝的位移量、降低塔底弯矩)。

对于该混合梁斜拉桥来说,在正常运营荷载(车辆、温度、有交通风)作用下,刚性限位也应发挥适当的作用,以减小正常使用极限状态下的塔底弯矩。经综合考虑刚性限位装置的受力情况、塔底弯矩以及梁端位移,确定成桥运营状态时纵向限位±500 mm。刚性限位装置额定行程的确定见表 2.9。

表 2.9 刚性限位装置额定行程的确定

荷载组合	各控制项的行程量/m	额定行程量/m
汽车荷载+温度	(0.117/−0.106)+(0.231/−0.220)=(0.348/−0.326)	±0.500
汽车荷载+温度+有交通风	(0.117/−0.106)+(0.231/−0.220)+(0.248/−0.248)=(0.596/−0.574)	
地震(100 年 10%)	0.047/−0.047	
汽车荷载+温度+有交通风+地震(100 年 10%)	(0.117/−0.106)+(0.231/−0.220)+(0.248/−0.248)+(0.047/−0.047)=(0.643/−0.621)	

②水平弹性约束体系。

塔梁间的水平弹性约束对结构的静力、动力响应都起作用,分别计算弹性刚度对结构静力和地震响应的影响,并综合两者的结构内力、位移以及弹性约束自身的反应,选取合理的弹性刚度。静力计算结果(图 2.8～图 2.10)表明,附加刚度从 0 到 50 MN/m 变化时,结构反应变化较明显,主梁梁端位移、塔顶位移均随着附加刚度的增加而不同程度地减小,同时塔底弯矩除温度影响外,其他工况均随附加刚度的增加而减小;当附加刚度大于 50 MN/m 时,上述计算结果除温度对塔底弯矩影响较敏感外,其余对附加刚度的变化不敏感。因此,在塔梁间设置刚度合适的水平弹性约束可以对大多数工况下的结构静力反应有较为明显的改善。

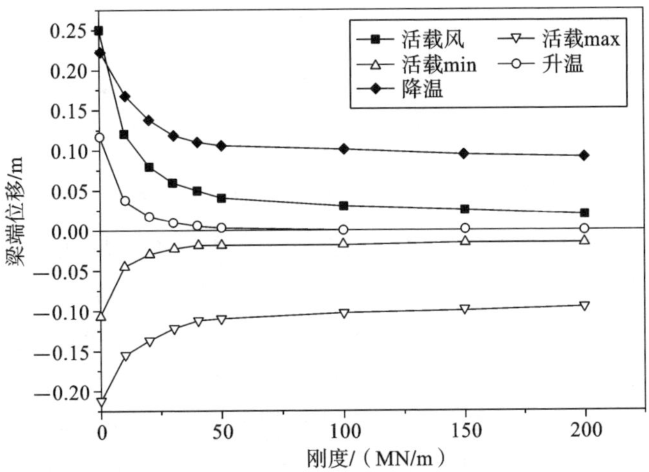

图 2.8 不同刚度弹性水平约束梁端位移

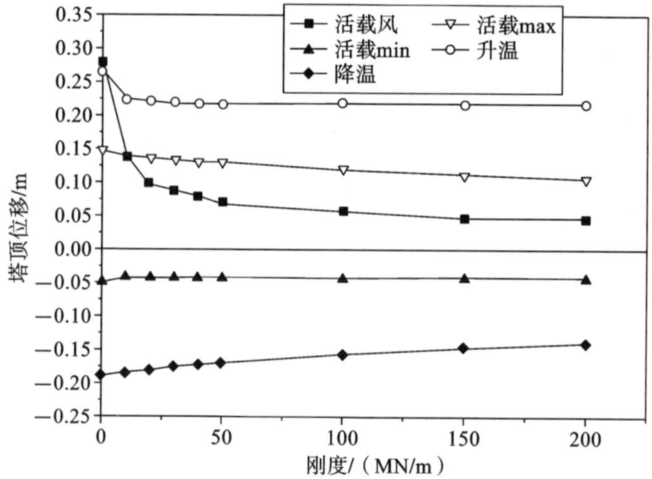

图 2.9　不同刚度弹性水平约束塔顶位移

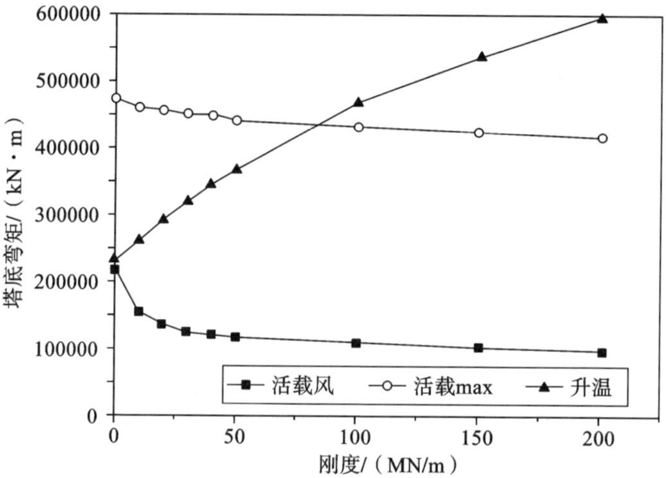

图 2.10　不同刚度弹性水平约束塔底弯矩

结构动力特性分析表明，随着弹性连接装置刚度的增大，前 5 阶振型的固有周期显著地减小(图 2.11)，且当弹性刚度大于 80 MN/m 后，结构的振型序列发生改变。由于前 5 阶振型的结构振型参与质量较大，因此随着弹性连接的刚度增加，结构的振型固有周期在频域中倾向于向高频方向密集，从而整体的地震响应将会增加。地震分析结果表明，随着弹性刚度增大，连接装置的弹性力单调增大，弹性连接装置的弹性变形、梁端位移以及塔顶位移总体明显减小，而塔底剪力和弯矩总体增大。

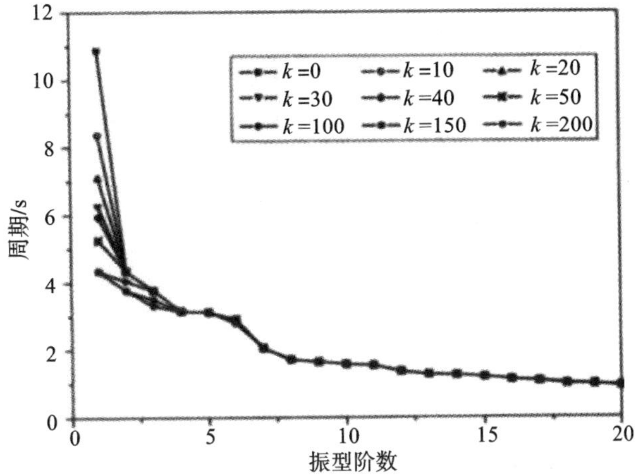

图 2.11　不同刚度弹性水平约束振型周期比较

综合考虑风荷载、汽车荷载、温度和地震等作用下的梁端位移、塔底剪力和弯矩的变化情况，以及连接装置本身的受力和变形，一个塔梁连接处弹性连接装置的总刚度取值 40 MN/m 为宜。

(3)结合段在中跨的大跨度混合梁斜拉桥施工及运营期多功能约束体系及装置。

针对该混合梁斜拉桥的混凝土箱梁伸入中跨的结构特点，考虑施工及运营两种阶段的需要，从受力合理、简化构造、施工方便、经济适用的原则出发，设计了一种大跨度混合梁斜拉桥施工、运营全过程多功能综合约束体系(图2.12)。

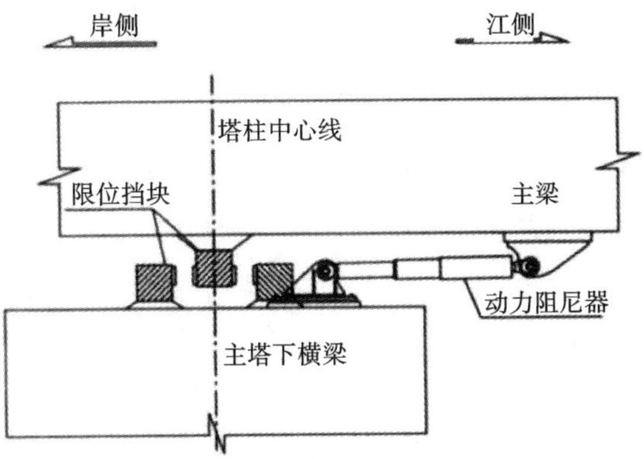

图 2.12　塔梁连接处动力阻尼限位装置

在主梁和桥塔之间设有功能独立的纵向阻尼装置和纵向综合多功能装置。

纵向阻尼装置由塔梁处的液体黏滞阻尼器实现。纵向综合多功能装置采用随结构现浇的钢筋混凝土挡块，并于挡块上敷设橡胶垫块，包括三个刚性挡块，一个挡块在主梁底面从上往下垂直悬出，另外两个挡块在桥塔横梁顶面由下往上垂直伸出，在桥梁纵向相对主梁底面悬出，呈一前一后设置，三挡块之间留有空间。主梁与桥塔之间至少有两个纵向综合多功能装置，两个纵向综合多功能装置沿纵向相互并联设置；刚性挡块可采用钢结构或者钢筋混凝土结构。

纵向阻尼装置的阻尼功能在桥梁运营期独立实现，纵向综合多功能装置在桥梁施工和运营全过程实现固结、顶推、限位三项功能，即主梁拼装施工期为固结、合龙时为顶推、运营期为限位。

采用上述综合多功能约束体系和装置，其有益效果如下。

①可实现施工期塔梁临时固结、合龙时顶推、运营期限位等多种功能，无须根据不同桥梁施工、运营时序分别设置多种装置。该装置构造简单、受力可靠、便于施工和运营期管理养护，具有良好的经济性。

②纵向综合多功能装置与纵向阻尼装置共同使用可简化纵向阻尼装置的设计、制造，对其自身的限位内力没有要求。

上述技术为大跨度混合梁斜拉桥运营期提供有效的刚度与阻尼，保证桥梁的静力和动力响应在可接受范围内，同时在桥梁上部结构悬臂拼装过程中兼有临时固结功能，在全桥合龙工况下兼作主梁顶推结构，实现桥梁无应力几何线形施工控制，功能清晰、受力合理、经济实用，适用于所有大跨度混合梁斜拉桥。

4. 横向结构支承体系

对于大跨度混合梁斜拉桥，塔、梁之间横桥向一般均设置抗风支座以形成横向约束，而墩、梁之间的约束关系主要取决于横向地震反应、横向风荷载作用及主梁横截面温差效应。因此，大跨度混合梁斜拉桥横向支承体系主要是确定各墩、梁之间的约束形式，以及各墩、梁约束之间的相互关系。通过对不同横向约束形式进行静、动力响应计算，最终选择约束形式及技术参数，进行约束构造设计。值得注意的是，混合梁斜拉桥边跨为混凝土梁，具有跨数多、跨径小、自重大的特点，在地震作用下，墩、梁间的横向相对位移较小。黏滞阻尼器的耗能能力与图 2.13 中力-位移曲线形成的椭圆形面积相关，当墩、梁间相对位移很小时

(见图 2.13 中阴影部分),由于黏滞阻尼器的阻尼力与位移的相位差,需要很大的阻尼系数才能起到预期的耗能效果。因此,横桥向设置阻尼器的适应性较差。

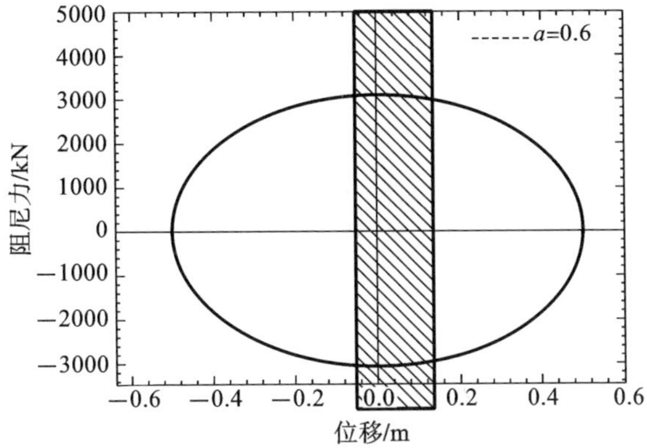

图 2.13　黏滞阻尼器滞回曲线

以某混合梁斜拉桥为例,按横桥向不设阻尼装置情况,分别对约束体系 1(主梁横向仅与过渡墩主从约束)以及约束体系 2(主梁横向与过渡墩、辅助墩主从约束)两种情况进行静、动力响应分析。具体构造中横向主从约束按照设置抗风支座考虑。

(1)静力分析。

荷载主要针对横向无交通风荷载和箱梁的横截面温差。目前设计规范未给出箱梁横截面温差取值,本桥分析采用了以下取值,可供类似桥梁参考。PK 断面箱体的非线性温差从左到右变化为:在设计基准温度基础上,左侧箱体对钢箱梁由 15 ℃线性渐变为 0 ℃,对混凝土箱梁由 7.5 ℃线性渐变为 0 ℃;右侧箱体对钢箱梁由 0 ℃线性渐变为 −7.5 ℃,对混凝土箱梁由 0 ℃线性渐变为 −3.75 ℃,两箱之间部分不考虑温差。

横向支承体系静力分析比较如表 2.10 所示。从横向支承反力看,约束体系 2 各墩反力出现了负号,且过渡墩支承反力值有所增大,这对主梁及桥墩受力是无益的。从主梁的应力看,两种体系边跨混凝土箱梁的应力相当,而约束体系 2 中跨钢箱梁的应力稍大。此外,由于边跨混凝土箱梁的横向刚度很大,两种支承体系的横向位移相差甚微。因此,就静力而言,主梁横向没有与辅助墩主从约束的必要。

表 2.10　横向支承体系静力分析比较

<table>
<tr><td colspan="2">横向约束体系</td><td>约束体系 1</td><td>约束体系 2</td></tr>
<tr><td rowspan="3">无交通风荷载</td><td>横向支承反力/kN</td><td>−1042(过渡墩)/1110(桥塔)</td><td>−1312(过渡墩)/−590(辅助墩 1)/554(辅助墩 2)/1830(辅助墩 3)/9552(桥塔)</td></tr>
<tr><td>主梁横向最大位移/m</td><td>0.020(混凝土箱梁)/0.690(钢箱梁)</td><td>0.017(混凝土箱梁)/0.685(钢箱梁)</td></tr>
<tr><td>主梁应力峰值/MPa</td><td>3.2(混凝土箱梁)/54.3(钢箱梁)</td><td>3.1(混凝土箱梁)/66.6(钢箱梁)</td></tr>
<tr><td>横截面温差</td><td>主梁应力峰值/MPa</td><td>3.5(混凝土箱梁)</td><td>3.8(混凝土箱梁)</td></tr>
</table>

(2)地震响应分析。

墩梁的约束关系变化对结构的整体动力性能会有较大的影响。从横桥向累积振型参与质量比较(图 2.14)可以看出，约束体系 1 在 90 阶左右其横桥向累积振型参与质量超过 90%；而约束体系 2 在 250 阶左右其横桥向累积振型参与质量才超过 90%。上述现象说明，后者的高阶振型参与程度仍然较高；也意味着地震作用时，由于高频振型参与程度高，结构的地震内力响应将会增大，而不仅仅是辅助墩的地震内力响应增加。

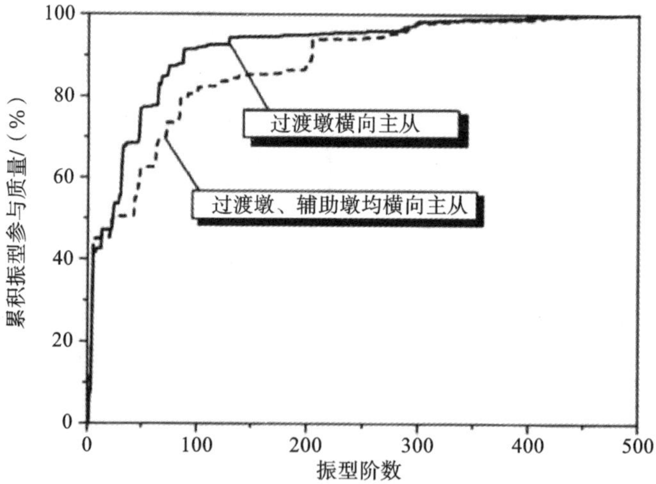

图 2.14　两种横向约束体系横桥向累积振型参与质量比较

表 2.11 所示为横向支承体系墩、塔底地震响应峰值分析比较。约束体系 1 的过渡墩墩底的弯矩峰值比约束体系 2 大 27%，而桥塔的弯矩峰值比约束体系 2 小 10%。可见，此桥增加主梁与辅助墩的主从约束对于桥塔而言是不利的。

表 2.11　横向支承体系墩、塔底地震响应峰值分析比较

位置	约束体系 1			约束体系 2		
	轴力/kN	横向剪力/kN	横向弯矩/(kN·m)	轴力/kN	横向剪力/kN	横向弯矩/(kN·m)
过渡墩	1868	2347	53482	1775	1526	41983
辅助墩 1	3126	1423	25887	3439	2220	34973
辅助墩 2	4739	1124	24357	5213	1978	34392
辅助墩 3	3423	894	20464	3091	1261	24843
桥塔	46896	23469	281623	42722	24642	313728

(3)体系选定与应用。

鉴于前述的混合梁斜拉桥边跨的特点，各墩与主梁间横桥向设置阻尼装置适应性差，经对两种约束体系的静、动力受力性能对比分析，综合考虑结构受力、经济性、运营管理养护等因素，确定某混合梁斜拉桥的横向支承体系采用约束体系 1，即各墩与主梁间未设置阻尼装置，仅在过渡墩顶和桥塔处设置横向支承。

(4)边跨有钢箱梁的情况。

上述横向支承体系对边跨全为混凝土梁的情况是适宜的，但对于钢-混结合段设置在边跨，且混凝土梁范围小而钢箱梁范围大的情况，如日本多多罗大桥、武汉白沙洲大桥等，则需对钢箱梁范围的辅助墩顶的横向支承体系进行针对性对比计算与分析研究，确定最优的横向支承体系。

2.2　大跨度混合梁斜拉桥结构特性

2.2.1　混合梁斜拉桥结构及受力特点

混合梁斜拉桥通常中跨采用钢主梁以减轻自重、提升跨越能力，边跨则采用混凝土主梁进行配重并提高全桥刚度。在斜拉桥共有的受力规律的基础上，混合梁斜拉桥有其自身的结构及受力特点。

(1)适应并基于建设条件,中跨全部或大部分采用自重较轻、跨越能力大的钢主梁,边跨全部或部分采用自重和刚度均较大的混凝土主梁,集钢主梁和混凝土主梁各自优点于一体,满足了大跨度、建设条件及经济性的要求。

(2)边中跨比与传统的非地锚式的斜拉桥相比要小。混凝土主梁起到压重和锚固作用,不但平衡中跨钢主梁重力并确保边跨各支点均无负反力,而且从总体上提高了整座桥的刚度。当中跨布置活载时,中跨梁体变形和主塔变位均有减小的趋势,从而起到锚固作用。

(3)混凝土边跨客观上需要减小跨径以降低梁高节省预应力混凝土用量,同时因为采用了多辅助墩的密边跨而大大减小了边跨挠曲对中跨的影响,这样,中跨主梁的弯矩变幅和斜拉索索力变幅就明显减小,因而也就减小了疲劳影响。斜拉索的支承作用使混凝土主梁受力更接近于多支点弹性支承连续梁,从而进一步减少了预应力筋的配置。

(4)主梁结构存在若干处钢-混结合段,该结合段的位置选择和连接构造的可靠性,关系到全桥受力合理性和运营耐久性。

(5)较小的边中跨比,导致顺桥向桥塔两侧斜拉索对称性差,进而影响到边中跨索力的平衡以及斜拉索在塔端的锚固构造、安装及张拉施工。

(6)主梁高度受横桥向宽度的影响较大,受中跨跨径增大的影响较小,一般跨高比大于200。较大的全桥刚度带来较高的自振频率,加之较大的质量和采用扁平流线型箱梁,使全桥抗风性能得到很大改善。

(7)由于同时采用混凝土主梁和钢主梁,其受力兼具了两者的特点,主要体现在主梁的内力分布方面。

2.2.2 大跨度混合梁斜拉桥静力特性和动力特性

1.大跨度混合梁斜拉桥静力特性

斜拉桥为典型的缆索支承体系,其结构由主梁、桥塔、斜拉索等主要受力构件组成,每类构件特性的变化均会对整体结构的静、动力特性造成影响。由于梁体的材质、布置形式的不同,其整体结构的质量和刚度分布与全钢主梁或全混凝土主梁斜拉桥存在较为显著的差异。

斜拉桥各部件之间的比例决定了结构各主要构件之间力的分配,从而影响其结构特性。图2.15为部分已建大跨度混合梁斜拉桥与钢箱梁斜拉桥的边中跨比;图2.16为部分已建大跨度混合梁斜拉桥与钢箱梁斜拉桥的塔高(H_2)与中跨比，其中 H_2 为主梁梁面以上塔高。由图 2.15 可见，目前已建的大多数混合梁斜拉桥的边中跨比为 0.25～0.35；而钢箱梁斜拉桥边中跨比通常为 0.4～0.55。而对于塔高与中跨之比，混合梁斜拉桥与钢箱梁斜拉桥并无明显区别，通常为 0.2～0.3。

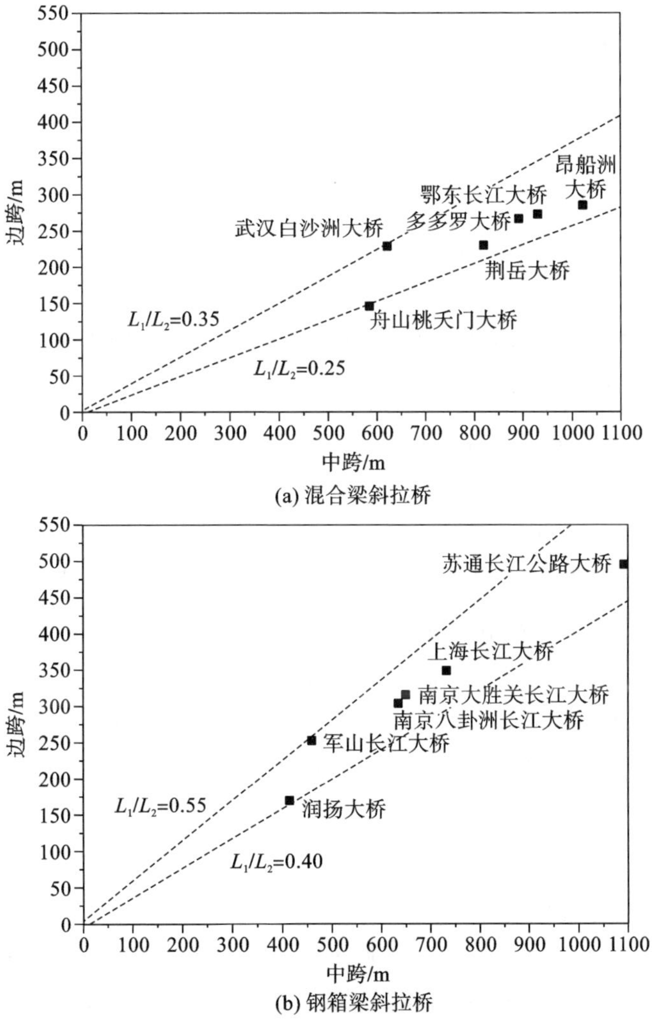

图 2.15　部分已建大跨度混合梁斜拉桥与钢箱梁斜拉桥的边中跨比

下面结合本章 2.1.3 节所述的某混合梁斜拉桥的施工期及运营期的结构受力分析，以及本章 2.2.5 节“主跨 1500 m 混合梁与钢主梁斜拉桥受力特性比较”，对施工阶段及运营阶段大跨度混合梁斜拉桥的静力特性进行阐述。

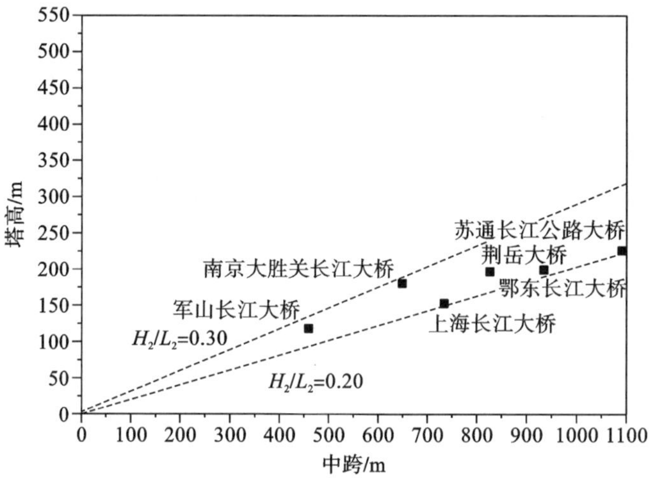

图 2.16　部分已建大跨度混合梁斜拉桥与钢箱梁斜拉桥的塔高与中跨比

(1)施工阶段。

通过对某混合梁斜拉桥施工期的全过程精细分析，发现大跨度混合梁斜拉桥的边中跨在施工过程中体现出以下结构特性。

①混合梁斜拉桥中跨跨度大、刚度相对较小、结构较柔，施工期结构构型变化较大。以 30 号梁段为例，自梁段匹配至 30 号索二次张拉完，30 号梁段的位移变化达 1.44 m。中跨结构变形的影响因素多，由于结构刚度小，斜拉索、桥塔、主梁整体温差、钢箱梁日照温差、斜拉索弹性模量、钢箱梁自重、临时荷载等因素对结构变形影响较大。计算表明，15 ℃的斜拉索、桥塔、主梁温差对中跨主梁线形的影响最大可达 417 mm，3％的斜拉索弹性模量的变化可导致 105 mm 的线形变化。施工阶段最大单悬臂状态下，钢箱梁段弯矩、累积位移及斜拉索索力受几何非线性因素影响较明显，混凝土梁段及桥塔的非线性影响较小，其中斜拉索垂度效应的影响占主要部分。经对比计算表明，随着斜拉索长度增大，斜拉索的非线性将急剧增大。尤其在较低应力水平的施工阶段，索力分量引起的误差比较大，这将直接影响斜拉索施工张拉过程中的计算精度。

②边跨结构刚度大，结构参数和环境条件的变化对边跨主梁的变形影响较小，但对应力影响较大。计算表明，无论是索力还是温度的变化对结构变形的影响均是十分有限的，例如，边跨索力对结构变形的影响尚不到 20 mm，5％的索力误差对边跨主梁线形的影响仅 5 mm；同时实桥的 24 h 变形观测结果表明，日照温差对边跨主梁线形的影响尚不到 10 mm。但索力对边跨混凝土主梁的应力影

响较大，在张拉完所有预应力钢束时，混凝土主梁的最大应力仅 3 MPa 左右，但在 30 对斜拉索张拉完成后，混凝土主梁的应力达 12 MPa 左右。可见，斜拉索的主要作用是调整混凝土主梁的应力，而非调整主梁的线形，这一点与全钢主梁斜拉桥有明显区别。对于全钢主梁斜拉桥，边跨索力兼有线形和应力调控双重功能。

③边中跨的结构行为存在一定的独立性。由于边、中跨刚度相差较大，边跨混凝土主梁的自重力也较大，且跨度小，边跨形成了强大的锚跨，加之边中跨拉索倾角相差较大(中跨拉索倾角为 23.2°～80.2°，边跨拉索倾角为 39.2°～80.4°)，索长相差较为明显(中跨 30 号索长为 494 m，边跨 30 号索长为 323 m)，这样中跨索力对中跨的位移有明显影响，而对桥塔偏移和边跨位移却影响甚微；反之，边跨索力对桥塔偏移和边跨应力影响明显，但对中跨线形的影响却不大。边中跨在施工期的结构行为有一定的独立性，这一特点与全钢主梁斜拉桥边中跨结构行为高度耦合有较大不同。

④施工阶段最大单悬臂状态风荷载作用下，钢主梁段腹板应力、横向弯矩及横向位移受几何非线性因素影响明显，混凝土梁段的非线性影响较小，其中斜拉索垂度效应的影响占主要部分。

⑤边跨采用支架现浇施工，中跨采用节段拼装施工，且在中跨钢主梁吊装之前，边跨混凝土主梁已施工完成；中跨施工为单悬臂拼装，与全钢主梁常用的双悬臂施工相比，混合梁斜拉桥在中跨钢主梁安装时，边跨已形成较为完备的结构体系，对于施工期结构整体稳定性和中跨线形的调整均较双悬臂施工有利。就施工期的安全性来说，混合梁斜拉桥较全钢主梁斜拉桥更有优势。

(2)运营阶段。

通过对比主跨 1500 m 混合梁斜拉桥与全钢主梁斜拉桥的运营期结构分析结论，并结合某混合梁斜拉桥运营阶段的计算分析，揭示混合梁斜拉桥的运营期主要结构静力特性如下。

①混合梁斜拉桥的结构刚度明显优于全钢主梁斜拉桥，主梁活载挠度、塔顶位移以及梁端位移均远小于全钢主梁斜拉桥。由于混合梁斜拉桥的边跨混凝土梁起到压重和锚固作用，不但平衡中跨钢主梁重力并确保边跨各支点均不出现负反力，而且从总体上提高了整座桥的刚度，对中跨起到锚固作用。

根据本章 2.2.5 节的对比研究，主跨 1500 m 全钢主梁斜拉桥中跨活载竖向挠度为 1883 mm，为主跨的 1/767；主跨 1500 m 混合梁斜拉桥中跨活载竖向挠度为 1354 mm，为主跨的 1/1108；梁端及塔顶的水平位移值见表 2.12。

表 2.12　梁端水平位移与塔顶水平位移　　(单位:mm)

荷载	混合梁斜拉桥				钢主梁斜拉桥			
	梁端		塔顶		梁端		塔顶	
	min	max	min	max	min	max	min	max
活载	−147	147	−78	356	−442	442	−654	690
温度效应	−400	500	−286	286	−490	490	−335	335
风荷载	−536	536	−633	633	−886	886	−964	964

②混凝土边跨客观上需要减小跨径以降低梁高、节省预应力混凝土用量,同时因为采用了多辅助墩的密边跨而大大减小了边跨挠曲对中跨的影响,这样,中跨主梁的弯矩变幅和斜拉索索力变幅就明显减小,因而也就减小了疲劳影响。斜拉索的支承作用使混凝土梁受力更接近于多支点弹性支承连续梁,从而进一步减少了边跨混凝土梁的预应力配置。其他静力特性参见本章 2.2.5 节相关内容。

2. 大跨度混合梁斜拉桥动力特性

分析和认识桥梁的动力特性是进行动风稳定性分析和抗震性能分析的基础。某混合梁斜拉桥成桥及最大单悬臂状态结构动力特性分析结果见表 2.13 和表 2.14。

表 2.13　某混合梁斜拉桥成桥状态结构动力特性分析结果

振型序号	频率/Hz	振型特征
1	0.095	主梁纵飘
2	0.1616	主梁 1 阶侧弯(对称)
3	0.222	主梁 1 阶竖弯(对称)
4	0.2769	主梁 2 阶竖弯(反对称)
5	0.376	主梁 3 阶竖弯(对称)
6	0.4352	主梁 2 阶侧弯(反对称)
7	0.4559	主梁 4 阶竖弯(反对称)
8	0.521	主梁 1 阶扭转(对称)
9	0.5313	主梁 5 阶竖弯(对称)
10	0.5915	桥塔侧向振动

续表

振型序号	频率/Hz	振型特征
11	0.6183	主梁 6 阶竖弯(反对称)
12	0.6479	桥塔顺桥弯曲,主梁竖弯
13	0.6534	桥塔侧向振动
14	0.7106	主梁 3 阶侧弯(对称)
15	0.7279	主梁 7 阶竖弯(对称)
16	0.7321	主梁 2 阶扭转(反对称)

表 2.14　某混合梁斜拉桥最大单悬臂状态结构动力特性分析结果

振型序号	频率/Hz	振型特征
1	0.0985	主梁纵飘
2	0.1151	主梁 1 阶侧弯
3	0.2386	主梁 1 阶竖弯
4	0.3711	主梁 2 阶竖弯
5	0.5254	主梁 1 阶扭转
6	0.539	主梁 3 阶竖弯
7	0.5926	桥塔侧向振动
8	0.6453	主梁 2 阶侧弯
9	0.7259	主梁 4 阶竖弯
10	0.8428	桥塔侧向振动
11	0.8588	主梁 5 阶竖弯
12	0.8949	主梁 3 阶侧弯
13	0.9557	主梁 2 阶扭转

通过对比该混合梁斜拉桥与我国苏通长江公路大桥的动力特性,可以得出如下结论:无论是成桥阶段还是同条件下的单悬臂施工状态下,混合梁斜拉桥的主梁一阶对称竖弯频率和一阶对称扭转频率均高于钢主梁斜拉桥。但前者的主梁一阶扭弯频率比却并不一定高于后者。定性而言,同等设计条件下的混合梁斜拉桥的动力特性应优于钢主梁斜拉桥。

2.2.3 混合梁斜拉桥抗风抗震性能与稳定性

1. 混合梁斜拉桥抗风、抗震性能

由于同等条件下混合梁斜拉桥的动力特性一般优于钢主梁斜拉桥，加上前者在主梁质量、刚度、阻尼比方面均优于后者，故一般情况下，混合梁斜拉桥的整体抗风性能应优于钢主梁斜拉桥。这从一些桥梁的风洞试验成果和实桥测试结果中也能得到证明。

大跨度桥梁的地震响应较中小跨度普通桥梁复杂，其地震响应与其结构布置、约束体系、质量、刚度、阻尼比等密切相关，而且桥梁的抗震性能本身是一个不断优化的过程，因此，难以从定量上说明哪种主梁的斜拉桥的抗震性能更优。但由于混合梁斜拉桥的混凝土主梁的重量大，定性而言，在同等条件下，混合梁斜拉桥的整体抗震性能应比钢主梁斜拉桥差，而比混凝土主梁斜拉桥好。

2. 混合梁斜拉桥受力非线性特性

斜拉桥的几何非线性因素包括大位移效应、二阶效应和斜拉索垂度非线性效应三方面。经对部分混合梁斜拉桥进行实例计算分析，可以得出以下结论。

(1)在施工阶段最大单悬臂状态下，钢箱梁段弯矩、累积位移及拉索索力受几何非线性因素影响较明显，混凝土梁段及主塔的非线性影响较小；其中斜拉索垂度效应的影响占主要部分。

(2)经对比计算表明，随着斜拉索长度增大，斜拉索的非线性将急剧增大。尤其在较低应力水平的施工阶段，索力分量引起的误差比较大，且误差并不能通过增加荷载步数而减小。

(3)成桥状态，钢箱梁段弯矩、桥塔内力、钢箱梁跨中底板应力和拉索轴力受几何非线性因素的影响较明显，混凝土梁段弯矩、主梁轴力及钢箱梁应力最值的非线性影响较小；斜拉索垂度效应影响最大，大位移效应和二阶效应的影响次之。

(4)活载作用下，钢箱梁弯矩、钢箱梁应力、主梁竖向位移、桥塔内力、塔顶水平位移和拉索轴力受几何非线性因素的影响较明显，混凝土梁弯矩、主梁扭矩及主梁轴力的非线性影响较小。几何非线性因素对活载效应的影响中，$P\text{-}\Delta$ 效应的影响最大，大位移效应和斜拉索垂度效应的影响次之。

通过对比分析同等规模的混合梁斜拉桥和钢主梁斜拉桥的受力非线性影

响，可以得出混合梁斜拉桥的受力非线性性能优于钢主梁斜拉桥的基本结论。

3. 混合梁斜拉桥稳定性

斜拉桥的稳定包括整体静力弹性稳定、整体静力非线性稳定和结构局部稳定。千米级跨度斜拉桥与 600 m 跨度以下的斜拉桥相比，其受力特性、变形等结构行为有较大的差异，一是非线性特征很明显，二是时变特性较突出。就结构稳定性而言，具有以下特点。

(1)第一类稳定性分析方法已不能用于千米级大跨度斜拉桥。

(2)塔梁变形很大，容易导致结构几何失稳。

(3)失稳形式不再是单一的，通常出现塔、梁等不同构件以及结构沿纵、横、竖等方向的组合形式的失稳。

(4)材料非线性对结构稳定性的影响较大。

(5)考虑施工全过程的结构稳定性比不考虑时更不利，计入施工全过程效应对结构稳定性有很大影响。

(6)每个施工阶段结构具有时变特征，结构刚度不同、加载方式不同，结构稳定性与加载历程有关，超大跨度斜拉桥的结构稳定性必须考虑施工全过程的影响。

(7)千米级大跨度斜拉桥在多向复杂应力状态下钢箱梁各构件的局部稳定性不容忽视。

目前国内混合梁斜拉桥的跨径已达千米级跨度，非线性效应、时变效应突出，同时混合梁斜拉桥的主梁为混合梁，因此其静力稳定性研究方法与千米级跨度钢主梁斜拉桥相比，既有相似性，又有特殊性。

通过对比分析同等规模的混合梁斜拉桥和钢主梁斜拉桥的稳定性安全系数，可以得出：混合梁斜拉桥的整体静力弹性稳定和非线性稳定性能优于钢主梁斜拉桥。

2.2.4　大跨度混合梁斜拉桥设计关键参数敏感性分析

我国自 1996 年修建第一座混合梁斜拉桥徐浦大桥以来，中跨跨度从 590 m 增加到 618 m(武汉白沙洲大桥)，进而到鄂东长江大桥的 926 m、苏通长江公路大桥的 1088 m、沪苏通长江公铁大桥的 1092 m，混合梁斜拉桥已经进入主跨千米级的行列。有关研究指出：从材料强度角度研究，斜拉桥跨径可以达到 3000 m以上。基于目前的材料水平，斜拉桥跨径在 1500 m 以内，从经济技术角度是有竞争性的。大跨度混合梁斜拉桥与全钢主梁斜拉桥相比，其力学行为存在一定的差异，通过对混合梁斜拉桥关键设计参数进行分析，揭示这些参数对超大跨度斜拉桥的影响规律，并对其影响规律进行总结，可利于设计者在特大跨度斜拉桥设计中对各项参数的总体把握。

在混合梁斜拉桥的设计中，除从景观造型等方面对桥塔、主梁、斜拉索的构造形式及尺寸进行选取外，对结构受力起关键作用的主要设计参数有边中跨比、桥塔的高跨比、主梁的高度、边跨支点的布置等。下面对主跨 1500 m 不同结构参数的混合梁斜拉桥进行试设计，先初步拟定一个基准方案，在此基础上，逐一调整结构梁高、塔高、塔刚度、边中跨比、边跨支点布置等，进行参数分析，并归纳、总结这些参数对超千米级混合梁斜拉桥力学行为的影响规律。

上述关键参数设计研究中，均以混合梁斜拉桥的合理成桥状态为初始状态，以汽车活载、整体升降温、风荷载等可变作用比较不同结构参数的影响，以永久作用＋可变作用校核结构的合理性。此外，研究不同关键参数对结构动力特性的影响并进行比较。

主跨 1500 m 级混合梁斜拉桥钢-混结合段布置及边跨布置等主要设计参数见表 2.15，桥型总体布置见图 2.17。

表 2.15　主跨 1500 m 级混合梁斜拉桥基准设计参数

<table>
<tr><th colspan="2">项目</th><th>参数</th><th>说明</th></tr>
<tr><td colspan="2">桥跨布置</td><td>450 m＋1500 m＋450 m</td><td>边中跨比为 0.3</td></tr>
<tr><td colspan="2">主塔塔高</td><td>375 m</td><td>梁面以上塔高 315 m，高跨比 0.21</td></tr>
<tr><td colspan="2">钢-混结合段位置</td><td>混凝土梁伸入中跨 18.5 m</td><td>—</td></tr>
<tr><td rowspan="3">主塔截面特性</td><td>截面积</td><td>塔底 119.1 m²/塔顶 43.4 m²</td><td rowspan="3">主塔横桥向为倒 A 形布置，所列塔底截面参数为单肢主塔数据</td></tr>
<tr><td>顺桥向惯性矩</td><td>塔底 3837 m⁴/塔顶 677 m⁴</td></tr>
<tr><td>横桥向惯性矩</td><td>塔底 2365 m⁴/塔顶 529.4 m⁴</td></tr>
<tr><td rowspan="5">主梁截面特性</td><td>主梁高度</td><td>4.5 m</td><td rowspan="5">所列主梁截面特性均为钢箱梁及混凝土箱梁标准断面数据。钢箱梁主梁全宽含风嘴宽度</td></tr>
<tr><td>主梁全宽</td><td>40.0 m</td></tr>
<tr><td>截面积</td><td>钢箱梁 2.2 m²/混凝土箱梁 37.7 m²</td></tr>
<tr><td>竖向惯性矩</td><td>钢箱梁 7.25 m⁴/混凝土箱梁 91.8 m⁴</td></tr>
<tr><td>横向惯性矩</td><td>钢箱梁 272 m⁴/混凝土箱梁 5891 m⁴</td></tr>
</table>

以上述基准模型为基础，进行以下不同设计参数对结构力学行为的影响分

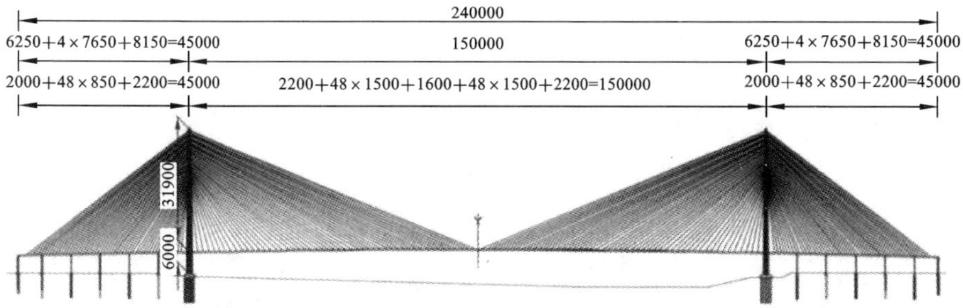

图 2.17　主跨 1500 m 级混合梁斜拉桥基准模型桥型总体布置(单位:cm)

析,见表 2.16。

表 2.16　主跨 1500 m 级混合梁斜拉桥关键参数布置

关键参数比较类型	边中跨比	边跨支点布置个数	桥塔高度与标准塔高比	主梁高度/m	顺桥向抗弯刚度
梁高	0.3	6	1	4.0	EI
	0.3	6	1	4.5	EI
	0.3	6	1	5.0	EI
	0.3	6	1	5.5	EI
边中跨比	0.22	6	1	4.5	EI
	0.30	6	1	4.5	EI
	0.41	6	1	4.5	EI
边跨支点布置	0.3	4	1	4.5	EI
	0.3	6	1	4.5	EI
	0.3	8	1	4.5	EI
桥塔高度	0.3	6	0.8	4.5	EI
	0.3	6	1	4.5	EI
	0.3	6	1.2	4.5	EI
桥塔刚度	0.3	6	1	4.5	$0.33EI$
	0.3	6	1	4.5	EI
	0.3	6	1	4.5	$3EI$

下面列出结构参数比选的主要研究成果,以不同主梁高度为例较为详细地列出参数比选的分析内容,并进行阐述。其他参数的比选仅列出主要结论,并对结论进行适当分析。

1. 不同主梁高度影响

斜拉桥作为缆索支承体系，结构的整体刚度构成主要为：(1)斜拉索刚度，包括斜拉索面积提供的轴向刚度，以及斜拉索索力提供的几何刚度；(2)边跨支承提供的竖向刚度；(3)主塔刚度；(4)主梁自身刚度。当各组成部分刚度不同时，作为高次超静定结构的斜拉桥，结构的整体刚度、内力以及各主要受力构件的应力情况将存在一定差异。斜拉桥跨度较大时，中跨主梁自身刚度对全桥刚度的影响相对较小，但不同的梁高导致主梁的抗弯、抗扭刚度等参数发生变化，从而会影响结构的静、动力特性。

不同主梁高度的截面特性如图 2.18 所示，其中相关参数均列出相对值，以主梁梁高 4.5 m 为基准参数。

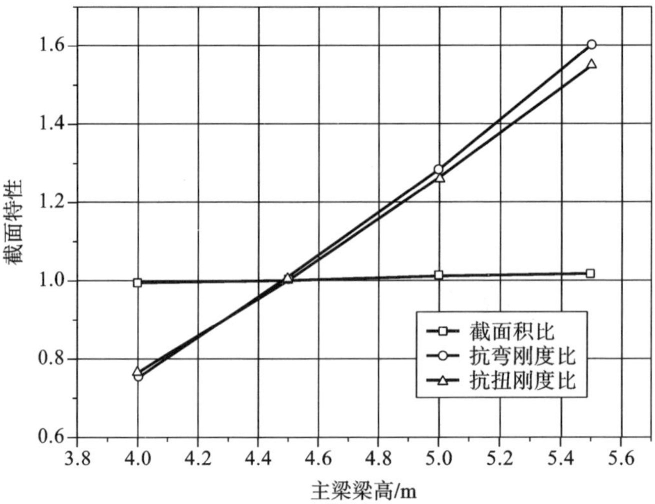

图 2.18 不同主梁高度的截面特性

从图 2.18 中可见，在截面的主要板件厚度(包括加劲肋)不变的前提下，当主梁高度由 4.0 m 增加到 5.5 m 时，截面积增加 2.2%，截面抗弯刚度增加 84%，截面抗扭刚度增加 78%。计算中不考虑由于主梁高度不同导致的主梁横隔板重力的不同。

(1)结构刚度。

在活载作用下，不同梁高主梁刚度不同，而不同主梁高度造成的主梁活载挠度差异较小，比如，梁高由4.0 m增加至 5.5 m 时，中跨主梁竖向抗弯刚度增加 84%，竖向位移仅减小 6.4%。

表 2.17 为活载作用下不同主梁高度的主塔水平位移，表 2.18 为正常使用极限状态下不同主梁高度的主塔水平位移与梁端水平位移，可见，不同主梁高度对主塔水平位移及梁端水平位移的影响均有限。

表 2.17　不同主梁高度的主塔水平位移（活载作用下）

梁高/m	主塔水平位移/mm	
	min	max
4.0	−79.4	360.4
4.5	−77.5	355.5
5.0	−75.8	351.1
5.5	−74.2	347.0

表 2.18　不同主梁高度的主塔水平位移与梁端水平位移（正常使用极限状态下）

梁高/m	主塔水平位移/mm		梁端水平位移/mm	
	min	max	min	max
4.0	−1004	1285	−1091	1091
4.5	−997	1275	−1083	1083
5.0	−991	1266	−1076	1076
5.5	−984	1257	−1028	1028

由上述分析可见：不同主梁高度对全桥结构刚度影响较小。

（2）结构内力及应力。

通过对主梁活载内力及温度效应内力的分析可知，不同主梁高度对主梁内力有一定影响，比如，活载弯矩最大值由 4.0 m 梁高增加至5.5 m 梁高时增大约 36%，温度效应弯矩增加约 15%，但由于主梁刚度的增加，主梁的应力变化并不明显，其中活载应力由 4.0 m 梁高增加至 5.5 m 梁高时钢箱梁顶底缘应力最大增加 6.8%。

图 2.19 给出主梁钢-混结合段弯矩变化情况。由分析结果可见，不同梁高时，结合段处弯矩有一定变化。但由于主梁刚度也相应增加，且结合段位置处于可变荷载弯矩较小处，因此结合段顶底板的弯矩变化不大，且弯矩幅值也较小。

表 2.19 所示为不同主梁高度的主塔塔底内力。由分析结果可见，不同主梁梁高对塔底内力影响有限。

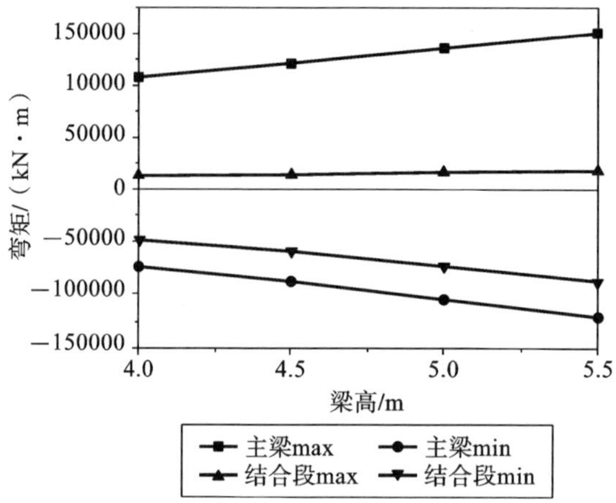

(a) 活载弯矩

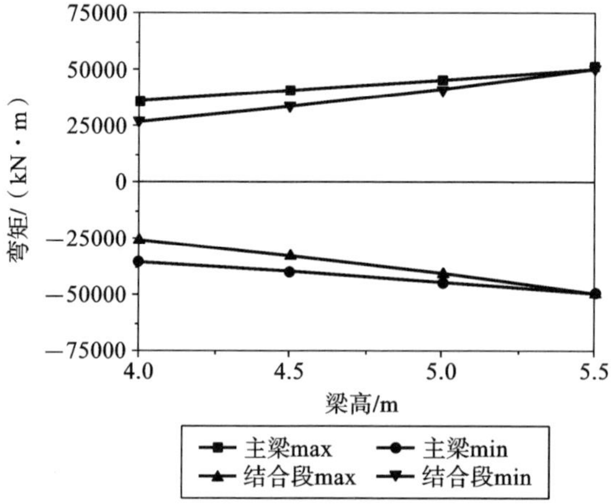

(b) 温度效应弯矩

图 2.19　不同主梁高度的钢-混结合段弯矩

表 2.19　不同主梁高度的塔底内力

梁高	荷载项目	N	M	Q
4.0 m 梁高	恒载	868605	5801198	2852
	温度	3856	454649	1785
	风荷载	4615	1421333	8554
	活载 N_{max}	38341	−140370	−252
	活载 N_{min}	−1654	−223070	13
	活载 M_{zmax}	31304	3803098	−1410
	活载 M_{zmin}	3949	−35004	354

续表

梁高	荷载项目	N	M	Q
4.5 m 梁高	恒载	870999	590566	596
	温度	3943	457093	1803
	风荷载	4723	1417825	8535
	活载 N_{max}	38382	−141226	−242
	活载 N_{min}	−1648	−220129	−851
	活载 M_{zmax}	31292	374534	−1349
	活载 M_{zmin}	3689	−30046	336
5.0 m 梁高	恒载	873391	613031	3076
	温度	4032	459477	1820
	风荷载	4822	1414618	8554
	活载 N_{max}	38425	−142350	−255
	活载 N_{min}	−1641	−217228	−842
	活载 M_{zmax}	31311	369444	−1379
	活载 M_{zmin}	4040	−25649	322
5.5 m 梁高	恒载	875781	629563	3200
	温度	4123	461840	1837
	风荷载	4915	1411627	8557
	活载 N_{max}	38469	−143650	−263
	活载 N_{min}	−1632	−214250	−832
	活载 M_{zmax}	31364	364884	−1364
	活载 M_{zmin}	4077	−21725	308

图 2.20 所示为不同主梁高度的斜拉索内力幅值。由分析结果可知，随着主梁梁高的增大，边跨斜拉索的内力幅值改变甚微。

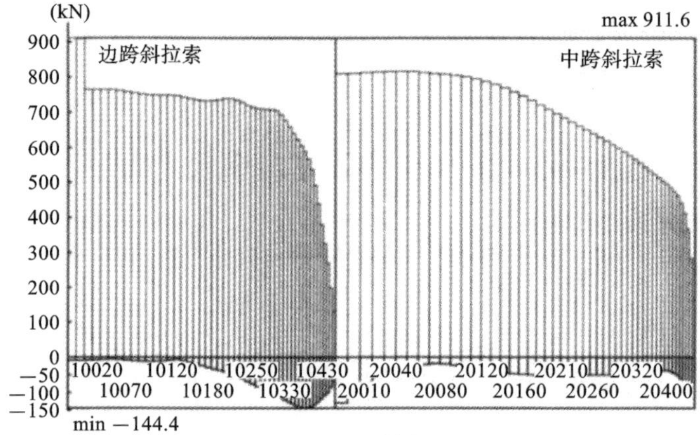

(a) 4.0m梁高

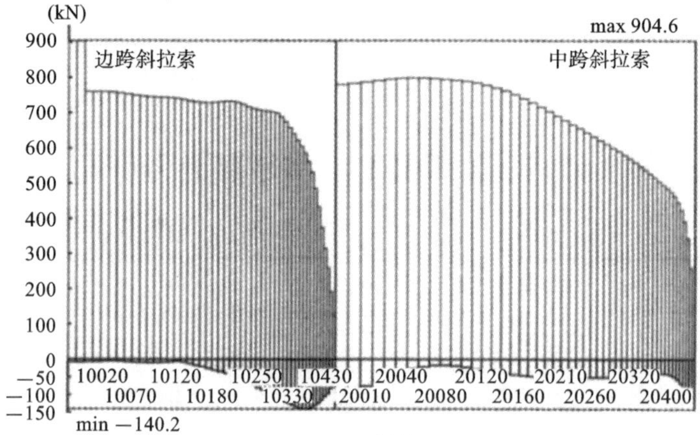

(b) 4.5m梁高

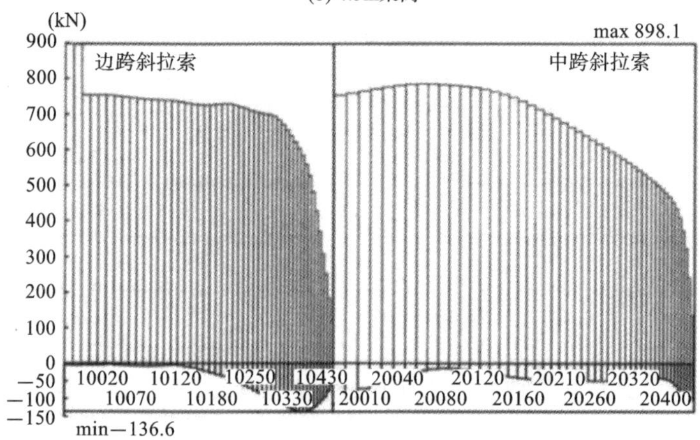

(c) 5.0m梁高

图 2.20　不同主梁高度的斜拉索内力幅值

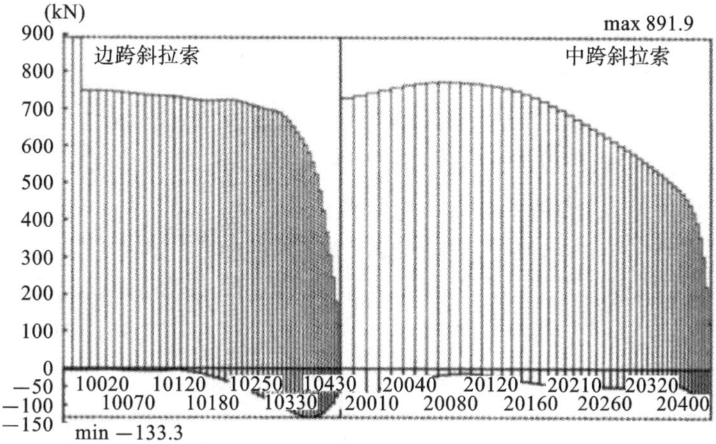

(d) 5.5m梁高

续图 2-20

(3)结构动力特性及动风颤振稳定性。

对不同梁高的结构进行动力特性分析，主要分析结果如表 2.20 所示。

表 2.20　不同主梁高度的全桥动力特性分析

模态号	4 m 梁高	4.5 m 梁高	5 m 梁高	5.5 m 梁高	振型描述
	周期/s	周期/s	周期/s	周期/s	
1	14.86	14.93	14.99	15.06	纵飘
2	12.84	12.76	12.66	12.58	主梁 1 阶侧弯
3	5.03	5.02	5.01	5.00	主梁 1 阶竖弯
4	4.87	4.86	4.84	4.83	主梁 2 阶侧弯
5	4.07	4.02	3.97	3.92	主梁 2 阶竖弯
6	3.81	3.83	3.85	3.87	主梁 3 阶侧弯
7	3.20	3.21	3.23	3.24	主梁 4 阶侧弯
8	3.13	3.09	3.05	3.02	主梁 3 阶竖弯
9	2.83	2.83	2.83	2.83	主塔 1 阶侧倾
10	2.83	2.83	2.83	2.83	主塔 2 阶侧倾
11	2.67	2.63	2.59	2.56	主梁 4 阶竖弯
12	2.49	2.43	2.39	2.35	主梁 5 阶竖弯
13	2.29	2.26	2.24	2.23	主梁 1 阶扭转
14	2.15	2.09	2.03	1.98	主梁 6 阶竖弯
15	2.00	1.97	1.97	1.97	主梁 2 阶扭转

由上述分析可见，不同梁高对结构的动力特性的影响主要体现在各振型周期的具体数值上，对结构的振型次序影响较小。

采用规范简化公式对主梁的颤振稳定性进行分析，主要分析结果如表 2.21 所示，其中单位长度质量惯矩所列数值为中跨标准梁段钢箱梁相关数值。由表 2.21 中数值可见，主梁高度对其动风颤振临界风速影响不大。

表 2.21　不同主梁高度的颤振稳定性理论解

主梁梁高/m	单位长度质量惯性矩/(t×m²/m)	扭弯频率比	颤振临界风速/(m/s)
4.0	2771	2.197	86.5
4.5	2848	2.216	88.0
5.0	2930	2.232	89.5
5.5	3014	2.246	90.8

(4)主要研究结论。

根据上述分析结果，得出不同梁高对结构力学行为的影响程度，如表 2.22 所示，其中不同参数的影响幅度在 5%以内的，表示为“很小”；5%～10%表示为“较小”；10%～25%表示为“较大”；25%以上表示为“很大”。

表 2.22　不同主梁高度对结构力学行为的影响程度

设计指标		影响程度
结构刚度	主梁挠度	很小
	桥塔水平位移	很小
	主梁梁端位移	很小
主梁内力		很大
主梁应力		较小
桥塔内力		较小
斜拉索索力	恒载索力	较小
	活载索力幅值	很小
动力特性		较小(对主要振型次序无影响)
颤振稳定性		很小

2. 不同边中跨比影响

对于常规全钢主梁斜拉桥而言，边中跨比例的变化对锚跨的负反力与端部尾索疲劳性能的影响具有互斥性:边跨缩短时,锚索所储备的恒载索力增大,活载应力幅值也随之降低,但边跨平衡活载上拔力的能力也随之降低;反之,则尾索恒载索力降低,活载应力幅值增大,边跨支反力变化减小。而混合梁斜拉桥由于边跨混凝土梁段自身具有较大的刚度与自重,且通常设置较多的辅助墩,使得边跨刚度进一步增大,因此,在解决斜拉索疲劳等相关问题上具有一定的优势,相应地,混合梁斜拉桥的边中跨比具有较为宽松的范围。

不同边中跨比对结构力学行为的影响程度如表 2.23 所示。

表 2.23　不同边中跨比对结构力学行为的影响程度

设计指标		影响程度
结构刚度	主梁挠度	较小
	桥塔水平位移	较小
	主梁梁端位移	很小
主梁内力		中跨:很小/边跨:较大
主梁应力		中跨:很小/边跨:较小
桥塔内力		较小
斜拉索索力	恒载索力	边跨:较大/中跨:很小
	活载索力幅值	边跨:较大/中跨:很小
动力特性		较小(对主要振型次序无影响)
颤振稳定性		较小

值得注意的是,当其他设计参数不变而仅改变结构边中跨比时,混合梁斜拉桥的力学行为与全钢主梁斜拉桥存在如下的区别。

(1)对于全钢主梁斜拉桥而言,通常边跨设置辅助墩的数量较少(一至两个),边跨也体现出缆索支承体系的特点;而大跨度混合梁斜拉桥为了考虑边跨混凝土梁段的应力,以及为中跨的锚固提供足够的刚度,在索间距一定的情况下,跨径(辅助墩间距)受到一定的限制,边跨箱梁更多地体现出多跨连续梁的特性。

针对边跨设置 6 个竖向支点的情况,观察不同边中跨比(0.22 边中跨比最小值及最大值、0.41 边中跨比最小值及最大值、0.3 边中跨比最小值及最大值)的主梁活载竖向挠度,可知,当采用较大边中跨比时,边跨主梁仍能够提供对中跨足够的锚固能力,锚固刚度更多地受到边跨斜拉索刚度的影响;在采用相同规格斜拉索的前提下,由于较大边中跨比的结构布置下其边跨斜拉索倾角更小,锚固效率更高，从而使得边中跨比较小的结构布置的中跨竖向刚度较小。由表2.24和表2.25分析结果可见，结构的主塔水平位移以及梁端水平位移（正常使用极限状态）也体现了同样的规律。而采用相同跨径布置的全钢主梁斜拉桥在边跨仅设置一个辅助墩的情况下，则由于较短的边跨主梁相对刚度较大，与本例混合梁的参数分析体现出相反的效应。

表 2.24　不同边中跨比主塔水平位移

边中跨比	主塔水平位移/mm	
	min	max
0.22	−88.7	411.7
0.30	−77.5	355.5
0.41	−69.2	338.4

表 2.25　不同边中跨比梁端水平位移

边中跨比	梁端水平位移/mm	
	min	max
0.22	−1111	1111
0.30	−1083	1083
0.41	−1097	1097

(2)在保证合理成桥状态的前提下，斜拉索恒载索力以及活载索力幅值如图2.21和图2.22所示（图中1～49号斜拉索为从梁端至主塔处边跨斜拉索编号，50～98号斜拉索为从跨中至主塔处中跨斜拉索编号）。由分析结果可见，不同边中跨比对斜拉索中跨的恒载索力以及活载索力幅值影响均很小；对边跨恒载索力及活载索力幅值有较大影响，且其活载索力幅值的变化情况与全钢主梁斜拉桥有较大的区别。对于本例的混合梁斜拉桥边跨而言，随着边中跨比的增大，恒载索力以及活载索力幅值相应减小。

3. 不同边跨支点布置影响

不同边跨支点布置工况如下。

4 个支点工况：96.5 m+2×119 m+115.5 m。

6 个支点工况：62.5 m+4×76.5 m+81.5 m。

8 个支点工况：37 m+6×59.5 m+56 m。

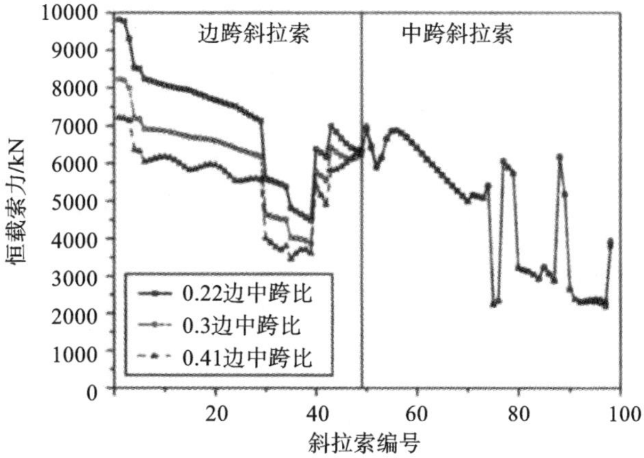

图 2.21　不同边中跨比的斜拉索恒载索力

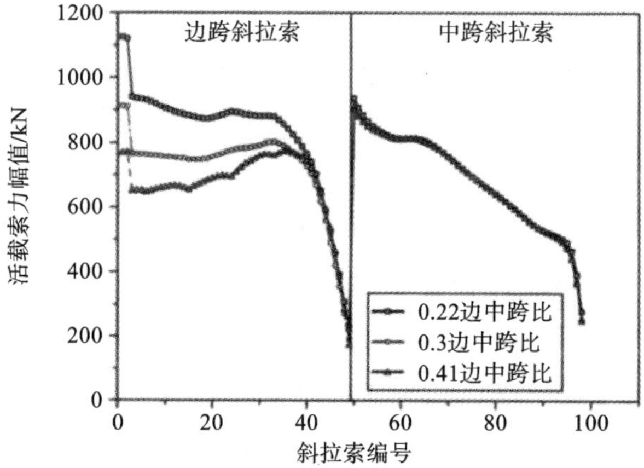

图 2.22　不同边中跨比的斜拉索活载索力幅值

上述支点的布置，没有考虑 2 个支点及 3 个支点的情况。这两种情况下，主梁边跨的预应力筋布置较为困难，难以满足规范对边跨混凝土主梁正常使用极限状态的要求。且 4 个以上支点的情况对于 0.3 的边中跨比的主梁布置可以提供足够的竖向支承以提供中跨的刚度，从而使得边跨呈现多跨连续梁的受力特性。因此，针对本例，边跨主梁梁高 4.5 m，边跨单孔最大跨径不超过 120 m 时，不同边跨支点布置对结构力学行为的影响程度如表 2.26 所示。

表 2.26　不同边跨支点布置对结构力学行为的影响程度

设计指标		影响程度
结构刚度	主梁挠度	很小
	桥塔水平位移	较小
	主梁梁端位移	较小
主梁内力		中跨:较小/边跨:较大
主梁应力		中跨:较小/边跨:较大
桥塔内力		较小
斜拉索索力	恒载索力	边跨个别索较大
	活载索力幅值	边跨:较大/中跨:很小
动力特性		较小(对主要振型次序无影响)
颤振稳定性		较小

边跨混凝土箱梁支点数量的区别,导致边跨梁段活载弯矩有较大的差异,支点数量越多,则活载弯矩越小。

同时,不同的边跨支点布置对主梁恒载索力及活载索力幅值存在一定的影响,对于活载索力幅值而言,随着边跨支点数量的增加,索力幅值相应减小(图 2.23 和图 2.24)。

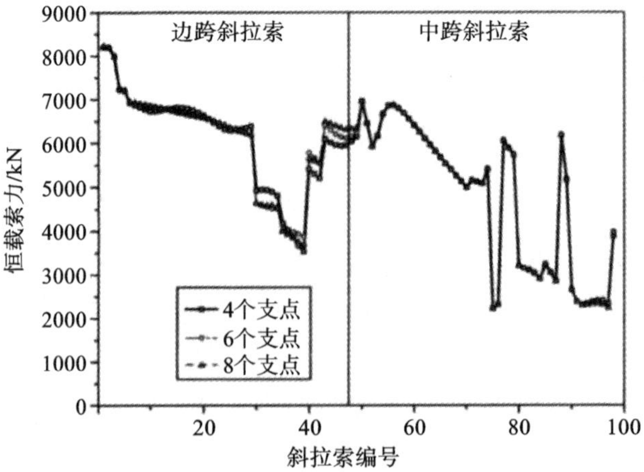

图 2.23　不同边跨支点布置的主梁恒载索力

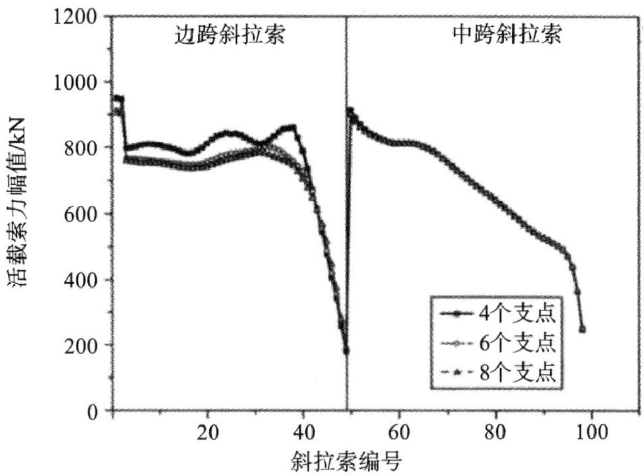

图 2.24　不同边跨支点布置的主梁活载索力幅值

4. 不同桥塔高度及桥塔刚度影响

桥塔高度的不同直接影响到斜拉索与主梁之间的夹角，从而影响斜拉索对主梁的支承效率。当梁面以上主塔高度较低时，主塔承受的风荷载较小，但斜拉索对主梁的支承效率较低。随着主塔高度的增大，斜拉索的支承效率也相应增加，但塔高的增大将造成风荷载的增大，主塔的材料用量也随之增加。桥塔的刚度同样对结构受力存在影响。在本例基本模型的基础上，以不改变桥塔截面刚度时，改变桥塔高度以及不改变桥塔高度时，改变桥塔截面刚度，分别进行参数分析。得出不同桥塔高度及桥塔刚度对结构力学行为的影响程度如表 2.27 所示。

表 2.27　不同桥塔高度及桥塔刚度对结构力学行为的影响程度

设计指标		改变桥塔高度的影响程度	改变桥塔刚度的影响程度
结构刚度	主梁挠度	很大	很小
	桥塔水平位移	很大	很大
	主梁梁端位移	很小	很大
主梁内力		较大	较小
主梁应力		较大	较小
桥塔内力		很大	很大
斜拉索索力	恒载索力	很大	边跨:较小/中跨:很小
	活载索力幅值	很大	边跨:较大/中跨:很小

不同主塔高度情况下，结构刚度的变化如图 2.25 所示，其中以基准模型数值为 1，图中各变量均为与基准模型的比值。主梁的活载挠度随桥塔高度的增大而减小，桥塔水平位移（正常使用极限状态）随桥塔高度的增大而增大。

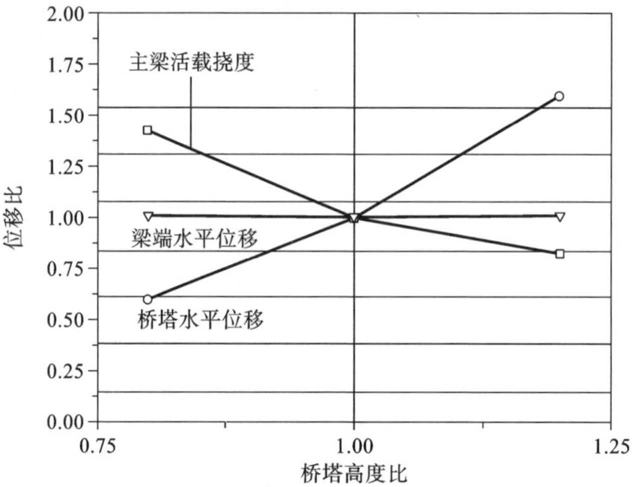

图 2.25　不同主塔高度的结构刚度变化

不同主塔高度情况下，斜拉索恒载索力及活载索力幅值如图 2.26 和图2.27 所示。由分析结果可见，随着桥塔高度的增加，斜拉索恒载索力以及活载索力幅值均减小。

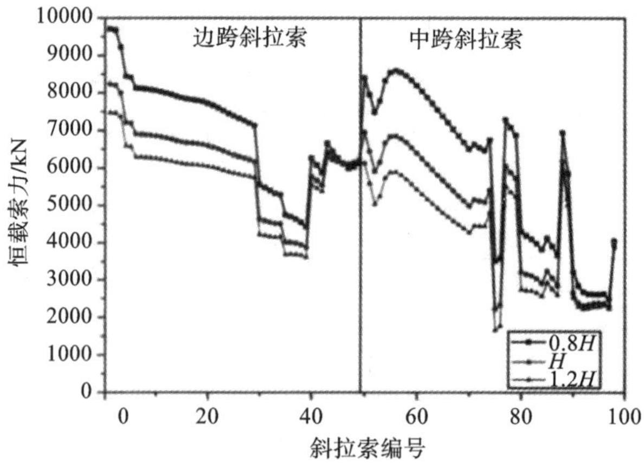

图 2.26　不同主塔高度的恒载索力

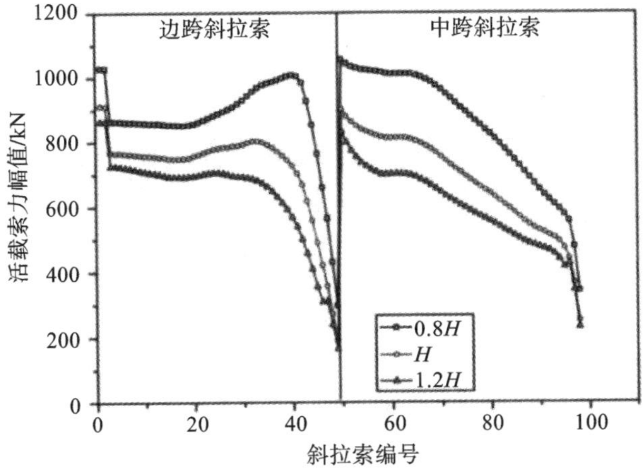

图 2.27　不同主塔高度的活载索力幅

不同主塔刚度情况下，结构刚度的变化如图 2.28 所示，其中以基准模型数值为 1，图中各变量均为与基准模型的比值。主梁的活载挠度、梁端水平位移（正常使用极限状态）以及桥塔水平位移（正常使用极限状态）随桥塔刚度的增加而减小。其中主梁活载挠度对于桥塔刚度的变化相对不敏感。

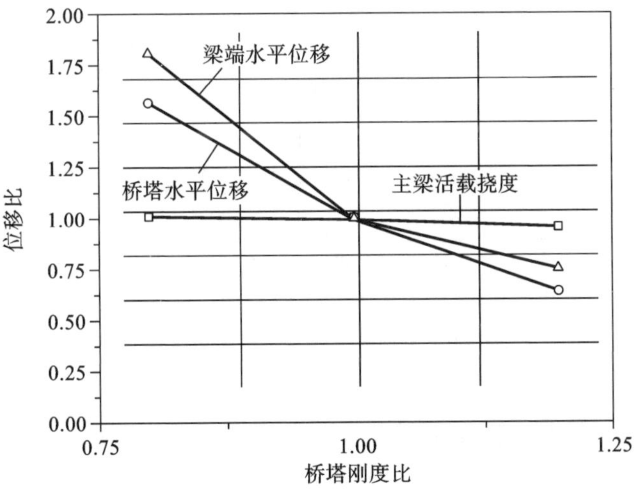

图 2.28　不同主塔刚度的结构刚度变化

不同主塔刚度情况下，斜拉索恒载索力及活载索力幅值如图 2.29 和图2.30 所示。由分析结果可见，随着桥塔刚度的增加，边跨混凝土梁段斜拉索恒载索力以及活载索力幅值均减小，中跨斜拉索索力对桥塔刚度变化相对不敏感。

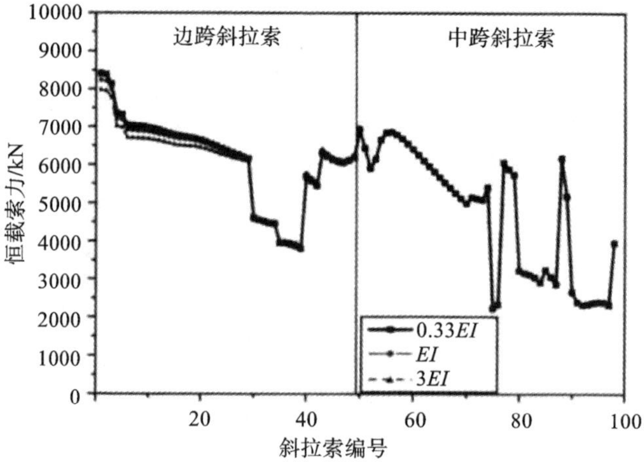

图 2.29　不同主塔刚度的恒载索力

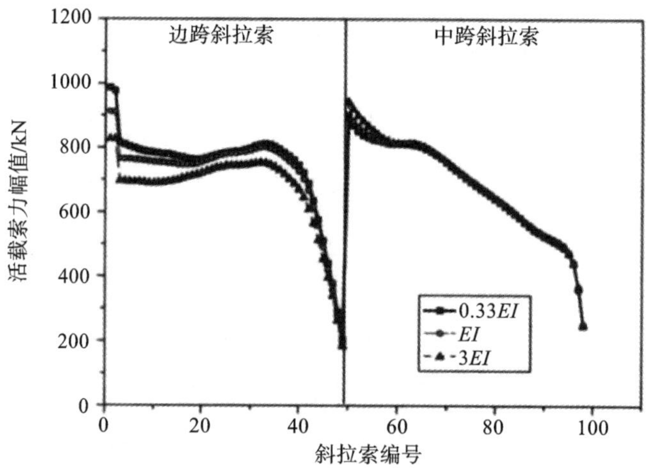

图 2.30　不同主塔刚度的活载索力幅值

5. 结构参数比选主要结论

对上述分析结果进行总结，可以得到不同结构参数对结构力学行为的影响程度，如表 2.28 所示，表中“很小”“较小”“较大”“很大”相关影响范围同前所述。

表 2.28　不同结构参数对结构力学行为的影响程度

设计指标		主梁高度 影响程度	边中跨比 影响程度	边跨支点布置 影响程度	桥塔高度 影响程度	桥塔刚度 影响程度
结构刚度	中跨主梁挠度	较小	很小	很小	很大	较小
	桥塔水平位移	较小	较小	较小	很大	很大
	主梁梁端位移	很小	较小	较小	很小	很大
主梁内力		很大	中跨:很小 边跨:较大	中跨:较小 边跨:较大	较大	较小
主梁应力		较小	中跨:很小 边跨:较小	中跨:较小 边跨:较大	较大	较小
桥塔内力		较小	较小	较小	很大	很大
斜拉索索力	恒载索力	边跨:较大 中跨:很小	边跨个别 索较大	边跨个别 索较大	很大	边跨:较小 中跨:很小
	活载索力幅值	边跨:较大 中跨:很小	边跨:较大 中跨:很小	边跨:较大 中跨:很小	很大	边跨:较大 中跨:很小

通过对结构关键参数的分析，得出主要结论如下。

(1)主梁的梁高对于结构整体刚度及结构主要构件的受力影响不大，对于主跨 1500 m 的混合梁斜拉桥而言，主梁梁高在 4.0～5.5 m 均是可行的。但值得注意的是，本例进行的试设计仅对斜拉桥成桥状态进行了验算，分析中并未涉及对主梁施工过程的影响。混合梁斜拉桥施工时通常采用单悬臂拼装，采用合适的梁高可保证中跨在梁段起吊、拼装工作中(特别是较宽的主梁)具有较好的整体和局部刚度，从而给施工过程带来方便与安全；对边跨混凝土主梁而言，合适的梁高使得腹板中的预应力钢束可以有更大的布置空间。

(2)对于主跨 1500 m 混合梁斜拉桥，设计采用边中跨比 0.3～0.4 均是可行的。从经济性的角度出发，可以比选不同边跨长度混凝土用量、预应力钢筋及普通钢筋的用量、辅助墩基础规模以及斜拉索不同规格带来的工程费用的差别；同时需考虑建设条件及建设环境的限制。

(3)对于主跨 1500 m 混合梁斜拉桥，在满足边跨自身受力安全的前提下，边跨的支点布置对中跨的结构行为影响较小。

(4)桥塔高度的改变，同时改变了桥塔自身的线刚度以及斜拉索对于主梁的锚固刚度。不同的桥塔高度对结构的力学行为的影响是所列出的结构关键参数中最大的。针对本算例基准模型的情况，当桥塔梁面以上高度为 315 m 时，中跨最长斜拉索与梁面的夹角为 22.5°，斜拉索效率能够得到保证，同时，避免了桥塔继续增高带来的塔底荷载增加、桥塔水平刚度减小、桥塔规模增加等问题。

(5)桥塔刚度减小导致结构水平位移增加，采用合适的主塔水平刚度可以减小伸缩缝的规模，降低对于支座滑动量的要求。但过大的桥塔刚度增加了桥塔的受力，同时也并不经济。本例基准模型所采用的桥塔刚度是合适的。

2.2.5 主跨 1500 m 混合梁与钢主梁斜拉桥受力特性比较

主跨 1500 m 混合梁斜拉桥采用 2.2.4 节所确定的基准设计模型，主跨 1500 m 钢主梁斜拉桥模型设计参数如图 2.31 和表 2.29 所示。两类斜拉桥的计算模型均采用半飘浮体系。为考察各静力荷载作用下的结构效应，塔梁处不模拟纵向约束。

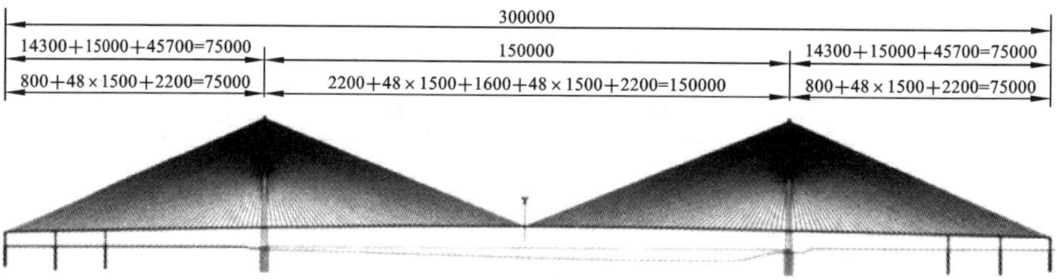

图 2.31 主跨 1500 m 钢主梁斜拉桥桥型布置(单位:cm)

表 2.29 主跨 1500 m 钢主梁斜拉桥设计参数

<table>
<tr><th colspan="2">项目</th><th>参数</th><th>说明</th></tr>
<tr><td colspan="2">桥跨布置</td><td>750 m+1500 m+750 m
边跨设置两个辅助墩</td><td>边中跨比为 0.5</td></tr>
<tr><td colspan="2">主塔塔高</td><td>375 m</td><td>梁面以上塔高 315 m，高跨比 0.21</td></tr>
<tr><td rowspan="3">主塔截面特性</td><td>截面积</td><td>塔底 119.1 m^2/塔顶 43.4 m^2</td><td rowspan="3">主塔横桥向为倒 A 形布置，所列塔底截面参数为单肢主塔数据</td></tr>
<tr><td>顺桥向惯性矩</td><td>塔底 3837 m^4/塔顶 677 m^4</td></tr>
<tr><td>横桥向惯性矩</td><td>塔底 2365 m^4/塔顶 529.4 m^4</td></tr>
<tr><td rowspan="5">主梁截面特性</td><td>主梁高度</td><td>4.5 m</td><td rowspan="5">所列主梁截面特性均为钢主梁标准断面数据。钢主梁全宽含风嘴宽度</td></tr>
<tr><td>主梁全宽</td><td>40.0 m</td></tr>
<tr><td>截面积</td><td>2.2 m^2</td></tr>
<tr><td>竖向惯性矩</td><td>7.25 m^4</td></tr>
<tr><td>横向惯性矩</td><td>272 m^4</td></tr>
</table>

1. 结构刚度比较

通过计算可分别得出钢主梁斜拉桥和混合梁斜拉桥的竖向挠度。

钢主梁斜拉桥中跨活载竖向挠度为 1883 mm，为主跨的 1/767；混合梁斜拉桥中跨活载竖向挠度为 1354 mm，为主跨的 1/1108，两者均满足相关规范关于斜拉桥活载刚度的要求。但混合梁斜拉桥的活载挠度仅为钢主梁的 72%。对于边跨活载挠度，则混合梁斜拉桥远远小于钢主梁斜拉桥。

表 2.30 列出两种桥型分别在活载、温度效应、风荷载作用下主梁梁端及塔顶的水平位移值。由分析结果可见，在各效应下，钢主梁斜拉桥的位移均大于混合梁斜拉桥。在正常使用极限状态下，混合梁斜拉桥梁端最大水平位移为 1183 mm，钢主梁斜拉桥梁端最大水平位移为 1818 mm。

表 2.30　梁端水平位移与塔顶水平位移　（单位：mm）

荷载	混合梁斜拉桥				钢主梁斜拉桥			
	梁端		塔顶		梁端		塔顶	
	min	max	min	max	min	max	min	max
活载	−147	147	−78	356	−442	442	−654	690
温度效应	−400	500	−286	286	−490	490	−335	335
风荷载	−536	536	−633	633	−886	886	−964	964

2. 主梁应力比较

恒载＋活载＋温度效应＋风荷载组合下，主梁中跨第一体系上、下缘的正应力峰值如表2.31所示。

表 2.31　主梁中跨第一体系主梁上、下缘正应力峰值　（单位：MPa）

桥型	上缘		下缘	
	max	min	max	min
混合梁斜拉桥	−112.2	135.5	−92.2	141.5
钢主梁斜拉桥	−109.4	137.7	−99.8	136.9

由上述分析可见，混合梁斜拉桥中跨钢结构部分正应力峰值与钢主梁斜拉桥中跨相当，两类结构在既有材料的前提下对于 1500 m 跨径均适用。

3. 主塔内力及应力比较

首先考察塔底内力情况，如表 2.32 和表 2.33 所示。由分析结果可见，恒载作用下，混合梁斜拉桥由于梁重较大，塔底内力较钢主梁斜拉桥大；活载下混合梁斜拉桥的弯矩和剪力均小于钢主梁斜拉桥。因此，对于静力控制设计的桥梁而言，混合梁斜拉桥虽自重稍大，但其主塔基础规模并不一定大于钢主梁斜拉桥。

表 2.32　混合梁斜拉桥塔底内力

荷载项目	轴力 N/kN	弯矩 M/(kN·m)	剪力 Q/kN
恒载	870999	590566	596
温度	3943	457093	1803
风荷载	4723	1417825	8535
活载 N_{max}	38382	−141226	−242
活载 N_{min}	−1648	−220129	−851
活载 M_{zmax}	31292	374534	−1349
活载 M_{zmin}	3689	−30046	336

表 2.33　钢主梁斜拉桥塔底内力

荷载项目	轴力 N/kN	弯矩 M/(kN·m)	剪力 Q/kN
恒载	770617	330566	196
温度	654	317093	943
风荷载	574	1657825	8535
活载 N_{max}	28807	−283856	−942
活载 N_{min}	−295	349252	1029
活载 M_{zmax}	−21162	624762	−1836
活载 M_{zmin}	6214	−399486	−1264

主塔在最不利荷载组合下应力情况如表 2.34 所示。由表可见，混合梁斜拉桥与钢主梁斜拉桥主塔应力水平相当。由于其压应力水平较高，可进一步优化主塔截面尺寸。

表 2.34　主塔正应力　(单位:MPa)

桥型	最大压应力	最大拉应力	出现位置
混合梁斜拉桥	18.92	−3.27	最大压应力:中塔柱下端 最大拉应力:桥塔锚固区
钢主梁斜拉桥	18.67	−4.10	最大压应力:中塔柱下端 最大拉应力:桥塔锚固区

4. 斜拉索索力比较

两种方案的斜拉索恒载索力基本相当，钢主梁斜拉桥活载索力幅值远大于混合梁斜拉桥(图 2.32 和图 2.33)。从其最大索力幅值与对应拉索的最不利工况斜拉索索力看，应以活载索力幅值控制斜拉索的设计。

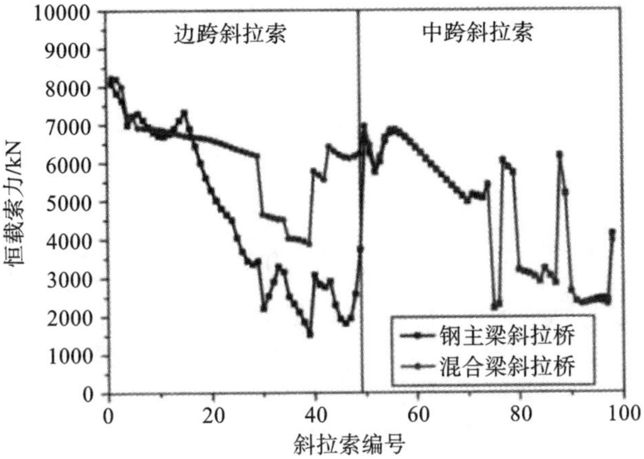

图 2.32　恒载索力

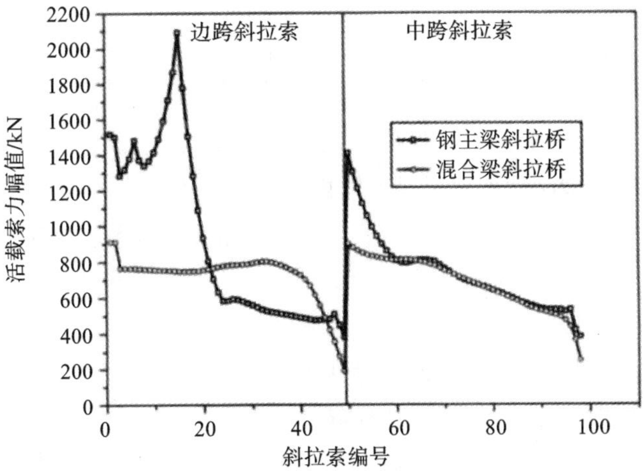

图 2.33　活载索力幅值

5. 全桥动力特性及主梁颤振稳定性比较

根据分析结果，钢主梁斜拉桥基本振动周期大于混合梁斜拉桥，且振型序列与混合梁斜拉桥也存在一定的不同。两类桥型的动力特性比较如表 2.35 所示。

表 2.35 动力特性比较

模态号	钢主梁斜拉桥		混合梁斜拉桥	
	周期/s	振型描述	周期/s	振型描述
1	17.33	纵飘	14.93	纵飘
2	14.68	主梁 1 阶侧弯	12.76	主梁 1 阶侧弯
3	6.56	主梁 1 阶竖弯	2.05	主梁 1 阶竖弯
4	6.11	主梁 2 阶侧弯	4.86	主梁 2 阶侧弯
5	5.23	主梁 2 阶竖弯	4.02	主梁 2 阶竖弯
6	3.98	主梁 3 阶侧弯	3.83	主梁 3 阶侧弯
7	3.76	主梁 4 阶侧弯	3.21	主梁 4 阶侧弯
8	3.36	主梁 3 阶竖弯	3.09	主梁 3 阶竖弯
9	2.85	主塔 1 阶侧弯	2.83	主塔 1 阶侧弯
10	2.84	主塔 2 阶侧弯	2.83	主塔 2 阶侧弯
11	2.79	主梁 4 阶竖弯	2.63	主梁 4 阶竖弯
12	2.72	主梁 1 阶扭转	2.43	主梁 1 阶扭转
13	2.48	主梁 5 阶竖弯	2.26	主梁 5 阶竖弯
14	2.09	主梁 6 阶竖弯	2.09	主梁 6 阶竖弯
15	1.99	主梁 2 阶扭转	1.97	主梁 2 阶扭转

钢主梁斜拉桥典型振动模态如图 2.34 所示。

基于结构的动力特性，采用规范简化公式进行主梁颤振稳定性分析，混合梁斜拉桥颤振临界风速为 88.0 m/s，钢主梁斜拉桥颤振临界风速为 65.6 m/s。

6. 主要结论

(1)根据理论计算，在目前的材料工程水平下，对于主跨 1500 m 级的斜拉桥，钢主梁及混合梁的结构形式均能适用。

(2)混合梁斜拉桥的结构刚度优于钢主梁斜拉桥，主梁活载挠度、塔顶水平位移以及梁端水平位移均远小于钢主梁斜拉桥。

(3)在合理成桥状态的目标下，混合梁斜拉桥与钢主梁斜拉桥在运营状态下的钢梁应力情况基本相当，桥塔的应力情况基本相当。

(4)钢主梁斜拉桥与混合梁斜拉桥在最不利荷载工况下斜拉索内力值基本

(a) Mode1主梁纵飘

(b) Mode3主梁1阶竖弯

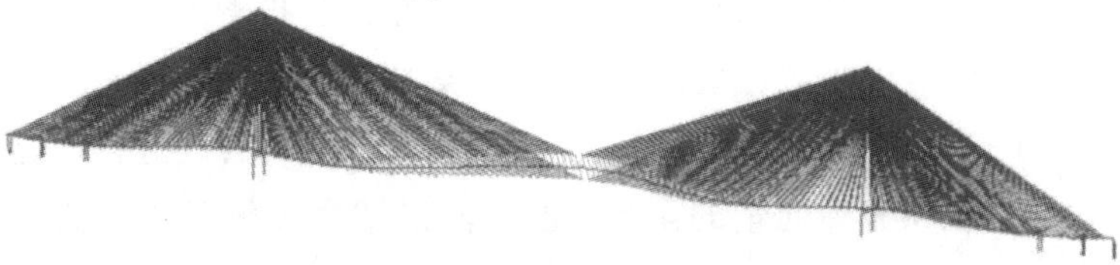

(c) Mode12主梁1阶扭转

图 2.34 钢主梁斜拉桥典型振动模态

相当，但钢主梁斜拉桥边跨拉索的活载内力幅值远大于混合梁斜拉桥，以斜拉索的疲劳控制钢主梁斜拉桥拉索设计。

（5）主跨跨径相同的情况下，混合梁斜拉桥动力特性及抗风稳定性能优于钢主梁斜拉桥。

2.3 主梁合理钢-混结合段位置及边跨布置

2.3.1 结合段位置确定方法

1. 问题描述

现代密索体系斜拉桥属高次超静定结构，设计自由度很大，通过调整索力可以改变结构的受力状态。斜拉桥成桥状态是衡量设计质量的重要标准之一。一旦斜拉桥结构布置确定，总能找出一组索力，它使结构在确定性荷载作用下，某种反映受力性能的指标达到最优。这组索力对应的成桥状态就是对应指标下的合理成桥状态。严格地讲，斜拉桥的合理成桥状态应包括成桥内力状态和主梁线形状态两个方面的要求。由于主梁成桥线形可以通过在施工过程中调整预拱度的方式来满足，故通常提到的斜拉桥合理成桥状态仅指成桥内力状态。

在结构布置确定的情况下，斜拉桥成桥（内力）状态仅与恒载分布、索力及支座反力（成桥状态三要素）有关，与结构刚度分布、结构非线性、施工过程无关。从力的平衡条件可知，任何结构布置和恒载分布给定的斜拉桥，只要索力和支座反力已知，结构就成为静定体系，斜拉桥的内力状态可由索力和支座反力唯一确定。只要保证其成桥索力、支座反力与优化状态的索力、支座反力一致，则相应内力状态就是合理成桥状态。

对于一般钢斜拉桥或混凝土斜拉桥，其梁、塔等构件的恒载分布通常是预先确定的，因此斜拉桥合理成桥状态的确定也就归结为斜拉索的索力优化问题，如果混合梁斜拉桥结合段位置已确定，则其合理成桥状态的确定也是如此。

然而，由于这里关注的是混合梁斜拉桥结合段位置的合理选择问题，合理成桥状态不仅是斜拉索索力向量的函数，也是钢-混结合段位置的函数，需在斜拉索索力优化问题求解的基础上，考虑结合段位置的影响。

综上所述，混合梁斜拉桥结合段合理位置确定问题可归结为：在成桥状态下，斜拉桥索力及结合段位置的优化问题。

2. 问题求解

关于斜拉桥的合理成桥状态，目前存在着两种观点。一种观点认为合理的成桥状态应使斜拉桥在各种荷载组合作用下构件的应力包络合理，这种状态可充分发挥构件材料的使用价值。另一种观点认为合理的成桥状态当属塔、梁在恒载作用下无弯曲或只受局部弯曲。这种状态既可减少徐变、收缩影响，方便设计，又可在成桥状态发挥各种材料的性能。其实这两种观点之间并没有本质的区别，鉴于斜拉桥是由塔、梁、索等构件组成的复杂系统，评价其成桥状态受力是否合理应综合考虑各构件的受力要求。

鉴于此处侧重于各不同结合段位置时斜拉桥成桥状态的横向比较，且混合梁斜拉桥的基本设计理念是用边跨混凝土梁的重力去平衡中跨钢梁的重力，因此采用了下述的斜拉桥成桥状态标准：桥塔在恒载下只承受轴力，弯矩接近于零。在该成桥状态下，斜拉桥只有主梁受到不平衡弯矩作用，因此通过比较不同结合段位置的主梁恒载弯矩分布即可判断全桥受力状态的优劣。

沿此思路，采用何种指标综合反映主梁恒载弯矩分布特征就成为关键问题。常用的结合段弯矩极值指标在这里并不适用，因为斜拉桥属高次超静定结构，通过调整索力可以改变结构的受力状态，单独采用主梁弯矩极值并不能全面反映主梁的受力状态。经过深入分析，认为可采用主梁的弯曲应变能作为判别指标。结构弯曲应变能的一般表达式见式(2.10)：

$$U_{\mathrm{b}} = \sum_{i}\int L_i \frac{M_i^2(x)}{2(EI)_i}\mathrm{d}x \tag{2.10}$$

式中：L_i、$(EI)_i$、$M_i(x)$——各杆件的长度、抗弯刚度和分布弯矩。

离散的杆系结构可写成式(2.11)和式(2.12)：

$$U_{\mathrm{b}} = \sum_{i=1}^{m} \frac{L_i}{4(EI)_i}(M_{i\mathrm{L}}^2 + M_{i\mathrm{R}}^2) \tag{2.11}$$

式中：m——主梁单元总数；L_i、$(EI)_i$——主梁第 i 单元的长度和抗弯刚度；$M_{i\mathrm{L}}$、$M_{i\mathrm{R}}$——主梁第 i 单元的两端弯矩。

$$\boldsymbol{U}_{\mathrm{b}} = \boldsymbol{M}_{\mathrm{L}}^{\mathrm{T}}\boldsymbol{B}\boldsymbol{M}_{\mathrm{L}} + \boldsymbol{M}_{\mathrm{R}}^{\mathrm{T}}\boldsymbol{B}\boldsymbol{M}_{\mathrm{R}} \tag{2.12}$$

式中：$\boldsymbol{M}_{\mathrm{L}}$、$\boldsymbol{M}_{\mathrm{R}}$——左右端弯矩向量；$\boldsymbol{B}$——对角系数矩阵，对角元素见式(2.13)：

$$b_{ii} = \frac{L_i}{4E_iI_i} \tag{2.13}$$

由式(2.10)～式(2.13)可见，主梁弯曲应变能指标 U_{b}，综合考虑了全部杆件端弯矩 M_{a}、M_{m} 及截面抗弯刚度(EI)的影响，并不局限于弯矩局部极值，反映了整个主梁弯矩分布的均匀性。式(2.12)中的 $\boldsymbol{B}$ 矩阵可以看成单元柔度对单元弯矩的加权矩阵，对于变截面的斜拉桥，意味着刚度大的截面可适当多分担弯矩。如果 $\boldsymbol{B}$ 矩阵可由用户任意调整，则可根据构件的重要性和自身特点，人为给出各构件的优化的加权量。当 $\boldsymbol{B}$ 为单位矩阵时，优化目标函数就变成了弯矩平方和。显然，弯矩平方和作为目标函数，没有考虑到构件柔度对弯曲能量吸收的权，不如以弯曲能量为目标函数的结果合理。

通过以上分析，混合梁斜拉桥结合段合理位置确定问题就转化为在给定理想成桥状态下，不同结合段位置主梁弯曲应变能的比较。这里所取的斜拉桥理想成桥状态为：桥塔在恒载下只承受轴力，弯矩接近于零。在该成桥状态下，由主梁刚度，特别是重量分布差异引起的不平衡弯矩完全反映在主梁上。

总的来看，混合梁斜拉桥结合段合理位置的确定问题与一般斜拉桥的索力优化问题既有区别也有联系，主要体现如下。

对于一般钢斜拉桥或混凝土斜拉桥，式(2.12)通常用于斜拉桥成桥状态的索力优化，认为结构弯曲应变能 $\boldsymbol{U}_{\mathrm{b}}$ 只是斜拉索索力向量 $\boldsymbol{T}$ 的函数，即$\boldsymbol{U}_{\mathrm{b}}=f(\boldsymbol{T})$，主要是求解式(2.14)的结构弯曲应变能最小条件的问题，即：

$$\frac{\partial \boldsymbol{U}_{\mathrm{b}}}{\partial \boldsymbol{T}} = 0 \tag{2.14}$$

而对于混合梁斜拉桥结合段合理位置问题，结构弯曲应变能 $\boldsymbol{U}_b$ 不仅是斜拉索索力向量 $\boldsymbol{T}$ 的函数，而且是钢-混结合段位置 x 的函数，即 $\boldsymbol{U}_b=f(\boldsymbol{T},x)$。相比一般的斜拉桥索力优化问题，这里涉及的参数更多，关注点也转向结合段位置，更重要的是结合段位置的变化，将导致梁塔等记入结构弯曲应变能计算的构件发生变化，即每求解一次，结构形式都将发生变化，难以实现显示求解。如何有效求解式(2.15)的极值条件是关键。

$$\begin{cases}\dfrac{\partial \boldsymbol{U}_b}{\partial \boldsymbol{T}}=0\\[2ex]\dfrac{\partial \boldsymbol{U}_b}{\partial x}=0\end{cases}\tag{2.15}$$

3. 实施方案

采用上述研究思路，利用桥塔只承受轴力的斜拉桥理想成桥状态，采用主梁弯曲应变能作为主要指标确定混合梁斜拉桥结合段合理位置，具体实施可分为3步进行。

第1步：在给定某一钢-混结合段位置下，利用斜拉桥桥塔只承受轴力、不承担弯矩的理想成桥状态，进行索力优化。该步骤与一般斜拉桥的索力优化相同。

第2步：在第1步索力优化的基础上，按式(2.11)计算主梁弯曲应变能指标 U_b。

第3步：取不同的钢-混结合段位置，重复以上步骤。合理的钢-混结合段位置应取在主梁弯曲应变能最低的位置。

目前，国内外许多学者对斜拉桥索力优化问题进行了研究，归结起来可分为两大类：一类是考虑到力学特性的简易方法，如刚性支承连续梁法、简支梁法、相对刚度变化法、刚性索法。这4种方法均可利用常规的结构分析程序或直接解析求解出恒载索力，概念简单明确。另一类是需借助于结构调值计算程序的优化方法，包括零位移法、无约束或有约束的最小能量法(弯矩最小法)、用索量最小法、应力平衡法、影响矩阵法、基于应力平衡法的分步算法、单位荷载法等。

这里对混合梁斜拉桥成桥阶段的分析，采用肖汝诚教授等提出的影响矩阵法及其实用方法，现简单介绍如下。

影响矩阵法基于结构调值计算原理，利用单位荷载或虚拟单位变形导出结构的影响矩阵 $\boldsymbol{A}$，建立施调向量 $\boldsymbol{X}$(指定可调的索力及其范围)与受调向量 $\boldsymbol{D}$(关心截面的内力、应力或位移)之间的关系 $\boldsymbol{AX}=\boldsymbol{D}$，通过选择恰当的受调向量与施调向量，可实现上述多种目标（弯曲能量最小、弯矩最小、部分构件受力优化、不同受力构件加权优化等）的斜拉桥索力优化，从而将这些问题归结为同一种方法中的不同调值计算问题，力学概念明确，程序化计算方便，可以使设计者同时获得多种目标的最优索力及其结构内力状态，方便设计者对多种方案进行比选。该法既可用来分析线性问题，还可通过广义影响矩阵实现非线性问题的调值计算。

相对刚度变化法的原理是，随着拉索与梁刚度的相对比率的变化，梁的应力状态会相应地改变，同时拉索承载力也会相应地改变。因此，通过将拉索的截面积增大到原来的 100 倍或更多，或者将主梁的截面惯性矩减小到实际值的1/100或更小的情况下，对恒载作用下的整体模型进行分析，使得拉索能充分地分担较多的恒载，该状态下对应的索力分布即接近于理想索力优化状态。通过变化不同的比率，可以达到不同的分配目的，从而可相应地调整主梁的内力状态。

肖汝诚教授等基于影响矩阵法，对相对刚度变化法进行了理论上的证明，得到的主要结论如下。

(1)在结构布置确定的情况下，斜拉桥合理成桥状态仅与恒载分布、索力及支座反力（成桥状态三要素）有关，与结构刚度分布、结构非线性、施工过程无关。

(2)令 $EI\to 0$ 或 $EA\to\infty$，则斜拉桥一次落架的内力状态与调索目标为弯曲能量最小时的内力状态一致。

(3)构件的刚度是其在结构中承受相应内力的权。

(4)令 $EI=1$，$EA\to\infty$，则一次落架的内力状态与调索目标为弯矩平方和最小时一致。

相对刚度变化法的主要优点如下。

(1)不需要难解的优化方法及特定计算程序，使用常规杆系结构线性分析程序即可实现斜拉桥索力优化。

(2)可以通过改变构件的刚度来改变相应内力的分配，从而实现多种优化目标供设计者比选。

(3)如果在计算模型中附加一些额外的约束条件，还可达到局部优化的目的。举例如下。

①恒载时，桥塔不产生弯矩。如果将桥塔连接节点处的塔的抗弯刚度释放，即将桥塔锚固区段模拟成桁架结构，则可自动达到桥塔弯矩为零的目标。

②拉索张拉力的确定。对于指定索力的情况，可将拉索解除，代之以一对集中力。

③主梁任意点弯矩的指定。某些情况下为限制主梁弯矩的范围，可采取如

下具体办法:在算出的预拉力线上的主梁指定弯矩点插入铰,释放相应的弯矩约束,同时在相对两部件的端部施加弯矩荷载。

采用相对刚度变化法,斜拉桥成桥索力优化的计算步骤如下。

(1)确定斜拉桥结构布置、压重等。

(2)建立杆系结构有限元模型。

①节点坐标取用斜拉桥设计成桥坐标。这是因为合理成桥状态的索力必然是在成桥状态下满足力的平衡的一组索力,所以节点坐标应取用设计成桥坐标,进行几何线性计算;若进行几何非线性计算,则它的平衡是在变形以后取得,并不能使结构在变形前(设计成桥坐标)取得平衡,反而不对。

②斜拉索用杆单元模拟,主梁和桥塔用梁单元模拟。

③主梁和桥塔单元拉压刚度取为实际值,单元抗弯刚度改为 $\frac{EI}{\zeta_1}$,一般可取 $\zeta_1=1000$。类似地,假如将各单元轴向刚度扩大为 $EA\zeta_2$(ζ_2为某较大的数,如10000),再做一次落架计算,也能起到同样的效果。实际应用中,改变弯曲刚度比改变轴向刚度的效果好,索力、内力更加均匀。如果在计算模型中附加一些额外的约束条件,还可达到局部优化的目的。

(3)施加结构自重和压重等外荷载,进行一次落架线性计算。

(4)调整压重等参数,重新计算,直到结构整体受力良好。所得索力就是塔梁弯曲能量最小时的最优索力,所得内力就是弯曲能量最小时的成桥内力,计算得到的位移结果不表示任何意义。

(5)局部调整单元抗弯刚度、支撑刚度和拉索拉压刚度,进一步优化结构内力,可将其作为斜拉桥合理成桥状态。

4. 汽车活载影响

上面主要讨论了在成桥状态下,确定混合梁斜拉桥合理结合段位置的理论基础及方法,保证了整个主梁弯矩分布的均匀性,是从桥梁结构整体受力性能上确定合理结合段位置的方法。

在汽车活载作用下,结合段自身受力需要引起更大关注。因为结合段是主梁的刚度突变点,在汽车活载反复作用下,容易出现混凝土开裂及耐久性问题等不利情况。如果考虑汽车活载的影响,合理的结合段位置还应选在主梁弯矩幅值较小的地方。

由以上分析可见,混合梁斜拉桥合理结合段位置应同时符合在成桥状态恒载下主梁弯曲应变能最小、在运营状态汽车活载下结合段弯矩幅值最低两个条件，而实际情况可能是按上面两个原则确定的结合段理想位置并不完全一致。对于公路桥梁来说，活载较恒载要小得多，通常不超过恒载的 20%，因此这里建议采用以考虑恒载为主、兼顾活载的思路来最终确定混合梁斜拉桥合理的结合段位置。

2.3.2　应用分析

1. 分析模型

在某混合梁斜拉桥(图 2.35)的计算分析中，为简化建模过程，将主梁截面划分为钢梁和混凝土梁两个标准截面，截面特性见表 2.36。

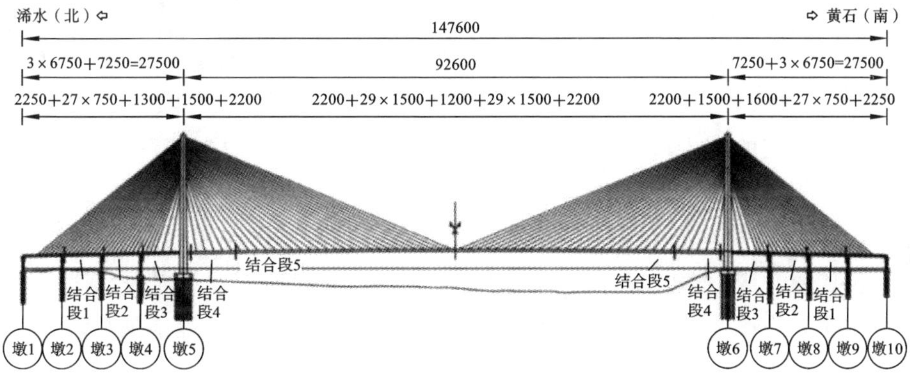

图 2.35　桥跨布置(单位:cm)

模型边界条件为主梁在过渡墩、辅助墩、桥塔横梁处设竖向支承，桥塔底部完全固结。计算采用有限元分析程序 MIDAS。

对 5 个结合段位置进行了计算分析，分别设在 3 个辅助墩向跨中方向7.5 m 处、桥塔向跨中方向 12.5 m 和 89.5 m 处，编号分别为结合段位置 1～5。其中结合段位置 4 与某混合梁斜拉桥采用的结合段位置一致。

表 2.36　主梁截面特性

截面特性	混凝土梁	钢梁
面积/m^2	28.3132	1.5613
抗弯惯性矩/m^4	39.8753	3.0181
自重力(含二期恒载)/(kN/m)	806	181

2. 成桥状态分析

由于研究的是混合梁斜拉桥结合段位置的合理选择问题，侧重于各不同结合段位置时桥梁成桥状态的横向比较，且混合梁斜拉桥的基本设计理念是用边跨混凝土梁的重力去平衡中跨钢梁的重力，采用了下述斜拉桥成桥状态标准：桥塔在恒载下只承受轴力，弯矩接近于零。在该成桥状态下，斜拉桥只有主梁受到不平衡弯矩作用，因此通过比较不同结合段位置的主梁恒载弯矩分布即可判断全桥受力状态的优劣。

这里采用了国内肖汝诚教授等提出的基于影响矩阵法的实用方法。对于不同的结合段位置，恒载下主梁的内力图如图 2.36 所示。

比较可见，在桥塔只承受轴力的情况下，由于混凝土梁和钢梁的重量、刚度相差很大，改变结合段位置，即改变主梁沿梁长方向的重力、刚度分布，对主梁恒载弯矩分布影响很大，特别是对混凝土梁的最大负弯矩影响显著。而对主梁的轴力分布，见图 2.36(f)，结合段位置变化影响很小，特别是结合段位置 1～4。

对于不同的结合段位置，恒载下主梁的弯曲应变能见表 2.37，其中括号内的数值为相对值。由表 2.37 可见，结合段位置 1～4 的主梁弯曲应变能远小于结合段位置 5，其中结合段位置 3 最小，其他结合段位置的主梁弯曲应变能分别为该位置的 1.67 倍、1.08 倍、1.99 倍、10.72 倍。因此，在理想成桥状态下，结合段位置 3 为最优位置，此时由恒载引起的主梁不平衡弯曲应变能最小。

表 2.37　恒载下主梁弯曲应变能

结合段位置	绝对值/($\times 10^5$ MJ)	相对值
1	2.58	(1.67)
2	1.68	(1.08)
3	1.55	(1.00)
4	3.08	(1.99)
5	16.62	(10.72)

表 2.38 还给出了不同结合段位置时的恒载下支墩反力分布，其中正值表示支座受压，负值表示支座受拉。由表 2.38 可见，主梁结合段位置越靠近桥塔，总支墩反力越大，支座越不容易出现受拉的不利情况。结合段位置 4 的支座恒载压力储备最大，但这也同时造成边跨过重，主梁恒载弯矩分布不理想；结合段位

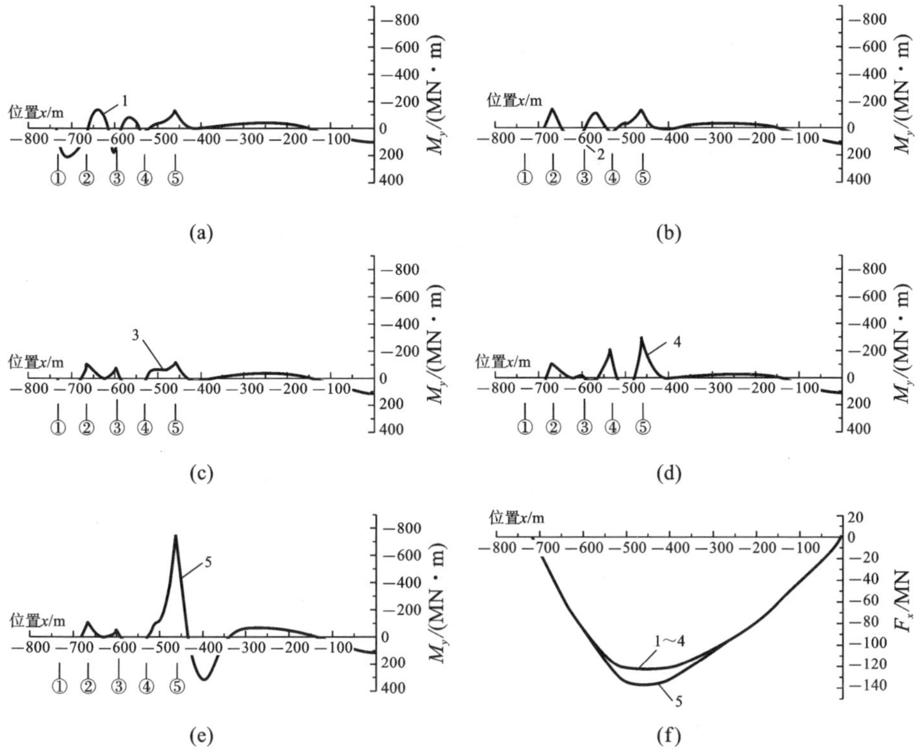

图 2.36　恒载下主梁内力图(一半)

置 3 也未出现支座受拉,有一定的恒载压力储备,是较理想的结合段位置;结合段位置 1 和 2 由于边跨混凝土梁段较短,边跨较轻,因此支座出现了较大的负反力;结合段位置 5 由于混凝土梁段已伸入中跨较大距离,平衡了部分边跨梁重力,因此其支墩反力较结合段位置 4 要小。

表 2.38　恒载下支墩反力　(单位:MN)

结合段位置	墩 1	墩 2	墩 3	墩 4	合计
1	18.1	−6.7	−36.2	−21.3	−46.1
2	15.0	16.8	−12.7	−23.3	−4.2
3	15.6	12.7	10.8	0.4	39.6
4	15.5	13.7	5.7	27.3	62.2
5	15.5	13.7	8.7	−12.0	25.9

此外，图 2.37 给出了恒载下的斜拉索索力分布情况。比较可见，除结合段位置 5 外，其他结合段位置对斜拉索索力分布影响很小。

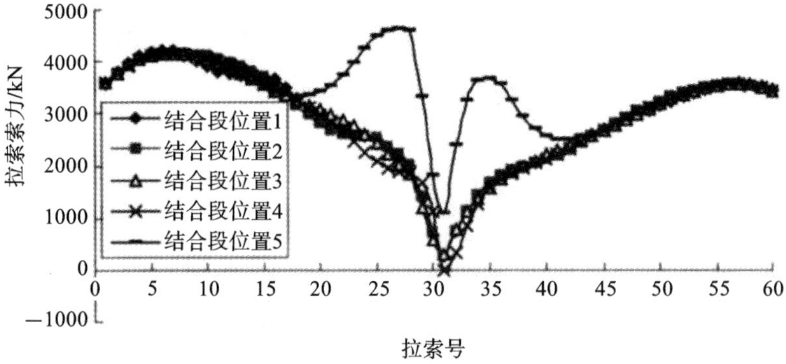

图 2.37 恒载下斜拉索索力(一半)

3. 运营状态分析

在上述分析的基础上，又对运营状态汽车活载下的结构反应进行了计算分析。汽车荷载等级为公路-Ⅰ级，按双向 6 车道布置。

对于不同的结合段位置，活载下主梁的弯矩和轴力包络图分别如图 2.38(a)和(b)所示。由图 2.38 可见，结合段位置变化，即改变主梁沿梁长方向的刚度分布，对主梁活载弯矩和轴力包络分布影响不大，且数值较小。这主要是因为现代密索体系斜拉桥的竖向刚度基本均来自其缆索体系，在竖向荷载作用下，其基本受力特性是以斜拉索受拉、塔梁受压为主，塔梁自身的抗弯刚度作用很小。有研究表明，即使主梁刚度增加 1 倍，全桥竖向刚度的增加仅为 11%。

然而，对于主梁不同的结合段位置，结合段自身截面各内力相差很大。为保证结合段在运营过程中不出现混凝土开裂的不利情况，合理的结合段位置应选在主梁弯矩幅值较小的地方。对于不同的结合段位置，活载下结合段截面(混凝土梁一侧)的弯矩值见表 2.39。由表 2.39 可见，结合段位置 4 的弯矩幅值最小，其他位置的弯矩幅值分别为该位置(4)的 1.46 倍、1.56 倍、1.61 倍、1.14 倍。因此，在运营状态汽车活载下，结合段位置 4 为最优位置，此时结合段的弯矩幅值最小。

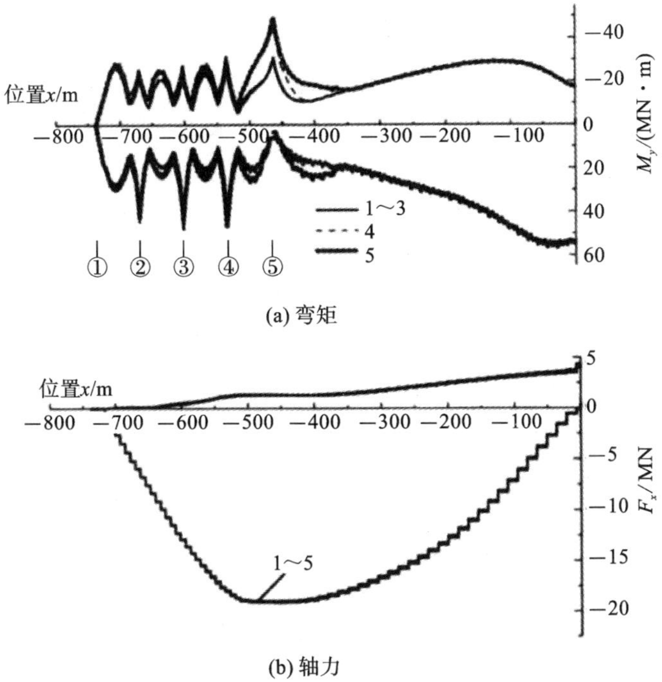

图 2.38　活载下主梁内力包络图(一半)

表 2.39　活载下结合段截面的弯矩值　(单位:MN・m)

结合段位置	最大值	最小值	幅值
1	32.1	−18.3	50.4
2	34.6	−19.3	54.0
3	32.6	−23.1	55.7
4	10.2	−24.4	34.6
5	23.2	−16.0	39.3

不同结合段位置时的恒载＋活载下支墩反力分布见表 2.40,其中正值表示支座受压,负值表示支座受拉。由表可见,在恒载＋活载下,结合段位置 3、4 的支墩反力最小值很接近,远小于其他结合段位置,支座受拉很小,是较合理的结合段位置。

表 2.40　恒载＋活载下支墩反力　(单位:MN)

结合段位置	最大值				最小值				最大值	最小值
	墩 1	墩 2	墩 3	墩 4	墩 1	墩 2	墩 3	墩 4		
1	20.3	−2.7	−31.8	−16.4	17.0	−14.0	−44.1	−28.4	20.3	−44.1
2	17.3	20.8	−8.4	−18.4	13.9	9.5	−20.3	−30.4	20.8	−30.4
3	17.9	16.7	15.1	5.5	14.6	5.4	2.9	−6.9	17.9	−6.9
4	17.7	17.7	10.0	32.4	14.4	6.4	−2.1	19.7	32.4	−2.1
5	17.8	17.6	13.0	−7.0	14.5	6.4	0.9	−19.8	17.8	−19.8

此外,活载下,斜拉索索力分布基本不受结合段位置影响。

4. 计算结果分析

由以上分析可见,在成桥状态恒载下考虑主梁弯曲应变能,在运营状态汽车活载下考虑结合段弯矩幅值,并综合考虑恒载＋活载下的支墩反力分布,得到的结合段理想位置并不完全一致。但对于公路桥梁来说,活载较恒载要小得多,通常不超过恒载的 20%,因此建议采用以考虑恒载为主,兼顾活载的思路来确定混合梁斜拉桥合理的结合段位置。

对于这里的算例,仅从受力性能上看,显然结合段位置 3 和 4 均是较合理的选择,如图 2.39 和图 2.40 所示。以此为基础,综合考虑施工、经济性等其他因素,本例混合梁斜拉桥最终采用了结合段位置 4。

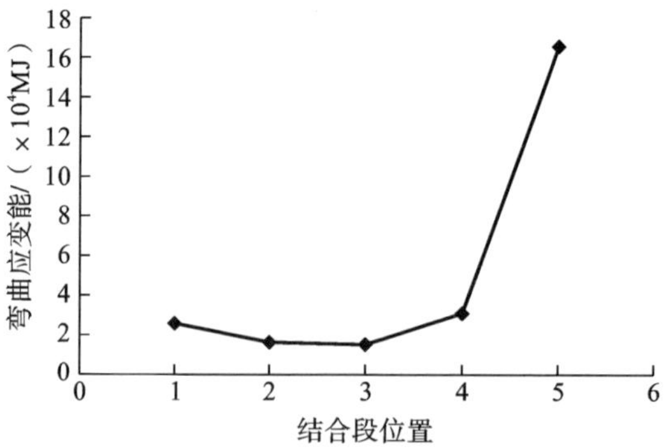

图 2.39　恒载下主梁弯曲应变能

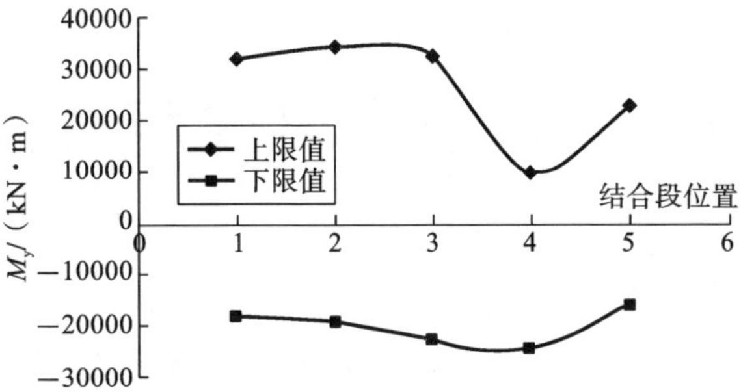

图 2.40　活载下结合段局部弯矩值

第3章　大跨度混合梁斜拉桥施工

大跨度混合梁斜拉桥总体施工步骤具体如下：

(1)边跨辅助墩与边墩桩基础、墩身混凝土施工及主塔桩基工程施工；

(2)搭设边跨混凝土梁施工支架、下塔柱混凝土浇筑施工；

(3)边跨混凝土梁分段浇筑施工、中塔柱混凝土分节浇筑施工；

(4)边跨混凝土梁预应力束张拉施工、上塔柱混凝土浇筑与塔柱内斜拉索锚箱安装施工；

(5)搭设塔旁支架进行塔上梁段及伸入主跨梁段混凝土浇筑施工；

(6)钢-混结合段的钢结构分块吊装、组拼定位、焊接成型及补偿收缩混凝土浇筑施工；

(7)保留钢-混结合段前端点临时支墩，保留边跨第3段混凝土主梁其他临时支墩及支架；

(8)安装并按设计索力张拉第1～3对斜拉索、拆除第3段混凝土主梁及钢-混结合段临时支墩；

(9)钢箱梁制造、铺设桥面运梁轨道、安装并调试桥面吊机起吊、分节悬拼架设钢箱梁节段；

(10)按设计索力张拉斜拉索，调整线形，直至合龙段；

(11)主跨钢梁合龙，拆除塔梁临时固结；

(12)按设计顺序调整全桥斜拉索索力；

(13)桥面工程及附属工程施工；

(14)静动载试验及交付运营。

3.1　基础施工

3.1.1　大型钢围堰与桩基复合基础

近年来，通航水域大型桥梁基础的建造已成功地运用一种新的结构形式，即钢围堰＋封底混凝土＋钻孔桩＋承台的复合式基础。

大型钢围堰具有较大的刚度、强度、重量和良好的稳定性，以及可靠的防撞安全度。此种基础结构形式具有明显的优点，主要包括：

(1)可作为桩基的钻孔工作平台；

(2)可作为承台、索塔下塔柱施工的围水结构；

(3)可作为承台混凝土的外模板；

(4)可同时参与桩基受力(视设计条件而定)；

(5)可作为永久性防撞设施。

1. 大型钢围堰施工

(1)一般施工程序。

钢围堰底节制作，并平行进行底节以上围堰接高块件的制作→底节刃脚混凝土的浇筑→导向船设施及锚碇系统的布置→底节浮运、就位→底节以上围堰块件的拼装接高及下沉→围堰着床→堰内清淤下沉、接高并逐层浇筑堰壁混凝土→钢围堰的着床、嵌岩，或下沉至设计标高，并全部完成堰壁混凝土浇筑→堰内清基→堰顶平台搭设→堰内钻孔桩钢护筒的定位及振动下沉→封底施工设施的布置→水下浇筑封底混凝土→钻孔成桩→堰内抽水→基桩桩头混凝土凿除→承台施工→墩、塔施工→给定切割线以上围堰的切割、回收。

(2)钢围堰的制作。

钢围堰的制作一般在施工现场进行。但在有条件的地方，也可考虑在船厂或桥梁工厂分节加工，然后浮运至现场，用浮吊起重就位。

①底节制作。

底节是钢围堰拼装成型的基础节，在施工中要切土下沉，其制作精度要求较高，因此底节制作一般在岸上进行。

底节加工需要注意的几个问题如下。

a. 选择方便下河和地质条件较好的场地作为底节制作场地。在平整场地后，精确放样，设置混凝土台座。

b. 底节高度的确定应能满足围堰浮运稳定、自重适当、起重安全、合理用材、减少浪费等要求。

c. 在基座上设置型钢等小型卡靠模架，用以安装刃脚模板。此后按先骨架后壁板的顺序逐步拼装底节。骨架部分包括竖肋、隔仓板、水平托架、壁板等构件。

d. 为拼接方便，在底节围堰顶面设置了水平环板，可作为以后接高块件对接时的放置平台，并使对接有调节偏差的余地。

e. 因围堰焊接工作量大，在底节制作完成且焊缝冷却后，会发生缩径现象。底部由于有靠模固定住，底口一般不会发生收缩，但其上口的直径则会因收缩而缩小。根据施工经验，在 8—11 月制作的钢围堰底节，其上口直径收缩量为 $D/270$左右，其中 D 为围堰的外径。所以，在底节上口直径放样时，应考虑有相应的预扩量。

②围堰接高块件制作。

围堰接高有散件和块件拼装两种工艺，前者由于全部焊接工作均需在墩位处进行，难以控制结构尺寸和焊缝加工质量，且工期长等问题，已很少在大型工程中采用。

块件拼装法的块件制作有立式靠模和卧式靠模两种工艺。

a. 立式靠模工艺。

立式靠模是制作块件较好的方法，其要点是模拟围堰及围堰块件在基础位的立式放置状态，设置块件的靠模定型模架，使制作成型的块件可不经翻转而能吊至钢围堰进行拼装。围堰的分节高度即块件高度，应根据现场吊装能力及板材的宽度确定。

围堰的分块可按隔仓的数目等分，每一个块件均包含一个隔仓板。对于圆形双壁钢围堰，同一节每一块件应形状相同和可互换。

同底节一样，也在块件顶部设置水平环板。

b. 卧式靠模工艺。

块件制作的另一种靠模形式是卧式靠模。卧式靠模只有一个部分，或凸模，或凹模。立式靠模则由两部分构成，一侧为固定模（外圆模），另一侧为活动模（内圆模）。工作时移动活动模，用手拉葫芦合模。

c. 两种工艺比较。

传统的卧式靠模的缺点是工艺明显落后，块件装模复杂，并且至少得翻转二次焊接，仰焊工作量大。另外因钢围堰块件结构和厚度的限制，工人工作空间小，移动极不方便，电焊烟雾也不易散开，工作环境极差，劳动强度大。这些因素都直接影响了工人的工作效率，增加了块件制作的工期。而且，块件的预制不能全在靠模中进行，因而焊接变形较大，质量难以控制。但立式靠模则完全克服了卧式靠模的缺点，同时在整个预制、起吊、运输、安装过程中，不转体，不变形。立式靠模制作方式的缺点是靠模制作精度要求较高，因而其造价较高。

(3)钢围堰底节就位。

①底节下水。

一般采用沿滑道下水或浮吊吊装下水的方法。

沿滑道下水的方法是:从围堰底节下铺设滑道并延至水中,然后采用卷扬机牵引或千斤顶顶推的办法使围堰滑入水中,见图 3.1。图 3.1 中轨道的最小入水长度 L 要通过计算确定,以保证围堰前端滑块在到达轨道尽头时,围堰前部已能自浮。

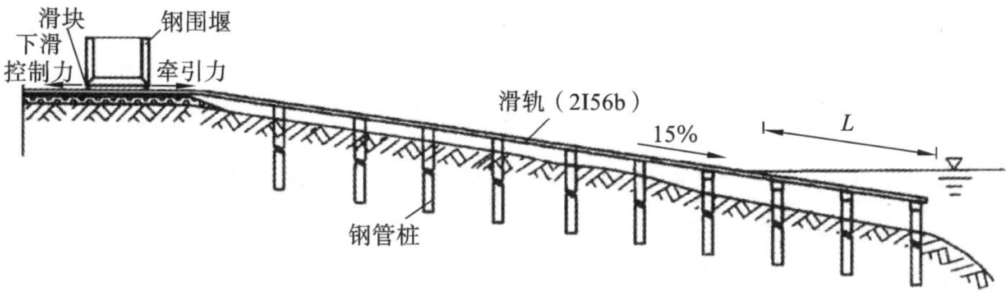

图 3.1　钢围堰沿滑道下水示意图

如现场有大型浮吊,且制作工场又在浮吊的起吊范围之内,则可由浮吊直接将其引入水中。如无以上条件则可设置滑轨,使围堰滑向浮吊的起吊范围,再由浮吊起吊、入水。

如果采用上述前一种方法入水轨道太长,造成工期长和耗材多,而采用后一种方法又没有足够大的浮吊,则可采用两者相结合的方法,即采用图 3.1 的轨道下滑方式,当围堰前端入水后,利用一定吨位的浮吊抬吊围堰前端,避免围堰前端倾斜,顺利进入深水区。

②底节浮运就位。

在水中浮运的底节,可采用两种方式运至墩位。

一种方法是在岸边先将围堰浮运进入导向船体系内,并将二者连接后将导向船、钢围堰整体浮运至墩位,然后与锚碇系统连接,使整个体系处于稳定状态。

另一种方法是先将导向船体系浮运至墩位,并与锚碇系统连接,使其处于稳定的状况后,再将钢围堰底节浮运至导向船上游,在墩位下游侧采用牵引或顶推的方式将钢围堰引进导向船体系内。

以上两种方法均需足够功率的拖轮拖送。如在水流不是很急的情况下,也可利用定位船及岸上卷扬机拖拉的方法,拖轮起稳定的作用。

为保持钢围堰在浮运过程中的稳定,可在堰壁内灌水使其高度降低,增加浮运稳定性。

2. 大型施工设施布置

(1)导向船体系。

①构成。

导向船体系既是钢围堰抵抗水流的依靠和下沉的导向,又是锚碇系统布置和施工作业的平台。

导向船体系由两艘大吨位铁驳船及联结梁构成。

联结梁一般由万能杆件拼成,用以将两船连接成整体。在导向船与围堰之间设置导向架,使围堰平面位置得到控制,但竖向不得限制围堰的下沉。导向架与围堰之间的接触面应使之尽量处于钢围堰的骨架位置上,且导向架上的接触面构造应采用橡皮、软木等软性材料。导向船联结梁一般在岸边拼装。

②受力分析。

a. 船体整体受力分析。

导向船体系作为施工平台,要承受各种施工荷载的作用。

在导向船体系中,船体一般直接承受荷载。对于船体受局部荷载作用的情况,可采取增加支承接触面、设置分布梁等处理措施,总能使船体受力在结构的允许范围内。

对于船体整体纵向受力的情况,由于采用大吨位、大长度和大自重的船体,其容许承受的荷载吨位一般大于基础施工中可能出现的需要承受的荷载吨位。且各种悬挑结构所发生的弯矩应力相对于船体截面的承受能力,一般要小得多,所以船体的纵向受力和稳定状况是安全的,一般只验算。

对于船体整体横向受力情况,如前分析,因为有足够的范围可以分布荷载,所以只要作用荷载分布得当,不管是拉、压荷载,还是弯矩荷载,船体结构总是能满足受力要求的。

但对于横向稳定情况,船体自身抵抗倾覆的能力非常有限,只能依靠导向船体系的整体抗倾覆性能,因此,联结梁结构的作用很关键。该结构通过传递应力而将两个单独的船体连成整体,因此,必须对联结梁结构进行受力分析计算。

b. 联结梁受力分析。

根据以上分析情况,导向船体系的最不利受力情况是导向船的横船向受力。这种情况的受力关键是联结梁的受力。如果联结梁受力是安全的,则导向船体系的其他部分的受力通过采取一些局部处理措施也是很容易达到安全状况的。

在围堰施工中，对联结梁最不利的船体横向荷载情况是，两部吊机对称反向同时起吊。

因此应在这种最不利状况下，对联结梁结构进行计算。其计算可采用忽略导向船自身的抗倾转能力，且对其他各种因素进行简化的形式，偏安全地得到联结梁船体在横向的倾转荷载作用下的计算简图，见图 3.2。

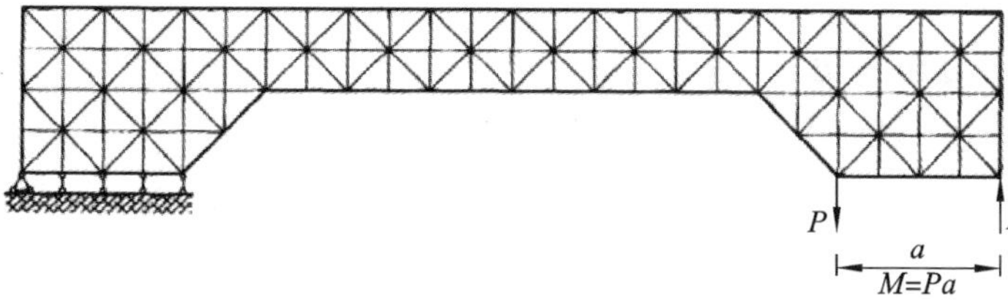

图 3.2　联结梁倾转受力计算简图

联结梁除受倾转荷载的作用外，还受到简支梁状态下的自重和梁上施工荷载的作用。

按照图 3.2 和简支梁的图式分别计算并叠加，得出万能杆件梁各杆件的受力及支座受力，并根据计算结果掌握杆件的受力情况，对支座处船体进行加强处理。如果杆件受力过大，可采取加大杆件截面甚至联结梁截面，或限制作用在联结梁上的施工荷载，或限制吊装荷载等应对措施。

上述图式的万能杆件梁的计算，可采用空间桁架计算程序，在计算机上计算完成。但如果是一端是塔吊，另一端是桅杆吊的不对称情况，则可偏安全地取两端均为较大一端的荷载的形式进行简化，按图 3.2 的图式计算。

(2)起重设施。

钢围堰的块件拼接、堰壁混凝土浇筑、堰内清淤、封底混凝土浇筑等工序都需要吊装作业。由于吊装工作频繁，且受导向船体系阻隔使操作范围受限制，吊装工作一般采用固定吊装设备完成。常用起重设备有桅杆吊和塔吊等。

吊机的吊装能力，吊机的数量及设置位置应由吊装施工实际需要，通过合理选择和布置，吊机吊装所达范围应能有效覆盖吊装施工面，且基本能满足各项工序的吊装需要。

吊机基座下的导向船相应受力部位必须予以加强，使受力得以有效分布到船体龙骨上，且各局部结构受力均在容许范围内。

吊机在吊装过程中会对导向船体系产生很大的倾转力矩，这个力矩将使体系产生较大内力，所以应验算导向船体系在此种情况下的结构受力。

3. 大型钢围堰锚碇系统的布设

钢围堰的锚碇系统是为了使钢围堰及其施工平台在钢围堰着床前，能在水流中抵抗水流冲击而布设的。在钢围堰着床后，锚碇系统的受力得到缓解，但考虑到洪水和其他意外因素的影响，为了工程的安全，锚碇系统一般在钢围堰封底以后再行拆除。

(1)锚碇系统的构成。

锚碇系统一般由以下几个部分组成。

①导向船夹钢围堰体系：导向船由两艘大吨位铁驳及万能杆件联结梁或其他梁体构成。该体系在塔或墩位定位，锚碇系统即为稳定该体系而设。

②定位船：为调整、控制锚碇系统状态的一个主要工作平台，设在钢围堰上游。

③主锚：锚碇系统抵抗水流冲击的主体构造，抛设在定位船上游河床覆盖层中。

④定位船侧锚：保证定位船稳定的构造，抛设在定位船侧面河床覆盖层中。

⑤定位船拉导向船拉缆：即上拉缆，在定位船上与主锚锚绳通过型钢连接，将钢围堰体系所受水流冲击力传递至主锚上。

⑥定位船拉钢围堰拉缆：即下拉缆，在定位船上与主锚锚绳通过型钢连接，另一端设在围堰下部，克服钢围堰受水流冲击的倾转。如果布置一层满足不了受力要求，则可分层布置。

⑦导向船侧锚：保证导向船体系侧向稳定的构造，抛设在导向船侧面河床覆盖层中。

⑧导向船尾锚：调整导向船体系受力状态的构造，抛设在导向船下游河床覆盖层中。

⑨锚缆：锚碇系统水上结构与水下锚体之间的连接体，一般由锚绳和锚链组成。锚链在锚绳与锚之间直接与锚体相连。锚链因处于锚缆末端且自重大，所以是平躺在床面上的，从而使锚体只受水平力，这样就保证了锚体的锚着效果好。

(2)锚体形式。

锚碇系统的水中锚体一般可采用两种形式：钢筋混凝土蛙式锚和船只所使用的较大吨位的铁锚。

钢筋混凝土蛙式锚体积大，自重大，其刃口必须面朝拉力方向，从而抛放的方向性强，抛放作业困难。混凝土锚辅助投入大，锚着能力不强，在砂卵石床面的有效承拉力仅为锚自重的 1/3～1/2，在细砂层承拉力更低，在无覆盖层床面不宜使用。这种锚还有难以回收的缺点。

铁锚自重轻，体积小，本身可以自动对向，运输、抛放都方便。其抓力大、适应性强，特别在风化、弱风化无覆盖层岩面或高低不平岩面也能有效持力，其在砂卵石床面的锚着力为自重的 3～5 倍。其缺点是新锚成本高，故一般都购买和利用旧锚。

(3)锚碇系统布置。

对锚碇系统最基本的要求是：有足够的能力抵抗水流、风力等因素对钢围堰的不利作用，保证钢围堰系统在水中的稳定性；不影响通航；不影响施工作业。另外，锚碇系统也应满足布置合理、简捷、费用节省、操作方便等各种要求。

(4)锚碇系统计算。

锚碇系统的计算可按下列步骤进行。

①收集基本资料。

了解、掌握计算所需的基础设计、风速风压、水位、水流速度与方向、地质条件、冲刷等方面的情况。

②计算所用参数的选定。

对一些与时间、地点、地质、水文条件、施工情况等因素有关的参数进行确定。这些参数包括水位、水流速、水流向、围堰处地面高程等计算所用参数。

③锚碇系统所受外力计算。

先计算钢围堰水阻力、钢围堰风阻力、定位船水阻力、定位船风阻力、导向船组水阻力、导向船组风阻力、钢围堰旁临时工作船的水阻力和风阻力、联结梁及其他施工设施风阻力等外力，然后将上述外力相加得出锚碇系统所受的最不利外力总合力。

④主锚个数的计算。

根据③所计算的总外力、锚重力、床体覆盖层情况，可计算出所需主锚个数及每个主锚拉力。

⑤主锚链直径计算。

根据主锚拉力可计算出所需锚链直径。

⑥主锚锚绳长度和锚链长度的计算。

根据主锚锚缆所处位置和主锚受力情况，可计算出锚绳、锚链长度，以及相应的锚缆总长度。

⑦主锚钢丝绳强度验算。

先选定某一规格的钢丝绳，再按其有关参数、钢丝绳所受最大力验算钢丝绳安全系数。通过这种试验算的方法选定安全系数在规范要求范围之内的钢丝绳。

⑧钢围堰下拉缆计算。

以钢围堰与导向船上接触点为转动支点，根据下拉缆在围堰上的作用位置，按照最不利风力、水流冲击力所产生的围堰倾转力及力矩与拉缆的抗倾转力及力矩相等的原则计算下拉缆受力。

⑨下拉缆所决定的定位船与钢围堰安全距离计算。

根据下拉缆在垂直向上的分力作用下不沿堰壁向上滑动的原则，计算两者的安全距离。

⑩定位船拉导向船组拉缆计算。

钢围堰、导向船所受到的水阻力和风阻力，扣除下拉缆所分担的那部分，就是定位船拉导向船组拉缆的受力。

⑪导向船、定位船侧锚计算。

水流在船体侧向产生的分力；船体侧向的风力；由于不对称收锚，主锚在船体侧向产生的分力，这些侧向力的最不利组合决定了导向船或定位船侧锚的受力。

(5)锚碇系统布置的实施。

①锚碇系统设置的一般工序。

定位船自泊定位→必要数量主锚、定位船侧锚、导向船侧(尾)锚的抛设→导向船、钢围堰浮运就位，并挂、收必要数量的拉缆及已抛锚体的锚缆→第一阶段其他锚体、拉缆布设→用卷扬机收锚，并进行主、尾锚的对拉试验。通过收锚调整锚碇系统受力状态，保证受力均匀，视情况布设第二阶段锚体和拉缆。

②分批、分阶段抛设锚体、挂设拉缆。

因为受进度、通航等因素影响，锚碇系统布设施工不可能一次连续将所有锚体、拉缆抛、挂设完毕。可先抛、挂一定数量的稳定定位船、导向船和钢围堰所必需的主、侧或尾锚及拉缆，然后再逐步完成其他锚体、拉缆的抛、挂工作。

分阶段抛、挂是指相应于水流变化阶段的锚体、拉缆的抛、挂。一般锚体、拉缆是按水流某一阶段，例如枯水阶段的情况所布设的，并要求钢围堰在这一阶段完成着床施工。钢围堰着床后，锚碇系统至少可减小一半的受力。如果在这一阶段钢围堰施工正常进行，完成了预计的任务，钢围堰能够达到预计的着床、受覆盖层夹嵌的状态，则下阶段的抛、挂不必进行了。分阶段的下一阶段的抛、挂是为应付紧急情况，即水流超出了预计正常阶段的情况，对围堰的冲击更加严重，而此时的施工进度还未达到围堰着床，并受覆盖层夹嵌状态这一情况而准备的。出现紧急情况，应实施下一阶段锚体和拉缆的布设，即增抛、挂锚和拉缆。

③以浮吊、拖轮、工作船、卷扬机为工具布设锚碇系统。

浮吊将挂好锚链、锚绳的锚体逐步放入水中；拖轮和工作船将锚绳牵至定位船或导向船上；卷扬机牵挂下拉缆围绕在围堰上，人工将上拉缆挂在导向船上，拖轮和工作船牵引拉缆至定位船上。定位船、导向船都是由拖轮运送至预定位置上，锚缆均以卷扬机收挂。

④合理收紧锚缆。

以卷扬机通过滑轮走丝收紧锚缆，在滑轮绳丝上装拉力表以掌握锚绳的受力状态。收紧锚缆按先抛后收、后抛先收的顺序进行，防止锚缆互相缠绕。同一批、同一类锚，例如同一批主锚，应分次收紧到位。收紧某一个锚的同时务必观察其他锚的受力情况，保证每个锚受力相等，误差在 5%以内。

4. 大型钢围堰的拼接及下沉

圆形双壁钢围堰的拼接成型，一般采用分块、分节边拼接边接高下沉的方式，也可采用先在岸上将块件拼成整节，然后在墩位处由大型浮吊整体安装的方法。但此方法易使围堰因吊装而变形，拼接的接缝难以密合，拼装精度较差。所以应根据现场条件，慎重选择施工方法。

块件拼接应对围堰几何尺寸进行严格控制，保证其符合要求。

(1)块件的运输和吊装。

块件用汽车运至岸边码头，通过汽车吊或浮吊将其转运至船上，然后在墩位处由导向船上的吊装设施进行拼接。

(2)块件拼接。

块件拼接时要求各节段均按预制时的划分方式对接，使接高块件的立面焊缝线从下至上均在一条直线上，并保证上下块件的外弧板、内弧板、隔仓板均对应对接。

施工时在堰壁内外设置临时焊设工作平台，并在钢围堰上设置导向、限位装置，以使块件的吊放、定位方便，简捷且精度高。

围堰焊接的施焊顺序：各块件水平焊缝点焊→竖向焊缝点焊→内、外水平环板对接施焊→拼装前围堰直径差为负值时焊外壁板水平缝，正值时先焊内壁板水平缝,进行水平缝施焊→内外壁板竖缝施焊→其他缝施焊。

在块件拼接过程中发生的直径收缩问题,可通过预扩相同直径量的方法加以消除。根据施工经验,预扩大量可取 $D/1000 \sim D/400$(D 为钢围堰外径)。

(3)围堰水中下沉。

在堰壁内灌水使围堰下沉。

(4)围堰着床。

围堰在覆盖层中的纠偏难度大,故要求着床定位准确。着床的关键是严格控制钢围堰的平面位置和垂直度。

①定位调整。

上下游方向平面位置由上拉缆、尾锚调整,顺桥向平面位置由导向船侧锚调整。上下游方向垂直度由下拉缆调整,顺桥向垂直度通过在顺桥向两边的隔仓内灌水调整。

②钢围堰安全状态控制。

钢围堰不安全性体现在两个方面:一是未及时掌握水深变化及所在河床的标高,导致钢围堰顶没入水中;二是床面高低不平造成钢围堰倾斜及偏位。

河床面受水流冲刷,特别是围堰着床时的局部冲刷影响,标高变化很大,因此,必须对河床变化进行跟踪测量。需掌握的参数有刃脚周围床面标高、床面被冲刷的速度等。围堰着床时,如果河床高差较大,则要控制围堰着床速度,使围堰保持在悬浮状态中先接触较高床面,然后立即下导管在河床较高处吹砂,以保证围堰刃脚均匀楔入河床。如果床面较平,围堰可加速灌水而迅速着床。钢围堰在着床前,必须保证其水面以上有足够安全高度。

钢围堰着床的水面安全高度应考虑以下三方面的因素。

a. 刃脚至床面高度的最大值 a_1。

b. 床面 5～6 天内的冲刷深度 a_2。钢围堰着床后,在 5～6 天可继续完成一节块件拼装。在拼装完成前,原钢围堰顶不能没入水中。

c. 已接高的钢围堰在自重、拼装节重力、堰壁内的灌水重力之和扣除浮力后的重力影响下,钢围堰楔入覆盖层深度 a_3。根据经验,a_3取斜刃脚部分的高度值是安全的。

所以,钢围堰着床时的水面安全高度,偏安全地按式(3.1)确定:

$$H \geqslant a_1 + a_2 + a_3 \tag{3.1}$$

③对围堰着床预移位置问题的考虑。

围堰着床的位置应考虑一个向下游的与上移值相等的预偏值。

由于钢围堰在着床后的下沉过程中，其上游侧河床受水流冲刷，而下游侧河床则淤积升高，从而使围堰下游侧的土压力大于上游侧的土压力，这个压力差使围堰向上游移动。根据铜陵长江公路大桥和南京八卦洲长江大桥(原南京长江第二大桥)的施工经验，此上移值约为 30 cm。

上移值与上、下游侧覆盖层厚度差有关，应根据具体情况确定，一般不应超过 30 cm。

(5)围堰内吹砂清淤。

吹砂清淤是以大功率空压机分别用 2～3 根导管提供气举力而进行的。导管用吊机、浮吊移动，伸入水中进行吹砂清淤施工。堰内覆盖层土石经导管被吸出堰外。

吹砂清淤施工必须随时掌握堰内床面变化情况和钢围堰状态，通过吹砂清淤部位的选择，保证钢围堰均匀下沉，并随时调整钢围堰的平面位置和垂直度。如果要使围堰向上下游、顺桥向某个方向如下游方向移动，应在以围堰圆心轴为对称轴的另一侧即上游侧吹砂清淤，而下游侧不吹砂，先使围堰倾斜。然后再均匀吹砂，使围堰倾斜下沉一定距离，以便下游刃脚能达到正确位置。此后在下游侧单边吹砂清淤，将围堰扶正。围堰的垂直度通过单边吹砂清淤调整，即在较高侧单边吹砂清淤。

吹砂清淤施工必须要防止涌砂事故的发生。导管吹砂清淤位置离刃脚必须有 4～5 m 距离，并且不能在同一个位置吹时过长。吹砂清淤时间根据相应围堰部位下沉迹象确定，如有下沉变化，则停吹，另选 5 m 以外的部位进行作业。在吹砂清淤施工过程中，采取补水措施使围堰内外水位随时保持平衡。补水最简单的方法是在堰壁对堰壁质量影响不大的位置预留补水孔，使堰内水量能得到自动补充。补水孔应分层设置，分层堵塞，以不影响围堰此后抽水时抗水头差的能力。补水孔的过水面积，应为在堰内吹砂清淤所使用导管的过水面积的 4～5 倍。

堰内的吹砂清淤要进行至将堰内所有的松散土体全部清除出围堰为止。

(6)围堰堰壁混凝土的浇筑。

堰壁混凝土是钢围堰结构的一部分，一般设置在从刃脚至承台面的全堰壁范围内。因为承台面以上围堰需要切割，所以承台面以上不浇筑堰壁混凝土。堰壁混凝土可增强围堰堰壁抵抗水头差的能力。钢围堰在土中下沉过程中，利用堰壁混凝土增加其自重，以增强围堰的下沉能力。

堰壁混凝土一般采用水下浇筑的方式浇筑。为控制水下混凝土对堰壁、隔仓板的压力，堰壁混凝土应分层浇筑。为保证围堰均匀、安全地下沉，堰壁混凝土的浇筑应以圆心轴为对称轴而对称进行。

(7)围堰的着床、嵌岩。

围堰在穿越覆盖层接近岩层时下沉较困难，因此要采取措施清除堰内刃脚斜板下的较坚固土层、河卵石和岩石。

一般可采用专用设备在刃脚下高压射水，清除刃脚斜板下的覆盖层和岩石。也可采用钻机沿围堰刃脚内周边钻孔、扩孔，将围堰刃脚下土、岩体清除。另外，必要时还可采用在刃脚下爆破的方法，但爆破施工应以专业队伍为主进行。

5. 大型钢围堰的清基

钢围堰下沉到所要求的深度后，必须将堰内坚固覆盖层以上松散土体杂物清除出堰，以使封底混凝土浇筑在坚固的地基上。应在堰顶施工平台搭设前尽可能完成主要的、大部分的工作，以免因平台阻碍使导管移动困难。

清基仍利用吹砂清淤导管进行，通过清基将堰内松散土体清除到堰外。在清基过程中，必要时，应先采用高压射水等方式使土体变得松散，以使清基工作进行得更彻底。

6. 围堰封底混凝土浇筑

围堰水下封底混凝土施工难点和重点在于保证封底结构具有良好的连续性、整体性。为了达到这一要求，封底施工必须按有关规范操作，封底厚度应进行计算，混凝土流动半径一般按 5.5～6.5 m 选用。封底设备布局可参照图 3.3。

7. 堰内抽水

钢围堰水下封底施工完成后，进行基桩成桩施工。待基桩施工完成后，即在堰内抽水，抽至承台底面以下一定高度处，以便进行承台施工。

8. 钢围堰的切割回收

当索塔或墩身施工出水面后，可将承台面以上的钢围堰拆除。拆除采用在堰内水下切割的方法，水面回收。

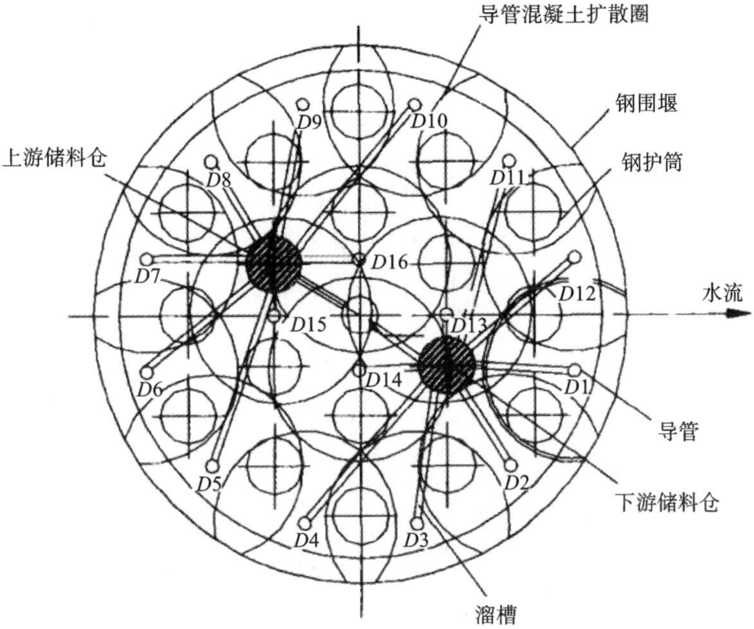

图 3.3　钢围堰封底导管、储料仓、溜槽平面布置图

3.1.2　深水大直径钻孔灌注桩施工

1. 深水大直径钻孔灌注桩施工流程

(1)准备工作。

①准备场地。

施工前应将场地平整,以便安装钻架进行钻孔。场地为深水或陡坡时,可用木桩或钢筋混凝土桩搭设支架,安装施工平台支承钻机(架)。深水中在水流较平稳时,也可将施工平台架设在浮船上,就位锚固稳定后在水上钻孔。水中支架的结构强度、刚度和船只的浮力、稳定性都应事前进行验算。

②埋置护筒。

护筒的作用:固定钻孔位置;开始钻孔时对钻头进行导向;保护孔口,防止孔口土层坍塌;隔离孔内孔外表层水,并保持钻孔内水位高出施工水位以产生足够的静水压力。护筒制作要求坚固、耐用、不易变形、不漏水、装卸方便和能重复使用。一般用木材、薄钢板或钢筋混凝土制作,护筒内径应比钻头直径稍大,旋转钻须增大 0.1～0.2 m,冲击或冲抓钻增大 0.2～0.3 m。

下沉埋设，适于深水埋置，如图 3.4 所示。

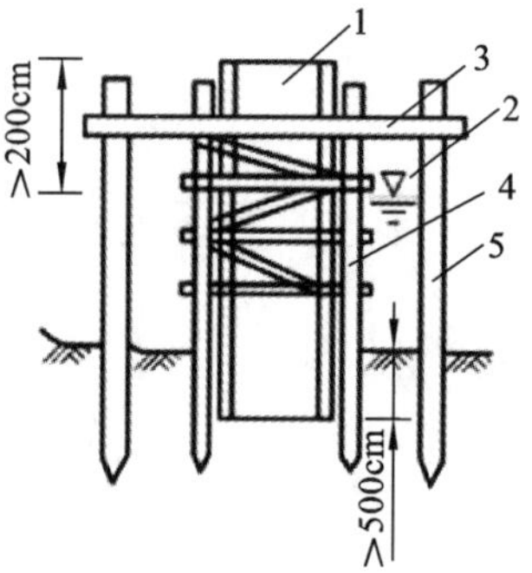

图 3.4　深水护筒埋置

1—护筒；2—施工水位；3—工作平台；4—导向架；5—脚手桩

护筒埋置时应注意下列几点。

a. 护筒平面位置应埋设正确，偏差不宜大于 50 mm。

b. 护筒顶标高应高出施工最高水位 1.5～2.0 m。

c. 护筒底应低于施工最低水位（一般低于 0.3 m 即可）。深水下沉埋设的护筒应沿导向架借自重、射水、振动或锤击等方法将护筒下沉至稳定深度，黏性土的入土深度应达到 0.5～1 m，砂性土应达到 3～4 m。

③泥浆制备。

泥浆在钻孔中的作用：在孔内产生较大的静水压力，可防止坍孔；泥浆向孔外土层渗漏，在钻进过程中，由于钻头的活动，孔壁表面形成一层胶泥，可以护壁。同时，将孔外水流切断，能稳定孔内水位；泥浆相对密度大，具有挟带钻渣作用，利于钻渣的排出。因此，在钻孔过程中，孔内应保持一定稠度的泥浆，一般相对密度以 1.1～1.3 为宜，在冲击钻进大卵石层时可用 1.4 以上，黏度为 20 Pa·s，含砂率小于 3%。在较好的黏性土层中钻孔，也可灌入清水，使钻孔时孔内自造泥浆，达到固壁效果。调制泥浆的黏土塑性指数不宜小于 15，粒径大于0.1 mm的砂粒不宜超过 6%。

④安装钻机或钻架。

钻架是钻孔、吊放钢筋笼、灌注混凝土的支架。我国生产的定型旋转钻机和冲击钻机都附有定型钻架，其他还有木制的和钢制的四脚架、三脚架或人字扒杆。在钻孔过程中，成孔中心必须对准桩位中心，钻机（架）必须保持平稳，不发生位移、倾斜和沉陷。钻机（架）安装就位时，应详细测量，底座应用枕木垫实塞紧，顶端应用缆风绳固定平稳，并在钻进过程中经常检查。

(2)钻孔。

①旋转钻进成孔。由于旋转钻进成孔的施工方法受到机具和动力的限制，适用于较细、软的土层，如各种塑性状态的黏性土、砂土、夹少量粒径小于200 mm的砂卵石土层，在软岩中也可使用。这种钻孔方法的深度可达100 m以上。旋转钻进成孔包括普通旋转钻机成孔法、人工机动推钻与全叶式螺旋钻成孔法和潜水钻机钻孔法。

a. 普通旋转钻机成孔法(正、反循环回转钻)。利用钻具的旋转切削体钻进，并在钻进的同时采用循环泥浆的方法护壁排渣，继续钻进成孔。旋转钻机成孔按泥浆循环的程序有正、反循环回转之分。泥浆以高压通过空心钻杆，从底部射出，随着泥浆上升而溢出流至井外沉浆池，待沉淀净化后再循环使用的方式，称为正循环。泥浆由钻杆外流入井孔，旧泥浆由钻杆吸上排走的方式称为反循环。反循环钻机的钻进及排渣效率较高，但在接长钻杆时装卸较麻烦，如钻渣粒径超过钻杆内径(一般为120 mm)易堵塞管路，则不宜采用。

b. 人工机动推钻与全叶式螺旋钻成孔法。用人工或机动旋转钻具钻进，钻孔时利用电动机带动钻杆转动，使钻头螺旋叶片旋转削土成孔，土块随叶片上升排出孔外，一般孔深8～12 m，钻进速度较慢，遇大卵石、漂石土层不易钻进。

c. 潜水钻机钻孔法。利用密封电动机、变速机构带动钻头在水中旋转削土，并在端部喷出高速水流冲刷土体，以水力排渣。同正循环一样，压入泥浆，钻渣随泥浆上升溢出井口。如此连续钻进、排土而成孔。

②冲击钻进成孔。利用钻锥(重为10～35 kN)不断地提锥、落锥，反复冲击孔底土层，把土层中泥砂、石块挤向四壁或打成碎渣，钻渣悬浮于泥浆中，利用掏渣筒取出，重复上述过程冲击钻进成孔。

主要采用的机具有定型的冲击式钻机(包括钻架、动力装置、起重装置等)、冲击钻头、转向装置和掏渣筒等，也可用30～50 kN带离合器的卷扬机配合钢、木钻架及动力装置组成简易冲击钻机。冲击钻孔适用于含有漂卵石、大块石的土层及岩层，也能用于其他土层。成孔深度一般不宜大于50 m。

③冲抓钻进成孔。此法是利用冲抓锥张开的锥瓣向下冲击切入土石中，收紧锥瓣将土石抓入锥中，提升出孔外卸去土石，然后再向孔内冲击抓土，如此循环钻进的成孔方法。施工时，泥浆仅起护壁作用，当土层较好时，可不用泥浆，而用水头护壁。冲抓钻进成孔适用于较松或紧密黏性土、砂性土及夹有碎卵石的砂砾土层，成孔深度一般小于30 m。用冲抓钻钻进时，应以小冲程稳而准地开孔，待锥具全部进入护筒后，再松锥进行正常冲抓。提锥应缓慢，冲击高度一般

为 1.0～2.5 m。

(3)清孔及吊装钢筋笼骨架。

清孔目的是除去孔底沉淀的钻渣和泥浆，以保证灌注的钢筋混凝土质量，保证桩的承载力。常用清孔方法有以下几种。

①抽浆清孔。用空气吸泥机吸出含钻渣的泥浆而达到清孔。由风管将压缩空气输进排泥管，使泥浆形成密度较小的泥浆空气混合物，在水柱压力下沿排泥管向外排出泥浆和孔底沉渣，同时用水泵向孔内注水，保持水位不变直至喷出清水或沉渣厚度达到设计要求为止。此法清孔较彻底，适用于孔壁不易坍塌的各种钻孔方法的柱桩和摩擦桩，一般用反循环钻机、空气吸泥机、水力吸泥机或真空吸泥泵等进行。

②掏渣清孔。该法是用抽渣筒、大锅锥或冲抓锥清掏孔底粗钻渣，仅适用于机动推钻、冲抓、冲击钻孔的各类土层摩擦桩的初步清孔。掏渣前可先投入水泥 1～2 袋，再以钻锥冲击数次，使孔内泥浆、钻渣和水泥形成混合物，然后用掏渣工具掏渣。当要求清孔质量较高时，可使用高压水管插入孔底射水，使泥浆相对密度逐渐降低。

③换浆清孔。该法适用于正循环钻孔法的摩擦桩，钻孔完成后，提升钻锥距孔底 10～20 cm，继续循环，以相对密度较低(1.1～1.2)的泥浆压入，把钻孔内的悬浮钻渣和相对密度较大的泥浆换出。

④喷射清孔。该法只宜配合其他清孔方法使用，是在灌注混凝土前对孔底进行高压射水或射风数分钟，使剩余少量沉淀物漂浮后，立即灌注水下混凝土。

(4)灌注水下混凝土。

①灌注方法。目前我国多采用直升导管法灌注水下混凝土。将导管居中插入离孔底 0.30～0.40 m(不能插入孔底沉积的泥浆中)，导管上口接漏斗，在接口处设隔水栓，以隔绝混凝土与导管内水的接触。在漏斗中储备足够数量的混凝土后，放开隔水栓，储备的混凝土连同隔水栓向孔底猛落，这时孔内水位骤涨外溢，说明混凝土已灌入孔内。当落下足够数量的混凝土时，将导管内水全部压出，并使导管下口埋入孔内混凝土 1～1.5 m 深，保证钻孔内的水不可能重新流入导管。随着混凝土不断通过漏斗、导管灌入钻孔，钻孔内初期灌注的混凝土及其上面的水或泥浆不断被顶托升高，相应地不断提升导管和拆除导管，这时应保持导管的埋入深度为 2～4 m，拆除导管时间不超过 15 min，直至钻孔灌注混凝土完毕。

②对混凝土材料的要求。为了保证水下灌注混凝土的质量，应按设计强度

等级提高 20%进行混凝土的配合比设计；混凝土坍落度宜在 180～220 mm 范围内；每立方米混凝土中水泥用量不少于 350 kg，水灰比宜用 0.5～0.6，并可适当将含砂率提高至 40%～50%，使混凝土有较好的和易性；为防卡管，石料尽可能用卵石，适宜粒径为 5～30 mm，最大粒径不应超过 40 mm。

③混凝土浇筑。为了随时掌握钻孔内混凝土顶面的实际高度，可用测绳和测深锤直接测定。测深锤一般用锥形锤，锤底直径 15 cm 左右，高 20 cm，质量为 5 kg，外壳可用钢板焊制，内装铁砂配重后密封。为保证灌注桩成桩后的质量，现在可用超声波法等进行无损检测。

2. 钻孔灌注桩的施工平台

深水基桩施工平台的基础一般是钢围堰、钢护筒或打入式钢管桩，其顶面工作台多采用贝雷架、六四桁架、万能杆件以及大型型钢等搭设。近年来，为适应深水、海湾环境下建桥的需要，国内已开始采用自浮式套箱钻孔平台。

基桩施工平台的作用是布置钻孔施工设备、设施并为施工操作提供作业工作面。

(1)基桩施工平台应满足的要求。

①有足够的空间和平面范围来布置施工设施、泥浆循环系统和进行施工作业。

②平台应有足够的高度，使其能在设计的施工水位下进行正常的施工。

③对施工荷载，如钻机重力、钻机钻孔时的扭矩、钻孔的冲击、平台自重等必须要有足够的承受能力。

④对风荷载、水流冲击有足够的承受能力。

⑤能抵抗水流冲刷而自身稳定。

(2)基桩施工平台的结构形式。

①钢围堰顶贝雷梁平台见图 3.5。

②钢管桩顶贝雷梁平台见图 3.6。平台的钢管桩采用打桩设备打入土层。

(3)水上平台的防撞措施。

在通航水域上，航行船只与平台相撞的危险是存在的。为此，必须采取组织管理和技术管理等措施对撞击事故加以防止或避免。

①组织管理。

a. 建立本桥施工通航指挥、组织机构。

b. 建立施工、通航防撞联席会议制度。

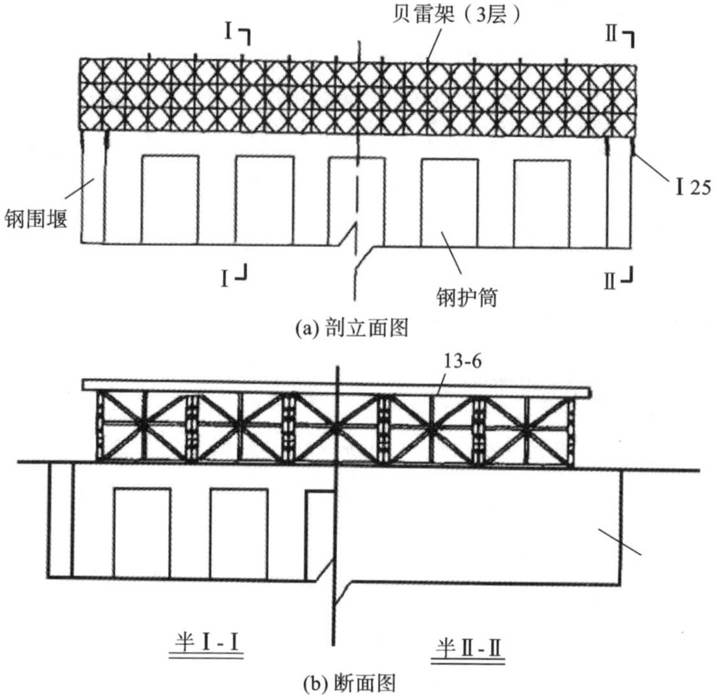

图 3.5　钢围堰顶贝雷梁平台

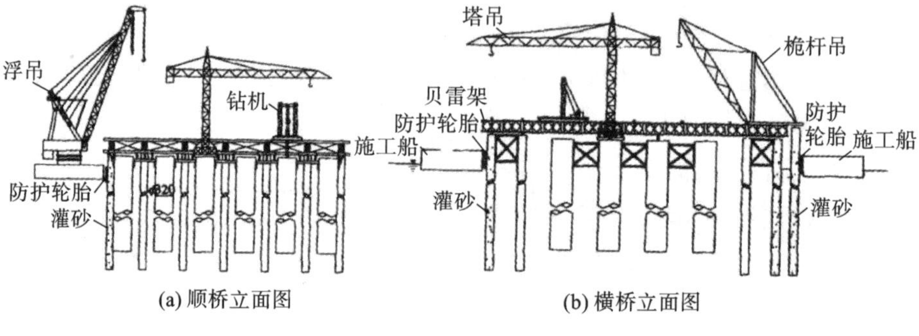

图 3.6　钢管桩顶贝雷梁平台

c. 不同施工期的通航规划、通航信息发布。

d. 制订本桥施工期通航安全管理办法。

e. 建立海事救助系统。

②技术管理。

a. 水上基础施工工期的合理安排。

b. 施工方案的优化及水上施工临时设施的合理布置。

c. 施工水域的划分、通航设施、信号的建立。

d. 特殊施工的通航管制。

e. 防撞措施的采取：在主塔墩上、下游仍有必要设置一定的防撞设施，如防撞浮体（船、浮箱等）、防撞桩等，确保安全。

f. 导航技术的应用。

g. 助拖措施的实施。

3. 自浮式套箱钻孔平台

（1）施工特点。

近年来，我国海上桥梁建设越来越多，呈现快速增长的趋势。其施工的特点：一是风大浪高，水深流急、雨多雾重，现场施工条件恶劣，作业时间有效利用率低，施工现场离陆地远，驻地与桥位施工现场之间往返交通困难；二是工程量大，与江河湖泊上的桥梁相比较要长得多，如东海大桥全长 32.5 km、杭州湾跨海大桥全长 36 km。

（2）优点。

自浮式套箱钻孔平台近似于近海石油钻井平台，其优点如下。

①钻孔平台与高桩承台的模板体系——钢套箱合二为一，节省施工钢材，套箱既是钻孔平台又是承台模板，两套施工设施一次就位，为承台施工创造条件，工序转换简单、快捷。

②与沉井、钢围堰比较，自浮式套箱动水阻力小得多，浮运就位时相当于船舶定位，使锚碇系统大为简化。

③套箱与钢护筒互为依托，利用平台的稳定性与参照性可迅速、准确地定位钢护筒的位置。在平台桩基的相应位置预留导向钢导筒，对于风大浪高、水深流急的海上护筒定位施工提供了十分便利的条件。

④钢套箱常在陆地或近海岸的专业加工厂加工，可以在较大范围选择加工商。由于加工环境的改善，质量容易得到保证，成本相对较低。施工单位中标后，即可委托厂商加工，缩短施工单位水、电、场地、技术人员、材料、机具等准备工作时间，可节省工期。

⑤将海上现场施工的大部分工作转移到了陆地，克服了现场施工环境条件恶劣的困难，大大减少了海上作业工作量与作业时间。

（3）适用范围。

自浮式套箱钻孔平台施工适用于风大浪高、水深流急、水域宽阔的海洋、江河面上,如我国的东海、黄海、南海及长江中、下游水域。

(4)自浮式钢套箱的设计要点。

①平面尺寸设计:钢套箱内壁间净空比设计承台平面尺寸各方向扩大 10～15 cm,以备钢套箱位置偏差时的调整。空隙部分用泡沫板或软木板填塞,保证承台按设计的平面尺寸不变,同时便于钢套箱的拆模回收与利用。

②钢套箱壁厚:钢套箱壁厚视承台平面尺寸而定,有单壁与双壁两种。壁板常采用 6 mm 厚钢板,设置竖肋、水平环向板,双壁另设横向连接杆、内外壁板、隔仓板。

③钢套箱底板:底板采用 6～10 mm 厚钢板,其下常用工字钢、槽钢等型钢作为底板的加劲结构,可采用简单的叠加形式,也可做成桁架形式。为防止套箱制作、运输、安装过程中变形,套箱内壁之间设水平加劲肋,相当于船舶的龙骨。

④内隔仓板:钢套箱内外壁之间设置内隔仓板,用以加强整体刚度,抵抗浮运及定位时钢套箱的变形,同时有效地调节钢套箱吃水深度。

⑤钢导筒设计:钢套箱底板上依照承台位置所对应的桩位设置内径比桩基钢护筒大 30 cm 的钢导筒,以此作为桩基施工中下护筒的导向与定位装置。钢导筒高度应高于钢套箱的吃水深度。钢导筒将桩孔与钢套箱隔离,保证套箱内不进水,便于浮运。

⑥定位装置:用于钢套箱定位,使其位置符合设计要求。在初定位时主要是用锚碇系统及定位钢管桩共同实现的。在桩基础施工完成后,利用桩基的稳定性与静止状态精确定位钢套箱平面、立面尺寸,保证承台尺寸准确性。

⑦钢套箱的加工、下海、浮运就位与钢围堰相似,可参照施工。

(5)钢套箱的锚碇系统。

钢套箱的锚碇系统与钢围堰的锚碇系统有所不同,钢套箱施工由于大多数是在海上施工,水流湍急,潮水和海浪对套箱为双向水流,且水流向随风向不同而改变。而钢围堰大多用于江河湖泊上,水流方向呈现单一性。为保证钢套箱能精确定位,锚碇系统的设置必须是全方位的而且是足够强大的。从安全的角度考虑,锚碇系统在钢套箱承台混凝土浇筑完以后再行拆除。锚碇系统顺主导风向涨潮、退潮方向布置。

①锚碇系统的构造。

锚碇系统常由以下几个部分组成。

a.导向船夹钢套箱体系:导向船由两艘大吨位铁驳及万能杆件联结梁或其他梁体构成。该体系在墩位定位,锚碇系统即为稳定该体系而设。

b. 定位船：为调整、控制锚碇系统状态的一个主要工作平台，设在钢套箱周围。

c. 主锚：锚碇系统是抵抗水流冲击的主体构造，抛设在定位船周围的外部水下地面土层中，顺涨潮、退潮方向双向设置。

d. 定位船侧锚：保证定位船稳定的构造，抛设在定位船侧面水下地面土层中。

e. 定位船拉导向船拉缆：即上拉缆，在定位船上与主锚锚绳通过型钢连接，将钢套箱体系所受水流冲击力传递至主锚上。

f. 定位船拉钢套箱拉缆：即下拉缆，在定位船上与主锚锚绳通过型钢连接，另一端设在钢套箱下部，以克服钢套箱受水流冲击的倾转。如果布置一层满足不了受力要求，则可分层布置。

g. 导向船侧锚：保证导向船体系侧向稳定的构造，抛设在导向船侧面水下地面土层中。

h. 导向船尾锚：调整导向船体系受力状态的构造，抛设在导向船尾部水下地面土层中。

i. 锚缆：锚碇系统水上结构与水下锚体之间的连接体，一般由锚绳和锚链组成。锚链在锚绳与锚之间直接与锚体相连。锚链因处于锚缆末端且自重大，所以是平躺在床面上的，从而使锚体只受水平力，这样就保证了锚体的锚着效果。

②锚碇的形式。

锚碇系统的水中锚体一般可采用两种形式，一为钢筋混凝土蛙式锚，二为船舶使用的较大吨位的铁锚。

(6)钢护筒的插打。

①钢护筒安装。

钢护筒安装前，底部加焊刃脚，护筒顶部加焊法兰。钢护筒壁厚应大于16 mm，以防止护筒变形。钢护筒在加工车间制作，制作时要等强度焊接，不得有漏水现象，并严格控制其圆整度。在钢套箱制作中已在对应的桩位设置有钢导管，在钢套箱定位的同时已将桩位较精确地实施了定位。在钢护筒开始安装时还需用全站仪或 GPS 接收仪测量，以进行精确定位。

②护筒在墩位处接高下沉。

海上施工时，由于潮水、海浪及气候等的影响十分显著，而且起吊点离桩位的距离较远，如用浮吊，吊机臂伸距离太远而且起吊吨位较大，无法予以兼顾，可在墩位平台安装大吨位(50～300 t)履带式吊机作为起吊点；接高护筒要保证其顺直和平面精度及垂直度，若发现问题应及时纠正，以保证后期钻孔施工的顺利进行。钢护筒采用振动沉拔桩机振动下沉，并辅以护筒内吹砂，减小护筒的摩阻力，使护筒下端下沉至设计位置。

(7)钻孔平台的搭设。

钢护筒按设计要求振打结束后，即开始钻孔平台施工。因在海上施工，海平面水位受潮汐影响较大，日潮差可达几米，为方便施工，平台必须保持静止状态，具体方法：在钢护筒上四周焊牛腿，承托钢套箱及钻孔平台上施工机具、人员、材料的重量，牛腿焊好后，调整好高度与水平度，将钢套箱搁置在牛腿上。然后利用钢套箱、钢护筒搭设平台，搭设材料可用贝雷架、六四军用桁架、万能杆件、型钢、钢桁架等，具体视施工时视实际情况而定。

3.1.3 沉井基础施工

1. 就地制作沉井的施工

在岸上或水不深、流速不大的桥墩处，可在加固地基上建立沉井基座，然后进行就地制作。

其施工工序如下：筑岛→地基处理→铺设刃脚底座→立底节模板→绑扎钢筋、布管路→浇筑混凝土、养护→抽刃脚下底垫座→接高及下沉沉井→清理基底→封底→填芯、浇盖板。

(1)沉井制作。

①钢壳混凝土沉井制作。

对于大跨度斜拉桥而言，沉井下沉都很深，根据强度、刚度要求，刃脚和第一节沉井一般采用钢结构或钢壳混凝土制作。钢壳混凝土沉井，即采用钢壳水平支架与竖向支撑结构，内灌混凝土。

钢壳沉井拼装时，节段收缩量应预先设置，以减少累积误差。对井壁段、隔墙段合龙对接接头，各节段间底板接头，井壁四周及其他重要部位、薄弱部位应进行加强处理，确保拼装质量。

钢壳沉井安装的几何尺寸、结构轴线、对角线、倾斜度以及平面扭转角等参数的偏差均应满足规范和设计要求。

②混凝土浇筑。

对下沉较深的沉井，除第一节用钢壳外，其余各节一般用混凝土浇筑。为了保证混凝土浇筑质量和施工安全，每节混凝土浇筑应在沉井基本处于静止状态下进行，要求混凝土浇筑具有均衡性，又要防止混凝土出现冷缝。

沉井每节接缝必须满足整体要求，以保证各层面均能承受较大的水平剪力。

混凝土浇筑采用分层平铺进行，每层浇筑厚度不超过 50 cm，要求每铺一层的时间小于混凝土的初凝时间，当铺筑时间较长时，可在混凝土内增加缓凝剂。

模板应用定型钢模板，浇筑时无跑模、漏浆现象。整个沉井的混凝土浇筑施工，均应达到内实外光，符合规范和设计要求。

(2)沉井下沉。

当沉井下沉时，偏差、高差、扭角均要控制在允许范围以内，因此下沉是沉井施工的关键工序。沉井下沉分为排水下沉和不排水下沉两种方式。

①排水下沉。

排水下沉可采用沉井降水疏干基底，井孔内用高压射水松土并用砂石泵将土、石、水的混合物吸出井外；或采用直接凿挖的方法；对于较硬的岩层或孤石、探头石等，还可用爆破法施工。排水下沉的关键在于降水深度和控制沉井均匀下沉，尤以初始下沉阶段至关重要，它是沉井下沉的奠基段，既能检验沉井下沉方案的可行性，又能检验钢壳沉井结构受力的可靠性。

为了保证沉井均匀下沉，一般采取如下控制措施。

a. 出土顺序为先中部后周围。

b. 严格控制刃脚处取土位置，应保证沉井受力均匀，没有内部应力集中现象，要严格遵守设计的多点支承，在刃脚全支承不能满足下沉要求时，需在刃脚外取土，一定要做到均匀、对称、层层剥落、循序渐进。

c. 使用电测和光学仪器两种手段，对下沉量、四角高差和偏位进行测量，控制下沉速度，及时纠偏。

d. 在电测中获得基底反力以及沉井混凝土的应力应变数据，并在进行分析后，及时消除应力集中现象。

e. 控制降水深度，严防涌砂，在粉质黏土层中水位不宜太深，否则会增加土体的塑性，影响冲泥效果。

f. 对大堤、民房等布点监测，随时掌握由于降水引起的环境问题。

排水下沉与不排水下沉相比，具有直观、经济、快速等优点，但排水下沉对沉井结构的强度和刚度有更高的要求，降水也会对河堤、水准点等建筑物产生不利影响。

②不排水下沉。

不排水下沉采用抓土机械或空气吸泥下沉。

对于细砂层，出泥顺序为先内后外。当穿越硬土层时，必须采取如下各种措施使沉井顺利下沉至设计标高。

a. 增大水枪压力，加大破坏该土层的力度。

b. 增大气压使砾石等顺利吸出井外。

c. 潜水员能配合施工，对井下泥面标高做出较为准确的反应，并清除井底石块等障碍物。

d. 刃脚预埋高压射水管破坏该土层。

e. 吸泥器底部设置水平水枪，增大破坏范围。

f. 用空气幕助沉。

g. 分析高差、位移等资料，及时纠偏。

在下沉过程中，采用电测手段对刃脚反力、钢筋、混凝土应力应变、侧壁摩阻力等进行监测，以指导施工、配合下沉。

当沉井下沉至离设计井底标高 2 m 左右时，应放慢速度，以平稳下沉为主，严格控制四角高差、位移，做到有偏必纠。

(3)沉井封底。

由于大跨度斜拉桥的沉井基础为深基础，封底厚度较厚，可达 6～10 m，混凝土总方量达几万立方米，必须分区浇筑水下混凝土。为了避免混凝土向其他区流动，十字分区格墙掏空部分可用钢管外缠绕麻袋及砂袋封堵。

封底时每区布设多根导管，用多台泵车连续浇筑，一次到标高。封底作业严格按设计和施工规范要求进行，以确保大体积混凝土浇筑的质量。封底时沉井内外水位、各区水位平衡，杜绝水头差影响封底质量。

尽管混凝土浇筑是分区进行，但每区的混凝土量都相当大，必须采用分批开管、连续浇筑的方案。底面土层高低不平，混凝土流动量大，另外水深达几十米，在这种条件下要保证封底的质量，初灌混凝土的量是至关重要的，必须采用多台泵车，同时开管，连续浇筑。

2. 浮式沉井施工

在水深流急的墩塔位处无法筑岛，一般采用浮运方法进行沉井施工。

浮式沉井施工根据沉井在水中自浮和入土后的填充方式，基本上可分为三类。

①靠空腔井壁自浮。在井壁内填充的浮式沉井，有钢丝网水泥薄壁浮式沉井、钢筋混凝土薄壁浮式沉井、装配式钢筋混凝土薄壁浮式沉井、双壁套箱钢壳

沉井等类型。

②靠井内的气筒充气自浮。在井内气筒之间填充的浮式沉井，即带钢气筒的浮式沉井。对于大跨度斜拉桥的深水沉井基础，可以采用带钢气筒的浮式沉井。

③设置临时井底的浮式沉井，其井壁可以是实心的，入土后不需要进行填充。这种沉井只是在井内刃脚以上的位置设置临时底板，从而使沉井能够自浮。当沉井刃脚下沉至土层中稳定深度后，再进行水下切割，解除临时底板。这种沉井除增加临时底板，以便使沉井能够在水中自浮和下沉外，其他的结构形式和施工方式与筑岛沉井基本相同。

(1)浮式沉井的施工步骤。

沉井底节制作→沉井底节下水→导向船及锚碇系统的布设、沉井底节浮运就位→沉井在水中的下沉及接高→沉井着床→沉井在土层中的下沉及接高→沉井防水围堰安装→沉井下沉到位→沉井基底清理→沉井封底→沉井填芯→沉井浇盖板。

(2)沉井底节的制作。

底节制作时的主要工作包括:场地的选择，场地的处理，基座的设置，设施、设备的布置，底节沉井的制作。

制作场地可选在岸边或船上，要根据下水方法确定。设置基座的目的就是要保证沉井制作的基础有足够的强度和抗变形能力，以及保证施工操作的方便性。布置设施、设备是沉井制作所必需的，依靠必要、合理的设施、设备配置，沉井制作才能顺利进行。

(3)沉井底节的下水。

沉井底节的下水方法很多，如沿滑道滑移下水、浮吊吊装下水、沉船下水方法等。但目前采用较多的是沿滑道滑移下水及浮吊吊装下水方法，与钢围堰下河施工方法相似。

(4)沉井底节浮运就位。

在岸边下水的沉井，需要采用一定方式将其浮运至设计位置处。

沉井的浮运可采用与钢围堰浮运相同的方式。但沉井的浮运稳定问题更为突出，因此，对于沉井的稳定性，应该进行计算、分析，并采取必要措施，以确保沉井的浮运安全。

(5)沉井的抗水流稳定。

沉井依靠导向船和锚碇系统抵抗水流的冲击而稳定，为沉井在水中悬浮状态下的接高下沉创造前提条件。

沉井与围堰的导向船和锚碇系统的施工在原理和方法上基本上是相同的。

(6)沉井在水中的下沉及接高。

沉井的下沉及接高是以导向船系统作为施工平台的。在平台上可布置必要的吊装设施以解决沉井下沉及接高的吊装问题。

沉井分节段边接高边下沉。沉井分节高度既要考虑施工的方便,又要考虑节段重量对水中沉井稳定性和安全性的影响。

沉井的接高是在沉井顶部进行的。接高或采用立模现浇,或采用构件装配方式进行。沉井的下沉是通过灌水或放气而实现的。每次接高前,沉井既要下沉一定深度以保证其承重时的状态稳定,又要保持其露出水面的安全高度,以避免接高段重力使沉井下沉,从而使原沉井顶部接近或没入水中。

沉井在水中下沉的最后一个工序是着床。为保证沉井最后位置的准确性,必须首先保证沉井着床位置的准确性。另外与钢围堰一样,沉井也有着床的安全控制问题,其解决方式与钢围堰是相同的。

在水中的下沉、接高及着床施工,沉井与钢围堰基本上是相同的。但是,在对吊装的要求上,如果钢围堰采用块件或整节吊装方式,则钢围堰要高得多。

(7)井顶围堰的安装。

深水沉井一般采用井顶临时钢结构围堰进行井盖施工及墩、塔等结构的下部施工。钢结构围堰有钢板桩围堰和双壁钢套箱围堰等形式。

钢板桩锚固在井顶的井壁顶面上。为此,在浇筑顶节沉井井壁时,在井壁顶面就需预先设置锚固钢板桩的凹形环槽。钢板桩埋入凹槽内深度一般为 40～60 cm。为便于拔除,在钢板桩插入部分的表面涂抹沥青或黄油。在钢板桩插入凹槽后,在凹槽内钢板底部的 20～40 cm 范围填黏土并夯实,顶上 20 cm 用混凝土封住。当墩、塔身出水后,将堰内水灌到与堰外水齐平,然后可从下游开始,向两侧逐块拔除钢板桩。

双壁钢套箱围堰可以在多个沉井上周转使用。双壁钢套箱围堰由井顶侧面螺栓下卡具、密水胶条、双壁钢套箱、螺栓上卡具、长螺栓、单壁钢套箱等构件组成。

(8)沉井浮运稳定计算及增强稳定的措施。

对于平面尺寸相对于高度不是足够大的沉井,或带钢气筒的浮体部分接近于平面中心的沉井,其浮运中的稳定问题较突出,因此应验算沉井在水中的安全度和倾覆稳定性。

如果计算发现沉井的稳定性和安全度不够，则应采取灌水或放气降低沉井露出水面的高度，减缓沉井浮运速度，增加沉井与运送船只之间的支靠点和支靠力度等措施，以改善沉井的稳定状态，确保沉井浮运的安全。

(9)沉井的度洪施工。

在有利的枯水季节施工，并在洪水来临前使沉井达到抵抗洪水冲击的安全状态的沉井基础的施工，即为沉井基础的度洪施工。

沉井基础的施工是在受水流、水深影响较大的水中施工，应从一个枯水季节的开始，便要抓紧时间施工。在枯水季节结束，洪水来临前，使水中沉井施工的进度达到这样的程度：沉井已在土层中下沉到一个足够大的深度，这个深度使沉井即使是在最大的冲刷情况下，仍能埋置在土中或支承在土层上，从而使沉井能抵抗洪水的冲击而处于安全状态。如果沉井的形状、重力及沉井底面与土层的水平摩阻力能确保沉井有能力抵抗水流冲击的水平力和倾覆力矩，则在最大的冲刷情况下，沉井刃脚只要能完全支承在土层上即可满足度洪需要。否则必须使刃脚有一个嵌入土中的必要的安全深度，以便使沉井除依靠水平摩阻力外，还能够依靠土体的侧阻力和嵌固作用来抵抗水流冲击。

如果沉井在洪水来临前未能达到上述的度洪要求，例如其刃脚未能下沉到冲刷线以下，则在洪水冲击下，沉井刃脚下土层将被冲空，沉井极有可能发生倾覆或被水流冲走等事故。

一般情况下，由于洪水的巨大冲击力，及沉井庞大的体形、体积、重量，沉井必须要依靠土层的支承甚至嵌固才能达到度洪目的。如果没有土层稳定的支承和固定，沉井只依靠导向船和锚碇系统是无法达到度洪目的的。

3.1.4　打入式钢管桩施工

桥梁基础中常采用的打入桩有钢筋混凝土桩、预应力混凝土桩和钢管桩等结构。打桩方法有靠打、吊打两种，也有两种方法相结合的。

近年来，打入钢管桩在我国桥梁建设中发展较快，桩的直径由传统的 30～60 cm，发展到 120～150 cm；桩的长度由 20～40 m 发展到 60～80 m。如澳门澳凼三桥打入桩直径 120 cm，桩长大于 36 m；上海洋山深水港东海大桥打入桩直径 150 cm，桩长达 80 m。施工机具的生产能力也越来越强，如柴油打桩锤由国产 D72 型、最大冲击质量 7200 kg 发展到引进德国德尔麦克(DELMAG)公司生产的 D200-42 柴油打桩锤，最大冲击质量 20000 kg，最大有效冲击能量为 435.8～682 (kN · m)/s。

打入钢管桩适用于淤泥质、土质、砂、砾卵石地质层，属于摩擦桩。

(1)吊打法与靠打法的比较。

打入钢管桩有吊打法与靠打法两种。吊打法以垂直桩为主，如振打斜桩，则应另外设置倾斜支承架；而靠打法则振打垂直桩、斜桩均较方便。吊打法只需浮吊、打桩锤即可施工。目前国内外大型打桩船不多，且打桩船专业性强、造价昂贵，而吊打法设备比较简单，灵活性、通用性强，造价比打桩船便宜，因此这种方法目前在世界上应用很广，如美国和欧洲地区的海上石油钻井平台基础，桥梁桩基础等。

靠打法则以专门的打桩船，配备相应的打桩锤，施工桩架固定在打桩船船头，船的另一端配重平衡，桩架可根据设计需要调整角度，打斜桩时特别方便。目前欧洲、日本等地区应用较多，我国也有多家施工企业拥有这种设备。

(2)钢管桩打桩系统主要机械设备。

①打桩船一艘，浮吊一艘，运桩船、存桩船、驳船多艘。

②桩架根据需要配置相应的吊装能力、桩架高度。

③液压振动锤或柴油打桩锤。

④配置与柴油打桩锤相对应的吊架。

(3)试桩。

为了确定沉桩的施工工艺和检验桩的承载能力，以及验证地质条件是否与图纸相符，应在桥梁上有代表性的位置沉入试桩。试桩的结构及材料以及所采用的施工方法、机具设备应与永久桩相同。在沉放过程中，如发现地质条件与图纸不符或沉入困难，应通过试桩确定桩基的入土深度、间歇期限、贯入度，射水沉桩最后停止射水需要参照锤击沉入的深度确定，并合理调整施工方法和机具设备。

(4)打桩。

①桩位放样及控制。

打桩之前，应用全站仪或动态 GPS 接收仪(又称 RTK 技术)对墩位、桩位、桩的倾斜度进行测量放样，并实施有效而可靠的控制。

②吊插桩。

起吊时桩身应平稳地吊离运桩船。考虑是在水中施工，插桩时应计算水流推力作用，宜向迎水方向移动一些。桩架应符合斜桩的坡度。插好桩后，应立即将桩头用锤压住，检查锤、桩帽和桩的中心是否一致，检查桩位移动及桩的倾斜度偏差并及时校正。

③液压振动锤打桩。

对于江河、湖泊、海床面以下的淤泥质地质，桩侧摩阻力小，宜采用液压振动锤打桩。振动方法如下。

a. 开始时可以仅靠桩的自重下沉。

b. 吊装振动锤和桩帽与桩顶法兰盘连接牢固，不得有间隙或松动，否则振动力不能充分向下传递，影响管桩下沉，接头也易损坏。

c. 振动的持续时间长短应根据机械和土质通过试验决定，一般不宜超过 15 min。

d. 每根桩的下沉应一气呵成，不可中途停顿，以免桩周土恢复，继续下沉困难。

④柴油锤打桩。

当桩沉入一定深度且桩侧摩阻力增大，液压振动锤打击能量已不能满足受力要求时，宜改用柴油锤打桩。施工方法如下。

a. 柴油锤应控制供油量，减小锤击能量，以后视桩的入土情况，逐渐加大冲击动能，直至桩的入土深度和贯入度都符合设计要求为止。

b. 锤击时宜“重锤低击”。

c. 应注意桩的压应力，对于钢桩应不大于钢材屈服强度的 80%，避免破坏桩头。

d. 锤击时要注意防止桩的疲劳，必须控制单桩的锤击次数。

e. 若桩穿过软土层后突然进入硬土层，沉桩应力会发生变化，应注意观察、严格操作。

f. 锤击时导杆不得发生转动。

g. 锤击打桩的最后贯入度，不宜定得太小，不宜小于 2 mm/击。

h. 打桩工作应一次打到设计标高，不得中途停顿。

i. 遇大雨、暴雨或 6 级及 6 级以上的大风时应停止工作。

⑤沉桩复打。

对发生“假极限”“吸入”现象的桩，射水下沉的桩及上浮现象的桩都应进行复打，复打经“休止”后进行。

⑥钢管桩内清孔。

在钢管桩打入过程中，边打入边清孔以减小桩内侧壁的摩阻力，孔底标高保持在钢管桩底标高以上 2 m。采用气举反循环法或泵吸反循环法清除钢管桩内渣土。

考虑到钢管桩管壁被水质腐蚀和加强其自身的稳定性，施工中常采用加厚钢管壁和在管内加填素混凝土或砂砾等措施。

3.1.5 水下承台施工

1. 概述

大跨度斜拉桥水中基础的承台，为满足通航安全和美观要求，其顶面标高均在常水位或更低的水位标高以下，且一般要求在无水的状态下采用现浇的方法施工。因此，施工时要设计钢套箱等围水结构。水下承台施工的难点在于确保围堰、钢套箱等围水结构施工成功。关于围堰施工已在本章3.1.1节中详述，本节将重点介绍钢套箱围水的施工。

(1)钢套箱围水结构设计的要求。

①在形状、空间上满足承台施工的需要，并能作为承台的侧模和底模。

②能够承受承台浇筑时的浇筑重力和其他施工荷载。

③可在其内抽水形成一定深度的无水空间。

④可承受抽水所造成的水头差的压力。

⑤吊装运输时不变形、不失稳。

(2)钢套箱围水施工的程序。

利用桩基施工平台、基桩护筒以及成桩作为支承，设计并实施钢套箱安装→潜水员下水堵漏→浇筑水下混凝土封底→混凝土养护→在钢套箱内抽水→进行承台施工。

2. 承台钢套箱的施工

(1)钢套箱的基本构造。

钢套箱一般视施工水深可采用双壁钢套箱和单壁钢套箱两种形式。双壁钢套箱可承受更大的水头差压力，且还可自浮下沉到水下要求的深度。双壁钢套箱箱壁底面必须以底板封底，且保证不漏水。单壁钢套箱的壁板应为带加劲肋或加劲梁的钢板结构。

为了增强承载能力，一般可在套箱内分层设置横撑结构。横撑结构有时可能被埋入承台混凝土内。在这种情况下，横撑最好为型钢构成的桁架结构，这样可使混凝土将型钢裹住而不会在混凝土结构中形成空心。底板也应为带加劲肋或加劲梁的钢板，以能承受封底混凝土的重力。套箱底板上应留有套入基桩或基桩护筒的开孔，并设计制作吊环。

(2)钢套箱的支承体系。

钢套箱需要一个支承体系，以使钢套箱可以固定在所需要的位置上。底板需要承受水下封底混凝土和承台混凝土的重力，因此钢套箱必须有一个布置合理和强大的支承体系。一般可采用从底部支承，或从顶部吊承，或两种形式联合的支承方式。

①底部支承方式。

钢套箱可以支承在基桩施工平台的钢管桩上，或专门打设的钢管桩或基桩护筒上，或在基桩自身等结构的壁上设置水下牛腿等构造，作为钢套箱箱壁和底板的支承。水下牛腿的安装一般需要进行潜水作业，施工相对较困难。

②顶部吊承方式。

可以在基桩施工平台，或专门打设的钢管桩，或基桩护筒，或基桩自身等结构的水面以上部分上设置支承结构，在支承结构上安装吊杆，吊杆吊在钢套箱箱壁上及底板上，吊杆受力使钢套箱得到支承。

(3)钢套箱施工方法。

钢套箱的施工包括钢套箱的制作和安装、封底等工序。

①钢套箱的制作和安装。

对于大型钢套箱，由于套箱尺寸、重力都很大，结构整体稳定性差，钢套箱一般不采用较大体形整体转运的吊装方式安装，而是采用分部、分节、分块组拼的方式安装，即在现场承台位，先组拼底节(底节可以分块在岸上制作)，接着采用垂直吊装方法整体下放底节，然后在底节的基础上分部、分节、分块组拼并继续下放钢套箱，以完成钢套箱的组装和下放到位。

底节及接高中的钢套箱下放可采用垂直吊装方法。吊装的支承点设在平台上，在钢套箱上设置相应的吊点，使钢套箱只受垂直吊放力。吊装可采用吊绳或吊杆为连接件，以多台卷扬机或千斤顶轮换交替施力，或在使用千斤顶时，也可以螺母临时锚固吊杆，以便千斤顶转换行程。这种吊装方式使钢套箱逐步下放，直至钢套箱底着落在预先设置的水下牛腿上，或直至钢套箱底达到要求的位置后，在平台上将吊杆锚住，以吊杆将钢套箱支承住。如果钢套箱采用的是吊承方式，则可直接用吊承杆下放钢套箱。吊承杆可以随着钢套箱的下放而接长。接长的方式有：采用精轧螺纹钢筋吊杆，以专用连接器连接接长；采用普通钢材吊杆，可采取栓接、销连接的接长方式；采用钢丝绳，用卷扬机或手拉葫芦作动力等。对于双壁钢套箱，在钢套箱下放过程中，应在其壁内灌水以克服浮力对下放的阻碍。

②钢套箱的封底。

封底采用浇筑水下混凝土的施工方法。对于双壁钢套箱，钢套箱封底应包括箱内和壁内的水下混凝土的浇筑。壁内混凝土与双壁钢围堰一样，一般应浇至承台顶面位置。封底厚度根据封底结构所要达到的功能，通过计算确定。

(4)钢套箱施工要点。

①底板与基桩钢护筒间空隙的处理。

在现浇直桩基础的钢套箱施工中，因为底板是顺着桩护筒下沉的，而桩护筒是有倾斜误差的，所以底板孔口要开得比桩护筒的平面尺寸大一些。另外，尽管底板开口位置可以按桩护筒的实际平面位置确定，但总是有误差的，所以底板开口也应该比桩护筒的平面尺寸大，以防开口过小而使孔口不能套进桩护筒或使孔口在钢套箱下沉过程中被桩护筒卡住。

因底板开孔比桩护筒尺寸大，所以在底板和桩护筒之间存在空隙。因此，在封底前必须要将空隙填塞住。

为此将开孔做成上口大下口小的喇叭口形式。这种开口形式有利于内对缝隙进行填塞堵漏。堵漏的填充物可采用水泥包或砂浆包，由潜水员在水下进行填充。另一种方法是用 86 mm 钢板切割一个钢板环，钢板环内径与护筒外径相同，环外径比环内径大 40～60 cm。圆环切割成 4～6 块，由潜水员水下搁置于钢套箱底板与护筒之间的开口孔上，钢板上再用袋装水泥砂浆压住，经潜水员水下检查无漏洞即可。

②封底导管压水埋管的保证。

由于钢套箱底板是平的，而且底板表面比较平整、光滑，封底压水时，压水混凝土冲出导管底口后，不会像在凹凸不平的地基上那样很快地堆积起来埋住导管，而是很容易向周围流散开，不会堆积起来埋住导管，从而很有可能使压水失败。为此，在底板上每一根封底导管附近设置板条隔仓，以达到控制混凝土流散的目的，从而使压水混凝土能很快堆积起来埋住导管，保证封底压水成功。板条高度一般取 30～40 cm，隔仓的长、宽一般可取 100～200 cm。

③封底混凝土箱壁渗水的预防。

在混凝土硬化过程中，由于混凝土的收缩，在封底结构与箱壁间很容易形成收缩缝隙。这种缝隙使钢套箱在抽水时漏水。

为此，在箱壁上沿壁四周预先设置多道阻水条板，以使封底结构在混凝土发生收缩后不会在箱壁处产生缝隙，从而防止了钢套箱抽水时的渗水。

3.2　索塔施工

钢筋混凝土索塔施工的一般工艺流程见图 3.7。

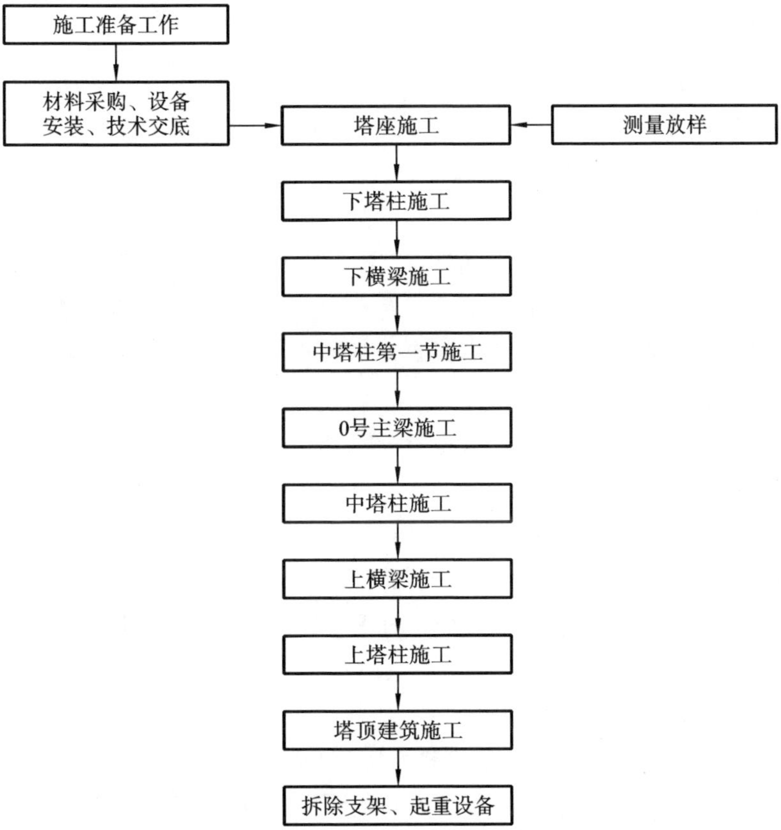

图 3.7　钢筋混凝土索塔施工的一般工艺流程

3.2.1　钢筋混凝土索塔

1. 塔座施工

塔座是塔柱与承台连接的重要结构，施工时，其平面位置、标高、倾斜度等都必须准确测量。塔柱劲性骨架和主钢筋预埋的准确性直接影响下塔柱的施工精度和线形，也应精确定位。

根据施工实践经验，塔座混凝土的浇筑应尽可能在承台浇筑后立即进行。相对承台而言，塔座混凝土体积小、标号高，混凝土收缩较大，受承台的约束影响，塔座容易产生收缩裂纹，且塔座一般为实心结构，属大体积混凝土，施工时必须采取措施降低水化热，防止混凝土收缩开裂。

2. 下、中塔柱施工

(1)模板施工工艺。

模板的提升方法可分为整体模板逐段提升法、翻模法、爬模提升法和滑模法四种。上述四种方法均可实现无支架施工。整体模板逐段提升法在设备能力满足要求的情况下，能同爬模提升法一样适用于各种塔形。翻模法因成本高，高空作业安全度低，接缝不易处理等，应用较少。滑模法因滑模提升要求在混凝土凝结的短时间内进行，此时混凝土还未达到较高的强度，对向外倾斜的索塔而言，在模板滑升到位后，材料设备和模板自重的作用将使新浇混凝土内侧出现拉应力而引起开裂，故多用于垂直塔柱。

模板的加工材料可分为钢模、竹胶板模、塑钢板模等。模板骨架均采用型钢加工成框架式。模板要求有足够的强度、刚度并平整光滑，确保正常施工中不变形、不漏浆，拆模后混凝土外表面光洁美观、线条顺畅且构造简单合理，便于安装和调整定位。模板加工应在加工车间的专用平台上进行，严格控制几何尺寸和面板平整度，并采取措施防止焊接变形过大。使用前需进行试拼验收，合格后方可使用。

①整体模板逐段提升法施工工艺。

整体模板逐段提升法较适用于截面尺寸和节段长度相同的索塔，施工时先分件制作，再拼装成型。在浇筑混凝土的重复作业中，利用已浇混凝土上的钢骨架或专用立柱，搭设起重横梁，通过横梁上的电动卷扬机或手拉葫芦提升模板，再按设计几何尺寸组装。组装时一方面要求与已浇段接头处的混凝土夹紧，防止漏浆，垂直度应满足设计要求，且在施工过程中不发生位移。

整体模板逐段提升法虽施工简便，不需要大型吊装设备，但不适用于索塔截面尺寸变化较大、倾斜度较大的索塔，且施工缝不易处理好，预埋铁件多，难以保证索塔的外观质量。在现代桥梁施工中，起吊设备越来越先进，对工程质量的要求越来越高，要求内实外美；加之索塔造型的多样化，整体模板逐段提升法的应用有一定的局限性。

②翻模法施工工艺。

翻模法施工，采用一节模板，长度宜为 1.5～2.5 m，太短则接头多，影响美观，太长，则翻转困难，高空作业安全性差。模板均设计为双面板，即内外均为面板，中间为型钢骨架。模板上下两边安装铰链，且各块模板之间以铰轴连接，以支撑模板进行翻转作业。施工时，先松开模板间的连接螺栓和下铰轴，安装上铰轴。分两批间隔翻转，第一批翻转 1、3、5、7 号模板，第二批翻转 2、4、6、8 号模板。其中，1、2、3……依次为模板在平面投影上的编号。全部模板翻转到位后，紧好块间连接螺栓和对拉螺杆，完成一节段模板的安装。

由于索塔施工均为高空作业，且要求模板外表美观，施工进度快，而翻模法每节只能浇 1.5～2.5 m 混凝土，故施工速度慢；模板的横向接缝及索塔的节与节之间接头不好处理，外表不美观，加上高空作业，安全性差，一般在大型索塔施工中很少应用。

③无爬架爬模法施工工艺。

爬模法工艺分无爬架爬模工艺和带爬架爬模工艺两种。无爬架爬模施工要求用塔吊等起重设备进行提升，仅靠模板系统自身不能完成提升作业。但模板具有制造简单，构件种类少，大小可根据施工起重能力和索塔的造型进行分块等特点。一般均为多节模板交替提升，并保持在已筑浇混凝土索塔上有一节模板不拆动，便于与下一节段模板的连接。索塔的施工缝易于处理，外表美观，施工速度快，在目前国内各特大斜拉桥施工中得到了广泛的应用。

施工工艺流程如下：已浇节段施工缝凿毛→接高劲性骨架→接长主钢筋并绑扎箍筋→用手拉葫芦打保险绳分块拆开底节（第一节）→用塔吊分块吊至原第三节顶上位置并临时固定→拆除原第二节，吊至已安装的第一节顶上→安装节间连接螺栓和块间连接螺栓→测量、调整模板几何尺寸并固定→浇筑索塔混凝土。

模板由内模、外模、对拉螺杆、内外工作平台等组成，不设外脚手架。全套模板一般分 2～3 节。当分 2 节时，每节浇3 m；分三节加工，节长分别为 1.5 m、3 m、1.5 m，其中 1.5 m 为接缝嵌固段。施工时先绑扎钢筋，再以已浇筑混凝土索塔为依托，保留接缝节模板，拆除下层模板向上提升，并置于保留的嵌固段上，接高定位，安装连接螺栓、对拉螺杆和内撑，通过测量精确定位，完成模板安装，最后浇筑混凝土。依此反复交替提升模板施工，直至达到塔顶设计高度。

在武汉月湖桥的施工中，为了保证混凝土索塔的外观质量，在爬模工艺的基础上，取消对拉螺杆，改用钢框架结构，利用索塔通气孔，用精轧螺纹钢拉紧钢箍，从而保证了索塔的外观质量，也节省了用钢量。

④有爬架爬模法施工工艺。

有爬架爬模法施工，是依靠附着在已浇筑混凝土索塔上的模板爬升架，利用提升设备，通过导向轨道分块提升模板，安装就位。

a.单面爬架倒链手动爬模工艺。

倒链手动爬模的设计，根据模板的大小及索塔斜率大小，选择爬架形式和模板构造。爬架主要由爬升轨道、提升桁架、脚手架平台组成，模板主要由背模、前模及左右侧模组成。因背模主要支承提升架的重力，一般要在原有背模下多留一节。模板一般分两节，按爬架的提升能力，每节分 6～8 块，背模需多加工一节。

在背模上焊两条钢轨，用作爬升轨道。提升桁架可以在索塔浇筑第一节混凝土后安装。为保证背模具有足够大的强度和刚度，在混凝土侧压力和各种施工荷载作用下不变形，背模的面板宜加厚，桁架也需加强，而前模和侧模可按荷载情况，选较轻巧的钢模。

一节模板的高度要根据混凝土振捣情况、模板的重力、起重能力的限制等因素确定。

提升桁架为提升模板作业时的主工作桁架，可用万能杆件或型钢制作。提升架依靠若干个特制的钢夹头和固定螺栓，在背模轨道上固定。松开夹头和固定螺杆，提升桁架即可利用挂于劲性骨架上的手拉葫芦拉动，沿背模轨道向上滑升，并在背模轨道设计位置固定。

单面爬架倒链手动爬模工艺流程如下：焊接劲性骨架，绑扎待浇筑节段的钢筋→待已浇筑混凝土达到规定强度→安装保险装置→松开爬升桁架夹头和固定螺栓→用一端悬挂于劲性骨架上的倒链将爬升桁架沿背模轨道向上提升→达到最上节模板时安装钢夹头和固定螺栓→再拆除最下一节模板，将其安装在最上一节模板的上面→测量调整就位→拧紧连接螺栓→浇筑上节模内的混凝土并养护。如此循环操作，全部施工设备随塔柱的升高而升高，直至塔柱施工完成。

b.四面爬架倒链提升爬模工艺。

此种模板系统由模板、爬升架、爬升轨道、倒链等组成。在每个塔柱四面各布置一个爬升架体，架体均由附墙段、工作段、导向机架、接长架等部分组成。

四面爬架倒链提升爬模工艺流程如下：施工缝凿毛、清洗→接高劲性骨架→绑扎钢筋→用倒链拉紧爬架与模板上的吊环→拆除爬架固定螺栓→推进伸缩脚轮，使架体离开索塔表面→拉动葫芦，提升爬架→到位后，退回脚轮，使下部架体贴紧塔表面→调整爬架位置→安装固定螺栓→松开模板并用倒链一端固定在接长架上，另一端固定在模板上→拉紧倒链，分块提升模板→初步定位，打保险绳→所有模板均提升到位→连接块间螺栓→测量并调整模板位置，符合要求后固定→浇筑混凝土。

爬架在提升前要用倒链拉紧锚固段模板吊环，以承受架体重力，清理爬架上的杂物，检查设备情况，拆除爬架相互间的连接件和固定螺栓，然后均匀推进伸缩脚轮，使爬架附墙段离开塔面 2～3 cm，将倒链葫芦一端固定在顶节外模上的专用吊环上，另一端固定在爬升架上，最后均匀拉紧葫芦，使架体上升。架体到位后，退回伸缩脚轮，调节节点的松紧度，使架体的下部附墙段先贴紧塔面，再调整爬架位置，对准固定螺栓孔位。将经调整处理后的高强钢螺栓拧进塔中预埋的锥形螺母中，使附墙框紧贴塔面。将四个面的爬升架均提升到位后，拧紧连接螺栓，并将四个爬升架连在一起，形成封闭框，再松开模板，调整轨道与模板夹头的间距，将模板推至爬升架体内，利用爬升架上的倒链分块提升模板，并安装定位。

带附墙框的爬升架有如下优点：(a)爬升架稳定性好、刚度大，便于调整和定位；(b)对斜塔而言，有利于俯角面模板的就位，模板始终在爬升架内，提升到位后，依靠专用调节螺杆即可将模板调到位，安全可靠，操作简便；(c)此爬升架附带工作平台，作业面宽，给操作人员提供一个安全的工作环境；(d)模板易就位，变形小，接头密贴，塔柱外表美观。

c. 电动爬架爬模工艺。

电动爬架爬模由模架、模板、电动提升系统和支承系统四部分组成。

该工艺基本工作原理：先利用模板导向、支承和爬升模架，再利用模架上的吊装设备提升、安装模板，进行塔柱施工。

模板用整体钢模，不仅要满足自身功能的要求，还要承受并传递爬架的工作荷载，故其加劲肋需加强。一般竖向将模板分为四层，每层高 1.5 m，每次拆翻安装 4.5 m，在两边模板上安装爬升滑轨。

爬升架由 4 个立柱、顶梁、导轮和压轮组成。立柱与顶梁可用万能杆件组拼，也可用型钢加工。为方便施工，在模架上设置 3 层外工作平台，下层平台用于脱模和提升模板，中层平台进行钢筋绑扎和模板安装，上层平台安装起重设备，并作为钢筋定位和测量控制平台。塔柱周边平台的搭设既能满足操作功能的要求，同时使模架形成整体框架，增强稳定性。

提升系统由爬架爬升设备和模板爬升设备两部分组成。爬架的爬升采用 4 台同步电动卷扬机，提升时可 4 台同步操作，也可单机启动或手动调整升差，提升操作由一个操作平台集中控制。模板拆翻安装的提升设备为顶梁上的两台电动葫芦，顶梁置于爬架的上平台，沿导轨行走。

模板直接支承在塔柱混凝土表面，通过对拉螺栓和模板与混凝土的摩阻力及黏结力传递模板荷载。爬架支承于外模上。在虎门大桥的索塔施工中，曾采用一种活动支腿装置，见图 3.8。该装置可使提升机自动上升不受约束，下降时则能主动支承。

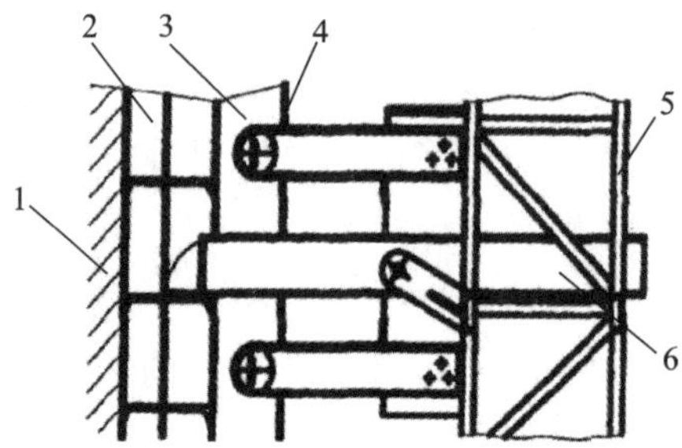

图 3.8　活动支腿装置示意图

1—索塔；2—模板；3—导向滑槽；4—导向轮；5—爬架；6—活动支腿

电动爬架拆翻模的施工按以下步骤循环进行。

(a)爬架爬升。混凝土浇筑完成并养护到强度超过 5 MPa 后，利用模板上的型钢挑梁，连接上 4 台电动提升机的吊带，同步启动 4 台电机，模架在导轮和压轮的导向作用下，顺着模板上的导轨上升，一个施工节段分两个行程完成。

(b)模板爬升。利用爬架顶上的电动葫芦进行模板拆装，可三层一次拆装，也可分层安装。有立柱侧和无立柱侧可同时作业。由于两侧边模板上设有导轨，拆下后需将电动葫芦外移，吊上后再移回安装；中块则不受立柱影响，拆下后直接翻上安装。

(c)利用模架上平台进行钢筋的定位和混凝土浇筑。

电动爬架爬模的优点：施工安全方便，作业机械化程度高。模板与模架相互依赖，相互制约，整个系统便于提升和定位。

d. 液压自动爬模工艺。

液压自动爬模系统主要由模板、爬架、预埋件、爬升导轨、液压提升系统等组成。

液压自动爬模在国外应用广泛，国内也有应用。该模板系统一般配置单节木模板(芬兰板)，轻巧、操作简便，利用附墙段的液压爬杆提升。浇筑的混凝土表面外观较好，但要注意接缝的施工操作。目前进入或拟进入中国市场的

RMD、PERI、DOKA 等公司的产品，其费用均较昂贵。

模板一般采用大块木模板，便于提高施工速度，保证混凝土的外观质量。

工作平台分三层，见图 3.9。第一层包括 0 号、−1 号、−2 号平台，是整个液压爬升模的工作平台，宜采用空间网格式结构，质量轻，承载力强；其下安装顶升下爬架，−1 号平台安放控制和配电设备，下爬架−1 号、−2 号连接在网架平台四周，下部附着在已完成的塔壁上，增加爬模的稳定性，也可作为塔身施工养护、表面整修以及塔顶建筑安装的脚手架。第二层+1 号平台是安装固定螺栓和模板对拉螺杆的工作平台。第三层+2 号平台是浇筑混凝土和堆放施工设备的平台，需有一定的强度和稳定性。

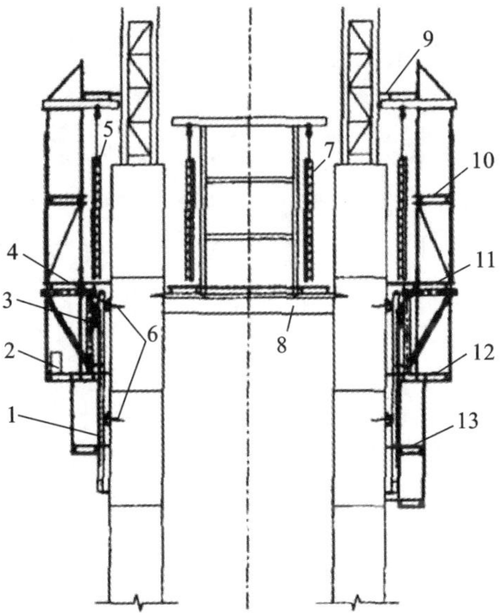

图 3.9　液压自动爬模结构工作平台

1—爬升导轨；2—控制柜；3—顶升油缸；4—爬升悬挂件；5—外模；6—爬架附墙埋件；7—内模；8—内模操作平台；9—+2 号平台；10—+1 号平台；11—0 号主平台；12——1 号平台；13——2 号平台

液压提升系统包括爬升的上、下爬架和液压爬升机构。上、下爬架是整个系统的顶升传力机构。为保证升降平稳，在爬架和塔壁间设置导轨，模板依附在上爬架上，随爬架的上升而上升，依靠爬架与导轨的交替上升实现模板的提升。液压爬升机构是整个系统的动力设备，采用双油缸液压杆。这种设备体积小，质量轻，结构紧凑，起降平稳。

液压自动爬模的施工步骤如下。

(a)导轨爬升。

导轨爬升前，应确保混凝土强度达到 10 MPa 以上，拆开模板，并使之离开索塔混凝土表面一定距离；上部爬升悬挂件安装完成；爬升导轨已清洁且导轨表面已涂上润滑油，液压油缸上、下顶升弹簧装置方向一致向上。准备工作完成后，先打开液压油缸的进油阀门，启动液压控制柜，拆除导轨顶部楔形插销及导轨与索塔预埋件的连接装置，开始导轨的爬升，当导轨顶升到位后，从右往左插上爬升导轨顶部楔形插销，以确保插销锁定装置到位。下降导轨使顶部楔形插销与悬挂件完全接触，安装其他与索塔预埋件的连接装置。导轨爬升完成后，关闭油缸进油阀门、关闭控制柜，切断电源。

(b)爬架爬升。

爬架爬升前，应清理爬架上的荷载；改变液压油缸上下顶升弹簧装置状态，使其一致向下；解除塔柱与爬架的固定螺杆；完成已浇节段混凝土螺栓孔和施工接头的修补。经确认爬架爬升条件具备后，打开液压油缸的进油阀门，启动液压控制柜，拔去安全插销，开始爬架爬升。当爬架爬升两个行程后，拔除悬挂插销。当爬架顶升到位后，应及时插上悬挂插销及安全插销，安装爬架与塔壁混凝土的固定螺栓，关闭油缸进油阀门，关闭控制柜，切断电源。

(c)模板安装。

安装模板前，先进行模板的收分及确定爬架悬挂预埋件位置，并预埋构件。模板收分结束并合紧后，校核模板整体尺寸是否与理论值相符，按测量所放理论位置安装模板，并通过可调节斜支撑调整使其精确就位。模板调整到位后，测量复核，符合要求后固定模板。

⑤滑模法施工。

当塔柱上下竖直，截面形式无变化时，可采用滑模法施工。

滑模施工关键是控制混凝土的凝结时间。混凝土强度达到 5 MPa 左右时，滑动模板较好，太早则混凝土易附着在模板上，外表不美观；太迟则模板在混凝土面上无法滑动。滑模施工具有无须每次将模板分块拆开提升后再组拼的优点，因此节省时间和劳力，只需一套模板，节省材料。但也有以下不足：a. 施工缝不易处理；b. 滑模时，混凝土强度不高，易碰坏，易造成外观缺陷；c. 由于模板下端与现浇混凝土接头外没有嵌固段的连接，易造成漏浆和错台等，影响索塔的外观质量。

(2)斜塔施工支撑措施。

混凝土斜拉桥的索塔多为 A 形、倒 Y 形、钻石形等。在这些索塔形式中，下塔柱和中塔柱均有一定的倾斜度，目前一般采用伸臂爬模或翻模法施工。在具有较大斜率的索塔施工过程中，索塔处于自由状态，自重和施工荷载等会在下塔柱或中塔柱根部形成较大的弯矩，产生较大的拉应力而引起混凝土开裂，产生的倾覆力矩使塔肢产生向内或向外的位移。成桥后，初始力矩的存在使截面内外侧压应力严重不均，导致截面压应力或拉应力超出设计要求，从而影响索塔的使用寿命。因此，在施工时，必须采取必要的措施，把索塔截面的初始应力控制在设计允许范围内。

①下塔柱施工防倾措施。

钻石形塔的下塔柱向外倾斜，当斜率大时，宜采取措施防止塔根部内侧因受拉而开裂。同时，为克服模板和混凝土在重力作用下产生的倾覆力矩，一般在模板调整定位后，用手拉葫芦连接钢丝绳或用精轧螺纹钢筋通过拧紧螺母，把上、下游肢塔柱模板对拉，浇筑混凝土并养护达到 80%设计强度时，再松开钢丝绳。

经验算混凝土拉应力超过 1 MPa 时，应在该位置设对拉杆，一般用 $2\varphi500$ 钢管焊接在上下游肢塔柱之间的预埋铁件上，以抵消塔柱的外倾力矩。如条件允许也可在塔外侧立钢管立柱或设置预应力束对拉。

②中塔柱施工防倾措施。

为减少水平分力的影响而设支撑的方法有三种：第一种方法为在中塔柱施工时，同步搭设竖向满堂支架；第二种方法是采用横向水平支撑；第三种方法是采用主动支撑。第一种方法工作量较大，进度慢，且本身存在很大的弹性和非弹性变形，不能有效地克服中塔柱施工过程中因自重和施工荷载而引起的应力，故很少采用。第二种方法是在中塔柱施工过程中采用直径较大的横向钢管或型钢桁架支撑，按一定的高度间隔布置，与塔柱临时固接在一起，形成框架结构，平衡倾斜塔肢所产生的倾覆力矩，以增强塔柱施工过程中的稳定性和安全性。钢管支撑本身横向有较好的刚度，工作量相对不大，安装方便，但不能克服索塔钢管支撑安装前因自重及施工荷载引起的变形和位移，不能有效保证成塔后的线形和应力状态。第三种方法（采用主动支撑）的主要优点，是在安装横向钢管支撑时，利用它本身较大的刚度和强度，用千斤顶向中塔柱内壁施力，变被动支撑为主动支撑，克服中塔柱施工过程中因自重和施工荷载而引起的应力及位移。目前国内建成的几座特大桥，如南京八卦洲长江大桥、岳阳洞庭湖大桥等，均采用第三种方法，取得了良好的效果。

(3)劲性骨架施工。

劲性骨架安装在索塔内，起钢筋定位、模板固定、增大索塔整体刚度的作用。

根据索塔刚度和施工需要，合理选择劲性骨架构造和材料型号，根据施工方便及吊装能力，确定劲性骨架的分片长度和重量。一般劲性骨架按索塔的四个面分成四块在车间加工。安装时，分块在原有骨架上接长，焊接之前，需进行测量定位，严格控制劲性骨架的偏差，避免偏差过大而影响钢筋与模板的定位。四片劲性骨架均接长后，再焊块件间的联系，使整个索塔骨架形成框架，以增加刚度及稳定性。

劲性骨架的自由伸臂长度不能太大，一般每节长 6 m 或 9 m 为宜。在倾斜塔柱内，将会发生水平位移，造成模板安装困难，影响索塔的线形。施工时，采取预偏的方法来保证劲性骨架受力后线形满足索塔施工要求。预偏法就是根据侧面钢筋及骨架自重所引起的骨架挠度而在安装时反向预偏一定量，来消除受力后骨架的平面变位。此法比增大骨架刚度经济，且操作方便。

(4)混凝土的泵送。

索塔混凝土一般用水上拌和站现场搅拌，或用混凝土输送泵输送到浇筑位置。

泵送分“一泵到顶”和“多级泵送”等方式，应根据设备性能、索塔高度合理选择泵送方式。

为保证混凝土在泵送时不堵管，多级泵送时不离析，应严格保证混凝土的施工配合比及搅拌时间，控制混凝土坍落度。在泵车位置、泵管选用、水平管长度、垂直管长度、弯管的使用等方面均应进行详细的施工组织设计，以保证施工顺利进行。

3. 上、下横梁施工

一般而言，横梁均应与该段索塔同时施工，这样，索塔整体性好，同时便于支架搭设和横梁预应力施工。横梁施工支架可用大直径钢管支撑加贝雷架或万能杆件桁架两种形式，目前前者用得较多。

横梁一般采用两次浇筑一次张拉工艺，这样，不仅可以保证混凝土外表光滑，且下横梁与相应高度的塔柱的连接不会因浇筑混凝土过程的沉降变化而产生裂缝。但当横梁混凝土体积很大时，为了减小支架所承担的恒载，避免搭设非常庞大的施工支架，使支架和第一次浇筑的混凝土共同承担第二次浇筑的混凝土的重力，而采用两次张拉预应力工艺，即在第一次混凝土达到 80%设计强度时对称张拉一部分底板预应力索，待第二次混凝土达到强度后，再张拉完全部预应力索。南京八卦洲长江大桥和岳阳洞庭湖大桥的横梁即采用了二次张拉工艺。

横梁底模安装时，必须综合考虑模板支撑系统的连接间隙压缩、弹性变形、支撑的不均匀沉降变形、混凝土构件与钢支撑间不同线膨胀系数的影响，以及日照温差对混凝土和钢构件的不同时间效应产生的不均匀变形等的影响，合理设置预拱度，同时在安装底模后，通过水箱压重等方法消除非弹性变形。

4. 拉索锚固段施工

斜拉桥拉索锚固段，是将多个拉索作用的局部集中力传递给塔柱的重要受力结构。

拉索锚固段的构造形式多样，早期有塔顶钢座集中锚固、实心塔交叉锚固，目前常用的有拉索锚固钢横梁结构形式和塔柱环向预应力构造锚固形式。索塔在设计时就应考虑到施工的可行性，特别在大跨度斜拉桥中采用单箱双室索塔截面时，由于拉索锚固段截面相对较小，斜拉索张拉空间受到限制；在大跨度斜拉桥中，拉索斜率小，拉索之间的干扰大，故在设计时应进行作图分析，定量分析千斤顶和张拉杆的安装空间及锚固区断面各尺寸的特殊要求，以便选购和订制设备。

(1)钢横梁构造锚固段的施工。

拉索锚固钢横梁的作用，在于避免索塔混凝土因索力作用而产生裂缝，有利于斜拉桥的整体安全及长期正常使用。

钢横梁本身是一个独立而稳定的构件，它支承在空心塔塔壁预埋牛腿上，两端的刚性垂直支撑可在顺、横桥向做微小的移动和转动，但在两端都设置了顺桥向、横桥向的限位装置。锚固钢横梁承受拉索的垂直分力，通过钢横梁的垂直支撑传至塔壁牛腿上，而两侧拉索的不平衡水平力，则通过锚固箱传至钢横梁上，钢横梁通过限位装置将不平衡水平力传递给索塔壁，而大部分水平拉力由钢横梁承担。这样，塔壁所受的水平力大大减小。钢横梁两端安设在顺、横桥向可做微小的自由移动和转动的支撑上，由温度影响造成的约束力很小，使锚固区受力明确，内力较小。

索塔施工时，预埋拉索钢套管要求采用三维坐标定位，按设计要求标高预埋牛腿钢筋或牛腿与索塔同时浇筑，牛腿严格按设计文件施工，保证混凝土振捣密实。

拉索锚固钢横梁，应按钢结构的加工规范和设计要求，在加工厂内制作，一般应采用全焊。工厂加工后，应严格进行验收，合格后方可出厂使用。

当钢横梁的吨位过大，主塔施工的垂直起吊能力不足时，可采取分节加工，现场安装后进行高强螺栓连接。但在加工厂必须经过预拼合格后才可安装。

由于上塔柱一般断面尺寸不大，临时设施较多，加上塔壁有牛腿，安装时很不方便，在选择施工方案时，应充分仔细地考虑钢横梁的尺寸和安装方法。

钢横梁安装顺序：①用塔吊吊起，移入塔内，支承于牛腿上，并对准预埋件；②调整横梁，使拉索锚箱与塔内预埋钢套管精确对准；③安装限位装置。

钢横梁锚固装置在1986年建成的加拿大安娜西斯（Annacis）桥和1991年建成的上海南浦大桥中曾成功应用。

(2)环向预应力构造锚固段施工。

环向预应力索能克服斜拉索的水平分力，防止混凝土塔在拉索锚固力作用下的开裂。环向预应力索一般设计为U形布置。

环向预应力拉索锚固段的施工包括模板安装、预应力索的安装、钢套管定位、混凝土浇筑、预应力索的张拉压浆等工序。

施工程序如下：安装劲性骨架→绑扎钢筋→安装拉索钢套管→钢套管定位→安装预应管道及预应力束→安装模板→浇筑混凝土→养护→拆模→张拉预应力→压浆→养护待强→验收。

①模板工艺。

采用中塔柱施工的模板工艺。

②钢套管定位。

拉索钢套管要求在工厂加工，现场安装。安装前，要检查钢套管直径并编号，以免弄错。

拉索钢套管的安装有三种方法，一是先安装劲性骨架，再安装钢套管；二是将钢套管先安装在劲性骨架上，通过微调螺杆精确定位；三是采用专用定位骨架。第一种方法是骨架与钢套管分开安装，这样骨架在吊装接长时，精度要求可适当放宽，可提高施工速度，但安装钢套管难度大。第二种方法安装时，劲性骨架接长精度要求高，在有风的季节施工时难度大。第一、二种方法均受到调模的干扰。第三种方法简便易行，因专用骨架轻巧，易定位，且不受调模的影响，但需耗用一定量的型钢。

由于钢套管是拉索穿过并锚固在主塔和主梁上的重要构件和唯一通道。为了防止拉索与钢套管口发生摩擦而损坏拉索，影响工程质量，以及保证对称主塔两侧的各拉索位于同一平面内，防止锚碇偏心而产生的弯矩超过设计允许值，对拉索钢套管锚垫板中心和塔壁外侧钢套管中心的三维坐标位置提出了很高的精度要求，按大型斜拉桥设计规定，一般要求拉索、锚具轴线偏差小于 5 mm，且现代斜拉桥的布索多为空间索，拉索钢套管定位难度更大。

目前，高索塔的拉索钢套管定位，均采用三维空间极坐标法。此法借助全站仪利用施工专用控制网，进行空间三维坐标测量，直接测拉索钢套管锚垫板中心和塔壁外侧拉索钢套管中心，从而进行定位调整。它将以高精度、高速度提供放样点，同时克服施工干扰给测量带来的困难，大大提高了工作效率。

拉索钢套管锚垫板中心和塔壁外侧拉索钢套管中心的标定，是用一定厚度(约1 cm)的钢板加工成 1 个半圆形的标定器和 1 个圆形中心标定器，测定锚垫板和拉索钢套管的中心。

③预应力施工。

索塔锚固段平面布置的预应力，一般采用体内预应力束。

a. 预应力索的安装。先由测量人员放样，再由施工人员以放样点为基准，设置平面和立面位置的架立定位钢筋。施工时，要切实保证管道不漏浆，浇筑混凝土时要派专人检查和保护管道，对露出端应采取保护措施，严禁电焊、氧割预应力索，以免造成预应力筋损伤，导致张拉时断丝。

b. 预应力张拉。施工场地小，除采用较小的高压油泵和更轻便的千斤顶外，还要对张拉端口处的预埋件进行处理，使张拉有足够的空间位置，保证张拉正常进行。张拉时严格按延伸量和张拉吨位双控。

5. 斜拉桥的索鞍施工

早期的斜拉桥，跨径小，塔柱较矮，拉索的根数少，断面大，有时采用索鞍锚固(是指拉索通过索鞍，类似悬索桥的构造)。随着斜拉桥跨径的增大，索塔的增高，绝大多数采用密索布置，拉索断面小，吨位低，数量多，此时一般已不采用拉索集中锚固的鞍座构造。

(1)早期索鞍锚固施工。

①索鞍在空心索塔上的布置。

索鞍布置在横隔板上，为固定拉索，在索鞍上设有压紧板。索鞍下设有滚轴以满足不对称活载和温度变化引起的位移要求。

②索鞍在实心索塔的布置。

塔柱施工时，直接将索鞍埋入混凝土中。

③索鞍的安装。

鞍座体采用分块预制时，应在工厂试拼装，确认各几何尺寸和误差均在要求目标范围以内，再运至现场安装。采用分块吊装，可降低对起重能力的限制。鞍座体整体制作，整体吊装，则需足够大的起重设备。

索鞍的安装程序如下：预埋定位架→放出索鞍中心线（十字线）→标出索鞍体中轴线→分块吊装（整体吊装）→钢索鞍就位→精确调整定位架→索鞍全焊接定位→涂装→下一道工序施工。

索鞍的加工、检验与防护可参照悬索桥有关规范进行。

(2)部分斜拉桥索鞍锚固。

部分斜拉桥又称低塔斜拉桥，是由法国学者 Mathivat 提出的。由于部分斜拉桥主梁的跨高比较普通斜拉桥小，介于斜拉桥与连续梁之间，其整体刚度主要由主梁提供，拉索的刚度仅起加强作用，因而拉索应力变幅较小，拉索通过塔顶索鞍，而不锚固在塔上。

福建漳州战备大桥为我国首座混凝土部分斜拉桥，单索面，跨径 80.8 m+132 m+80.8 m，塔高 16.5 m，为主跨的 1/8。

该桥主塔截面为实心矩形截面，塔身上部设索鞍。索鞍采用双重管结构，呈圆弧形，弯曲半径 4 m，外钢管埋于混凝土塔内，索从内钢管通过，施工完成后在内钢管压入高强度环氧砂浆，并在塔两侧设抗滑锚头，以防止拉索滑动。这种结构的索鞍具有以下几个性能：①可以控制斜拉索上产生的疲劳；②控制左右两侧的拉力差使斜拉索无法滑动；③容易进行斜拉索防锈；④可换斜拉索。

施工时，先将索鞍预埋在索塔混凝土内，再将单根斜拉索从一端梁上沿 HDPE 管内壁往上抬送至塔顶，穿过索鞍内管，再从塔另一侧的 HDPE 管引出，两端分别在梁上锚固、初张拉，待一束索全部穿完锚固后，用大千斤顶整束张拉调整索力。

在全桥合龙后整体调索，调完索再安装锚固板、锚固螺栓、减振装置及防水罩。最后，向索鞍内管压灌环氧砂浆。

3.2.2 钢索塔

自 1955 年世界第一座斜拉桥面世以来，钢索塔以它具有工厂化加工、体积小（相对混凝土而言）、自重轻、施工进度快等特点，在日本、美国及欧洲各国得到广泛应用。

近代斜拉桥中钢索塔按不同的标准分类如下。

按索塔形式分：有门架式、单柱式、双柱式、A 形、倒 Y 形、钻石形等。

1955 年由前德意志联邦设计建造的瑞典斯特伦松德（Stromsund）桥，跨径

74.7 m+182.6 m+74.7 m，索塔为门架式，高 27.694 m。德国西奥多-豪斯(Theodor-Heuss)桥，跨径为 108 m+260 m+108 m，钢索塔是两根与主梁刚结的独立塔柱，形成倒置的门架式；德国塞弗林桥，塔高 77.20 m，澳大利亚巴特曼桥，塔高 91 m，均采用 A 形塔；德国勒沃库森(Leverkusen)桥，索塔正面为单柱式；日本生口大桥，塔高 122.750 m，日本多多罗大桥，塔高 220 m，都采用钻石形索塔。

按安装工艺分：有多节段安装，少节段安装。

多节段安装如澳大利亚巴特曼桥，塔柱共分 40 段安装，日本多多罗大桥分 23 段安装；少节段安装如日本生口大桥，分塔基、下部、上部三段安装。

钢索塔施工，分工厂分节段制作和现场架设安装两大工序。

1. 钢索塔的制作

由于钢索塔施工均按设计分段在工厂制造，运至现场安装，为了便于管理，保证加工质量，在制作前，应做好准备和调研工作。

(1)准备工作。

①设立钢索塔制作的专门管理班子和专业加工队伍。

②进行图纸会审，提出合理的加工方案。

③进行详尽技术交底，着重对加工精度要求、大型构件在施工中可能遇到的问题、施工难点、各构件的加工要领、管理要领等方面进行阐述。

④进行所用的量具、仪器、仪表的校验。

⑤加工人员的培训、考核。

⑥加工用机械、设备的安装就位、调试及试运行。

(2)调研工作。

①调查加工场地及加工能力是否满足要求。

②对加工方案及使用材料进行调研并确定。

③确认在施工中的质量管理方法。

④通过实验，确认施工方案的可行性。

(3)钢索塔的制作与拼装流程。

一般钢索塔的制作拼装方法见图 3.10，拼装程序如图 3.11 所示。

(4)制作工艺。

①焊接。

a. 方法的选择。

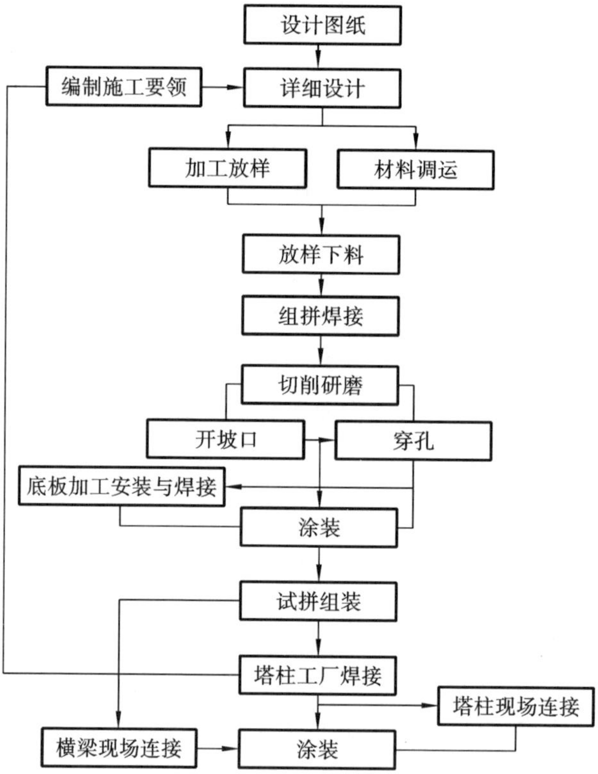

图 3.10　钢索塔制作拼装方法

由于塔柱断面是箱形，从焊接姿势分为平焊、立焊和仰焊。

平焊可采用埋弧自动焊，这种方法存在两个问题：焊机台车安装，电源连接及前段的调整工作时间较长，整体作业效率不高；自动电焊机的起、终端各有一部分焊不到位，需手工补焊，焊接头的整体性和焊接质量很难保证。

立焊一般为人工焊，对施焊人员技术素质要求高。

仰焊可用 CO_2 气体保护手工焊，也可用全自动仰焊机。手工焊对操作工人的技术要求高，且受到焊接条件和位置的限制，操作人员劳动强度大且效率低，故宜优先选用全自动仰焊机 OH-AUTO。该焊机具有以下特征：第一层焊接时能自动控制焊接进度；自动控制坡口方向；自动按钢板面的上下控制焊接电流；能使用控制电源进行自动控制。

b. 防止变形的对策。

塔柱的全断面在进行地面组装焊接时，防止焊接变形的对策非常重要。构件焊接后，会发生收缩变形，在箱形塔柱四个面的接长全部焊完后，上下两节塔

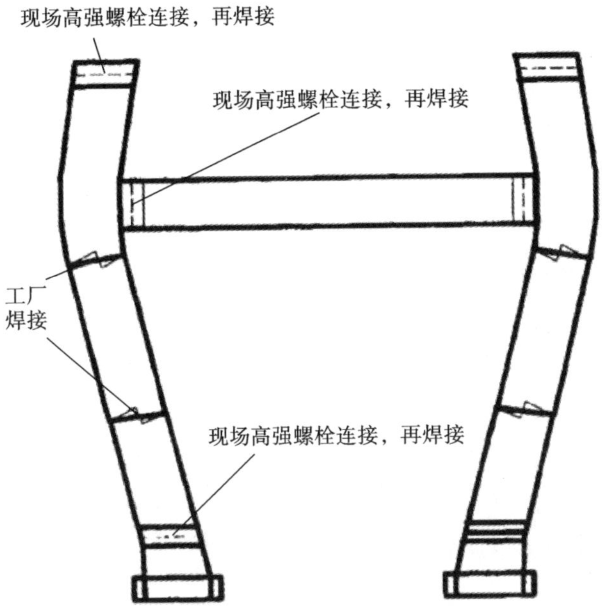

图 3.11　钢索塔拼装程序

柱的轴心将发生偏心，给安装带来不便，且不能保证精度，修正困难。

对策一：在角隅处离开端面 10 cm 开始，设置坡口，保证端面与塔轴的垂直度，且未开坡口的 10 cm 接触面要密贴，形成对焊接收缩的一个约束。在每一节段加工完后，塔柱的端面应与轴线削成垂直，保证端面垂直度的精度，确保焊接后塔柱轴线是直线而不是折线。

按计算焊接收缩量的变化系数，求焊接收缩量的回归方程，施工时，按计算结果预留一定量。

对策二：上、下、左、右四个面同时施焊，且保证左、右方向电流和施焊速度相同。注意考虑平焊和仰焊的变形量之差，调整电流和施焊速度。

c. 焊接试验。

钢索塔的加工，无论采用何种方法，必须对焊接工艺进行评定试验。试验件按实际作业环境、作业位置和操作姿势进行加工。

试验分两种，一是平板试验，二是局部模型试验。检验方法有肉眼观察和 X 放射线透视试验（全线）。超声波检验等级应达到 1 级焊缝标准，要求应符合《焊缝无损检测 超声检测 验收等级》（GB/T 29712—2013）相关规定，射线探伤应符合《焊缝无损检测 射线检测 第 1 部分：X 和伽玛射线的胶片技术》（GB/T

3323.1—2019)相关规定。符合标准后,再进行机械性能试验(拉伸、侧弯、低温冲击和其他非破坏性试验),最后进行结果整理。

②塔柱段和横梁加工。

塔柱的加工包括钢板加工和构件组装焊接两部分。钢板加工包括焊接、钻孔或冲孔、倒棱切削三个步骤,加工时进行初步冲孔,在构件试拼装时进行扩孔,达到标准孔径。构件组装后,对端面进行切削。

a.一般塔柱段和横梁的加工要领。

(a)按设计尺寸进行各块件下料;(b)按上、下、左、右四个面分四块焊加劲板;(c)焊完后,组拼成箱形梁,各几何尺寸要严格按照《公路桥涵施工技术规范》(JTG/T 3650—2020)的相关参数控制加工和组装误差;(d)符合要求后,点焊定位,再按同步、对称的原则施焊;(e)全部焊完后,按设计尺寸进行端面余料切削,切削时要求切削面与构件轴线垂直;(f)在横梁端部按规范开坡口和穿孔;(g)对构件进行内、外表面除锈涂装。

b.塔基底板加工步骤及要领。

塔基底板设计厚度为120 mm,由两块板在中间焊接施工,为消除焊接后的残余应力,将设计板厚削成上、下凹槽,并加固焊接定位板,约束热膨胀变形。

选配材料时,考虑满足设计平整度和焊接应力产生角变形等因素,要求材质和硬度均相同。

为防止低温切割变形,应在150 ℃高温下预热,使钢板膨胀变形,再进行焊接。焊接时为减小角变形,采用开窄小坡口焊接。焊接顺序为正面、反面交替焊接。同时应根据焊道位置适时调整电流、电压和施焊速度,以减小底板焊接时钢板的角变形。

全部焊接完成后,进行表面切削,切削中产生的板材歪扭、变形需等到全部焊完后,再进行热处理。热处理时,应严格控制入炉温度、加热速度、保持温度、冷却速度和出炉温度。

c.切削。

塔柱分段加工成型后,每段塔两端面连接部位需进行余量切削整理。施工作业时,将构件横放呈水平状态,构件四个角用千斤顶支垫垫起,对四个面进行分中画线,上、下两面的中线应在同一铅垂线上,如有误差,应进行中线修正。塔柱两轴线夹角应为90°,以塔柱中线为基准,对构件端部画切削线和误差范围线,确定各水平度满足要求后固定。

切削分四种,第一种为粗削,离切削线10 mm左右;第二种为荒削,每次切削 3 mm;第三种为中间层细削,每次切削 0.5 mm;第四种为最终精切,分 2 次切,每次切削 0.2 mm。

切削精度要求:底板切削面的精度为 12 μm,端面的直角偏差 20″。地面组装,倾斜度容许值为 3/10000 或设计要求值。

切削后,用精密水准仪检验各个面的平整度、测量误差线与切削线的距离、测量底板的表面平整度,确定切削精度符合要求。

最后,由质检员和监理工程师进行成品检查,测量各部件的尺寸、端面的直角度,对各加工精度进行确认。

(5)组装与试拼。

①组装。

塔柱分三大部分制作,各部分应在工厂分别组装、焊接,再整体试拼。试拼时索塔呈水平状态,拼装程序为先安装横梁,然后从塔根部向塔顶部安装,各构件精度满足要求后,才能运往现场进行安装。

全断面各节段焊接示意图见图 3.12,定位固定后进行焊接施工。焊接时,同一断面上、下两面先同时施焊,后焊两个立面。各端面开坡口应严格按规范要求进行。

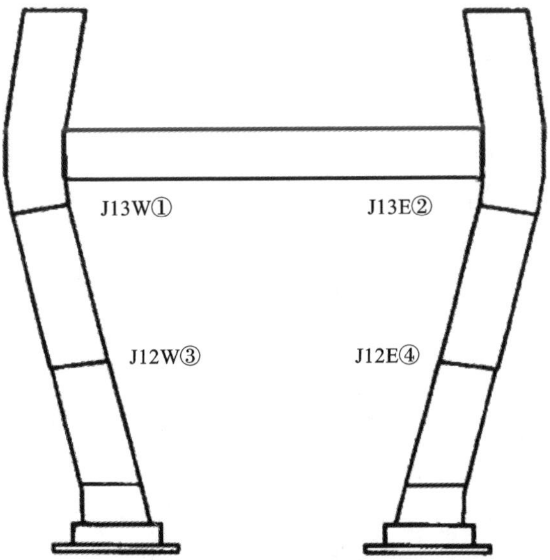

图 3.12　全断面各节段焊接示意图(图中序号与收缩量测点设置图相对应)

a. 轴线调整。

为确保塔柱轴心的精度，开坡口后对断面进行机械切削，除去残渣，以确保接触可靠。如因调整而某个角隔开，则应插入一定厚度钢板，以便约束焊接变形。

b. 焊接。

焊接时，要尽量用自动焊、分层焊，特别是仰焊，要注意保证质量。

c. 焊接变形的观察测量。

焊接时，分几种工况对焊接变形进行观察测量，并做好记录，测点设置见图3.13。

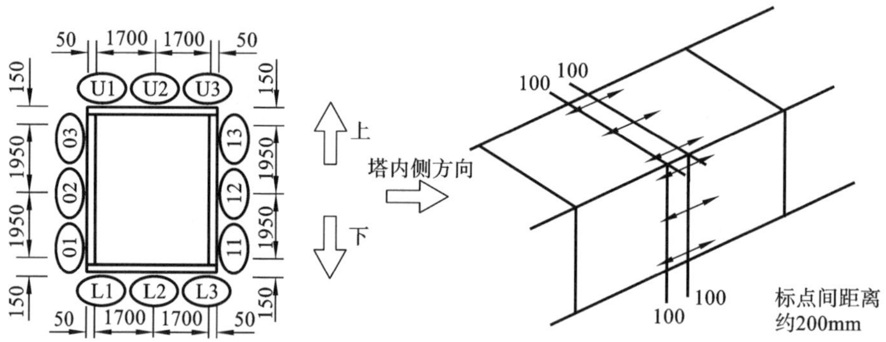

图3.13　收缩量测点设置图(单位:mm)

d. 非破坏检查。

组装焊接后，对各焊缝部位进行无破损检查，用自动超声波探伤，进行全线检查，要求达到1级合格。每构件应取一个接头进行X射线探伤，探伤范围为焊缝两端各250～300 mm;焊缝长度大于1200 mm时，中间加探250～300 mm，重要受力构件要求全线探伤。探伤应符合《焊缝无损检测 射线检测 第1部分：X和伽玛射线的胶片技术》(GB/T 3323.1—2019)的规定。

②试拼。

按A、B、C三段进行制作，现场吊装，A段为上塔柱，拉索锚固段，B段为横梁及下塔柱，C段为塔基与承台相连。

试拼时，索塔呈水平状放置，要求各支点水平度符合精度要求，确保B、C段和A、B段以及塔基与底板的试拼精度，严格控制A、B段夹角。

拼装时的形状测定和局部调整后，必须在早晨各构件的温差不大，且各项指标均在要求目标范围之内时，进行焊接定位。

A 段的最下端一节应与 B 段的上部试拼，A、B、C 三段之间的连接段应进行重复组拼，以确保精度。在连接部位，对孔眼进行必要的扩孔，便于调整。A 段下部为避免变形，应安装保证塔肢间水平距离的横撑，横撑位置应根据吊点的设置而定。

试拼程序如图 3.14 所示。

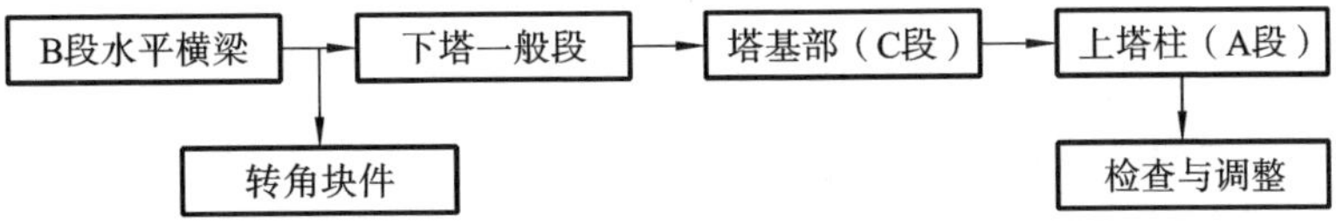

图 3.14　试拼程序

2. 钢索塔现场架设

钢索塔按设计节段制作完成，在工厂试拼调整后，运输到桥位处，按施工组织设计进行安装。塔的安装方式分三种：①用浮吊大节段安装；②用浮吊和塔吊分多节段安装；③用附着爬升吊机多节段安装。

(1)施工组织设计。

在施工安装之前，应对施工方案进行详尽、周密的考虑，并编写详细的施工组织设计。在技术方面应从以下几方面考虑。

①运输设备及运输路线的选定：对路线上重点设施和气候状况如水中暗礁、电缆、光缆、台风等进行调查。

②现场施工条件调查：包括潮流调查，定期、不定期船舶的运行状况，架设地点的电线、电缆等。

③驳船的选定：按构件长宽进行配置。

④吊装方式的选定。

⑤架设时期的选择：不宜在大风时起吊。

⑥构件吊点配置及加强措施：考虑从平吊到立吊的方案及吊具的选择。

⑦架设精度的保证措施：架设时确保构件刚度避免变形、轴线对中与调整的措施。

⑧大构件端面切削方向：选择水平切还是直角切。

⑨高空作业的可行措施和安全措施。

(2)影响吊装方案的因素。

根据构件的重心位置，浮吊船的起吊高度界限和起吊范围，水平吊起时浮吊起吊绳张开角的限制，考虑必要的稳定措施，设计可行的最终起吊安装方案。

①塔柱构件起吊时，在铅垂面上由于塔自重会发生面外弯曲，应采取措施以避免这种面外弯曲过大，如采用增厚壁板的方法，增大了构件重量，但对变形抑制作用不大，故需对设计受压构件进行加强。受压构件的截面性质不能任意选定，经计算后考虑与主板厚度的关系、受力和与塔柱的连接构件构造等要求来选定板厚。

②塔体的补强以补强件质量最小的原则来控制。

③架设用辅助材料以用量最少的原则来控制。

④补强结构的构造，应按计算荷载乘以安全系数进行控制。另考虑补强结构高空拆除作业的可行性和安全性。

⑤吊点以上结构在水平吊起时的面外弯曲变形应控制在最小限度内。另外还有：a. 吊具构造；b. 浮吊起吊能力的富余量，潮位的关系和架设时间的限制所受的影响；c. 高空拆除支架作业的难点；d. 塔上部下侧吊点位置受到的影响。

综合考虑以上各因素，判断各方案的经济性和安全性，选定最终方案。

(3)横撑构件。

在A、B段构件的下方开口处附近应设置横向支撑构件。原因有以下三点。

①确保在地面预拼装的形状和相对尺寸不变。

②确保全断面焊接时的形状不变。

③确保架设时(出厂、运输、起吊、上升接长)构件的刚度。

连接板采用长孔尺寸，便于调整焊接产生的变形量。

(4)设备的准备与安装。

主要设备有驳船、浮吊、动力船、工程用电设备、航空障碍灯、工程用升降机、吊装用横梁、塔外撤去附属支架用的起重设备等。

(5)塔体的吊出上船和运输。

以日本生口大桥为例，塔基部分用6000 kN级浮吊，塔下部用22000 kN级浮吊，塔上部用41000 kN级浮吊吊起装船。运输时，塔基部4个构件用15000 kN级驳船，塔下部用30000 kN级驳船，塔上部用120000 kN级驳船按指定路径运输。

(6)塔的架设。

①大节段分部架设。

a. 塔基部分的架设。

塔基架设时，因每个塔基重1200 kN，用3000 kN级浮吊架设，先将其竖直吊起，放入塔基底板上，对准预埋螺栓，调整塔基标高，采用无收缩水泥稀砂浆填充调整，以保证塔基与基础的密贴，最后戴上螺帽。

b. 下塔柱架设。

下塔柱架设前，应制订架设计划，确定浮吊的停泊位置，计算塔体从水平状态到竖直状态时各阶段反力状况。日本生口大桥塔体重 6390 kN，辅助设施重 250 kN，合计 6640 kN，下塔柱吊装参数见表 3.1、图 3.15。

表 3.1　下塔柱吊装参数

θ/(°)	θ_1/(°)	θ_2/(°)	T_1/kN	H_1/kN	T_2/kN	H_2/kN
0.1	82.796	85.774	1449.032	181.721	2466.172	181.721
10.0	82.909	85.692	1481.162	435.300	2434.104	−241.418
20.0	83.287	85.778	1512.309	679.825	2401.636	−653.048
30.0	83.917	86.052	1540.516	907.296	2370.845	−1041.234
40.0	84.781	86.522	1563.400	1109.706	2344.458	−1395.276
50.0	85.854	87.190	1577.648	1278.700	2326.338	−1706.621
60.0	87.106	88.035	1577.534	1404.260	2322.903	−1970.693
70.0	88.509	89.017	1548.815	1408.698	2349.115	−2193.341
80.0	90.062	90.036	1428.859	1406.884	2468.200	−2430.970
90.0	92.507	90.000	0.0000	0.0000	3897.060	−3897.060

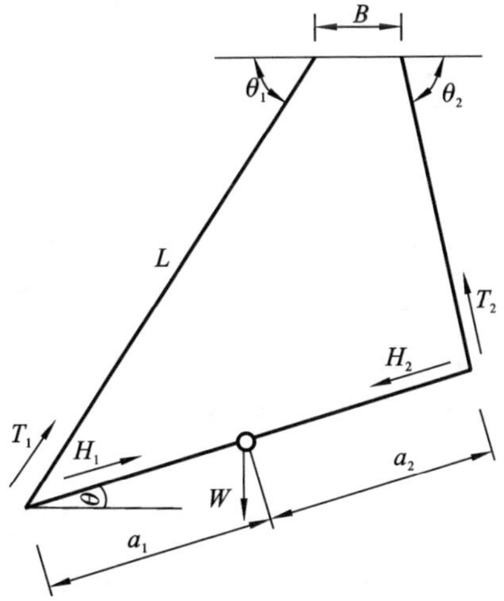

图 3.15　下塔柱与上塔柱吊装参数示意图

c. 上塔柱架设。

上塔柱采用 36000 kN 级浮吊架设，考虑浮吊扒杆高度富余量不多，上卷富余量仅 1.548 m，在比正常水位高 0.5 m 以上的小潮位时起吊为最佳时机。上塔柱吊装参数见图 3.15 和表 3.2。

表 3.2　上塔柱吊装参数

θ/(°)	θ_1/(°)	θ_2/(°)	T_1/kN	H_1/kN	T_2/kN	H_2/kN
0.1	77.508	78.715	3768.996	815.260	4166.248	815.260
10.0	77.629	77.964	3918.792	1491.493	4026.174	143.033
20.0	78.226	77.628	4067.413	2141.757	3873.584	−514.190
30.0	79.283	77.858	4204.527	2742.724	3717.439	−1140.011
40.0	80.771	78.827	4316.524	3269.003	3572.534	−1722.545
50.0	82.657	80.693	4383.319	3690.366	3463.695	−2258.329
60.0	84.912	83.529	4367.870	3961.454	3436.706	−2763.640
70.0	87.547	87.155	4174.390	3980.147	3599.340	−3317.008
80.0	90.817	90.638	3404.826	3344.330	4361.260	−4303.165
90.0	96.334	90.000	0.0000	0.000	7765.470	−7765.470

塔上部架设作业程序如下。

浮吊就位准备→立起与地面成 90°→升高起重(起高 1.5 m 以上)→浮吊移位→初步位移量确定→下放 1 m 左右→轴线精确对准→下放到构件接触位置→浮吊分阶段松吊绳释放荷载→连接部栓焊施工→架设完成→下部吊点解除→上部加强体解除→浮吊脱离→浮吊返回→完成。

d. 塔上部吊环解体撤除。

吊环加强体的重心位置不在浮吊扒杆的正下部而存在一定的偏心角。把吊环体轨迹描绘出来，用卷扬机控制使其在割除时保持静止，保证施工人员的安全。完全解除连接后，再慢慢放松卷扬机，使吊环构件顺着浮吊方向移动，进行撤除，另一侧的吊环加强体也用同样方法撤除。

②多节段分件架设。

当塔体高度高，浮吊无法满足施工要求时，应采用分件加工，分件吊运和安装。下文以日本多多罗大桥和澳大利亚巴特曼桥施工为例加以说明。

a. 日本多多罗大桥。

多多罗大桥是日本本洲四国联络线连接生口岛和大山岛的重要工程之一，

桥长 1480 m，主跨 890 m，比 1995 年 1 月建成的法国诺曼底大桥的主跨还长 34 m。

主塔设计为钻石形。钢质单箱索塔，塔肢的断面形式为矩形切去四个角隅，有利于抗风。塔断面尺寸为塔基 12 m×8.5 m 变化至塔顶 8.5 m×5.9 m，塔高 220 m，从上至下分成 23 段，段与段之间用高强螺栓连接，节段加工时钢板间为紧密接合，每节段的长度误差在±1 mm 以内，端面积的正方度为 1/180，板的平整度为 $W/300$，W 为加劲肋的间距，塔的垂直度达到 1/10000。

塔部构造的架设分 3 步进行，塔体分为 23 个节段。架设的第一步：(a)做好准备工作；(b)用 6000 kN 级浮吊进行塔底板架设；(c)用 35000 kN 级浮吊，架设主梁以下的 2～5 号节段的大块体。第二步：(a)用 35000 kN 级浮吊安装下横梁；(b)用 13000 kN 级浮吊安装塔体斜腿排架；(c)用 35000 kN 级浮吊安装主梁 0 号、1 号块。2 节塔长 123.2 m，3 节塔长 163.2 m。第三步：(a)用 35000 kN 级浮吊架设攀登式塔吊(1600 kN 级)；(b)利用塔吊分节段架设上部各块件；(c)边升高塔吊边安装上部塔段直至全部安装完成。

索塔架设时，为增强抗风稳定性，检验风洞试验结果。该桥在特殊段采用了制振对策，效果良好，在现场架设时，没有发生有害的振动。塔架设完成后遇到一次 12 号台风，观测结果：在最大风速 22 m/s 时，塔顶时速最大 5 m/s，两振幅变位量仅 5 cm，验证了风洞试验结果，架设时抗风稳定性良好。

b. 澳大利亚巴特曼桥。

采用 A 形独塔，塔高 91 m，分 40 段加工，每段约长 15 英尺(1 英尺≈457 cm)，塔柱最初 9 段与横梁和横撑采用在桁梁上的吊机来安装。当塔柱达到桁梁高程时，用设在塔柱横梁上的千斤顶将桁梁从临时墩上顶起。当临时墩拆去后，桁梁的一端锚在桥台上，另一端落到塔柱横梁的支座上。当塔柱上升高出主桁架时，安装塔柱的吊机移至铁轨上的平台，平台连接在塔柱的西侧面。在此位置上的吊机可以在塔柱上爬升，每安装两段爬升一次。每个塔柱块件运至西岸下的临时铁路小车上，在塔柱间穿过并提升就位。临时后拉索与浇筑在岩床中的预应力锚索相连。临时后拉索位于各个不同位置，使斜塔稳定，直到塔柱完成并架上永久性的拉索。

3. 现场涂装

(1)钢索塔涂装体系选择。

钢塔的腐蚀，目前主要采用涂装的方法加以控制。涂装系统的选用应考虑桥梁所处的自然环境、使用年限、结构类型和施工方法等因素。

①铅系防腐涂装系统。

目前，绝大多数桥梁所采用的涂装系统大体上是以铅系防锈涂料为主体的涂装系统和以富锌涂料作为底漆的涂装系统。

20世纪60年代以来，以红丹防锈漆＋灰云铁醇酸面漆的铅系涂装系统，在我国钢桥防腐涂装方面广泛应用。这种体系防锈性能好，对基底表面处理要求相对较低，涂装施工方便，涂料、涂装和管理费用便宜。所以，长期以来，以铅系防锈涂料作为底漆的系统一直是桥梁钢结构防腐的主导体系。

对高大索塔的防腐，由于上述涂装系统的耐久性差，维护涂装的经济性差，成本高；另外，铅系防腐涂料对环境污染严重，施工劳动强度大，近年来多选用重防腐涂装系统。通过对底、中、面漆配套使用，涂层耐久性有很大提高。

②重防腐涂装系统。

重防腐涂装是以富锌涂料为防锈底漆，使用氯化橡胶、聚氨酯等合成树脂涂料的涂装系统，具有耐久性好、维修周期长等特点。该涂装系统在国外已有成功使用的例子，在我国也在大型桥梁上使用。

该涂装系统具有长达20～30年的耐候有效期，目前在国内采用的大致有如下三个方案。

a.环氧富锌底漆＋环氧云铁中间层＋丙烯酸聚氨酯面漆（或氯化橡胶面漆）。

b.无机富锌底漆＋环氧云铁中间层＋丙烯酸聚氨酯面漆。

c.热喷锌（铝）层＋环氧云铁涂层＋丙烯酸聚氨酯面漆。

从理论和研究试验结果以及实际作用上看，无机富锌的防腐蚀性能要比环氧富锌好，这一点在国内外均已达成共识。无机富锌漆可直接与钢铁表面反应生成硅酸铁，是化学附着，附着力很强；环氧富锌是物理附着，附着力不如无机富锌。

无机富锌与底板的附着靠化学反应生成硅酸铁，故要求表面光洁；而环氧富锌靠的是物理附着，又有湿态附着力，所以无机富锌在使用前对钢表面的处理要比环氧富锌漆严格，须达到Sa2.5级；环氧富锌漆在使用前钢表面处理要达到Sa2级。这两种除锈等级在我国实际使用中均可以实现。

无机富锌涂料最早用钠水玻璃，现已发展了锂水玻璃和钾水玻璃两种。以锂水玻璃作为溶剂，火焰切割面及焊接热影响区不必磨边加工，可焊性好，延伸性能好。

而热喷锌(铝)层，则必须在热喷前对钢铁表面进行 Sa3 级的除锈，钢表面应具有均匀一致的金属光泽，达到一尘不染的纯亮程度，这对我国施工现状来说，在实际操作中有相当大的难度，特别是对大面积的钢塔表面更难以保证。实际上，无机富锌漆之类的防腐蚀原理同热喷锌(铝)层一样，均属阴极保护范畴，但无机富锌漆之类是节能的“冷镀锌”，因此热喷锌(铝)层的防腐蚀效果是十分良好的。

在大型钢桥重防腐涂装系统的三个配套方案中，a、b 方案目前在国内正在大面积推广使用；鉴于方案 c 表面处理要求难度大，耗能费用高、施工进度慢，对大面积钢索塔来说不太适用，但考虑其良好的防腐蚀效果，在小面积构件或局部使用仍具极大的运用价值，目前在钢管混凝土结构中的钢管防锈方面应用较多。

重防腐涂装方案 a、b 均是长效、实用和经济的防腐措施。实际上，在大型钢箱梁结构中，铅系涂装体系中的红丹底漆在制造和焊接过程中产生有毒气体，恶化施工条件，已使得该涂装方案不适合采用；同时重防腐涂装方案 c 由于实施难度较大，也不能大面积采用。

武汉军山长江大桥经过对电弧喷铝涂装与油漆涂装两种方案进行比较，为了满足对涂装防腐设计寿命 30 年的质量要求，对钢箱梁直接承受日晒雨淋的外部裸露面采用电弧喷铝复合涂层防腐。

防腐涂装的实际效果，除正确地选择涂装方案外，还与施工工艺和方法有密切联系。

(2)钢索塔除锈涂装工艺。

人工除锈涂漆，虽设备简单、成本低，但效率低、质量差、劳动强度大，易锈部位及角隅和隐蔽处人工难以施工，达不到理想的效果，也存在损伤钢构件的现象。

喷砂除锈油饰工艺有两种，一种是“湿喷法”，因其造价高，喷后造成浮锈和水分浸入，缝隙处不易处理，形成隐患，而且在喷砂时经常发生故障，一般已不采用。另一种是“干喷法”，操作简便，工效高，但存在如下缺点。

①喷砂时粉尘大，无法排除，不仅污染周围环境空气及河道(旧漆皮掉入河内)，且能使操作者患肺尘埃沉着病和高血压等职业病。操作者的劳动强度也大，喷砂服和防护面罩也很笨重，工作条件艰苦；夏季操作后从喷砂服内可倒出很多汗水。

②喷砂后钢构件表面峰谷深度大，油漆漆膜不易盖严，水分易于浸入，造成再侵蚀的条件。

③喷砂后一般喷涂 3～4 遍油漆，漆膜厚度为 80～100 μm，不能形成严密牢固的保护膜，有害气体和水分很容易浸入钢构件表面的内部，造成锈蚀；漆膜厚度薄，防护能力差。

④喷砂中操作者由于粉尘的干扰及戴面具而看不清，又无科学的控制标准和方法，很难准确掌握除锈程度，往往喷砂过度，对钢构件形成损伤。

⑤钢构件喷砂油饰后，由于不能有效地防锈，喷后几个月就又生锈，2～3 年后锈蚀面即可达 40%～50%，必须再次除锈；因防锈周期短，致使喷砂除锈的直接费用很高，间接费用如脚手架、租用船只、做防护封闭等费用也很高。对高索塔来说，需高空作业，施工难度大，成本高，一般不用这种方法。但在工厂加工时，由于某些特殊工艺要求，仍采用此方法除锈。

重涂工艺，由人工局部除锈，采用多次重涂，保证各涂层的黏结力和厚度，能起到很好的环保、防锈、美观的效果。

对于新的钢构件，则在表面彻底除锈后，进行一次厚涂，漆膜的厚度在 200 μm以内。厚涂可防止水分和有害气体的侵入，是解决钢构件防锈的重要途径。

(3)涂装质量检验。

①涂层系统检验。

a. 涂装前应进行表面处理的质量检查，合格后方可进行涂装。

b. 涂装时，涂层遍数和漆膜厚度应符合设计要求，及时测定湿膜厚度，保证干膜厚度。涂装时发现漏涂、流挂发白、皱纹、针孔、裂纹等缺陷，应及时进行处理。每层涂装前，应对上一层涂层进行检查。涂装后应进行涂层外观检查，表面应均匀且无气泡、裂纹等缺陷。

c. 涂层干膜厚度大于或等于设计厚度值的点数占总测点数的 90%以上，其他测点的干膜厚度不应低于 90%的设计厚度值。当不符合上述要求时，应进行修补。

d. 厚膜涂层针孔数不应超过测点总数的 20%。当不符合要求时，应进行修补。

②喷涂金属系统检验。

a. 可肉眼观察或用 5～10 倍放大镜观察，喷涂金属层应颗粒细密，厚薄均匀，并不得有固体杂质、气泡及裂缝等缺陷。

b. 喷涂厚度达不到要求时，应进行补喷或重喷。

c. 孔隙率检测，检测面积宜占总面积的 5%。当不合格时，应进行补喷或重喷。

d. 对喷涂金属层与钢结构的结合性能，可以敲击或刀刮方法进行检测。当不合格时，应进行补喷或重喷。

3.2.3　钢-混凝土混合索塔

1. 概述

钢-混凝土混合索塔是指拉索锚固区采用钢锚箱，其他部位采用混凝土的索塔。由于其价格较混凝土索塔贵，一般用于特大跨径的、索力很大的斜拉桥。

钢-混凝土混合索塔具有以下优点：①减轻塔顶重力，使地震时塔柱中的轴力和弯矩减小；②使塔柱顶部施工更加容易；③钢锚箱在工厂预制，容易保证精度；④简化斜拉索的锚固，明确索塔受力；⑤使检查养护更方便；⑥通过涂装可美化桥塔外观；⑦斜拉索钢套管定位更容易，无需定位骨架。但混合索塔的钢结构需专业工厂加工，且高空焊接难度大。为保证索塔的整体性和钢-混结构的可靠性，通常也需布置少量的预应力索，相应地也增大了索塔施工的难度。

2. 施工

①施工程序。

钢-混凝土混合索塔施工程序如下：分节浇筑下塔柱混凝土→横梁施工→分节浇筑中塔柱混凝土→拉索锚固段施工。

拉索锚固段施工步骤如下：测量放样→钢构件的加工预制→钢构件的运输→钢构件安装→钢梁安装→斜拉索钢套管调整定位→钢筋、预应力筋的安装→模板的安装→混凝土浇筑→养护→预应力筋施工→外涂装（钢结构、混凝土结构）→下一节段施工。

钢构件的加工制作、运输和现场涂装，混凝土塔柱的施工在此不再赘述，下面仅介绍钢构件的安装。

②施工准备。

按设计图纸要求，在钢构件安装的起始标高处，设计连接基座，施工时，精确测量定位，并预埋基座在混凝土塔内，当索塔浇筑完混凝土后，再次对预埋基座平面位置和标高进行测量确定，并进行钢锚箱轴线和边线的放样，画出十字线，为钢构件的安装做好准备工作。

③构件吊点的处理。

根据构件的对称性，合理选择吊点位置，吊点处需加衬板，吊环和吊具需按计算留一定的安全储备。

④钢构件的安装。

钢构件运至墩位后，用塔吊吊到塔上部基座上安装。安装时，先套定位螺栓，再利用手拉葫芦或小型机械千斤顶微调，使构件中轴线与预埋基座中轴线重合。

中轴线对准后，再用全站仪复测钢锚箱的平面位置和垂直度，将误差调整至规范和设计要求范围以内，点焊定位。

定位后，放松吊绳，用全站仪测拉索钢套管，用上、下口中心三维坐标法测量。利用锚箱上的微调装置调整，保证拉索钢套管的精度在 5 mm 以内，确保拉索顺利安装和索塔均匀受力。

焊接接头时，应先将四周定位螺栓紧固至设计轴力要求，再焊防变形挡块，最后才焊接头。

焊接应从四个面对称施焊，边焊边观测各个方向的变形，根据变形情况及时调整施焊顺序和电流强度等。

3.3 主梁施工

3.3.1 混合式斜拉桥的主梁结构和受力特征

(1)主跨的跨越能力比一般的斜拉桥要大，而边跨与主跨的比例，一般要比传统的斜拉桥小。

(2)边跨预应力混凝土梁，不但能平衡主跨的钢梁或结合梁重力，且边跨各支点均不出现拉力，而且由于后锚拉索分布较密，从而从总体上提高了整座桥的刚度。当主跨布置活载时，主跨的梁体变形和主塔变位均有减小趋势，实际上边跨结构起到了很好的锚固作用，这也是混合式斜拉桥的基本构思之一。

(3)由于边跨一般设有辅助墩，有较多的刚性支承点，当边跨布置活载时，对主跨影响较少。这样，主跨的弯矩变幅和斜拉索索力变幅就明显减小，因而也就减少了对主梁和拉索的疲劳影响。

(4)主梁跨高比一般均大于 200，主梁高度受跨径增大的影响较少，加之若采用扁平的流线型箱梁，不论是抗风性能，还是建筑外观，均得到了很大改善。

(5)主塔和边跨预应力混凝土梁可同时施工，一旦主塔和边跨主梁完成，即可吊装主跨钢梁或结合梁，这样就加快了施工进度。

(6)预应力混凝土梁与钢梁或结合梁的连接是混合式斜拉桥的最重要构造之一。也可以说，钢梁或结合梁与预应力混凝土梁的连接位置的选择和可靠的连接，是混合式斜拉桥成功的最关键技术。

3.3.2　预应力混凝土梁与钢梁或结合梁接合部构造与施工

1. 预应力混凝土梁与钢梁或结合梁接合部构造

(1)选择合理的连接位置。

混合梁斜拉桥主梁接头位置的选择是一关键环节。在功能上要求做到能比较流畅地传递各种荷载产生的内力(包括轴力、剪力、弯矩和扭矩)及变形，同时接头位置具有良好的抗疲劳性和耐久性，而在外形上也要求钢箱梁和混凝土箱梁的过渡比较一致，其接合部构造见图 3.16。选择接头位置时要考虑如下因素。

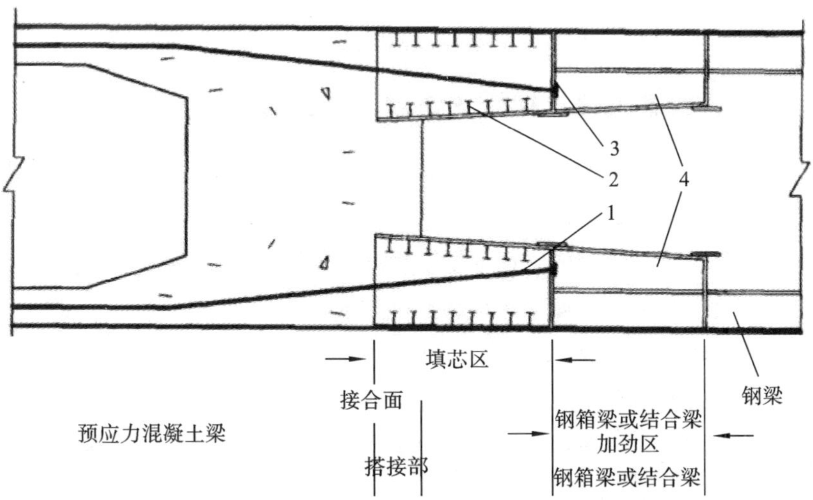

图 3.16　混合式斜拉桥接合部构造示意图

1—连接钢束；2—剪力钉；3—端板；4—加劲梁

①接头位置处的变形和内力都比较小。

②锚固跨的长度比较合适。

③施工比较方便，质量容易保证。

主梁接合部位置的选择各有不同，有的选择在主跨内，如诺曼底大桥主跨856 m，边跨混凝土伸入主跨内侧 116 m，钢梁长 624 m，这样可缩短钢梁长度。有的选在边跨辅助墩附近，如日本多多罗大桥和汕头礐石大桥。也有的选择在主塔附近，如日本生口大桥和上海徐浦大桥。

(2)接合部构造。

预应力混凝土梁与钢梁的接合部，是一个非常重要的部位，这是由混合式斜拉桥本身特性所决定的。为了确保连接可靠，避免使其成为全桥主梁的薄弱点，设计及施工时宜考虑下列因素，并采取相应措施。

①由于塔柱附近的主梁承受着很大的轴向力，为避免因连接部位断面重心突变而引起的附加弯矩，要求设计连接部位的钢梁重心和混凝土梁重心尽量吻合，并要求相对应的腹板和翼板的重心也尽量重合，以防止钢梁的腹板和翼板产生局部弯曲和失稳。

②为保证钢梁和混凝土梁的可靠连接，并有效平顺地传递强大的轴向力，在钢梁上(与混凝土梁重叠部分)应设置抗剪构造(如焊钉)。

③由风荷载产生的横向弯矩及活载产生的纵向弯矩，会使连接部位产生相当的拉应力，而这些拉应力又不可能完全由拉索的水平分力来抵消，因此，还必须对连接部分施加一定的纵向预应力来提供补偿。

2. 预应力混凝土梁与钢梁或结合梁接合部结构方案

混合式斜拉桥接合部结构方案一般有以下四种，见图 3.17。

(1)全截面连接承压板方案。

依靠承压钢板承受梁的纵向压力，在钢梁或结合梁端部设置隔板成为格子结构的承压板。此种方案连接处应力较小，但结构复杂。

(2)全截面连接填充混凝土方案(也称填充混凝土前板方案)。

为了把钢梁或结合梁上的力传递给整个横梁截面，在整个断面范围内填充混凝土。此方案应力传递较均匀，但结构复杂，施工操作困难。日本多多罗大桥接合部即采用此方案。

(3)部分连接填充混凝土方案(又称填充混凝土后板方案)。

为了将钢梁上的力传递到上、下翼缘及腹板附近的连接部分，在接合部制作一个双壁式的钢箱，并在其中注入混凝土与横梁连成一个整体。此方案较其他几种方案刚度过渡均匀平顺，但结构很复杂，双壁钢箱加工困难，对混凝土浇筑的要求也很高。

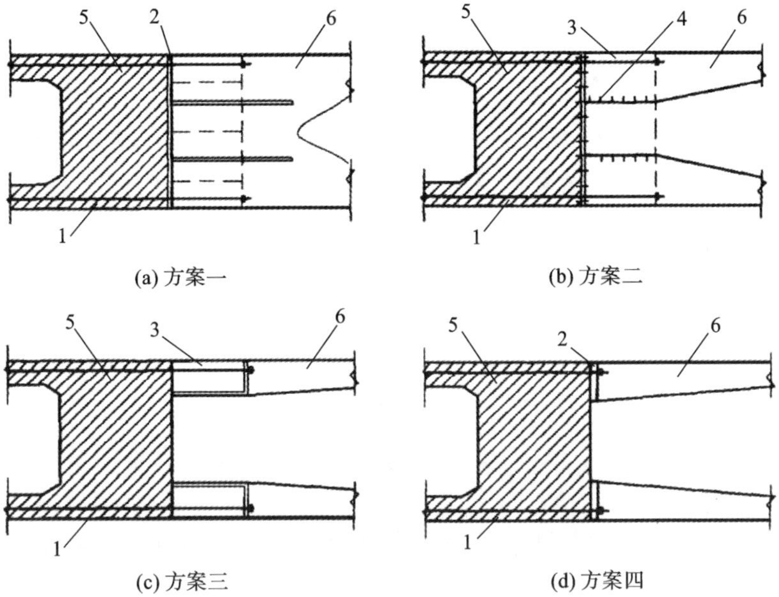

图 3.17　混合式斜拉桥接合部结构方案

1—预应力钢索；2—承压板；3—填充混凝土；4—金属连接(剪力钉)；
5—预应力混凝土梁；6—钢梁式结合梁

(4)部分连接承压板方案(即密贴方案)。

为了将钢梁上的力传递到混凝土横梁上，在钢梁或结合梁翼缘及腹板端部设承压板，由承压板直接传力。这种方法传力直接，但需要较厚的承压板，断面刚度的变化比较明显。如汕头礐石大桥的接合部即选用了这一方案。

对于以上 4 种方案的选择，主要应从连接结构的简单可靠、传力明确以及施工方便等基本点出发确定。在确定方案后，还应对接合部截面的轴向拉力、轴向压力及剪切力等进行内力分析，选取最大内力作为设计依据；且混凝土梁的刚度与钢梁的刚度相差较大，而刚度的骤变会给桥面的使用带来不利的影响，因此，在设计上要认真考虑这一问题。采取诸如增大接合部截面尺寸，加设 T 形加劲肋以及加设靴套、加焊剪力销钉等措施，以使接合部的末端与混凝土紧密结合在一起，增强接合部的整体性。

在完成接合部技术设计后，还应进行接合部的模型试验。为了使模型能真实模拟实桥的受力情况，在模型的构造细节上应完全模拟原结构。模型的加载应根据实桥上、下顶板正应力与模型相等的原则，分轴向力与弯矩逐级增加荷载，以观察、分析、研究接合部及相邻梁体的抗裂安全性及其破坏时的形态。根据试验得出结论，再对原设计进行修改。

3. 预应力混凝土梁与钢梁或结合梁接合部施工

接合部梁段施工根据所设计的不同连接方案而采取不同的施工方法，同时，施工方法也因所选择的接合位置不同而有所不同，但施工程序及施工过程的重点及注意事项基本相同。现以汕头礐石大桥主梁施工中的接合部施工为例，概述其施工方法。

汕头礐石大桥是钢箱梁和预应力混凝土箱梁混合式斜拉桥，主桥全长 906 m，跨径组合为 2×47 m+100 m+518 m+100 m+2×47 m。其中 100 m+518 m+100 m=718 m 范围为钢箱梁，南北两侧边跨为 2×47 m 现浇预应力混凝土箱梁(PC 梁)，桥宽 30.75 m。在 N2 墩顶处设钢梁接合部，为钢混凝土箱梁结构，钢箱梁部分(JH 段)与岸跨箱梁 N7 相连，混凝土横梁在钢箱梁 JH 段安装后现浇而成，与岸跨混凝土箱梁连成整体。接合部钢箱梁重 39.8 t，顶板长 1.94 m，底板长 3.2 m，宽 30.75 m，梁中高 3 m，在工地工厂内制作。接合部混凝土横梁长 3 m，混凝土量 301.6 m^3，设横向 12φ15.2 钢绞线 10 束，混凝土内设置纵向 φ32Ⅳ级预应力蹬筋 76 根，接合部混凝土强度达到 40 MPa 后张拉，使钢箱梁 JH 段与混凝土横梁结合紧密。

接合部于先期制造完成，并在混凝土箱梁施工前已先期吊装就位。伸入混凝土横梁的上翼缘上，开有若干施工孔，供混凝土的灌注与振捣之用，以保证接合面混凝土的施工质量。待混凝土梁与接合部经过一段时期，完成大部分的收缩徐变之后，与桥塔双悬臂悬拼的钢箱梁在此处合龙边跨，最后再合龙中跨。为了便于预应力梁的穿束张拉等操作，接合部与其相邻的钢梁段之间的拼接缝仅离接合面 0.8 m。这样做也是为了便于接合部的安装。其接合部纵向剖面见图 3.18。

其安装顺序如下。

(1)在 N2 号墩顶安装单、双向盆式活动支座 GPZ9000，调整安装误差在 1 mm以内，在支座四周安装微调定位架，并临时锁定。

(2)JH 段在码头用 3000 kN 起重船吊起，用拖轮绑拖至 N2 号边墩，起重船抛锚，移动定位后起吊到高度 32.4 m 的墩顶处，将 JH 段放在墩顶的微调定位架上，经过纵横移动，将其调整到设计位置，再起顶落于墩顶支座上，安装支座锚栓，将支座的上下座板以电焊临时固定，同时顶板和底板各设 7 组水平支撑与 13 号现浇箱梁节段纵向锁定。

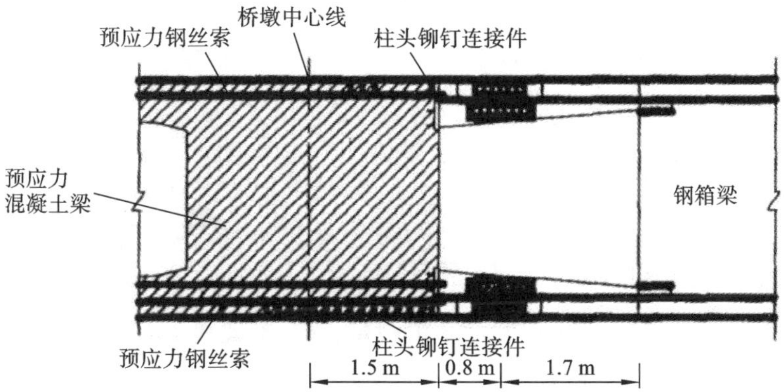

图 3.18　钢箱梁(或结合梁体)与 PC 箱梁接合部连接方式纵向剖面图

(3)在 JH 段落于定位架后,解除锁定进行微调,并且将 1～13 号现浇箱梁纵向预应力张拉完成。

(4)浇筑 JH 段的混凝土箱梁,混凝土强度达到 80%设计强度后,张拉纵向通长预应力钢丝束(1～14 号)。

(5)箱梁施工完毕后停放在支架上,等待岸跨合龙和挂索。

(6)岸跨合龙并挂索后,补张拉箱梁部分纵向通长预应力钢束至设计吨位。

3.3.3　钢箱梁制造与拼装施工

1. 钢箱梁制造要求

(1)钢箱梁板件焊接前对待焊焊缝两侧各 50 mm 范围进行打磨,不得带锈焊接。埋弧焊在引板上的起熄弧长度大于 80 mm,焊后切掉引板,不得用锤击落。有预热要求的焊缝,预热范围为焊缝两侧 50～100 mm,预热温度按工艺规定执行。

(2)确定工地横向环焊缝的焊接工艺时,应能保证容许的焊缝间隙可在一定范围内调整,通过调整焊缝间隙消除部分制造、安装误差。

(3)由焊接工艺确定焊接方法和焊接规范。选用焊缝熔敷金属少、变形量小的坡口形式,规定焊接顺序、焊接方向,综合控制焊接变形。

(4)定位焊缝所采用的焊接材料及焊接工艺应与正式焊缝的要求相同,要保持均匀,焊脚尺寸不宜过大,原则上不允许超过原焊缝高度。定位焊缝有裂纹、气孔、夹渣等缺陷时,必须清除后重新焊接。

(5)检查施焊过程中所采用的焊接方法,保证焊接材料的牌号、规格与相应的焊接施工工艺相同。施焊时所采用的焊接电流、电弧电压、施焊速度、气体流量、送丝速度等工艺参数严格按照相关工艺规程执行。

2. 钢箱梁节段拼装要求

(1)制造过程中,对钢箱主梁节段采取加强措施,防止加工、移位、安装过程中钢结构变形。

(2)每个标准箱梁现场拼装的施工顺序:起吊新梁段→梁段精确匹配,打码固定,焊接平台前移,梁段焊接→斜拉索第一次张拉→吊机、辅助挂索桁架前移→起吊下一梁段。

(3)钢箱梁的工地连接除顶板U形肋、V形肋采用高强螺栓连接,其余均为焊接。桥上环缝的焊接,除要确保焊缝本身质量外,还应充分考虑环境温度对焊接变形的影响,通过采取有效措施,如底板底设置马板、制定合理的施焊顺序等,严格控制焊接收缩及变形,保证结构受力和架设的线形不受影响。

(4)为消除钢箱梁安装过程中的累积误差,利于主跨顺利合龙,合龙段两端应各留一定的加工余量。在保证合龙口前一个梁段精确定位完成后,测量合龙段所需要的实际长度,并对合龙梁段进行切割打磨,再吊装就位,实现主跨顺利合龙。

(5)吊装用配件或临时构件,在钢结构现场拼接完成后应予以割除。一般分两次切割,第一次切割为预热,第二次完全切割。起吊配件切割后的剩余高度一般不宜超过20 mm,严禁切割时损失母材,切割后一律用砂轮打磨至平整。桥面板临时吊点螺栓孔采用填焊封堵。

(6)梁段架设时,梁段标高的确定应在稳定的温度时段,并要考虑温度对两拼装梁段相对位移的影响,建议匹配在夜间进行。标高到位后,应迅速将临时匹配件连接起来,然后进行接缝施焊工作。要求所有焊缝质量检查合格后,方可张拉斜拉索。

(7)钢箱梁安装时必须严格进行线形控制,并要求主梁上不得摆放除桥面吊机外的其他临时荷载。

3. 钢箱梁拼装施工

将已加工并预拼完成的钢箱梁节段由拼装场地的存梁区横向运输至墩与墩之间,通过龙门吊提梁门架提升钢箱梁至混凝土主梁梁面以上。龙门吊天车运载钢箱梁节段纵桥向移动至混凝土梁面上方,下放钢箱梁节段至预先停靠在梁面指定位置的运梁车上。钢箱梁由运梁车运输至跨中悬拼提梁机位置，悬拼提梁机提升钢箱梁前移并旋转 90°，后移至拼装位置。将钢箱梁节段与已经安装的钢箱梁梁端栓焊连接。钢箱梁节段安装就位后，张拉对应梁段的斜拉索，并前移悬拼提梁机，完成钢箱梁节段拼装施工。重复以上施工步骤，依次安装各钢箱梁节段并张拉对应的斜拉索，直至合龙段。

(1)钢箱梁拼装。

悬拼提梁机拼接钢箱梁各个施工步骤，如图 3.19～图 3.24 所示。

步骤一：悬拼提梁机起升小车运行到如图 3.19 所示位置等待接梁，轨道式运梁小车将梁从后方运向提梁机内。

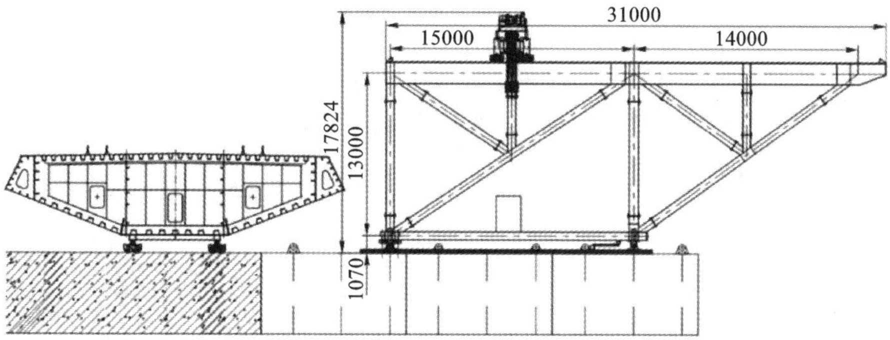

图 3.19　步骤一(单位:mm)

步骤二：运梁车运梁进入提梁机，梁中心与起升小车中心基本保持一致(图 3.20)。

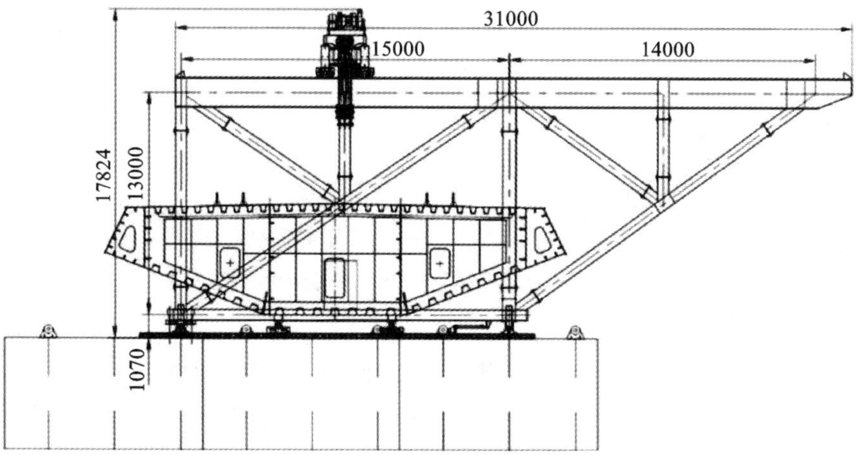

图 3.20　步骤二(单位:mm)

步骤三：悬拼提梁机起升小车运载钢箱梁向前运行 21 m，到达主梁前方（图 3.21）。

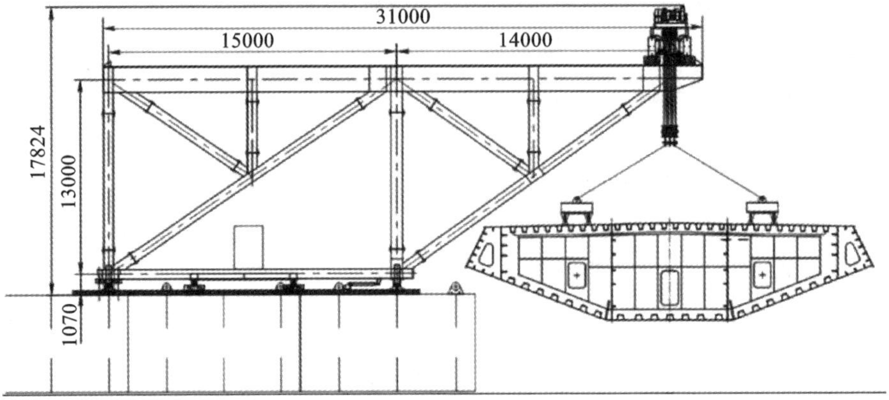

图 3.21　步骤三（单位：mm）

步骤四：悬拼提梁机起升小车通过旋转吊具带动钢梁旋转 90°（图 3.22）。

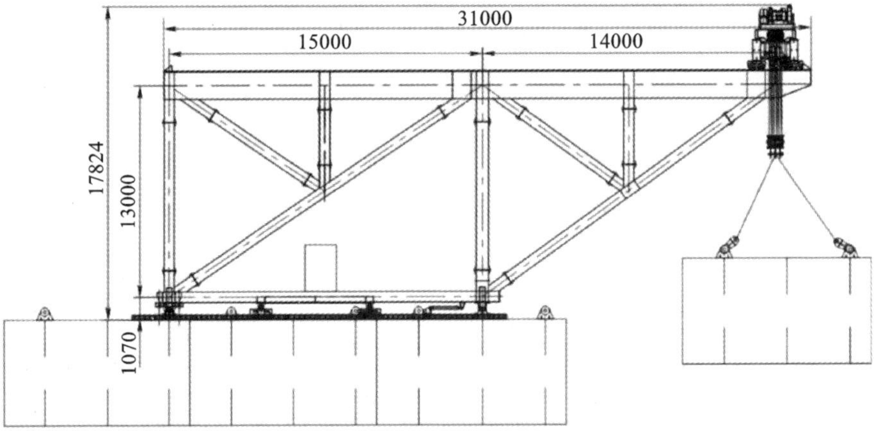

图 3.22　步骤四（单位：mm）

步骤五：悬拼提梁机起升小车带动钢梁回退到焊接位（图 3.23）。

步骤六：钢箱梁节段对位完成，进行焊接，吊装完成（图 3.24）。

（2）钢箱梁拼接作业。

在吊装到位并检测合格后，再进行相邻钢箱梁的连接，即梁段之间接口的匹配、环缝焊接、顶板 U 形肋（V 形肋）拼接板的栓接、U 形肋及板条肋嵌补段的焊接。焊缝探伤合格后，进行除锈补涂装，完成节段拼接施工。

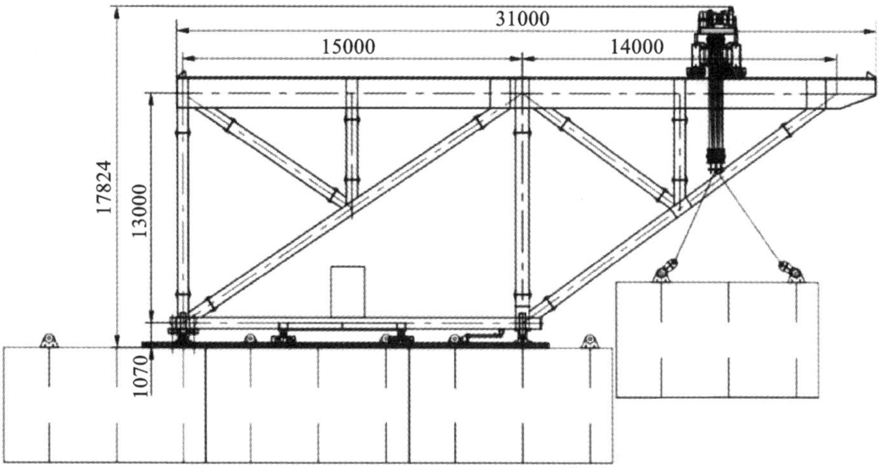

图 3.23　步骤五(单位:mm)

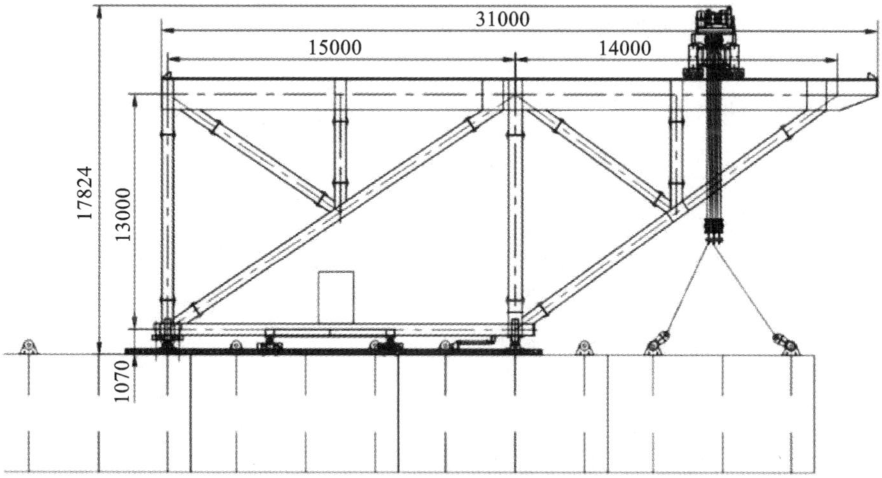

图 3.24　步骤六(单位:mm)

①钢箱梁拼接作业主要内容。

a. 钢箱梁接口匹配件连接、接口对接错边量调整。

b. 钢箱梁顶板 U 形肋(V 形肋)的接拼板的量配、栓接。

c. 钢箱梁接口环缝焊接及检查。

d. 钢箱梁底板 U 形肋、板条肋的嵌补段的拼装、焊接。

e. 钢箱梁的工地焊缝及损伤部位的除锈和补涂装,以及钢箱梁外表面最后一道面漆的涂装。

②钢箱梁拼接作业程序。

a. 钢箱梁节段吊装到位后，按照腹板→斜底板→顶板→底板的顺序检查接口临时连接件。临时连接件连接合格后，按照监理工程师的指令对接缝进行平整，平整时宜先平整刚性较大的拐角部位(腹板与底板角部、底板与斜底板角部、腹板与顶板角部)，然后固定其余部位，采用定位板和火焰矫正的方法进行局部调整，保证接缝板面错位不大于 1.0 mm。

b. 初拧顶板 U 形肋和 V 形肋的连接高强螺栓。

c. 施焊接口环缝，接口环缝的焊接应先焊大环缝(腹板对接焊缝、纵隔板对接焊缝及顶、底板对接焊缝)后焊接纵向焊缝。顶板、底板、斜底板的横向焊缝的起弧、熄弧均应避开纵向焊缝 200 mm 以上。钢箱梁的拼装焊接主要为梁段就位后顶板、边板、边中腹板、中纵腹板、底板和斜底板组成的环焊缝的焊接，其余为底板、斜底板 U 形肋嵌补段、腹板板条肋嵌补段焊缝的焊接等。为了减少因焊接而产生的附加应力、焊缝残余应力和边缘材料局部应力，消除或减少不规则变形，底板、斜底板横向焊缝从桥轴中心线向两侧对称施焊。所有腹板(包括边板)采取从下到上的方向施焊，顶板从两侧向桥轴中心线施焊。

d. 量配顶板 U 形肋和 V 形肋拼接板螺栓孔，并一一标记对应编号。将量配数据及时返加工厂，进行顶板 U 形肋拼接板量配端孔的施钻。同时组焊底板 U 形肋、板条肋嵌补段。

e. 组装顶板 U 形肋和 V 形肋拼接板，并进行高强螺栓初拧。

f. 终拧顶板 U 形肋和 V 形肋的拼接板高强螺栓。

g. 每完成一个梁段的安装后须进行箱梁桥轴线测量，测量数据作为下一梁段安装控制依据。

3.3.4 主跨合龙施工技术

1. 主跨合龙准备工作

(1)对已完成的钢箱梁节段进行调索，使钢箱梁标高及线形达到预期要求。

(2)选择温差较小、相对稳定的时段，精确多次测量钢箱梁两悬拼端之间的合龙段的长度，换算至设计合龙温度 15～25 ℃时的长度，并根据测量结果确定合龙段钢箱梁长度并二次下料。

2. 主跨合龙段安装

(1)选择在温度较低、风速较小的时段，由架桥机起吊钢箱梁合龙段，纵移、旋转、调平。测量观测梁段的相对标高，由监控提供索力进行调索，直至两端已施工梁段相对标高一致后，缓慢下放合龙段并对位。

(2)待合龙段与相邻两个梁体标高齐平后，观察已施工梁段与合龙段缝口关系，将精轧螺纹钢穿入匹配件内，进行该缝口的粗定位。测量轴线偏位情况，利用油顶及千斤顶调整缝宽及轴线偏位，直至缝口满足施工要求，轴线偏位满足设计要求。

(3)焊接合龙段缝口的码板，同时在合龙段与钢-混结合段缝口处焊接限位码板，限位码板焊于合龙段的纵隔板位置上，防止因温度提升而导致合龙段标高下沉。继续进行合龙段缝口的修补和打磨工作，开始进行环焊缝施工。

(4)待第二日(或其他日)温度升高并观测发现合龙段与钢-混结合段缝口因升温而缩小至焊缝施工要求时，在 2 h 内完成该缝口的码板焊接，并压紧精轧螺纹钢带。

主跨合龙段安装步骤，如图 3.25～图 3.27 所示。

步骤一：左侧 HMF-200 悬拼提梁机前移，先拼装左侧最后 F 段，右侧 HMF-200 悬拼提梁机拼装右侧最后第二段 F 段后在原处等待(图 3.25)。

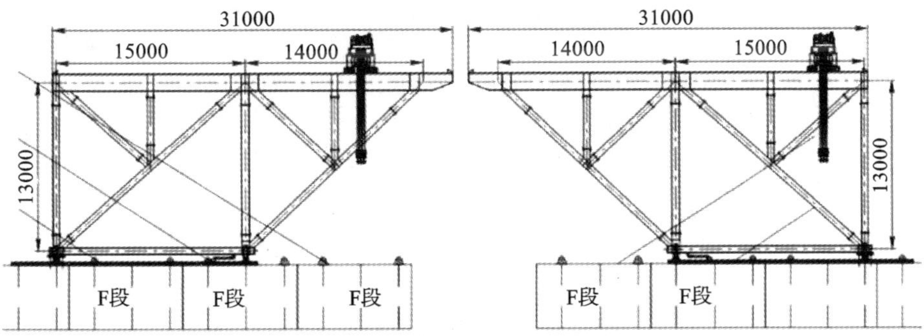

图 3.25　钢箱梁主跨合龙段安装步骤一(单位：mm)

步骤二：左侧最后一节 F 段拼装完成后，左侧 HMF-200 悬拼提梁机后移退出工作区间，行走至混凝土现浇梁端，并采用提梁门架拆卸。右侧 HMF-200 悬拼提梁机前移，拼装右侧最后一节 F 段(图 3.26)。

步骤三：右侧 HMF-200 悬拼提梁机前移拼装最后合龙段(G 段)。合龙完成后 HMF-200 悬拼提梁机退至梁端，并采用提梁门架拆卸(图 3.27)。

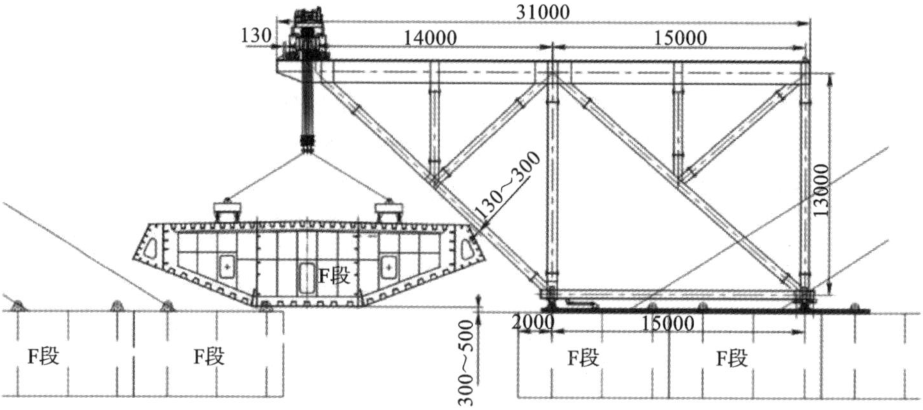

图 3.26　钢箱梁主跨合龙段安装步骤二(单位:mm)

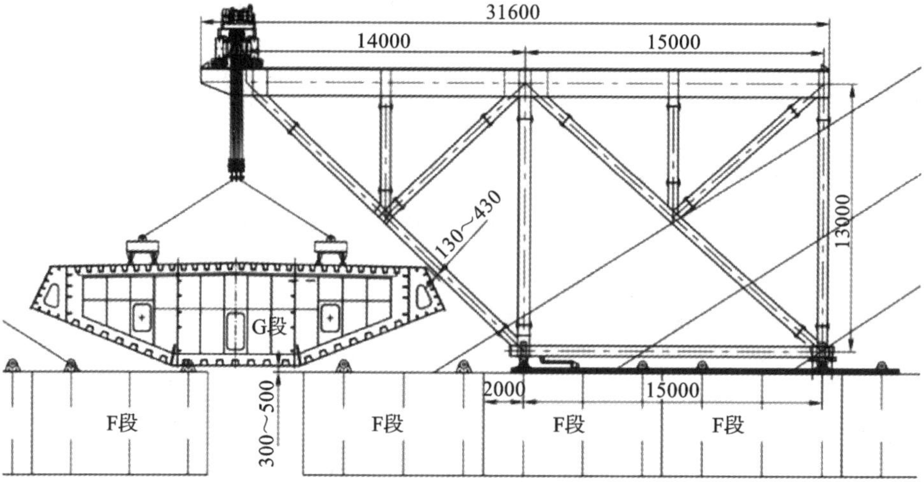

图 3.27　钢箱梁主跨合龙段安装步骤三(单位:mm)

3.4　斜拉索施工

3.4.1　斜拉索的施工工艺

斜拉索一般采用高强钢筋、钢丝或钢绞线制作。在我国,大跨度斜拉桥中多采用平行钢丝拉索和钢绞线拉索。斜拉索的架设包括设置锚固部件、架设斜拉索、斜拉索张拉和调整以及斜拉索防护等施工工序。斜拉索的架设方法要考虑桥梁规模(斜拉索长度)、桥塔形状、斜索的布置形状和斜索的材料和防锈蚀方法等因素,进行综合研究决定。

锚固部件的设置最主要的要求就是安装时应保证精确度。梁上锚具的安装采用在箱梁上设置滑道,用小车运送锚具至索道管位置。对于预制梁,采用在梁场内将锚具安装在相应的梁块上随梁块吊运的方式就位。塔上张拉端锚具的安装用塔顶卷扬机将锚具吊至塔顶,通过塔顶洞口放入塔内安装。

斜拉索的施工工艺流程图见图 3.28。

图 3.28　斜拉索的施工工艺流程图

3.4.2　平行钢丝拉索的施工

1. 拉索的挂设

(1)挂设方案的选择。

拉索挂设的关键,是怎样将拉索两端锚头引出锚箱或锚垫板外,拧上锚圈固定。施工方案的选定，取决于拉索挂设时的最大牵引力，最大牵引力又与拉索长度、重量、倾斜角等因素有直接的关系。为了合理地选定施工方案和配备相应的挂设设备，首先应根据拉索的技术参数和拉索在牵引过程中不同的工况，计算出全桥拉索在不同工况时的挂索牵引力与张拉力。拉索的技术参数、拉索的挂设与张拉时索力计算见表 3.3 和表 3.4。

表 3.3 拉索技术参数

索号	钢丝数	外径	锚头直径/mm	索自重/(kg/m)	L/m	α/(°)	γ/(°)	ΔL_e/mm	ΔL_f/mm

注：α—拉索与上、下锚垫板交点连线与梁面的夹角；γ—拉索与上、下锚垫板交点连线竖直面与桥梁轴线的夹角；L—拉索精确下料长度；ΔL_e—初拉力作用下拉索弹性伸长修正；ΔL_f—初拉力作用下拉索垂度修正。

表 3.4 拉索的挂设与张拉时索力计算表

索号	锚板直径/m	α/(°)	q/(kg/m)	N_1/kN	N_2/kN	N_3/kN	N_4/kN	N_5/kN	W/kN

注：N_1—软牵引开始时的索力(锚头距孔口 100 cm)；N_2—硬牵引开始时的索力(锚头距锚垫板 70 cm)；N_3—带帽索力；N_4—成桥恒载索力；N_5—施工最大索力；W—拉索自重力；q—拉索每延米重量。

挂索时的牵引力目前尚无法用一个公式简单而精确地计算，因拉索与梁面的夹角不同时其计算式也会不同。施工中，常将悬链线简化为抛物线，采用近似公式计算挂索牵引力。根据计算的挂索牵引力，合理地选择牵引索型号(钢丝绳、钢绞线、张拉杆等)、牵引动力(卷扬机、千斤顶、吊机、拉链葫芦等)、挂设方法、锚固顺序。

拉索常用的挂设方法有四种：吊点法、硬牵引法、软牵引法、承重导索法。

每一种挂索方法又有三种锚固顺序：梁端先锚固作为固定端，塔端后锚固作为张拉端；塔端先锚固作为固定端，梁端后锚固作为张拉端；梁、塔两端同时作为张拉端锚固。

(2)吊点法。

吊点法是指主要利用吊装设备作为拉索挂设时起吊、牵引的动力，完成拉索的挂设施工，如图 3.29 和图 3.30 所示。

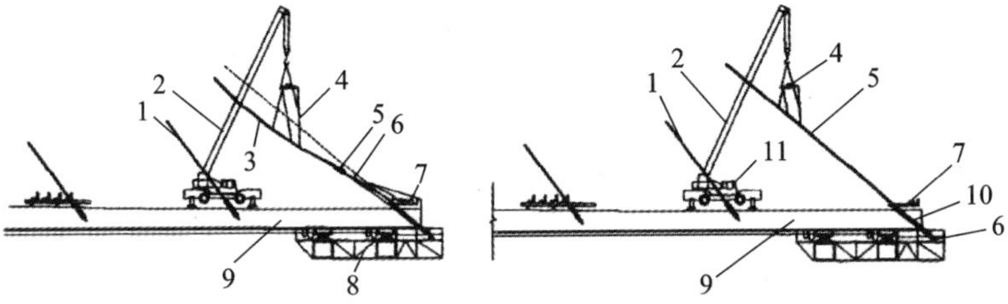

(a) 塔端先锚固　　(b) 梁端后锚固

图 3.29　吊点法——塔端先锚固、梁端后锚固施工示意图

1—已安装拉索；2—汽车吊扒杆；3—拉索；4—吊点；5—锚头；6—牵引索；7—反力架；8—挂篮；9—主梁；10—张拉千斤顶；11—汽车吊

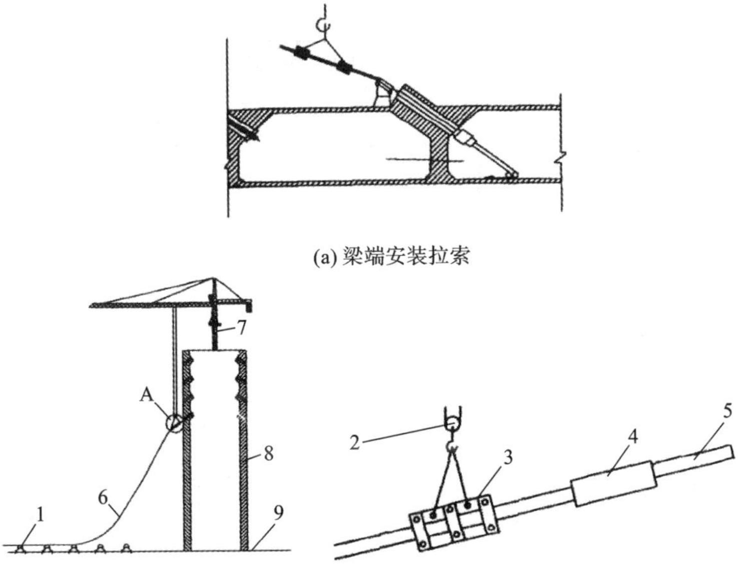

(a) 梁端安装拉索

(b) 塔端安装拉索　　(c) A大样

图 3.30　吊点法——梁端先锚固、塔端后锚固施工示意图

1—滚轮；2—吊点；3—吊运索夹；4—锚头；5—张拉杆；6—待安装拉索；7—塔吊；8—索塔；9—梁面

起吊设备可利用塔吊、汽车吊或安装在塔顶的其他起吊设备，施工方法如下。

①拉索上桥面后，用卷扬机或平车将拉索自梁端放至塔柱下方桥面上，或从塔柱下方索盘上牵引放索至梁端，安装吊点索夹、张拉丝杆。

②吊机吊点下放至桥面，钩挂拉索上的索夹，边提升边牵引拉索。

③一端锚具安装就位。

④吊点向另一端索孔移动，直至将预先安装的千斤顶张拉杆引出锚垫板外，

安装张拉千斤顶，拧上千斤顶锚固螺帽，临时固定，解除吊点，完成一根索的安装。当吊点牵引有困难时，可在后锚固端设置手拉葫芦或卷扬机协助牵引。

(3)硬牵引法。

通过卷扬机钢丝绳和转向滑轮就可完成挂索的方法称硬牵引法，如图3.31和图3.32所示。

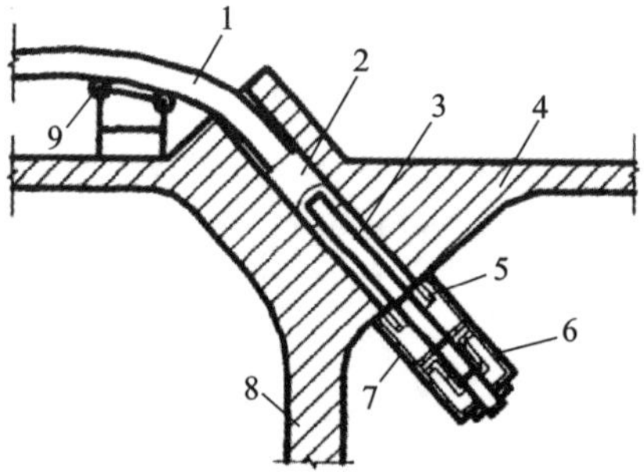

图3.31　硬牵引法——塔端先锚固、梁端后锚固安装拉索示意图

1—拉索；2—拉索锚头；3—长拉杆；4—主梁顶板；5—组合螺帽；6—千斤顶；7—撑脚；8—主梁隔板；9—滚轮

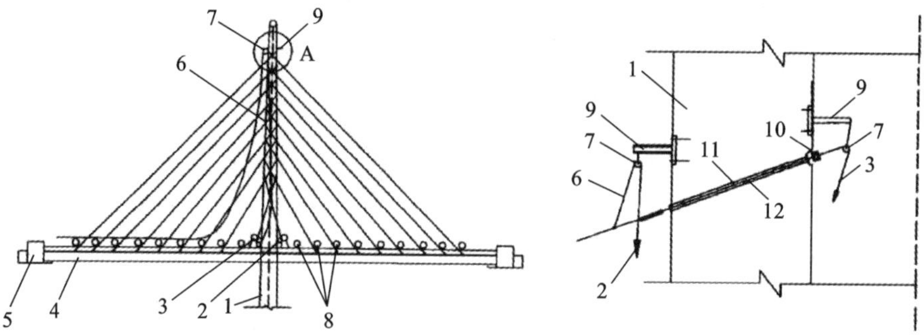

(a) 安装拉索　　(b) A大样图

图3.32　硬牵引法——梁端先锚固、塔端后锚固安装拉索示意图

1—塔柱；2—提升卷扬机；3—牵引卷扬机；4—主梁；5—挂篮；6—牵引索；7—滑轮；8—滚筒；9—悬臂钢牛腿；10—锚头；11—拉索索道钢管；12—拉索

梁端先锚固、塔端后锚固的施工方法如下(塔端先锚固、梁端后锚固的施工可参照进行)。

①从下横梁、上横梁或塔顶膺架牵引卷扬机中放出钢丝绳，穿入索塔内腔，通过转向滑轮转向后，由塔柱壁中拉索索道钢管穿出到塔外，与拉索上的硬牵引头相连接。

②从提升卷扬机中放出钢丝绳，通过转向滑轮转向后，下放钢丝绳，扣住索夹提升拉索。

③利用手拉葫芦或卷扬机，从梁端锚垫板外通过梁端拉索索道钢管绑住拉索梁端锚头，将冷铸锚头拉出梁端锚垫板，并用锚圈固定。

④收紧牵引卷扬机与提升卷扬机。

⑤当冷铸锚头超出塔端锚垫板时，拧入锚圈(至少保证拧入 4 圈螺牙)，放松卷扬机，拆除牵引索、起吊索，安装张拉千斤顶，完成一根索的挂设。

(4)软牵引法。

利用多股钢绞线通过特殊连接器或组合式多节张拉杆与索头加长拉杆相连，配合千斤顶牵引挂索的方法为软牵引法。软牵引法又称分级牵引法、多级牵引法。梁端先锚固、塔端后锚固施工方法如下(塔端先锚固、梁端后锚固施工方法相似，可参照施工)。

①拉索由桥面上的卷扬机牵引放索至塔柱下方桥面上，将加长拉杆与拉索锚杯相连接，同时将钢绞线特殊接头与拉杆相连接。

②从塔腔内待安装拉索索道钢管向塔外引出由卷扬机作动力的牵引索，将钢绞线与之相连的拉索从塔外向塔内穿，穿过夹片锚环、开合连接法兰、反力架、锚头螺母，放于反力架中。

③利用卷扬机把冷铸锚头穿过梁端索道钢管，直至穿出锚垫板，拧上锚头螺母及长拉杆传力到挂篮主纵梁上。

④在塔端冷铸锚头上安装相匹配的千斤头，距冷铸锚头约 2 m 的位置安装索夹吊具，利用塔顶卷扬机吊住索夹，估计起吊后拉索的旋转方向，反方向把滑轮组装到冷铸锚头上的千斤头上。

⑤塔顶卷扬机或塔吊提升，令锚头超出下方已挂好的拉索，避免刮伤已挂好的拉索，利用塔吊或卷扬机使拉索向塔腔方向拉，而挂篮前端使用桥面上的起吊设备配合使梁端拉索尽量伸直，且冷铸锚头必须达到计算钢绞线受力的控制位置，尽量减轻塔端拉力，防止软牵引钢绞线过载。

⑥当拉杆拉到索道钢管口时，在反力架后的锚环上安装 100～200 t 连续快速千斤顶，并在千斤顶后安装对应的工具锚环，使用千斤顶收紧钢绞线束，再慢慢放松卷扬机，卸除滑轮组。手拉葫芦调整索头对中索道钢管中心，用连续快速千斤顶张拉软牵引钢绞线，直至冷铸锚头出现螺纹，旋入预置在锚垫板上的锚圈，至少保证旋入 4 圈螺牙。

⑦拆除卷扬机牵引系统，拆除连续快速千斤顶，安装大吨位穿心式千斤顶，

准备进入拉索索力分项张拉工序。

⑧记录千斤顶油表数值,换算成索力值校验表中数值,为下一根拉索安装做准备,若有大的偏差要及时调整。

完成上述步骤后,在对称另一跨侧安装另一根斜拉索,当4根拉索都张挂到位后,即安装4套张拉千斤顶与拉杆,完成拉索牵引施工,进入张拉施工程序。

(5)承重导索法。

在待安装拉索的上方安装一根斜向承重导索,每隔一定距离放置一个吊点,悬吊着拉索沿承重导索运动,直至完成拉索的挂设的施工方法,称为承重导索法。其施工方法如下。

①承重导索的安装。承重导索设于待安装拉索上方约4 m的地方,按一座桥最长导索长度下料,便于重复利用。导索材料用强度1860 MPa、直径15.24 mm的钢绞线,根数通过计算确定,一般不超过12根。

②塔柱端穿过上方一根或两根拉索的索道钢管,用夹片锚通过200 t左右(按拉索重量选定)的连续快速千斤顶锚于塔柱内,两根最长的拉索的承重导索锚于塔顶支架上,在塔顶搭设一个距最长拉索中心线10 m高的支架,并设锚固箱,用以固定导索的塔柱端,下方锚于桥面主梁上。导索牵引、安装、张拉、锚固施工可采用吊点法或硬牵引法,或类似于钢绞线斜拉索安装法,只是数量、工作量少得多。

③拉索牵引进钢套管。导索安装好后,在拉索上每隔10~20 m设一根悬挂吊索,吊索上端设凹槽式滚动滑轮与工作索相连,下端设有橡胶垫的抱箍与拉索相连。吊索与拉索同步,随拉索的移动在导索上滚动上行,牵引过程中的拉索因吊索的作用基本无下挠垂度,给拉索的张拉带来了很大的便利,牵引动力用硬牵引法中的卷扬机牵引系统,牵引力为拉索的滚动摩阻力加拉索的自重分力,保证了拉索安装的可靠性,拉索的防护性能优于上述三种安装方法。

④拉索锚头牵引进入塔柱内腔,露出锚垫板外至少4道螺牙后,拧入锚圈,安装千斤顶。当锚圈螺牙拧满后,拆除导索,移至上根拉索的安装位置,完成一根拉索的挂设。

(6)四种挂设方法的比较与选择。

拉索的四种挂设方法各有优缺点,分别适用于不同的场合。现将4种挂设拉索方法的比较列于表3.5。一般说来,一座大跨度斜拉桥的拉索至少要应用两种或两种以上的挂设方法,也可以综合应用几种方法,施工时应根据具体情况合理选择。

表 3.5　4 种挂设拉索方法比较表

施工方法	主要优缺点			适用范围				应用场合
	设备投入量	施工工艺与过程	施工所需时间	桥梁跨径/m	索长/m	索重/kg	拉索与梁面夹角 α	
吊点法	利用原有设备，投入最少	最简单	最短，约4 小时	<200	<100	<5000	>60°	一般应用于近塔柱的几根拉索或小跨径桥梁
硬牵引法	主要投入卷扬机及其牵引索、多节式张拉杆	较简单	较短，约 6 小时	200～300	100～150	5000～10000	>50°	一般应用于小跨度斜拉桥或特大桥中靠近塔柱的短、中长度索
软牵引法	主要投入卷扬机，连续快速千斤顶，钢绞线、钢丝绳、多节式张拉杆	较复杂，需进行牵引系统的转换	时间较长，约 12 小时	300～600	150～400	10000～20000	>45°	一般应用于300 m 以上大跨度斜拉桥及远离塔柱的长索
承重导索法	主要投入卷扬机、分束张拉千斤顶，钢绞线导索与钢丝绳牵引索	较复杂，需挂设承重导索	时间长，约 18 小时	500～1500	>300	>20000	>30°	一般应用于500 m 以上特大跨度斜拉桥及远离塔柱的长、重索

2. 拉索的张拉与索力调整

拉索的张拉形式可分为三种：①塔端张拉、梁端锚固；②梁端张拉，塔端锚固；③塔、梁两端同时张拉。

塔的刚度比梁大，塔腔内空间较梁体内空间大，千斤顶移动、安装较方便、安全，因此到目前为止，我国斜拉桥拉索空腔索塔张拉常用的是第①种，实心索塔常用第②种；第③种张拉法也有应用，如武汉白沙洲大桥、安徽铜陵长江大桥斜拉索采用的是两端同时张拉方法。拉索张拉，根据设计与施工的需要，一般分几次进行，拉索的张拉施工法为后张法，使用的千斤顶为大吨位、穿心式、单作用、YDC 系列千斤顶。

为减轻挂索时的牵引力，张拉杆较常用预应力施工时的拉杆要长，在软牵引法中，为便于施工，常将拉杆加工成几节。

根据张拉时拉力的大小不同，还可将拉杆做成不同的直径，这时需要特制与拉杆直径相对应的可开合的活动锚圈，以便根据需要更换锚圈，并能保证随时对拉索进行临时锚固。

(1)张拉前的准备工作。

拉索张拉前，应作好充分的准备工作，主要内容如下。

①确认临时锚固安全可靠，拆卸牵挂拉索时的牵引索连接接头，确认拉索无额外的牵挂、阻碍。

②检查并清除锚垫板面上的钢渣、混凝土渣、油污及其他不属于结构部分的任何物质，检查并量测冷铸锚头是否居于锚垫板孔眼中心，检查冷铸锚头内外螺牙是否保持完好。如螺牙有划伤、变形、堵塞，则要进行修复、清洗，直到符合施工要求。

③检查、调试张拉设备的完好状态，如电源的安装、油表的校验，液压油泵、千斤顶的标定和检验等。

④张拉计算资料的准备，如张拉次数，每次张拉的力值，换算的油表读数，拉索的理论延伸量，梁面的标高变化值，塔柱的偏移值等。

(2)张拉程序。

拉索的张拉程序如下：张拉前的准备工作→安装千斤顶→张拉杆拧入冷铸锚杯→拧入张拉杆工具锚圈→调整各部分的相应位置→施加 5%设计索力→检查并调整安装位置，记录初始值→解除安装千斤顶时的吊点或支垫点的约束→分级施力直至达到一次张拉所要求的拉力值→与张拉同步拧紧锚圈，量测应力、应变值→检验，与设计应力、应变值核对→外观检查(锚垫板、锚箱、塔柱结构等变形情况，拉索有无断丝、滑丝现象)→检验合格，拆除千斤顶、张拉杆，进入下一根索的张拉周期。

张拉安全注意事项如下。

①张拉时，千斤顶要有悬吊或支垫保险，防止千斤顶掉落伤人。

②千斤顶后面不得站人，防止千斤顶失稳时伤人。

③油泵运转有不正常情况时，应立即停电检查，在有压力情况下，不得随意拧动油泵或千斤顶各部位的螺丝，不得拉扯高压油管。

④高压油管的接头应加防护套，以防喷油伤眼。

⑤张拉作业须持证上岗，由熟练的专业人士操作，形成专业化施工。

(3)索力调整。

一般说来，斜拉桥从施工到成桥状态，需要通过索力调整达到控制标高和梁内应力的目的。索力调整一般与索力张拉在同一部位进行，如在梁端张拉拉索，则在梁端调整索力，在塔端张拉拉索，则在塔端调整索力，张拉与调整共用一套设备，这样，施工支架、升降平台、千斤顶悬吊设施等均可共用，以节省成本与时间。

索力调整施工如下。①计算好要调整的索的索力、延伸量、主梁标高的变化值等数据。②检查并调试好张拉设备的完好状态。③将张拉设备、工具分别安装就位，张拉丝杆拧入冷铸锚杯并拧合到位，千斤顶与油泵油管接好。④开动油泵，使千斤顶活塞无负荷空升少许，如调索要求提高索力，则空升 3～5 cm 即可，如调索要求降低索力，则空升值为拉索回缩值加 3～5 cm。⑤拧入工具锚圈，如索力检测采用拉杆拉力的方式，则应在工具锚圈与千斤顶垫圈之间安装穿心式压力传感器。⑥按预先计算并确定调索的相应的张拉力，通过电动油泵进油或回油逐级调整索力。如果是降低索力，则先进油张拉至上次张拉的吨位，看锚圈是否有所松动，如没有松动，则增加少许拉力，使锚圈松动，反时针拧松锚圈至大于拉索回缩量位置，油泵缓慢回油使拉索索力降低，直到满足设计要求，随即拧紧锚圈，量测并检查索力调整后各项数据是否符合设计要求；如果是增加索力，则缓慢进油张拉至设计索力值，随即拧紧锚圈。在调索过程中，如调索延伸量超过千斤顶行程，则第一次张拉达到千斤顶行程时，旋紧锚圈，千斤顶回移，重复进行下一行程的张拉。

调索过程中，应以检测、校核数据配合油表读数，共同控制张拉力，并随时观测，防止不正常情况的发展。

3.4.3　钢绞线拉索施工

随着斜拉桥跨径的增加，拉索的制造和架设难度大增。拉索索盘的直径已超过陆上运输限界，增加了拉索的运输难度和费用。因此，随着钢绞线制造业的发展，早在 20 年前，人们就想到了用钢绞线来代替高强钢丝制作拉索。

1. 拉索挂设

拉索的挂设分刚性索与柔性索两种情况。刚性索挂设过程分为设置牵引系统、安装梁端与塔柱端锚具、安装外套管、安装钢绞线。柔性索挂设无须安装外套管,其余与刚性索挂设相同。

(1)设置牵引系统。

牵引系统由卷扬机和循环钢丝绳、牵引绳(直径 5 mm 高强钢丝)、连接器、塔顶钢支架、塔内钢支架、塔外工作平台、梁底平台车等组成。利用塔旁吊机、塔顶卷扬机等设备逐一安装,其中梁底平台车随主梁段一起移位。

(2)安装梁端与塔柱端锚具。

钢绞线锚具为夹片式群锚,为斜拉索专用锚具。该锚具为自锚体系,不需顶锚装置,常用的品牌有 VSL、OVM、HVM 等,锚具质量较冷铸锚具轻,因此,安装也较方便。梁端利用吊机或手拉葫芦等小型吊装机具吊运至梁端锚箱位置,人工辅助对中就位;塔端利用塔吊或塔顶提升卷扬机提升至待安装位置,人工辅助对中就位。锚环就位后,要进行临时固定,防止掉落、移位。固定的方法如下。

①在锚圈上钻 3 个孔,相应地在锚垫板上钻 3 个孔,锚环就位后,用 3 根螺杆将锚圈与锚环固定在锚垫板上,既保证对中同心,又可临时固定锚环。

②沿锚环的外圆周边的锚垫板上,在锚环的下方钻 2 个孔,上方、左右方各钻一个有内螺纹的孔,锚环就位后,安装锚圈,拧紧螺杆,依靠螺杆及螺杆尾部的六角形帽板卡住锚环。

(3)安装外套管。

外套管有 HDPE 管、钢管等,目前常用 HDPE 管。其优点是重量轻、防腐性能好、成本低、现场加工与安装简便。外套管安装以 HDPE 管为例,其他形式的套管参照施工,其安装的主要方法如下。

①把膨胀延伸管及其导向管的连接环滑到塔柱端的外套管上,直至大约 1.5 m长的外套管穿过膨胀延伸管把 HDPE 管吊点夹具固定,螺栓孔向上。

②用尼龙绳把膨胀延伸管和 HDPE 管抱箍连接好,并在此处预留两根 1 m 长钢丝绳,便于同牵引索相连。

③用钢绞线夹钳夹紧钢绞线,留出包括连接螺栓在内约 300 mm 的长度。

④通过中心孔及卸扣把提升钢丝绳和 HDPE 管吊点夹具连接。

⑤控制塔吊,缓慢将 HDPE 管吊起,一定要注意该管起吊时形成的弯角不能将其损伤。

⑥当 HDPE 管上端的高度到达塔端索孔口附近，将预留在该管上的两根钢丝绳与塔外的固定点连接。

⑦当塔外的连接工作完成以后，桥面操作人员可以将 HDPE 管尽可能向需要到达的桥面钢套管移动。

⑧根据现场的需要，可以用坚固的绳索将 HDPE 管临时固定。

完成以上工序以后，塔外和桥面的操作人员可以将随同 HDPE 管一起吊起的钢绞线安装进塔内和桥面。

安装 HDPE 外套管应注意以下事项。

①应控制起吊速度。起吊前，检查是否有阻碍轮子前进的小石头、木棍等。

②若在有风情况下起吊，HDPE 外套管上升时用桥面卷扬机控制其上升速度。如果风太大，临时停止操作至风速、风力减弱再进行。

③HDPE 外套管安装完后，应在最短的时间内进行钢绞线的挂设与张拉，因为此时的 HDPE 外套管是很脆弱的。这样，可以保证施工中的安全性，防止发生意外。

(4)钢绞线的安装。

①第 1、2 根钢绞线的安装。

第 1、2 根钢绞线已经随同斜拉索 HDPE 外套管一同起吊至塔外。这两根钢绞线的安装方法如下。

塔外操作人员分别将第 1、2 根钢绞线与塔腔内的卷扬机钢丝绳连接，并操作卷扬机牵引进入塔内。与此同时，桥面操作人员也将钢绞线按计算长度与编号从索盘放索后，安装进桥面的锚具内。

使用吨位较小(一般为 15～16 t)的拉索专用千斤顶，按照预先计算得到的张拉索力，分别将钢绞线张拉到规定的应力。

②其余钢绞线的安装。

当拉索 HDPE 外套管已经被两根张拉后的钢绞线支撑以后，就可以进行其余钢绞线的安装，称为标准阶段钢绞线的安装。

标准阶段钢绞线的安装方法及工序如下。

a. 从塔顶将卷扬机的牵引钢丝绳沿塔柱内腔自由放下，牵引钢丝绳到达所需锚具位置处。

安装与高强钢丝相连接的连接器。把钢丝绳插入锚具的锚孔内，并继续向下放出钢丝绳。

b. 桥面工作台上拖动已准备好的钢绞线绕过定位导向轮，将钢绞线与穿索板连接牢固。钢绞线通过高强钢丝与牵引钢丝绳连成一条线。

c. 操作塔顶卷扬机回拉钢丝绳，并连同钢绞线一起牵引到塔外工作位置。当钢绞线露出塔端斜拉索外套管口后，塔外操作人员分别将两根钢绞线与塔内的卷扬机钢丝绳通过连接器连接，并操作卷扬机将钢绞线牵进塔内。把钢绞线拉入锚具，此时应减慢速度以防破坏锚具内的密封装置。

d. 当钢绞线拉出锚环面后，调整钢绞线两端长度，检查单根钢绞线外层HDPE防护套剥除长度是否准确，然后在张拉端和固定端对应的钢绞线锚孔内安装夹片。

e. 将千斤顶、压力传感器装到刚穿好的钢绞线上，并张拉至预先计算的应力。

f. 重复以上步骤直到完成全部钢绞线的安装。

2. 拉索的张拉

钢绞线拉索的张拉，采取两阶段张拉法。先化整为零，逐股安装、逐股张拉，再集零为整；当每根拉索各股钢绞线全部安装并初张拉后再一次性整体张拉到位。

(1)单股束分束张拉。

单股束张拉为拉丝式，即千斤顶张拉力直接传递给钢绞线丝的张拉方式。采用“等值张拉法”，即每股束的张拉力均相等，以满足每股拉索平均受力的要求，张拉方法如下。

①每根钢绞线挂设后，安装夹片临时固定。随即用手提式千斤顶进行张拉和锚固，直至每对拉索中钢绞线逐根锚固完成，初步形成单股拉索。

②单根钢绞线的穿挂和张拉是一连续动作过程，穿挂顺序即为张拉顺序。

③单根钢绞线在穿挂张拉过程中的应力均匀性是平行钢绞线拉索的重要控制指标，首先对穿挂张拉的第1根钢绞线进行临时锚固，在锚固点处设置测力传感器，该钢绞线张拉力按 $F_1=kP/n$($k>1$，P 为设计索力，n 为该索的钢绞线根数)计算；该索的其余钢绞线穿挂张拉时按当时测力传感器显示值进行控制，待挂索终了，拆除传感器后对第1根穿挂张拉的钢绞线补张拉，张拉力也是以传感器最终显示值为准。同时读取张拉油泵油表读数，量测钢绞线弹性延伸量与测力显示仪读数互为校核。

④单根钢绞线张拉锚固。第一根张拉钢绞线的初张拉力为单根钢绞线设计力的20%，此时测初始伸长值。其最后张拉力为单根钢绞线设计力的 K 倍，测伸长值；补拉以测力传感器最终读数为准，并记录伸长值。在每根钢绞线张拉全

部完成后，装上工作夹片，适度打紧，千斤顶卸压、测回缩值后锚固。

⑤紧索、减振器及两端索箍的安装。单根钢绞线全部张拉完成后，即可进行紧索，安装减振器及索箍。紧索前，将调整护管推入索道钢管内（管口）临时固定。在索箍安装位置旁装上紧索器使索体成型为设计断面，达到紧索的目的。将组装好的紧索器推入护管内，直到减振器端口与调整护管口平齐，然后收紧减振器上的调节螺栓，达到内外分别与索体和调整护管壁紧紧密贴。减振器安装完成后，在成型索体与索箍之间密贴，卸下紧索器。

（2）整体张拉。

在单根钢绞线张拉完毕并经紧索、索箍及减振器安装后，还需对初步形成的索股进行整体张拉，以检验并达到设计要求的索力。在全部钢绞线张拉完成，整体张拉开始前，对所有锚固夹片进行顶压，保证工作夹片锚固的平整度。在夹片顶压完成后用手提砂轮切割机切除多余的钢绞线，但要注意余留以后换索时所需的工作长度。安装锚环后的橡胶垫、夹片防松限位板，以便防止夹片松动。

①张拉方法。

整体张拉为拉锚式，即采用大吨位、短行程、穿心式双作用 YDC 系列千斤顶，在张拉端通过张拉可调式锚具达到整体张拉索股的目的。

②索力控制。

整体张拉时，千斤顶先空载运行 3～5 cm，再安装工具锚及其夹片，当油压表指针初动时油表读数对应的张拉力作为整体张拉的初始张拉力。记录初始应力、应变值。以初始张拉力作为起点，进行整体分级张拉，当索力达到设计要求时，旋紧锚具锚固，稳压 3 分钟后，千斤顶回油，锚固完成。

③索力的调整。

斜拉桥施工过程控制以梁体线形（控制标高）为主，索力调整为辅，所以当主梁安装至某一段，出现控制标高反常、与设计值不相符，或同一梁段两根索股索力相差过大的情况时，可配合采用整体张拉的方法调整索力。

3. 拉索的防护

（1）防护的分类。

钢绞线拉索的防护，按拉索的结构，可分为内渗防护与外裹防护。内渗防护如在钢绞线的平行钢丝间填充塑胶物质；外裹防护如在单股或单根拉索的外表热挤 PE 套管、外套金属套管、预应力混凝土套管等。

按防护的材料，可分为化学防护、金属防护、非金属防护三种。化学防护如热挤、热塑 PE 材料，灌注环氧砂浆等；金属防护如镀锌、喷铝等；非金属防护如涂油漆、涂油脂等。

按防护时间长短，可分为临时防护、永久防护。临时防护如喷防护油、涂漆、充氨气、防腐油浸泡等；永久防护如压注水泥浆、热挤 PE 套管等。

按防护制作地点，可分为工厂防护与现场防护。工厂防护如镀锌、喷环氧粉末、喷铝粉等。现场防护如锚具端面的防护，现场安防水罩、防护罩，注防腐油脂、发泡剂等。

以上分类方法只是从不同的角度来进行划分，一种防护方法同时包含有几种不同的类型，如压注水泥浆，既是内部防护又是永久防护，同时也是现场防护。

(2)临时防护。

钢绞线从出厂开始至永久防护的一段时间内，所需要的防护称为临时防护。临时防护的时间每座桥不一样，一般为 1～3 年。

国内目前常采用的临时防护法有钢丝镀锌、喷铝粉、喷环氧粉末三种。喷防腐油、充氨气、涂油漆、涂沥青膏等防护法，因其防护效果不佳而不再采用。

法国于 1993 年 12 月颁布了国际上第一个预应力钢丝和钢绞线的防腐标准——《预应力热镀锌圆钢丝和钢绞线》(NFA35—035:1993)，确定以热镀锌钢丝作为唯一的镀层方法。我国于 1997 年颁布了《桥梁缆索用热镀锌钢丝》(GB/T 17101—1997)，现已被《桥梁缆索用热镀锌或锌铝合金钢丝》(GB/T 17101—2019)代替。

镀锌钢绞线与水泥浆直接接触，易起反应，对“氢脆”较为敏感的预应力钢材容易出现断裂，产生“氢脆”现象，因此镀锌钢绞线拉索压注水泥浆，宜在镀锌钢绞线外裹一层隔离层如 PE 套、白蜡等。钢绞线镀锌后，其强度将会由1860 MPa 降低至 1760 MPa，设计与施工时要引起注意。

含铝 5%的合金镀层(称为 Galfan)具有良好的耐腐性、明显的镀层黏附性、较好的可塑性和抗拔性能，是临时防护中另一种较好的材料。

(3)永久防护。

从拉索安装完毕到拉索设计使用寿命期内的防护称为永久防护。永久防护应满足防锈蚀、耐日照、耐老化、耐高温、材质轻、材料来源广、价格低廉、生产工艺成熟、制作运输安装简便、拉索更换容易等要求。

永久防护包括内渗防护与外裹防护。内渗防护所用材料一般有防锈油脂、聚乙烯塑料泡沫和水泥浆或环氧砂浆等。外裹防护材料目前常用的有 HDPE 套管、PE 涂层、铝合金金属套管等，其中 HDPE 套管应用最广泛。

(4)锚头防护。

拉索的锚头防护是钢绞线拉索现场防护的关键工序和重要内容。锚头防护历来是钢绞线拉索防护中的薄弱环节，是影响拉索使用寿命的关键部位。因为单股钢绞线在穿入锚环前，应剥除穿入长度的 PE 外保护套，清除其相应长度的油脂、白蜡等临时保护涂层，剥除端面至锚环距锚垫板远端端面之间的钢绞线为裸露钢绞线，极易锈蚀断裂；其次，锚头中的钢绞线要承受由活载引起的应力变化和由锚头处的转角而引起的弯曲应力。

锚头防护目前常用的有两种。一种是与柔性索相对应的柔性防护，另一种是与刚性索相对应的刚性防护。

①柔性防护。

柔性防护是从锚环外端面通过锚环向锚具接长筒内灌注发泡剂、油脂或石蜡的防护方法。

锚具注油防护。用于锚固区防腐的油脂是选用专门用于高强预应力钢筋、钢缆的防腐油脂。其产品主要技术指标：滴点不低于 260 ℃；防腐性(52 ℃、48 h)不大于 2 级。按照锚固区钢绞线防腐的特殊要求，将灌注油脂分成两步完成。

第一步：向过渡管内灌油。在过渡管和钢绞线之间的缝隙应从锚头通过夹片进行灌油填充。防护油脂是通过一种特殊工具从夹片缝隙中灌注到延伸管内。向延伸管内灌油的主要工艺步骤如下：a. 在钢绞线按规定的切除长度进行切割后，将相应的灌油板和密封垫放在锚具的表面上；b. 灌油钢板应通过在锚头上的 6 个留出的孔用螺栓拧在锚头上；c. 对于每一根钢绞线，在灌油板的每一个孔处，用螺栓拧上一个灌油管，油脂可以通过一台空气压缩灌油泵注入管内，直到油脂不能再流入管内，重复该操作，直到全部的孔模都被灌油；d. 油脂被注入靠近过渡管口位置的密封圈接头，该密封圈起到了隔断外部水和空气的作用。

第二步：向防护盖帽中灌油。在完成向延伸管内灌油的工作以后，就可以安装防护盖帽。

将防护盖帽通过密封圈安装到两端的锚具上。通过设于防护盖帽底部的灌油口向防护盖帽内灌注油脂。并且可以通过在盖帽顶部的排气孔观察灌注的油脂量。直到防护盖帽内完全被油脂填满后，关闭上端排气口。这样就完成了锚头柔性防护。

注油防护可能会出现油脂挥发与滴油现象，近年来，有些桥梁锚头防护采用热挤压注聚胺酯发泡剂的方法，效果较好。

②刚性防护。

刚性防护以后，拉索与锚具形成整体，不能单根钢绞线抽换，换索时须整根更换，防护效果比柔性防护好。

刚性防护体系的防护原理是将平行钢丝中的冷铸锚头应用于钢绞线拉索的锚头防护中，将钢绞线优越的受力性能、简便的施工操作与冷铸锚头优越的受力性能、耐久的防护性能有机地结合起来，为当今钢绞线拉索中的最佳结构。

该类锚具由冷铸锚筒、锚圈、锚环等部分组成。

冷铸锚的特点：a. 冷铸锚环氧混合物的固化温度低于 180 ℃，不会给高强钢丝带来不利的影响；b. 耐疲劳强度高，以拉索抗拉强度的 45% 作为拉索的上限应力，在 200 万次的反复加载试验中，其应力变化幅度范围为 200～250 MPa；c. 弹性模量高而且稳定，平行钢丝弹性模量约为 2.05×10^5 MPa；d. 优良的防腐性能及耐久性，冷铸锚与拉索在工厂内整体制作，由高密度的聚乙烯挤压包裹，锚头与拉索的接头部分为全防水密封结构，因此在运输和架设时不怕雨水的侵蚀，而且聚乙烯裹层内填充了防腐材料，显示出了优良的耐腐蚀性；e. 冷铸锚头断面尺寸比热铸锚头、夹片式锚头小；f. 施工方便，冷铸锚受力灵活，调索均较方便；g. 质量稳定，拉索的下料长度精确，平行性好，断面形状完整，锚头与钢丝索、防护套之间相对位置稳定。

冷铸锚施工时，精下料后的钢绞线索，将端头的塑料护套层剥除，顺序套上钢套筒和锚杯后，再逐根穿过锚固板上的对应孔眼。冷铸锚填料采用“倒灌法”浇筑。即先定量灌入环氧铁砂、高温环氧浆及常温环氧浆，环氧铁砂常用直径 1～2 mm铸钢丸，环氧浆中掺入抗老化剂和填充剂，采用边浇筑、边振捣工艺。硬化后的混合料应具有足够的强度和温度稳定性，以确保锚具的锚固功能。在冷铸锚中，锚固板只承受钢索的部分拉力，大部分的锚固力来自混合填料对钢丝的黏结和握裹，以及锚杯为锥形内腔的楔形效应，这是冷铸锚具与热铸锚具受力的根本区别。

第4章 大跨度混合梁斜拉桥施工控制

4.1 施工控制概述

4.1.1 施工控制的概念

斜拉桥的结构体系比起梁式桥、拱式桥等其他桥梁形式要复杂得多，而在众多斜拉桥结构形式中，混合梁斜拉桥的结构体系无疑更复杂。混合梁斜拉桥由混凝土主梁、混凝土斜拉索塔、钢箱主梁、斜拉索、钢-混结合段几大主要部分构成，是一种存在多种连接方式的高次超静定结构。主塔与主梁在主塔中心处通过横隔梁和支座连接，在中跨和边跨处均通过斜拉索连接；边跨主梁和中跨主梁则通过钢格室以及剪力钉、剪力键等结构连接；上塔柱内安装有钢锚箱，斜拉索就通过固定在上面与混凝土桥塔连接。在这些连接处桥梁结构的应力都比较集中，而且对于各种荷载和结构因素的影响很敏感。再者混凝土和钢材的材料性能存在较大差异，因此混凝土梁和钢箱梁对于影响因素的响应也存在较大区别。

大跨度混合梁斜拉桥作为一种复杂的高次超静定结构，其结构内力受很多因素的影响，施工方法的不同会导致结构内力的不同，自然条件的变化、临时荷载的变化等也会影响结构的内力。施工阶段结构形式和内力的变化如果不修正的话会一直积累，这种变化直接决定了成桥阶段桥梁的线形和内力，因此桥梁施工控制的前期就有必要通过分析和计算确定施工时每个阶段的内力、标高、线形等理论值，针对现场施工重要工序做好先行方案。现场施工时，监控人员做好相应数据的采集、分析工作，出现误差及时修正，保证每个阶段的应力变化和线形误差在合理偏差范围内。这样通过控制大跨度混合梁斜拉桥施工过程中结构内力和线形变化，以求在成桥后桥梁整体受力和线形都合理的过程就是大跨度混合梁斜拉桥的施工控制。

随着桥梁施工过程的不断进行，各部分的连接越来越多，悬臂结构也逐渐伸长，各种因素的影响将会越来越明显，为了保证桥梁各部分施工的顺利进行，就必须提前考虑到施工中各种因素的影响，建立高效的施工控制系统。典型的施工控制系统的施工控制是一个施工→监测→计算→分析→修正→预报→施工如此反复的过程，如图 4.1 所示。

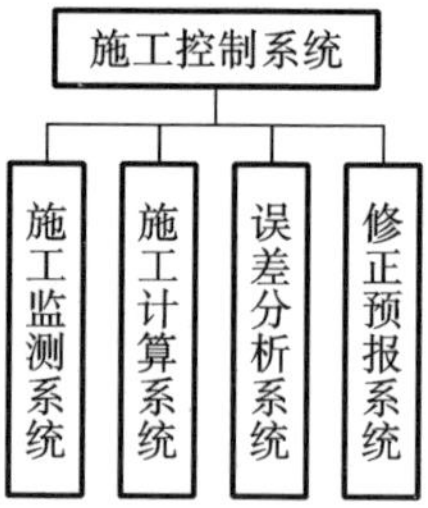

图 4.1　施工控制系统

4.1.2　施工控制的目的与内容

设计人员在进行施工图设计时会给出桥梁施工过程中每个阶段的施工目标和结构数据。但在现场施工时并不能完全达到设计要求，例如：索导管安装会出现误差，钢箱梁制造安装会出现误差等。施工控制的目的就是当施工过程中误差出现时通过计算分析及时解决这些误差造成的影响，使桥梁成桥时的线形和内力达到理想状态。另一方面，施工控制过程中采集到的各种数据记录了桥梁施工的整个过程，也能为成桥后桥梁长期的健康监测提供原始数据。根据混合梁斜拉桥施工控制的概述，参考上面对施工控制过程的描述，可将混合梁斜拉桥施工控制的内容大致概括为两个方面。

(1)阅读施工图纸，研究桥梁施工的每个工序，通过计算给出桥梁施工过程中每道工序的理论控制值。具体包括成桥主梁合理线形及内力、成桥合理索力值等成桥状态下的控制值；施工过程中主梁各节段立模标高、主塔各节段立模标高、斜拉索张拉索力等施工过程目标控制值；以及这些数值的控制标准。

(2)全面考虑桥梁现场施工时可能遇到的影响因素，分析其影响的大小并制定预防和解决方案，这是混合梁斜拉桥施工控制的重点。此过程要求现场监测人员及时测量每个施工阶段桥梁结构的内力和线形，并将实测值和仿真分析值进行对比。当两者差距较大时，找出原因并及时对结构进行调整，结构调整后应重新进行仿真分析来确定新的后续目标控制值。

4.1.3　施工控制的思路

控制理论是在导弹制导领域应用比较成熟的一种理论，桥梁工程师将其引入桥梁施工控制，以便更好地控制桥梁施工，但是桥梁结构多样且各不相同，至今仍然没有一套像导弹制导领域一样成熟的算法。目前较为成熟的桥梁施工控制思路大致有三种：开环控制、反馈控制和自适应控制。

(1)开环控制。

像预应力混凝土连续梁桥这种结构形式比较简单的桥梁，一般采用倒退分析法确定施工过程中的控制量，其主要是每个节段施工预拱度的确定，然后按照施工方案正常施工到全桥合龙即可，这便是开环控制的一个周期。早期的钢斜拉桥就是用这种方法来进行施工控制的，只要保证各构件的制造和安装精度，按照合理的施工方案进行施工，这样的开环控制是可行的，但是对于像大跨度混合梁斜拉桥这种施工状态复杂且变化很多的桥型，开环控制就不适用了。

(2)反馈控制。

像预应力混凝土斜拉桥这种结构复杂的桥型，悬臂施工阶段和斜拉索张拉阶段都很复杂且误差较多，如果按照开环的方法控制，结构的误差就会不断累积，可想而知成桥的线形不会达到预期，严重的可能出现桥梁无法合龙的情况。于是就有了反馈控制的思路：随着桥梁施工的进行，及时监测每个阶段结构的受力状态和标高线形的变化，出现误差及时分析原因，并通过仿真分析计算确定修正值和修正方案。

反馈控制适合结构参数比较准确的桥梁，而且结构状态可干预，不然结构在施工过程中出现误差也不能修正。对于大跨度混合梁斜拉桥而言，一般可以通过调整斜拉索索力、下一阶段结构的高程、预应力索的预应力等来调整结构的线形和内力。

(3)自适应控制。

通常在进行桥梁仿真分析时，会根据现场施工情况对模型使用的结构参数(混凝土弹性模量、材料的容重、徐变系数等)进行调整，实际操作时，考虑到结构参数的影响存在于每个施工阶段，可以想象，通过反馈分析消除本阶段结构参数造成的误差后，在下一阶段的施工中这种误差还会存在，随着桥梁施工的进行，悬臂结构的伸长，这种误差造成的影响会慢慢累积，调整将变得越来越困难。为了解决这个问题，必须要根据实测结构的反应修正仿真模型中相应的参数值，并且这种修正要持续几个阶段，让模型适应桥梁结构的物理力学规律，这便是自适应控制的思路。

比如岳口汉江大桥施工时便是采用自适应控制的思路。现场监测的数据与模型预期出现误差时，首先分析是否是测量过程导致这种误差的出现，如果不是，就调整模型相关参数的设置，直到模型输出的结果与实测结果相符为止，模型修正后后续施工的控制值也应该重新计算，下次出现误差后按照同样的思路再次调整模型，如此进行几个周期后仿真模型的计算结果就基本与实际状态一致了，这样仿真分析计算出来的结构立模标高和斜拉索张拉索力也会更符合实际施工。像岳口汉江大桥这种大跨度的混合梁斜拉桥，现场的施工控制更多的是设计工作的延续，对于设计阶段给出的主梁立模标高、主塔钢锚箱安装标高、钢箱梁吊装标高、斜拉索张拉索力值等都要根据实际施工状态进行修正优化。

4.1.4 施工控制的方法

1. 索力—高程控制法

(1)索力—高程控制法的实施过程。

斜拉桥是典型的分阶段施工桥梁，是通过一系列复杂的施工行为逐步演变至成桥的。所谓的索力—高程控制法，是以设计确定的合理成桥状态为目标，通过合理确定各施工阶段的安装高程和索力，以梁段安装高程和索力为过程控制对象实施控制，最终实现控制目标。

要确定各施工阶段的安装高程和索力，通常采用倒拆分析的方法。即从合理成桥状态出发，按施工的逆过程，逐步拆除在结构上安装的杆件和荷载，从而得到各施工阶段的安装高程和索力。由线性结构最终状态与加载路径无关的原理可知，对于线性结构来说，从倒拆分析得到安装高程和索力出发，按正常的施工过程逐步演化至成桥(即正装分析)，是可以达到合理成桥状态的。由于斜拉桥具有一定的几何非线性性质(施工过程中一般不允许结构的材料处于非线性工作状态，这一问题可不考虑)，不满足结构最终状态与加载路径无关的原理，以倒拆分析得到的安装高程及索力进行正装分析，并不一定能够与合理成桥状态吻合，此时，往往需要以合理成桥状态为目标，通过多次迭代来获得各施工阶段的安装高程和索力。

具体实施时，以新梁段安装高程与理论安装高程相同作为新梁段定位的原则，并以索力对线形和应力实施调控。理论上，只要严格按照安装高程和索力进行施工，即可逼近成桥状态。为修正由施工、计算参数等原因带来的误差，在控制中,需在特定的施工工况测量结构的应力、线形、索力、温度等参数,并与理论计算的结果对比,借此判断结构状态与理论状态间的误差,并依据某种特定的最优原则(对于混凝土斜拉桥通常是以应力最优为原则,钢斜拉桥则以线形最优为原则),对误差进行修正和调控,使成桥状态逼近设计恒载状态。

这一方法应用比较广,在混凝土斜拉桥、跨度 600 m 左右的钢斜拉桥及混合梁斜拉桥中均有应用,并且可以取得较好的控制效果。

从控制理论的角度来看,上述控制方法实际上是一个闭环控制过程。施工测试的信息收集和制定控制策略的信息处理过程在理论上是严密的,实际操作的效果也比较好。但是信息的反馈、监控指令的执行却是一个难题。其原因在于,控制指令的索力和梁段安装高程是按设计温度条件给出的,因此,这一控制方法实际上引入了施工现场温度与设计温度吻合的假定,而在工程实际中,这一假定往往难以满足。在理论上这一问题可以通过预测施工时的温度,在控制指令中按预测的施工温度提供索力和梁段安装高程来解决,但由于环境温度变化和结构温度场的复杂性,在实际过程中其实现也是困难的。这也是这一方法通常用于刚度较大、主梁的线形和安装高程受温度变化影响相对较小的混凝土主梁斜拉桥和跨度不大的钢斜拉桥中的原因。

(2)索力—高程控制法的局限。

索力—高程控制法,以安装高程控制新梁段的安装,以索力实施调控。在混凝土斜拉桥中,安装高程容易通过立模高程进行调控,即使线形误差较大也可通过几个梁段立模高程的调控来消除,这是索力—高程控制法在混凝土斜拉桥中应用较多的重要原因。但在大跨度混合梁斜拉桥中,由于钢梁刚度小,若采用索力—高程控制法,可能会导致以下问题。

①阶段线形难以准确判断,误差分析时间过长。

②由于"索力—高程控制法"仅在安装阶段实施控制,而不控制钢梁的制造线形,安装时理论安装高程与梁段顺接可达到高程有可能不吻合,需要进行现场调配,这不仅对线形控制不利,对于确保钢箱梁的质量也是不利的。

③由于"索力—高程控制法"在精匹配时是以新匹配梁段的高程作为控制参数,在温度、施工临时荷载及其他不可预计因素(如风荷载)的影响下,安装高程难以准确控制。

④受温度、施工临时荷载的影响,若简单地以设计张力作为施工张拉力,则二张力难以准确控制,增大了后期调索工作量。

2. 几何控制法

几何控制法是结合无应力控制法和全过程控制产生的一种施工控制新方法。几何控制是指通过在工厂预制阶段精确地控制桥梁结构各构件的无应力制作尺寸和形状，在施工现场安装阶段精确控制结构的几何形态，来达到控制桥梁的成桥内力和线形的目的。

根据无应力状态控制的基本原理，结构的成桥状态只与成桥恒载、结构体系和构件的无应力几何参数有关，与施工过程无关。理论上只要在制造与安装过程中，关键构件的无应力几何参数与理论值吻合，成桥时只要成桥恒载、边界条件与设计值吻合，则主梁的线形、应力、索力自然逼近设计的合理成桥状态。

从上述原理可以看出，采用无应力控制法其控制过程必须包括两个过程，在制造阶段需控制关键构件的无应力几何形态，主要包括主梁的无应力线形、拉索的无应力长度；在安装阶段，则需按主梁无应力构形不变的原则安装主梁，按不改变成桥无应力索长的原则调控索力，因此无应力控制必须通过制造、安装全过程控制才能实现。在苏通长江公路大桥的施工控制中，基于无应力状态控制的基本原理，将斜拉桥的施工控制从传统的安装过程控制拓展到制造、安装全过程控制，并基于自适应的原理构建了完整的控制系统，形成了几何控制法。

在计算方面，几何控制法需要预先计算出关键构件的几何形态，即主梁的无应力线形和拉索的无应力索长。这一过程是通过以设计成桥合理状态为目标，以主梁无应力线形和拉索无应力索长为参数的迭代计算实现的。对于钢斜拉桥来说，混凝土构件（主要是索塔和桥墩）的收缩徐变影响相对较小，在迭代过程中是否考虑这一因素对关键构件的无应力几何形态影响不大。在制造过程中则需严格按照关键构件的无应力几何形态完成制造工作，主梁的制造宜采用长线法。

在安装过程中，几何控制法将现场的安装视为制造线形的重现，以不改变无应力线形作为新梁段匹配的原则。基于上述原则，几何控制法采用梁段相对匹配的方法完成主梁的安装，因为主梁的无应力构形主要由主梁的无应力长度和无应力曲率来反映，而无应力曲率又可通过梁段的无应力夹角来表达，只要在安装过程中不改变梁段间的无应力夹角，也就不会改变主梁的无应力线形（梁段长度通过制造控制来保证）。拉索张拉则采用索长控制的方法，即拉索张拉是以张拉至成桥无应力索长为控制原则，不以索力为指标进行专门控制。这一方法多用于大跨度斜拉桥，如南京大胜关长江大桥、苏通长江公路大桥等，均取得了良好的控制效果。

这一方法的优点在于，虽然温度等因素对主梁的线形、索力影响较大，但对梁段间相对夹角（无应力线形）的影响却很小，而且从理论上说，只要在安装中不改变无应力线形，成桥时主梁线形就能逼近设计线形，这样就大大减少温度、风等环境因素对线形的影响。而采用索长控制的张拉，则基本消除了施工临时荷载与理论计算不一致，以及温度等环境因素带来的误差。因此，几何控制自动过滤了环境因素、临时荷载等偶然因素对线形的影响，特别适用于主梁刚度较小的大跨度钢斜拉桥。

几何控制法滤出了环境因素和临时荷载对线形的影响，对于主梁的线形控制无疑是有利的。该法以几何线形控制为目标，对于刚度较小的钢梁，即使主梁成桥线形与设计线形间存在一定的误差，主梁的实际内力和应力也能逼近成桥内力或应力，因此以主梁线形为控制目标无疑是适宜的。

(1)几何控制法的理论基础。

①几何控制法的基本观点。

几何控制法的理论基础可以概括为：几何体系一定的弹性结构在某一时刻的内力状态和变形状态唯一地取决于该时刻结构所受的作用体系，和之前结构单元的施工过程、作用的施加和变迁历程是无关的。

根据此理论，在没有施工误差的情况下，在施工阶段，只要同时满足下面三个条件：a. 结构体系不变；b. 作用体系不变；c. 结构构件在安装时的无应力状态（即初始形状和几何尺寸）与理想成桥目标状态所对应的无应力状态相同。那么成桥状态结构的内力与位移状态就是理想的目标状态。因此施工控制，只要精确地控制结构各构件的无应力状态量即可。

具体到斜拉桥主梁的施工控制而言，其无应力状态即为其无应力线形。以几何控制理念为指导原则，在施工控制时，可以根据结构成桥状态和施工过程获得主梁的整体无应力线形，进而获得各梁段的局部无应力线形，制造时各梁段严格按照其局部无应力线形进行制造控制，拼装时严格按照梁段间的无应力状态关系进行拼装控制即可实现主梁的线形控制，在索塔各节段同时按照无应力线形进行制造和安装、各斜拉索按照无应力索长进行制造和安装的条件下，斜拉桥成桥的主梁线形即为预先设定的理想目标线形，同时其内力状态即为理想目标状态。因此，本质上而言，几何控制实质上是通过对主梁、索塔、斜拉索等关键构件制造和安装等关键环节的全过程控制实现对主梁线形的有效控制，这是几何控制法区别于仅注重安装过程控制的传统控制方法的一个主要特点。

②主梁单元、主塔单元无应力线形。

斜拉桥的合理成桥状态一旦确定，则结构各构件的受力状态便唯一确定了。此时，斜拉索、主梁、索塔等都处于结构成桥荷载作用下的变形状态。对于主梁和索塔来说，如果把结构拆散成一个个离散的单元，卸除每个单元上的节间荷载和杆端力，那么单元内的应力将化为零。这时单元的尺寸和形状即为无应力状态量，统称为无应力构形。

关于主梁、索塔梁单元无应力构形求解有四种计算方法：单元解体法、单元CR位移法、结构解体法和切线拼装迭代法。

a. 方法一：单元解体法。

单元解体法是一种按照单元“放松—组装—制造”的过程来求解结构单元无应力构形的方法。该方法的基本思路是在每个单元内通过内力来计算单元的变形。虽然结构发生了比较大的变形，但是在每一单元内部的变形却是很小的，也就是说可以运用线性理论或者线性二阶理论在单元的级别上通过内力反算变形。在已知成桥状态每一单元有应力线形和内力的情况下，剔除掉由结构单元内力产生的变形而得到每一单元的无应力线形。

b. 方法二：单元CR位移法。

从安装单元那一时刻开始算起，至恒载状态时刻的随转坐标系（co-rotational coordinate，CR）位移全量 $\{d'\}=[0,0,\theta_i',u_j',0,\theta_j']^{\mathrm{T}}$，图4.2就是单元的设计构形相对于单元的无应力构形的变形。所以，运用CR坐标系的概念，可以非常方便地通过梁单元的设计构形求出其无应力构形。该方法完全扣除了单元的刚体运动，并且已经在施工阶段计算分析过程中进行了位移和力的校核，因此该方法无论从精度上还是在可靠性方面均高于其他方法。但是该方法要求计算程序的几何非线性分析采用基于CR全量法，这种高效率、高精度的算法在目前桥梁结构分析程序中还较少采用。

c. 方法三：结构解体法。

从恒载状态开始，拆掉全部斜拉索，释放掉主梁全部多余约束，去掉全部外荷载（含自重），进行考虑几何非线性的有限元分析，就可以算得主梁和索塔的无应力构形。由于桥梁结构所受的外荷载、约束变化非常大，对程序的几何非线性分析功能要求也比较高。

d. 方法四：切线拼装迭代法。

对于采用悬臂施工的桥梁结构，待安装梁段的安装高程受已安装梁段高程的影响。对于切线拼装，新增加单元的新节点跟随着老节点一起发生变形。如图4.3所示，单元 BC 为新增加单元，老节点 B 的累计位移已知为 (u_B,v_B,θ_B)，

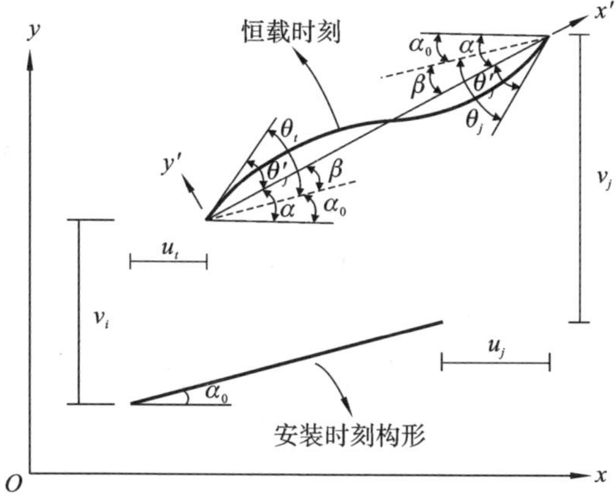

图 4.2　单元 CR 位移

根据图 4.3 中简单的几何关系可以推导出新安装单元节点 C 按照切线拼装施工时的虚拟位移(或初始位移)为(u_C,v_C,θ_C)，详见式(4.1)。

$$\begin{cases} u_C = u_B + L_0[\cos(\beta+\theta_B) - \cos\beta] \\ v_C = v_B + L_0[\sin(\beta+\theta_B) - \sin\beta] \\ \theta_C = \theta_B \end{cases} \tag{4.1}$$

式中：L_0——BC 单元的无应力长度；β——无应力状态下 BC 单元的轴线与水平线的夹角。

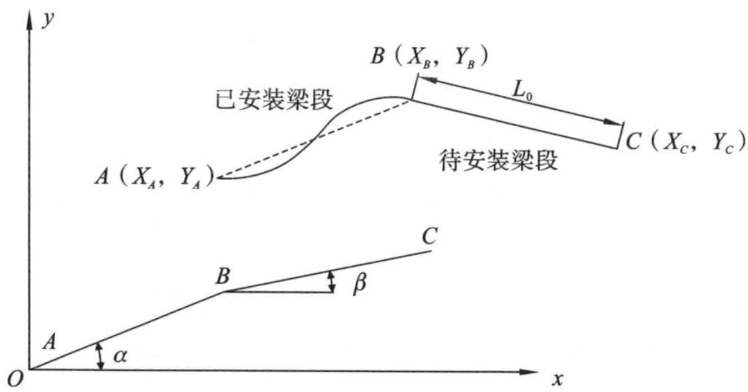

图 4.3　结构计算示意图

斜拉桥主梁的一个索段中一般包含有多个梁单元，若要同时安装若干个单元，则可以按照如下顺序进行安装：首先安装 i 节点和 j 节点都已经激活的单元。如果采用切线拼装，则有可能需要进行强迫合龙；接下来按照拼装方式安装仅有一个节点被激活的单元；最后按照零位移拼装方式来安装 i 节点和 j 节点都未被激活的单元。按照切线拼装进行逐个施工阶段计算，算得恒载位移曲线，将其反号作为下一轮迭代计算的初始无应力构形。对以上迭代过程进行循环，直到满足给定的收敛精度，就可以得到结构的无应力构形。

Midas Civil 自带切线拼装功能，只需勾选相应选项，可很方便实现切线拼装位移的计算。有的分析软件没有切线拼装的功能（如桥梁博士），可以按照下述变通的方法进行安装计算：在安装第一个梁段时就把后面尚待安装的所有梁段（合龙段除外）全部一次安装上去，此时只是安装那些梁段的无重单元（即只安装单元的刚度，不激活其重量），其后斜拉索施工、自重施加、合龙、桥面系施工等均按实际的施工步骤进行安装或加载。这样，未真正安装的梁段也随着已安装梁段发生刚体位移，但不产生内力，保证了其与已施工梁段的切线关系。

上述求解无应力构形的四种方法中，单元解体法、单元 CR 位移法从单元（局部）出发，直接求得各个单元的无应力构形，比较适合采用短线法预制；结构解体法、切线拼装迭代法从结构（整体）出发，直接求得各个单元的无应力构形，比较适合采用长线法预制。单元解体法、结构解体法从力的角度出发，单元 CR 位移法、切线拼装迭代法从位移（变形）的角度出发。四种方法反映了力与变形的协调，局部（单元）与整体（结构）的统一。

③斜拉索无应力索长。

斜拉索仅有无应力长度的概念，没有无应力构形的概念，因为无应力状态的索是可以具有无数种构形的。

斜拉桥属于高次超静定的结构，斜拉索是斜拉桥最重要的受力和传力构件之一，其为主梁提供了弹性支承，将主梁的自重及桥面上的恒、活载传递到索塔上。在斜拉桥的设计过程中，斜拉索无应力索长一般是根据成桥索力和成桥线形确定的，然后考虑拉索锚头构造的影响，在此基础上给出一定富余量，据此确定斜拉索的无应力下料长度即工厂制造长度。如果斜拉索的制造长度偏短，则很难保证斜拉索的有效锚固长度，甚至造成锚固螺母无法拧上，根本无法锚固；如果制造得偏长，则可能因锚头拔出量太大而无法张拉到设计吨位。因此，准确确定出斜拉索的无应力长度非常关键。

斜拉索是柔性结构，在自身重力的作用下，表现为悬链线。早在 1691 年，几何学家 James Bemanlli 等人就已经建立了悬链线的解，是一超越函数，在当时计算技术不发达的情况下，求解比较困难，因此很难直接应用于实际工程的设计计算，只能够根据悬索工程的具体要求，采用各种近似的算法。在过去 100 多年以后，Fuss 于 1794 年进行悬索桥的设计时，发现如果假定索自重沿索跨均匀分布，索的线形表现为抛物线。直到 1862 年以后，抛物线理论逐步形成体系。对于自重沿曲线均布的悬索来说，抛物线理论的计算只是将悬链曲线展开级数式取第一项进行改造以后的一种近似算法，但是因为抛物线是比较简单的二次曲线，便于实际工程应用，目前抛物线理论已经成为悬索工程设计计算的重要依据。

随着计算技术的发展，采用数值方法来求解悬链曲线已经变得比较容易了。目前在悬索桥的设计计算中，对于主缆无应力下料长度的求解一般是采用悬链线理论；而在斜拉桥计算中，斜拉索的无应力索长的求解普遍还是采用抛物线理论。随着技术水平的提高，如今混合梁斜拉桥的跨径正日益向大跨径乃至超大跨径方向发展（鄂东长江大桥主跨跨径 926 m，香港昂船洲大桥主跨跨径 1018 m、俄罗斯的跨东博斯鲁斯海峡大桥主跨跨径已达到 1104 m），所采用斜拉索的长度也在逐步增加，导致斜拉索的垂度非线性的影响增大。斜拉索无应力索长采用抛物线理论计算所带来的误差也就会随之加大。诸如鄂东长江大桥等超大跨度斜拉桥的斜拉索无应力索长的计算采用的是悬链线理论。

a. 抛物线理论。

斜拉桥的斜拉索一般情况下采用的是柔性索，在自重的作用下，斜拉索会下垂，斜拉索垂度的大小是与斜拉索的张力有关的，垂度与索的张力关系是非线性的。在张拉斜拉索时，斜拉索的伸长量包括两部分，一部分是斜拉索在张力作用下的弹性伸长值，另一部分是斜拉索为克服自重垂度而带来的伸长值。德国学者 Ernst 于 1965 年提出将具有较高的初应力和一定的垂度的斜拉索等效为一根直的弦杆，忽略斜拉索自重沿弦线方向分量的影响，只考虑斜拉索自重沿弦线垂直方向分量的影响，这样斜拉索的实际的悬链线索形就可用抛物线来简化。具体结构计算简图见图 4.4。

由斜拉索跨中处的弯矩为 0 的条件可得式(4.2)：

$$\left(T-\frac{1}{2}ql\sin\alpha\right)f_{\mathrm{m}}=\frac{1}{8}ql\cos\alpha \text{ 或者 } T=ql\left(\sin\alpha+\frac{l}{8f_{\mathrm{m}}}\right) \tag{4.2}$$

式中：q——斜拉索单位长度重量；f_{m}——斜拉索跨中位置处沿弦线垂直方向的挠度；α——斜拉索的弦线与水平面的夹角；T——斜拉索的索力；l——斜拉索的弦长。

前面已经提到，如果不考虑斜拉索的自重沿弦线方向的分量影响，那么斜拉索的形状为二次抛物线。在图 4.4 所示的坐标系中，斜拉索的索形方程为式(4.3)：

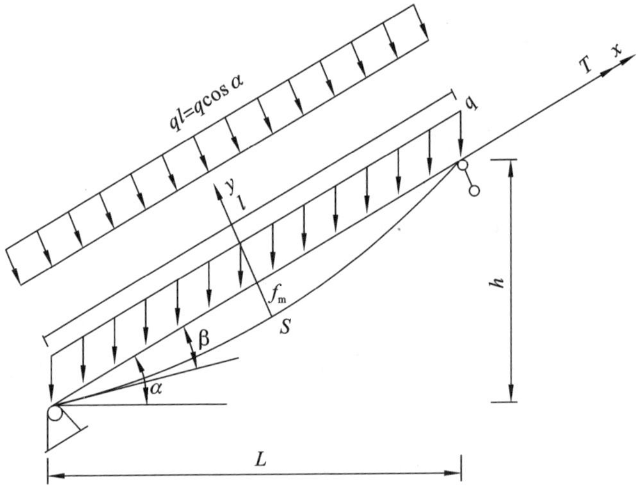

图 4.4　结构计算简图

$$y=\frac{4f_{m}}{l^{2}}x^{2}-f_{m} \tag{4.3}$$

其中，$f_{m}=\frac{ql^{2}}{8T}\cos\alpha$ 。

拉索锚点处斜拉索切线与弦线的夹角见式(4.4)：

$$\beta=\tan^{-1}\left(\frac{4f_{m}}{l}\right) \tag{4.4}$$

斜拉索的有应力索长见式(4.5)：

$$S=\int_{-l/2}^{l/2}\sqrt{1+y'^{2}}\,\mathrm{d}x\approx\int_{-l/2}^{l/2}\left(1+\frac{1}{2}y'^{2}\right)\mathrm{d}x=l+\frac{8f_{m}^{2}}{3l} \tag{4.5}$$

斜拉索的弹性伸长值见式(4.6)：

$$\Delta S=\int_{-l/2}^{l/2}\frac{T(x)}{EA}\mathrm{d}x=\frac{T}{EA}\int_{-l/2}^{l/2}(l+y'^{2})\,\mathrm{d}x=\frac{T}{EA}\left(l+\frac{16f_{m}^{2}}{3l}\right) \tag{4.6}$$

斜拉索的无应力索长见式(4.7)：

$$S_{0}=S-\Delta S=l+\frac{8f_{m}^{2}}{3l}-\frac{Tl}{EA}-\frac{16Tf_{m}^{2}}{3EAl} \tag{4.7}$$

根据等效的直杆的思路，可认为 $\frac{8f_{m}^{2}}{3l}$ 是斜拉索由于垂度效应而引起的伸长值，$-\frac{Tl}{EA}$ 为在斜拉索索力 T 的作用下的拉伸效应；$-\frac{16Tf_{m}^{2}}{3EAl}$ 是二者的耦合项。由上面几项公式可以看出，当给出斜拉索的索力 T 以后，斜拉索的无应力索长便可唯一确定。

b. 精确悬链线理论。

当斜拉索索长较长，而索力相对来说较小时，斜拉索的垂度效应比较明显，此时应该采用精确的悬链线索单元来求解斜拉索的无应力长度。基于悬链线理论的斜拉索无应力索长求解方法如下。

斜拉索受力示意如图 4.5 所示。

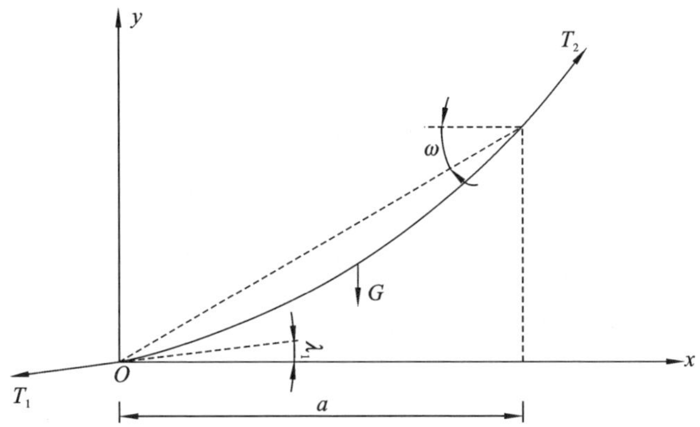

图 4.5　斜拉索受力示意图

斜拉索在轴向索力和自重均布力的作用下，索形为在索塔锚固点和主梁锚固点间的一条悬链线。假定斜拉索梁端锚点索力为 T_1，其沿水平方向的分量为 H_1，沿竖直方向的分量为 V_1；斜拉索上任意位置(x,y)处的索力为 T，其沿水平方向的分量为 H，沿竖直方向的分量为 v；塔梁锚固点间的水平距离为 a；塔梁锚固点的连线与水平面间的夹角为 ω；斜拉索单位长度的重量为 g_{cb}。

取斜拉索为研究对象，根据力学平衡条件有：

由 $\sum M_O = 0$ 可得式(4.8)：

$$-Hy + Vx - \int_0^x g_{\mathrm{cb}} x \sqrt{1 + y'^2} \mathrm{d}x = 0 \tag{4.8}$$

由 $\sum F_x = 0$ 可得式(4.9)：

$$H - H_1 = 0 \tag{4.9}$$

由 $\sum F_y = 0$ 可得式(4.10)：

$$V - V_1 - \int_0^x g_{\mathrm{cb}} \sqrt{1 + y'^2} \mathrm{d}x = 0 \tag{4.10}$$

根据式(4.9)和式(4.10)可以求解出 H 和 V，将求得的 H 和 V 代入式

(4.8),然后对式(4.8)左右两端分别对 x 取二阶导数可得式(4.11):

$$-H_1 y'' + g_{cb}\sqrt{1+y'^2} = 0 \tag{4.11}$$

求解上述常微分方程可得式(4.12):

$$y = \frac{H_1}{g_{cb}}\cosh\left(\frac{g_{cb}x}{H_1} - \frac{g_{cb}C_1}{H_1}\right) + C_2 \tag{4.12}$$

式中:C_1、C_2——待定的常数。

函数 y 应该满足如下边界条件,见式(4.13)~式(4.15):

$$y(0) = 0 \tag{4.13}$$

$$y(a) = a\tan\omega \tag{4.14}$$

$$y'(0) = \tan\lambda_1 \tag{4.15}$$

其中 λ_1 是梁端锚固处斜拉索切线与水平面的夹角。则有式(4.16):

$$y = \frac{H_1}{g_{cb}}\left\{\cosh\left[\frac{g_{cb}x}{H_1} + \sinh^{-1}(\tan\lambda_1)\right] - \cosh\left[\sinh^{-1}(\tan\lambda_1)\right]\right\} \tag{4.16}$$

对式(4.16)求导得式(4.17):

$$y' = \sinh\left[\frac{g_{cb}x}{H_1} + \sinh^{-1}(\tan\lambda_1)\right] \tag{4.17}$$

将式(4.14)代入式(4.16),并注意到式(4.18):

$$H_1 = T_1\cos\lambda_1 \tag{4.18}$$

即可得到关于 λ_1 的方程式(4.19):

$$a\tan\omega = \frac{T_1\cos\lambda_1}{g_{cb}}\left\{\cosh\left[\frac{g_{cb}a}{T_1\cos\lambda_1} + \sin^{-1}(\tan\lambda_1)\right] - \cosh\left[\sinh^{-1}(\tan\lambda_1)\right]\right\} \tag{4.19}$$

该方程只能用数值方法进行求解,待迭代求解出 λ_1 以后,便可由式(4.18)求得 H_1 的值。

在上述的分析过程中,假设的是斜拉索梁端锚固点处的索力 T_1 为已知。

斜拉桥一般采用塔端张拉,这时张拉力 T_2 为已知,根据二者的力学关系可得式(4.20)~式(4.22):

$$H_2 = H_1 \tag{4.20}$$

$$V_2 = V_1 + g_{cb}l_0 = H_1\tan\lambda_1 + g_{cb}l_0 \tag{4.21}$$

$$T_2 = \sqrt{H_2^2 + V_2^2} \tag{4.22}$$

可以得到 T_2 与 H_1 的关系式,见式(4.23):

$$H_1 = \frac{-g_{cb}l_0\tan\lambda_1 + \sqrt{T_1^2(1+\tan^2\lambda_1) - g_{cb}^2 l_0^2}}{(1+\tan^2\lambda_1)} \tag{4.23}$$

斜拉索的伸长量见式(4.24)：

$$\begin{aligned}\Delta l &= \int_0^{l_0} \frac{T}{EA}\mathrm{d}l = \int_0^a \frac{H_1}{EA}(1+y'^2)\mathrm{d}x \\ &= \frac{H_1}{EA}\int_0^a \left\{1+\sinh^2\left[\frac{g_{cb}x}{H_1}+\sinh^{-1}(\tan\lambda_1)\right]\right\}\mathrm{d}x \\ &= \frac{H_1}{EA}\left\{\frac{H_1}{4g_{cb}}\sinh\left[\frac{2g_{cb}a}{H_1}+2\sinh^{-1}(\tan\lambda_1)\right]-\frac{H_1}{4g_{cb}}\sinh[2\sinh^{-1}(\tan\lambda_1)]+\frac{a}{2}\right\}\end{aligned} \tag{4.24}$$

式中：l_0——斜拉索无应力索长；E——斜拉索材料弹性模量；A——斜拉索截面面积。

斜拉索的有应力长度见式(4.25)：

$$l = \int_0^a \sqrt{1+y'^2}\mathrm{d}x = \frac{H_1}{g_{cb}}\left\{\sinh\left[\frac{g_{cb}a}{H_1}+\sinh^{-1}(\tan\lambda_1)\right]-\tan\lambda_1\right\} \tag{4.25}$$

斜拉索的无应力长度见式(4.26)：

$$l_0 = l - \Delta l \tag{4.26}$$

在悬链线方法计算过程中，采用的是切线索力。而对于绝大多数的桥梁专用分析软件，索力的方向都是沿着斜拉索塔端锚固点和梁端锚固点连线(弦线)方向的。假定斜拉索梁端锚固点处沿弦线方向的分力为 T_N，则 T_N 与切线索力 T_1 的关系见式(4.27)：

$$T_N = T_1\cos(\omega - \lambda_1) \tag{4.27}$$

由上面的计算理论可以看出，采用抛物线理论计算斜拉索曲线中忽略了斜拉索的自重沿弦线方向的分量。经过简化以后，斜拉索的无应力索长值可以通过索力和垂度显式表达出来，计算非常方便；精确的悬链线理论可以比较准确地模拟斜拉索的受力特性，因此可以精确地计算出拉索的无应力索长值，但是索长值不能够通过索力显式表达出来，需要通过数值迭代的方法才能计算出来。因此，从有限元计算角度来说，抛物线理论要更加简便，限制这种方法有效应用的则是其计算精度问题。

(2)几何控制法在 *Midas Civil* 中的实现。

采用几何控制法进行桥梁的施工控制，必须要有与之对应的计算方法。

由几何控制法的基本观点可知，对于几何体系一定的弹性结构，其在某一时刻的内力和变形状态是由该时刻结构所受的作用体系唯一决定的，与之前结构构件的安装历程、作用的施加与变迁历程是无关的。

鉴于此，只要保证模型中，斜拉索最后一次张拉的无应力索长与设计成桥无应力索长相同，合龙时合龙段曲率连续，无论施工历程如何，施工过程中桥面吊机等临时荷载的重量和位置如何改变，桥梁成桥内力和成桥位移始终不变。具体实现过程：①首先按照设计拟定的斜拉索张拉力和施工顺序进行计算，在合龙时调索（或者配重的方式）使合龙段曲率保持连续，在合龙后将合龙前所调索的无应力索长恢复到合龙前的长度（或者将配重去除），由此可得成桥状态的内力和斜拉索的无应力索长。②在变更施工顺序和施工临时荷载重量和位置时，只需变更斜拉索最后一次张拉力，使斜拉索的无应力索长与计算得到的成桥无应力索长相等，并且在合龙时通过调索或者配重的方式，使合龙段曲率保持连续，在合龙后将合龙前所调索的无应力索长恢复到合龙前的长度（或者将配重去除），即可保证成桥内力和线形与原设计相同。

如何更改斜拉索最后一次张拉力使其无应力索长与设计成桥无应力索长相等？

可采用试算迭代的方法进行：第一轮计算时，采用与设计成桥状态一样的张拉力为 F_a，由此可得最终成桥的无应力索长，记为 l_1，则与设计无应力索长差 $\Delta l_1 = l_1 - l_a$，索长差对应的索力增量 $\Delta F_1 = k \times \Delta l_1 \times E \times A/L(k=1)$；第二轮计算时令张拉力 $F_2 = F_a + \Delta F_1$，得成桥无应力索长记为 l_2，则与设计无应力索长差 $\Delta l_2 = l_2 - l_a$，索长差对应的索力增量 $\Delta F_2 = \Delta F_1 \times \Delta l_1/(\Delta l_1 - \Delta l_2)$，第 n 轮计算时，令张拉力 $F_n = F_a + \Delta F_{n-1}$，得成桥无应力索长记为 l_n，则与设计无应力索长差 $\Delta l_n = l_n - l_a$，索长差对应索力增量 $\Delta F_n = \Delta F_{n-1} \times \Delta l_1/(\Delta l_1 - \Delta l_n)$，经过几轮迭代直到 $\Delta l_n = 0$（或在 0 附近，满足设定的误差限值），此时的张拉力 F_n，即所要求的张拉力。

此过程可利用 Midas Civil 强大的后处理功能，在 Excel 表格中编入公式，可很方便地实现。

为了加快收敛速度，可根据具体情况，在 $\Delta F_1 = k \times \Delta l_1 \times E \times A/L$ 式中，令 k 系数取 0～1 的一个合适的值，如 0.5、0.8 等。

3. 多目标控制法

随着混合梁斜拉桥向超大跨度发展，施工控制难度更大，对施工控制方法的有效性要求更高。大跨度钢斜拉桥主梁抗弯刚度小，索力—高程控制法无法满足控制精度要求，需采用以结构初始构形作为控制对象的几何控制法，但其结构控制状态方程目前仅考虑了结构刚度。大跨度混合梁斜拉桥的混凝土梁抗弯刚度是钢梁的 10 倍以上，即使线形控制良好，也难以实现混凝土梁应力的有效控制。此外，混凝土的收缩徐变、几何非线性也将对控制精度产生显著影响。因此，传统的施工控制方法不能满足大跨度混合梁斜拉桥的需求，客观上要求在传统控制方法上发展更为有效的施工控制成套技术。

(1)几何控制法应用于大跨度混合梁斜拉桥的局限性。

几何控制法滤出了环境因素和临时荷载对线形的影响，对于主梁的线形控制无疑是有利的。该法以几何线形控制为目标，对于刚度较小的钢梁，即使主梁成桥线形与设计线形间存在一定误差，主梁的实际内力和应力也能逼近设计成桥内力或应力，因此以主梁线形为控制目标无疑是适宜的。但对于混凝土梁，由于主梁刚度大，其变形往往只有数厘米，即使将成桥主梁线形的误差控制在容许范围之内，主梁的内力和应力仍可能存在不能容忍的误差。此外，对于拉索的张拉控制来说，几何控制以拉索的无应力索长作为调控手段，在没有施工误差的前提下，只要拉索锚点的实际位置与理论位置相同，以拉索的成桥无应力索长作为控制条件，可以达到成桥索力和设计理想成桥状态吻合的目标。然而，混凝土梁的施工误差是客观存在的，而且一般认为混凝土结构的施工误差较钢结构更大，对于混凝土梁这样的大刚度结构，若以拉索的无应力索长作为调控手段，不大的锚点误差即可能导致明显的索力改变，这对混凝土主梁的应力控制无疑是极为不利的。

前面已经总结了索力—高程控制法应用于大跨度混合梁斜拉桥的局限性。因此，对于大跨度混合梁斜拉桥，无论是几何控制法还是传统的索力—高程控制法，均不能保证施工控制能够完全实现设计意图，必须另辟蹊径。

(2)大跨度混合梁斜拉桥施工控制方法的提出。

在研究大跨度混合梁斜拉桥的施工控制方法之前，有必要对大跨度混合梁斜拉桥施工控制中面临的主要问题进行分析。

①环境因素的影响。

大跨度混合梁斜拉桥建设周期长，一般要经历气候条件的变化，其钢主梁跨度大、刚度小，环境因素对其几何线形影响较大。这一问题与钢箱梁斜拉桥是相同的，而几何控制法较好地过滤了环境因素的影响，所以，混合梁斜拉桥的施工控制不应脱离几何控制的基本原理和框架。

②边跨混凝土主梁和中跨钢主梁存在较大的刚度差异。

在桥梁的施工控制中，总存在着施工误差和材料的参数误差，由于混凝土梁和钢梁的刚度差异，上述误差所导致的结构响应也明显不同。因此，若采用主梁几何线形这一单一几何参数作为控制目标，对于中跨钢主梁来说，由于其刚度比较小，即使钢主梁成桥线形与设计线形间存在一定的误差，主梁的实际内力也能逼近成桥设计内力。但对于边跨混凝土主梁来说，其刚度远远大于钢主梁，若主梁成桥线形与设计线形误差较大，必然将导致不可容忍的应力误差。反之，对于边跨混凝土主梁，若以内力、应力等力学参数为控制目标，则主梁成桥应力逼近设计成桥应力时，主梁实际成桥线形也将逼近设计成桥线形。可见，当几何控制法应用于混合梁斜拉桥时，必须针对钢主梁和混凝土主梁的刚度差异进行必要的改进，具体来说，对于中跨钢主梁，采用几何参数作为控制目标仍是适宜的，但边跨混凝土主梁则应以力学参数作为控制目标。

③收缩、徐变的影响。

在斜拉桥设计中，设计者往往希望斜拉桥成桥后的恒载状态是满足某种条件最优的理想成桥状态，也就是说，大多数情况下，斜拉桥恒载成桥状态是指定的，对于混合梁斜拉桥来说，指定成桥理想目标状态时若未考虑或者未完全考虑斜拉桥施工过程的收缩、徐变影响，而仍简单地以设计成桥索长进行控制，则成桥状态与设计会有偏差。对于刚度较大的混凝土主梁，往往是主梁应力与设计不符，对于刚度较小的钢主梁往往是成桥线形与设计线形不符。此时，对于钢主梁，应以成桥线形为目标，对于混凝土主梁，应以成桥应力为目标，人为地调整成桥状态无应力索长和主梁无应力线形，使成桥状态的主梁线形、应力与设计值吻合或逼近，重新进行安装分析，再次校核成桥状态的主梁线形和应力，若不满足逼近条件，则需再次调整无应力状态量，直到满足逼近条件为止。可见，由于收缩、徐变的影响和钢主梁、混凝土主梁的刚度差异，也必须分别采用不同的控制目标，才能获得逼近设计成桥恒载状态的初始几何参数。

根据上述分析，混合梁斜拉桥的施工控制方法应以几何控制原理为基础，充分考虑混凝土材料时效特点，钢主梁和混凝土主梁分别采用几何参数和力学参数作为控制目标。

基于几何控制的基本原理，混合梁斜拉桥仍以结构的无应力参数作为主要控制对象。要实现对主梁无应力线形的控制，必须在制造和安装时均实施控制，因此，钢主梁可分为制造和安装两个施工过程。对于满堂支架浇筑的混凝土主梁和索塔，没有明确的制造和安装过程，或者说制造过程和安装过程是合二为一的，根据控制其无应力线形的要求，也需要在结构现浇施工过程中进行控制。

因钢主梁和混凝土主梁分别采用几何参数和力学参数作为控制目标，在关键构件无应力状态的计算中即需要分别以几何参数和力学参数作为初始状态迭代计算的目标，而且在计算中应考虑混凝土材料收缩、徐变的影响。调控中，对于钢主梁，其制造精度较高，锚点空间位置误差和拉索无应力制造误差是有限的，以几何参数——无应力索长作为调控手段，无疑是适宜的，而对于混凝土主梁除以无应力索长作为调控手段外，必须根据其刚度较大的特点配合闭合力控制，即采用索长、索力双控的方式实施调控，且以力学参数——索力作为主要调控手段。

至此，大跨度混合梁斜拉桥施工控制方法可表述为：以结构无应力几何参数为主要控制对象，中跨钢主梁以几何参数为基本控制目标，以斜拉索无应力索长为主要调控手段；边跨混凝土主梁以力学参数作为基本控制目标，以主梁无应力线形作为线形主要控制手段，以索长、索力双控作为应力调控的全过程控制方法。该方法可称为基于几何控制法的多目标控制法。

(3)几何控制法和多目标控制法的联系和区别。

二者的联系可概括如下。

①二者的力学原理相同，均以结构构件的初始几何状态作为控制对象，成桥状态均与施工过程无关。

②在不考虑收缩徐变且无误差的情况下，二者均可以实现相同的控制目标。

二者的区别也是比较明显的，主要包括如下。

①控制目标不同。

②初始几何参数的求解方法不同。在初始几何参数求解中多目标控制法对于混凝土主梁和钢主梁分别以力学和几何指标作为迭代目标，而单目标几何控制法则以主梁线形作为单一迭代目标。

③调控方法不同。单目标几何控制法以无应力索长作为调控的主要方法，而多目标控制法中，以索力作为调控混凝土应力的手段，以无应力线形作为调控线形的手段。

④斜拉索张拉控制方法不同。多目标控制法采用了索力、索长双控的方法，以适应混凝土主梁刚度大、施工误差大的特点，单目标几何控制法则完全采用无应力索长控制张拉的方式。

⑤适用范围不同。单目标几何控制法适用于主梁刚度较小的大跨度钢斜拉桥，多目标控制法适用于混合梁斜拉桥。

本小节所介绍的斜拉桥施工的三种控制方法(索力—高程控制法、几何控制法和多目标控制法)的比较见表 4.1。

表 4.1 三种施工控制方法的比较

对比项目	控制方法		
	索力—高程控制法	几何控制法	多目标控制法
适用范围	混凝土斜拉桥、中小跨度钢斜拉桥	大跨度和超大跨度钢斜拉桥	大跨度和超大跨度混合梁斜拉桥
主梁刚度	刚度较大	刚度较小	刚度差异明显
主要控制目标(对象)	索力、高程	无应力几何参数	无应力几何参数、力学参数
主要调控手段	索力、标高	斜拉索无应力索长	中跨:斜拉索无应力索长;边跨:主梁无应力线形、斜拉索无应力索长、斜拉索索力
斜拉索张拉控制方式	索力	无应力索长	索力、索长双控
受环境因素的影响程度	影响较大	不受影响	影响较小
受施工临时荷载的影响	影响较大	不受影响	影响较小
施工步骤变化时的影响	影响较大	不受影响	不受影响
是否可以多工序同步作业	否	是	是

4.2 施工监控

4.2.1 施工监控的目的与意义

1.施工监控的目的

桥梁监控是通过在项目地点根据施工过程对施工对象进行数据采集,及时根据数据反馈来优化项目,并将变化控制在合理范围内,对桥梁在施工过程中主塔、主梁、拉索所对应的内力、线形以及应力等各项数据进行实时监测,并对与理论数据有偏差的数据采取适当的措施进行控制。这样可以使桥梁在各个施工阶段结构的变形和内力始终处于安全可控的范围之内来保证桥梁施工的进行,并保证各个分部构件在根据施工过程组合在一起形成桥梁整体结构时整体的应力、弯矩、线形与一开始的设计指标相符合。

施工控制在整个桥梁施工的质量安全保障中有着举足轻重的地位，是桥梁从开始建造到成桥运行整个过程中施工安全和建设质量的根本保障。施工监控的作用是在桥梁建设的过程中对结构中的主要组成部分如主梁、主塔、斜拉索在其主要受力截面和测点位置处的变形监控以及内力的测量。将目前较为先进的测试技术与分析手段用于实际的施工过程中，对桥梁进行建模、对构件进行参数分析，并与实际的监测数据进行比较调整来构成一个比较全面完整的体系。

在施工现场跟踪测量构件的各项数据指标，再根据已有的模型进行计算分析，最后得出最适合施工特点的改进和控制措施。可以将施工过程中的各项指标如弯矩、剪力、塔偏、变形等控制在合理范围之内，来保证整个项目施工的流程中各个部件以及整体结构的安全和稳定。结合实测数据与理论模型数据的对比，在实际过程中对施工进行指导，使成桥后的线形、内力等达到设计指标要求，保证工程及以后使用中的安全和稳定，保证桥梁结构体系能稳定运行。

斜拉桥结构形式为多次超静定结构，所以在桥梁建设的过程中，桥梁整体结构体系的受力特点会随着施工进度的推移一直变化。而且在施工现场不同时间段构件的荷载和温度都在发生改变，这种偏差一直伴随整个施工过程，若一直积累并且不进行调整修正的话，在后续的施工过程以及成桥以后，会因为之前的误差积累过多而无法保证桥梁的安全性和可靠性达到预期的目标。所以在实际施工的每个步骤，各个部件的构件和线形的控制就显得尤为重要，就需要在流程中及时地做出改进和调整，从而尽可能地避免后续随着施工阶段的推移所累积的施工误差对桥梁造成安全隐患。混合梁斜拉桥的边跨用混凝土浇筑，中跨采用钢箱梁，大部分钢箱梁之间的连接方式为焊接，那么对于钢箱梁的安装精度的要求就会更高，钢箱梁安装线形控制难度较高，钢结构对温度影响敏感，所以有效的施工监控显得更为重要。

2. 施工监控的意义

斜拉桥随着施工进度的推移，自重在不断地累加，临时荷载的增减，结构弹性模量的变化，桥面上人工、吊机等施工机具的荷载重量及位置的不断变换，温度实时的变化，以及混凝土自身的水化热、收缩与徐变，这些因素都会影响结构的内力以及形状的变化，而它们在施工设计阶段在模型中是无法进行准确的定量运算的，因此这些因素不可被忽略。

在桥梁施工过程中，为了保证施工安全及进度，使其能达到最终设计的理想状态，要对其各项指标进行监控，根据测出的数据及时地对偏差进行修改和调整，保证最终桥梁结构内力分布合理，弯矩、线形都在要求范围之内，保证桥梁施工过程中的安全及以后运营的稳定。施工监控的意义体现在以下几个方面。

(1)设计图纸的要求是施工达到的预期目标，在施工的各个阶段为了达到设计图纸上设计目标的要求，可以通过施工监控对施工过程以及状态进行现场测量、数据反馈、数据调整，在保证完成设计目标和安全的情况下使结构和施工状态一直保持在合理范围之内和控制之中。

(2)监理方、业主方、设计方和项目的施工承包方应与监控方相互配合，对于在桥梁建设过程中所遇到的问题和难点，应当组织会议进行商讨，共同商榷问题的解决方法。

(3)在桥梁施工的过程中，对每个施工阶段实时监控测量结构的内力和变形，这样可以保证数据的反馈调整可以使结构处于当前阶段最优的受力状态，并尽量保证施工过程中的变化与计算模拟出的状态相符合，这个过程就是不断地反馈数据并进行改进调整，以调整后的数据指导后续的施工，减小或消除之前误差的累加，使桥梁符合设计目标。

(4)桥梁荷载试验与施工监控要相辅相成，仅仅靠荷载试验是无法得到桥梁的恒荷载应力的，这样可以使得对桥梁的结构、线形、内力分布的评估有更加充分的数据。

(5)为了保证施工监控中所埋设的各种应力测试器材以及其他传感器的可靠性，必须严格进场管理，使现场工人加强保护，确保在施工过程中及成桥通车以后及时了解桥梁的内力等数据是否正常，并与之前理想指标进行对比，评估当前桥梁的健康状况。

(6)结合其他项目桥梁施工监控的技术与经验，通过施工过程中科学合理的监控，可以更好地掌握和分析桥梁的受力变形情况，为后续施工的监控与设计优化提供了可靠的数据支持和依据。

(7)对桥梁进行施工监控，使其受力出现偏差时，在不影响结构整体安全性的前提下可以及时地对误差进行修正，来保证结构合理的线形与内力，也可以优化施工方法，使多个工序同时进行交叉作业，以便有效地节省开支，缩短工期。

4.2.2　施工监控的内容与流程

1. 施工监控的内容

斜拉桥施工控制的基本内容包括如下。

(1)主塔线形及内力控制。

首先,主塔施工线形控制较为烦琐,需考虑预偏值;其次,主塔施工过程中需对内力进行控制,以确保主塔结构受力安全。要求监控充分考虑各种因素的影响,采取合理有效的监控措施确保主塔施工过程中线形和内力两个环节控制到位。

(2)主梁制造、架设过程中内力、线形和稳定性监控。

混合梁斜拉桥主跨采用钢箱梁结构,同时本身又具有斜拉桥原有的结构特点,因此,钢箱梁的施工以及斜拉索安装过程中的索力控制是混合梁斜拉桥施工控制的最重要的工作内容。钢箱梁施工工艺烦琐,预制过程中的主梁制造线形、焊接变形等均会对成桥阶段结构的受力分布和成桥线形造成影响。线形控制主要涉及拼装焊接阶段主梁的横桥向线形,以及顶推或吊装施工阶段主梁的顺桥向高程情况和轴线偏位情况。钢箱梁施工完成后,主梁的标高要满足设计标高的要求,主梁轴线偏位也要控制在允许范围之内,确保就位后的梁体线形与设计线形吻合;受力控制主要涉及钢箱梁内的应力,吊装支架、挂篮等施工设备的受力情况,以及临时墩的支反力。对采用顶推施工的桥梁,在钢箱梁顶推施工中,要保证顶推梁段的应力、挠度变化以及临时墩支反力均处于容许范围之内;确保梁体的稳定性,不致出现整体倾覆的风险;尽可能地保证顶推过程中各顶推千斤顶的受力均匀。要求施工监控时充分考虑各种不利因素的影响,采取合理有效的监控措施确保上述环节控制到位。

(3)施工索力的控制与调整。

斜拉桥斜拉索倾角变化较大,结构空间效应明显,在拉索索力作用下,主塔将承受巨大的压力和弯矩。因此,要求施工控制理论分析必须准确模拟空间索面,确定合理的斜拉索初张力及张拉顺序,保证施工过程中主塔柱受力平衡,并将理论计算和监测结果进行对比分析,对各阶段斜拉索张拉力进行调整。现场索力测试时要求测控精度满足工程要求,确保索力测试的准确、可靠。

(4)合龙控制。

斜拉桥的合龙控制是一个关键工序,合龙精度往往是评价监控工作成败的一个重要指标。合龙过程是一个体系转换的过程，因此要求施工监控考虑各种影响因素，为斜拉桥的合龙确定出最佳方案和时机。

混合梁斜拉桥具体施工监控工作的内容如表 4.2 所示。

表 4.2　施工监控工作内容

施工阶段	分析项目	具体工作内容	备注
施工前期	设计复核计算	①承载能力极限状态验算； ②正常使用极限状态验算	按规范及设计文件进行复核计算
	合理成桥目标状态复核	最优成桥索力验算	与设计对比
	理想施工状态确定	①结构预拱度计算； ②斜拉索初始张拉力计算； ③结构线形； ④无应力索长计算	按规范及设计文件进行复核计算
	施工过程模拟分析	各施工阶段应力、应变、稳定性计算	按施工组织设计进行过程计算
	结构参数敏感性分析	结构容重、材料热膨胀系数、弹性模量、尺寸、边界条件等参数敏感性分析	
	重要临时结构复核验算	对施工中重要的临时设施进行受力、变形和稳定性计算	按照施工单位提供的临时施工参数进行复核验算
施工过程	索塔	①塔底应力监控； ②塔身线形监控； ③塔顶偏位监控	
	钢箱梁	①工厂组拼阶段监控； ②现场安装顶推监控	
	斜拉索	①张拉力测试与控制； ②调整索力值	
	结构状态评估	对当前结构状态进行评估	
	设计参数识别及修正	根据误差值识别设计参数	
	误差分析及调整	线形、应力状态等	

续表

施工阶段	分析项目	具体工作内容	备注
成桥阶段	成桥状态计算	按实际参数取值,考虑既有施工误差及支座偏差等影响,计算成桥线形、应力及稳定性	为运营阶段提供初始结构状态

2. 施工监控的流程

混合梁斜拉桥施工监控的流程如图 4.6 所示。

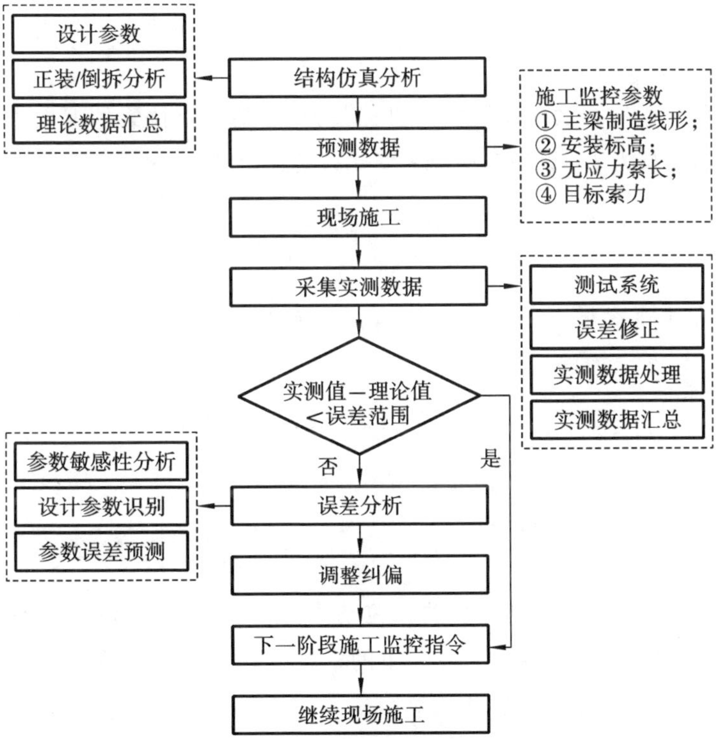

图 4.6　施工监控的流程图

4.2.3　施工监控的计算方法

1. 正装计算法

斜拉桥施工的特点是桥梁的设计与施工具有较高的耦合性,因此必须在斜拉桥的方案设计阶段就考虑到实际现场施工的可行性。正装计算法又称前进分析法，其原理是：首先在斜拉桥的方案设计阶段确定桥梁最优的理想成桥状态，即目标索力和成桥线形，并以此为目标；然后初拟施工过程中张拉索力，按实际施工顺序完成模拟计算，最终获得成桥状态下的索力；对比施工索力计算结果与理想成桥索力，通过不断修正初拟施工索力，直至两者误差满足精度要求（不大于5%）。

正装计算法可以相对真实地模拟斜拉桥施工的全过程，易于理解；运用该方法指导下的斜拉桥仿真模拟可以通过不断调节各项设计参数，对监控系统进行循环改进；实现分析各构件在施工中的工作状态，保障桥梁施工的安全；确定具体的安装索力与目标线形，为监控系统提供控制目标和依据。利用正装法计算施工索力具体步骤如下。

假定斜拉索经一次张拉即到达目标索力，设某根斜拉索的理想成桥状态下索力为 T_1，索长为 L_1，计算其基础索长 L_0，见式(4.28)：

$$L_0 = \frac{L_1}{\left(\frac{T_1}{EA} + 1\right)} \tag{4.28}$$

设对应基础索长下的索力为 T_2，则相对初始状态下的索力修正值见式(4.29)：

$$\Delta T = T_2 - T_1 = \frac{L_2 - L_0}{L_0} \cdot EA \tag{4.29}$$

则各施工状态下修正后的张拉初索力见式(4.30)：

$$T_2^i = T_1^i + \frac{L_2^i - L_1^i}{L_0^i} \cdot EA = T_1^i + \frac{L_2^i - L_1^i}{L_1^i}(T_1^i + EA) \tag{4.30}$$

式中：T_2^i——第 i 根索的修正后的张拉初索力；L_2^i——第 i 根索的初张拉后索长；T_1^i——第 i 根索的理想成桥状态下的索力；L_1^i——第 i 根索的理想成桥状态下的索长；L_0^i——第 i 根索的基础索长。

2. 倒拆—正装计算法

倒拆法的计算原理运用了以终为始的思想，将斜拉桥最终的理想成桥状态作为计算分析的起点，按照与实际施工流程完全相反的顺序，通过依次拆除模型的单元、约束、荷载等，实现模型的倒拆；逐个阶段地分析剩余结构力学参数的变化，并计算相应的控制参数；最后以获得的控制参数为依据进行施工监控。

倒拆计算法相对正装计算法来说对施工经验的依赖较少，可更快速地解得斜拉桥的初张拉索力，但该方法本身仍有一些缺陷尚未得到解决，两种计算方法难以实现计算结果的完全闭合。具体原因可分为如下两种。

(1)计算参数。

导致两者结果不闭合的计算参数有许多种，如倒拆计算法因模拟时采用逆向时程，无法还原混凝土材料的收缩和徐变效应；斜拉索的垂度效应和梁柱效应等非线性因素，如在跨度较大的斜拉桥模拟计算中，斜拉索在自重作用下会产生较大的垂度效应，引入一定的计算误差，导致计算结果的不闭合。

(2)结构体系状态。

倒拆计算法确定的施工过程条件过于理想化，往往难以与斜拉桥实际施工的情况相吻合。例如在主梁的合龙段浇筑、临时固结与各类施工支架的安装与拆除过程中，为实现倒拆计算法模拟的效果需保证零应力拆除。但在实际施工中往往较难实现此类过程的理想化施工，倒拆计算法求解的各类施工参数的准确性难以保障。

倒拆—正装计算法顾名思义结合了两种计算方法的特点，通过对倒拆法进行适当改进，克服了上述两种缺陷，其基本原理：结合两种计算方法对斜拉桥进行多轮计算。首轮结构计算使用倒拆法进行，并且不考虑各类计算参数导致的误差；第二轮计算使用正装法进行，该轮以首轮倒拆法的计算结果为中间目标值，并考虑结构的收缩徐变及各类非线性因素。按照该流程对计算结果进行反复迭代，直至两种方法的计算结果吻合。

3. 正装迭代计算法

正装迭代计算法的基本原理：以斜拉桥理想成桥状态，即目标索力和成桥线形为目标进行多轮正装法计算。在第一轮正装计算当中，依据工程经验首先拟定一批初始张拉索力，并最终获得一个成桥状态；将该轮计算结果与目标索力和成桥线形进行比较并做差，再结合最小二乘法原理对两者进行匹配拟合，得出修正后的初始张拉索力，代入下一轮正装计算；重复上述步骤并进行反复迭代，直至正装计算结果与目标值的差值达到容许范围内。

设某斜拉桥共有 n 根斜拉索，则需调整的张拉初索力数量同为 n，张拉初索力为 $\boldsymbol{T}^0$。对第 j 号斜拉索分别施加张拉初索力时，其对应引起的其余索的索力增量可表示为$\{T_{ij}\}(i=1,2,3,\cdots,n;j=1,2,3,\cdots,n)$，由此可构成索力影响矩阵 $\boldsymbol{F}_{\mathrm{T}}$，见式(4.31)：

$$\boldsymbol{F}_{\mathrm{T}}=\begin{bmatrix} T_{11}^0 & T_{12}^0 & \cdots & T_{1n}^0 \\ T_{21}^0 & T_{22}^0 & \cdots & T_{2n}^0 \\ \vdots & \vdots & & \vdots \\ T_{n1}^0 & T_{n2}^0 & \cdots & T_{nn}^0 \end{bmatrix} \tag{4.31}$$

设首轮张拉初索力为 $\boldsymbol{T}_1^0$，目标理想索力为 $\boldsymbol{T}^{\mathrm{m}}$，首轮计算施工索力为 $\boldsymbol{F}_1$，索力增量为 $\Delta\boldsymbol{F}_1$，则目标理想索力与首轮计算施工索力的差值可表示为式(4.32)：

$$\Delta\boldsymbol{F}_1=\boldsymbol{T}^{\mathrm{m}}-\boldsymbol{F}_1 \tag{4.32}$$

设张拉初索力调整为 $\Delta\boldsymbol{T}_1^0$，则有式(4.33)：

$$\Delta\boldsymbol{F}_1=\boldsymbol{F}_{\mathrm{T}}\Delta\boldsymbol{T}_1^0 \tag{4.33}$$

通过求解式(4.33)得到 $\Delta\boldsymbol{T}_1^0$，获得用于第二轮迭代的张拉初索力见式(4.34)：

$$\boldsymbol{T}_2^0=\boldsymbol{T}_1^0+\Delta\boldsymbol{T}_1^0 \tag{4.34}$$

将新获得的张拉初索力 $\boldsymbol{T}_2^0$ 以此步骤再次进行正装迭代，直至第 i 轮的施工索力值 $\boldsymbol{F}_i$ 与目标理想索力 $\boldsymbol{T}^{\mathrm{m}}$ 的差值收敛至容许范围内。

4. 无应力状态计算法

无应力状态计算法的基本原理：假定斜拉桥结构完全符合线弹性理论，不考虑混凝土收缩徐变的影响；无论按照何种施工顺序，只要各构件初始的无应力长度与无应力曲率不变、成桥状态下的荷载与边界条件不变，最终计算所得目标索力和成桥线形的解是唯一的，不受结构的形成过程变化的影响；解除约束条件和荷载条件，恢复还原后的斜拉桥各构件基础属性不变。

因此，在该计算方法的指导下，只要对各单元的无应力状态量进行控制，在施工过程中校核线形与受力变化情况，即可建立施工阶段与成桥阶段的联系。该方法显著提高了施工监控工作的效率，减少了所需的计算工作量；同时实现了对多项工序同步施工的施工监控，加强了监控系统的应变能力。

4.2.4 现场施工监控要点

1. 索塔施工监控要点

(1)塔身偏移。

在索塔施工期间，为保证索塔施工完成后的各项监测指标符合规范要求，需要在施工过程中，对索塔的垂直度、倾斜度和塔身偏移量进行观测，并通过调整模板等方式完成纠偏。H 形索塔在后期会采用爬模施工技术进行节段的施工，同时塔身开始向内倾斜。随着高度的增加，在塔身自重作用下，会在索塔根部以及内倾起始处造成较大的弯矩，塔身整体向内倾斜，难以保证索塔达到目标线形，进而影响到斜拉索安装阶段钢锚箱的坐标定位，因此需要在索塔施工期间进行施工监控。

①测点布置。

索塔施工期间，采用施工单位施工放样点作为偏位校核用测点，且需定期对施工单位的测点进行复核。

②监测仪器及方法。

采用全站仪以几何水准测量法监测塔身偏移。采用徕卡反光贴在塔身布置测点。

③监测周期。

索塔每节段立模完成后和每节段混凝土浇筑后。

(2)塔顶偏位。

塔顶偏位主要是指关键工况前后索塔沿桥轴线方向和横桥向的位移。索塔通过主缆承担着相当部分的主梁重量，并且在不平衡荷载和大气温差及日照影响下，均会产生不同程度的变位。而作为多次超静定结构，索塔空间位置的改变必然会导致结构内力的变化。为了不影响主梁的架设施工、确保斜拉索的安装定位准确、最终实现索力和线形与设计目标吻合，必须监测索塔顶端在风荷载、温差、索力变化等因素的影响下偏离平衡位置的程度。

①测点布置。

索塔施工封顶完成后，在每个索塔塔顶各布置 2 个永久测点，共布设 4 个测点。测点布置如图 4.7 所示。

②监测仪器及方法。

塔顶偏位情况是索塔结构安全状态的最直接的体现，因此在施工过程中应定期进行测量。观测仪器选用全站仪，采用几何水准测量法进行测量。以塔顶安装的棱镜为后视测点，测出塔顶的坐标。测点初始坐标为索塔封顶后、挂索前裸塔的塔顶坐标，并记录此时的温度。测量工作应在风力较小、温差稳定的时间段进行。施工过程中索塔的纵向与横向偏位即为每次测试值与初始值之差；测量后对偏差进行评估，确保偏差在可控范围内；判断索塔的受力状态，并及时通知施工方完成纠偏工作。

③监测周期。

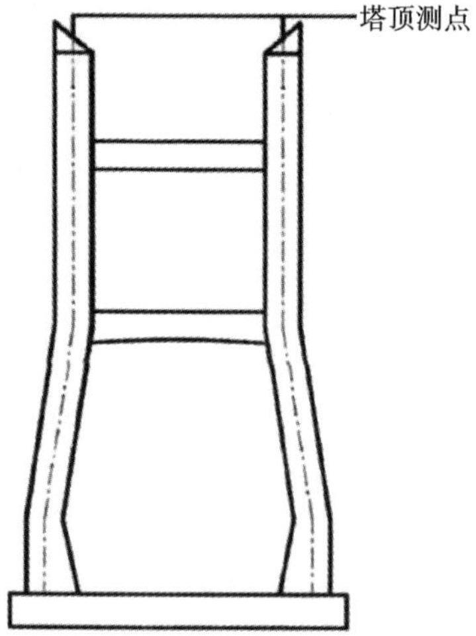

图 4.7　塔顶偏位测点布置图

每批次斜拉索挂索完成后与每批次斜拉索张拉完成后。

(3)索塔应力。

①测点布置。

混合梁斜拉桥若采用 H 形双塔双索面形式,每个索塔柱内需布置 3 个应变测试截面。分别位于索塔底部、索塔主梁高度处以及上塔柱锚索区底部,具体位置如图 4.8 所示。混凝土截面选用埋入式应变计。

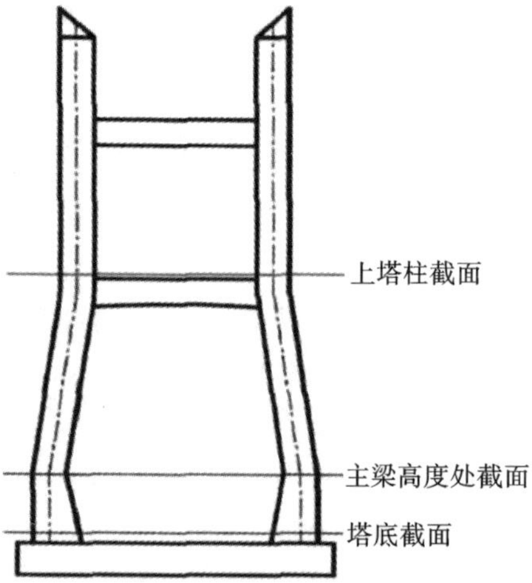

图 4.8　应力监测截面布置图

②测试仪器及方法。

主塔应力测试仪采用振弦埋入式应变计，数据采集仪选用与之相配套的长沙金码 JMZX-3001L 综合测试仪，可直接读取数据。

③传感器的布设。

索塔传感器通常为永久埋设，后期难以进行调整，故埋设前应进行完善的准备工作。埋入式应变传感器的所有测点均须在构件混凝土浇筑之前，安装在相应位置的纵向钢筋上；埋设前需对应变计进行多次功能测试，确保传感器质量可靠且性能稳定；同时所有应力传感器在布设前均完成标定。应力传感器在埋设完毕后，应随即读取读数并记录，作为后续计算的初始值。

2. 主梁施工监控要点

(1)钢箱梁拼装阶段。

每节段钢箱梁在顶推施工前，运输至现场并吊装在顶推平台上完成焊接拼装。由于钢板的厚度、焊缝的大小、根部间隙等问题，都会间接或者直接造成焊接变形的情况；且焊接后会出现较大的焊接残余变形，势必会对钢箱梁横向线形产生影响。因此，有必要在焊接拼装阶段对横桥向线形进行严密的施工监控。在每节段钢箱梁吊装拼装过程中，在桥面建立相对坐标系，不断地对钢箱梁进行安装测量监控，保证横桥向线形达到设计线形。

①测点布置(将每阶段钢箱梁横向划分为 7 块)(图 4.9)。

图 4.9　高程测点布置图

②测试仪器及方法。

采用全站仪进行测量，测量精度为 0.6 mm+1 ppm(测距)，0.5″(测角)。进行主梁拼装线形控制时，采用全站仪把控制点引到主梁上，再利用高精度水准仪，测出每个点的高程，将实测高差与理论制造线形进行对比分析。

③测量周期。

当一个顶推周期开始前，进入工作准备阶段时进行监测。每节段钢箱梁顶推到位后进行复测。

(2)顶推施工阶段与挂索张拉阶段。

大跨度桥梁采用顶推法施工必须保证施工过程中应力、线形可控，成桥受力状态合理，线形符合设计要求，因此施工过程控制尤为重要。箱梁的顶推过程是结构体系不断转换的过程，加之其又为曲线箱梁，梁体受力很复杂；顶推过程中梁的定位阶段，运用有限元分析软件 ANSYS 建立桥梁顶推施工过程阶段模型，分别运用梁单元 beam188、189 对箱梁和导梁进行模拟，对结构的变形和内力进行预测。并通过设置必要的应力传感器监测结构内力状态，通过几何观测监测结构的位移状态，以指导施工，预测施工过程中主桥结构的可靠度、安全性与稳定性，在必要时提出预警，保证成桥后钢箱梁线形。

监控内容：顶推阶段主要监控内容分为两部分，即变形监控与应力监控。

变形监控：导梁前端坐标；钢箱梁标高、线形；临时墩垂直度、沉降量。

应力监控：钢箱梁关键截面应力；临时墩支反力。

①导梁挠度监控。

在顶推过程中，导梁端部的挠度在不断变化。一般说来，导梁端部挠度由于滑块压缩量不一、导梁与梁体连接螺栓松动、温度变化等原因，总是大于预测值。悬臂端挠度可表现线弹性情况，挠度过大或挠度突然增大过快都是危险信号，因此为保证导梁受力安全，顺利通过支墩，在导梁前进过程中，特别是导梁悬臂最大时，应对其端部标高进行监测。此外，导梁最大悬臂端部挠度实测值，可以为千斤顶临时起顶主梁高度提供依据。

a. 测点布置。

在导梁部分设置挠度监测截面，每个测试截面设置上下游两个挠度测点，测点处设置棱镜。

b. 测量仪器与方法。

采用全站仪测量。方法为几何水准测量法，测出测点处的坐标，与理论计算得到的变形后的坐标进行对比，根据计算结果评估偏差是否在可控范围内，如果偏差过大要分析偏差出现的可能原因，确保整个施工过程中导梁前进方向均处于可控范围内。

c. 监测周期。

顶推过程中导梁前段到达每跨跨中位置；顶推过程中导梁进入最大悬臂状态；顶推完成后。

②主梁高程监控。

a. 测点布置。

在顶推施工阶段与挂索张拉阶段，选择钢箱梁两端及 1/2 断面作为主梁高程监测截面，测点截面布置见图 4.10。每个主梁标高观测截面横断面采用 3 点控制：布置 3 个测点，除能够对主梁的标高进行控制外，还能通过对称点的高程差对主梁的扭转角度进行控制，测点要进行必要的标记且形式醒目。场地内设置了 4 个强制对中墩作为测量控制点，选择最近的控制点进行引测以便获得主梁测点高程。为保证测量数据准确，首先要保证测量基准点高程准确，因此应定期对高程基准点进行复核。

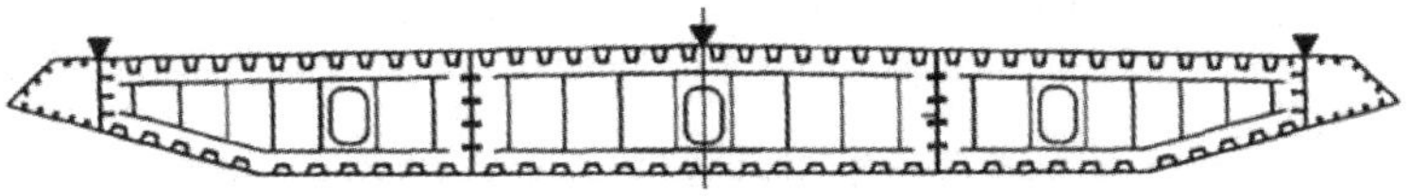

图 4.10 主梁高程测点截面布置图

b. 监测仪器及方法。

高程测量采用精密水准仪和水准尺测量。测量方法采用几何水准测量法。

c. 测量周期。

主梁测量周期与顶推过程中的轴线偏位测量周期同步，当前顶推节段顶推到位后进行监测。

③主梁应力监控。

a. 测点布置。

在顶推施工阶段，主梁共设 9 个应力监测截面（边跨跨中，墩支点、主塔根部，1/4、跨中、3/4 断面）。每个主梁截面上下缘共设置 6 个高精度表面式钢弦应变传感器。主梁的代表性截面为各跨的跨中、主跨四分点截面和中间支座处截面，主梁应力测点截面布置见图 4.11。

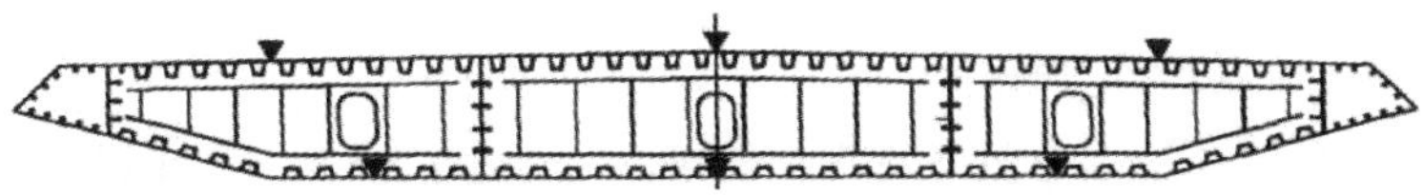

图 4.11 主梁应力测点截面布置图

b. 测试仪器及方法。

主梁应力测试仪采用表面式应变计，数据采集仪选用与之相配套的长沙金码 JMZX-3001L 综合测试仪，可直接读取数据。

c. 应变传感器布设。

应变传感器布设因需要在施工现场，故在具体操作时需要施工人员给予配合。对于主梁梁传感器的布设，在有传感器布设截面的梁段制作完成后，请施工单位及时通知现场监控人员并配合将传感器底座焊于钢板上。顶板传感器采用粘贴的方式布设在 UHPC 高性能混凝土桥面板底部，要保证传感器稳定不脱落。

布设时要选择质量可靠、性能稳定的传感器，所有应力(应变)传感器在布设前均进行标定。每次应变传感器初装后，确保应变传感器处于正常的工作状态，同时，在初次布设完毕后立即对其进行初读数并记录。

在每次数据采集时应同时记录日期、天气及温度读数。

d. 监测周期。

初次安装；导梁在顶推过程中，每跨的最大悬臂状态；主梁顶推到位；斜拉索张拉前后；拆除临时墩及支架；二期荷载作用后，与斜拉索索力测量同步。

3. 斜拉索施工监控要点

作为斜拉桥的主要受力构件，确定斜拉索的制造长度是斜拉桥施工中的关键问题。若钢箱梁为预制构件，梁段上的斜拉索导管位置、角度以及构造尺寸无法在后期进行调整。假使斜拉索与导管壁发生摩擦碰撞，或因制造长度误差导致无法准确完成安装，都将对其结构耐久性和安全性造成无法挽回的影响。因此应在前期尽可能精确地求解斜拉索的线形方程、制造长度和导管倾角等，确保后续工序的顺利实施。

斜拉索的制造长度通常由三部分组成：①根据成桥线形和设计索力计算的无应力索长，此部分由监控单位结合现场实际条件确定；②张拉端与固定端的锚具构造尺寸及螺母等因素确定的索长增项，此部分由拉索制造厂家确定；③调整用预留长度。

(1)无应力索长计算理论。

目前常见的斜拉索参数计算理论有两种，分别是悬链线法计算理论和抛物线计算理论。两者都遵守如下基本假定：斜拉索为线弹性材料，基于胡克定律分析其应力-应变关系；斜拉索为理想柔性结构，忽略弯曲刚度；荷载沿着斜拉索均匀分布；不考虑斜拉索截面面积变化。

关于悬链线法计算理论和抛物线计算理论，在本章第 4.1.4 小节已有详细介绍，在此不再赘述。

(2)制造长度计算结果。

可采用《公路斜拉桥设计规范》(JTG/T 3365—01—2020)中推荐的方法确定斜拉索制造长度。推荐公式见式(4.35)：

$$L = L_0 - \Delta L_e + \Delta L_f + \Delta L_{ML} + \Delta L_{MD} + 3d \tag{4.35}$$

式中：L——斜拉索下料长度；L_0——长度基数，即该斜拉索上下索孔出口处在斜拉索完成张拉后锚固面的空间距离；ΔL_e——拉力作用下斜拉索弹性伸长修正；ΔL_f——张拉端锚具位置修正；ΔL_{ML}——锚固段锚具位置修正；ΔL_{MD}——锚固板厚度；$3d$——斜拉索两端所需的钢丝墩头长度，d 为钢丝直径。

(3)索力测试方法和测试仪器。

斜拉桥索力监控的实施主要对斜拉索在各个张拉阶段的控制初张力进行监控，掌握施工过程中斜拉索的内力，并进行预测评价。对成桥后的索力进行测试，并与模拟值和设计值进行对比，以便对索力进行二次调整。一般可采用振动频率法进行索力测试，仪器选用长沙金码生产的 JMM-268 型索力动测仪。该仪器的原理是通过测试整根斜拉索的振动频率，依据频率-索力换算公式计算出对应的索力值。

在每批斜拉索张拉完成后随即进行索力测试。首先，在首次测试的斜拉索上标记测量点并记录测试位置，作为后续固定的测点。在进行测量前进行比例系数的修正和标定，以确保计算值能够准确地反映真实索力。频率测试受环境因素影响较大，在测试过程中要保证斜拉索的振动不受外界干扰，测试记录 5 次结果，剔除无效数据，其余数据取平均值进行计算。

4.3　施工精度控制

4.3.1　误差来源与误差效应分析

无论是传统施工控制方法还是几何控制法，从力学本质上而言，它们是完全相同的，都是依据静力平衡方程和变形协调方程计算的。在没误差的情况下，可以实现完全相同的控制目标。施工误差以及相关参数的实际值与理论值之间的不一致是桥梁理想情况与现实之间存在差异的主要原因，导致仿真分析模型模拟的不准确。通常在设计中是不允许桥梁结构发生塑性变形的。因此，结构参数的确定是决定模拟计算与实际情况是否相符的关键所在。对于大跨度混合梁斜拉桥，它是一个高阶时变体系，施工复杂，工序繁多，施工误差的影响因素也颇多；其独特的结构使体系易受环境的影响且随施工的进行不断变化。与几何控制法相比，传统的开环控制、闭环控制等施工控制方法已不能解决大跨度斜拉桥所遇到的诸如几何参数误差及物理参数误差等问题；特别是在制造、施工过程中，需全面了解可能存在引起实际状态偏离理想状态的种种误差因素。几何控制法主要对出现的误差及时处理，修正模型，如图 4.12 所示，否则成桥后内力与线形将无法逼近理想状态。因此，需对误差来源及误差效应进行分析。

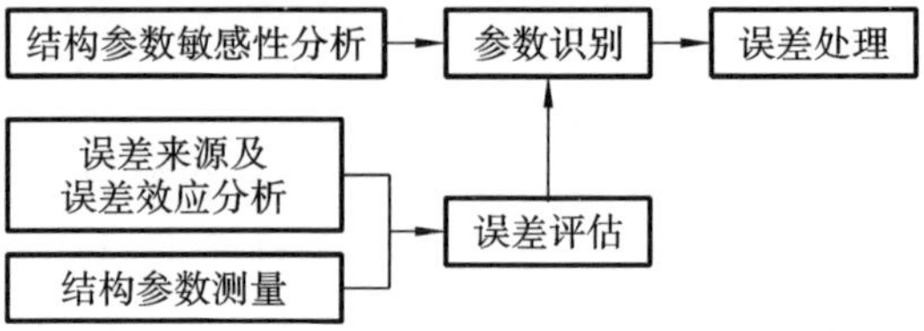

图 4.12　几乎控制法误差控制过程

几何控制法将桥梁的施工控制从安装阶段拓展到构件的加工制造阶段，尽可能地将误差在制造加工中予以有效控制。大跨度混合梁斜拉桥在此过程中的误差可概括为六大类：几何参数制造误差、荷载误差、结构刚度误差、环境误差、施工误差、仿真分析误差。

1. 几何参数制造误差

几何控制法的核心在于构件的无应力关系，因此对制造加工阶段的控制就显得格外重要，这样会降低安装阶段的工作量。对于斜拉索的制造，在工厂测量时可能会存在着这一系统误差，即拉索长度的测量是在 30％破段荷载下进行的。若对荷载测量不准确，势必会导致拉索的长度测量发生偏差。钢主梁、钢锚箱在制造阶段不仅需控制其无应力长度，还需严格控制其无应力曲率关系，否则会因理论无应力状态与实际的无应力状态的不一致而造成误差。如钢锚箱制造的高度发生变化会导致锚点坐标的变化，在索长不变的情况下，将导致主梁的标高发生变化。对于主梁实际制造长度发生变化带来的影响亦然。拉索、钢主梁、钢锚箱在制造时一般会有允许误差范围，但即使将其控制在误差范围内，也会导致主梁的线性和内力出现偏差。施工控制的要求也在于，应最大限度地降低误差所带来的影响，力求将能控制、能避免的误差降低到最小范围内，为目前还不能预知、不能确定的其他因素预留更大的富余量。

2. 荷载误差

荷载伴随着桥梁的整个施工过程，由于随机误差的存在，无论结构的自重、施工临时荷载还是其他荷载都会存在误差，主要体现在如下方面。

(1)结构自重误差。

构件在加工制造、施工时，尺寸上的偏差会引起重力的差异。对钢结构而言，一般在工厂制造，加工误差易于控制，自重变化幅度较小；对于现浇混凝土，胀模现象时常发生且无一定的规律，会造成构件体积变化，材料的重度常出现波动，将影响混凝土自重；此外，钢箱梁在工厂加工成型后称重过程中，由于其体积、重量较大，一般由几辆挂车装载通过地秤最后换算其重量，这一过程中操作不当等因素也将造成真实重量与实测重量出现偏差。

(2)施工临时荷载误差。

施工中的临时荷载包括桥面吊机、挂篮、张拉平台、挂索桁车、临时堆放材料等。临时荷载大小一般较难把握，通常设计模型中所采用的值是经验预估的，且在施工过程中，不确定因素较多，临时荷载也会经常移动。无论是均布荷载还是集中荷载都可能发生变化。临时荷载的变化势必导致施工阶段内力及线形的误差。几何控制法对无应力状态量的控制以确保成桥内力及线形与设计理想状态吻合，其应用的前提是在线弹性范围内，一旦结构发生塑性变化，无应力关系发生变化，这一结论也就不成立。从施工安全性、可靠性方面而言，对临时荷载的控制可以避免施工中出现应力、变形过大，以致危及施工安全、结构的稳定。尤其是大跨度斜拉桥达到大悬臂阶段时，这一问题显得尤为重要。因此，整个施工过程中，不仅要确定并控制临时荷载的大小，还需严格控制其位置。

(3)索力及预应力误差。

施工中影响索力、预应力的因素也较多，如锚固设备、张拉机具、管道摩擦、预应力损失的不确定性、钢索弹模和尺寸。对于拉索，可能会因索导管的误差造成拉索弯折“卡壳”，导致张拉端的索力过大而整个拉索受力较小，影响梁段标高，需在张拉过程中分析确认后采取措施；对于长索应避免展索造成的扭转，使拉索在还未张拉就可能处于高应力状态，增加其脆断风险。

(4)收缩、徐变误差。

斜拉桥中的混凝土部分，如索塔、主梁、桥墩等，在计算分析时需考虑收缩、徐变的影响。收缩、徐变的取值，混凝土加载龄期的大小及节段间龄期的差异，构件受力状态都会引起收缩、徐变的理论值与实际存在偏差。且老规范《公路钢筋混凝土及预应力混凝土桥涵设计规范》(JTG D62—2004)和新规范《公路钢筋混凝土及预应力混凝土桥涵设计规范》(JTG 3362—2018)对相应参数做了不同假设取值，按新老规范计算也会出现差异。斜拉桥这样的高次超静定结构，收缩、徐变不仅导致结构内力重分配，还将引起线形变化。施工中通过应变计测出已包含收缩、徐变的应变值可求出收缩、徐变的应变，但该应变所对应的应力仅为收缩、徐变的一部分，这是导致实测应力失真的重要因素之一。实际中，从计算角度人为地补充收缩、徐变的影响是可行的，可做如下处理。

单元收缩、徐变变位：$\boldsymbol{\delta}_c=\{u_i,v_i,\theta_i,u_j,v_j,\theta_j\}^T$

收缩、徐变内力：$\boldsymbol{F}_c=\{N_i,Q_i,M_i,N_j,Q_j,M_j\}^T$

单元刚度矩阵：$\boldsymbol{K}$

应变计反应的收缩、徐变内力：$\boldsymbol{K\delta}_c$

补充由应变计无法得到的收缩、徐变内力：$\boldsymbol{F}_c-\boldsymbol{K\delta}_c$

该值就是有限元算法中计算收缩、徐变的单元固端力，可用该值对实测值加以修正以获得较为真实的值。

3. 结构刚度误差

结构刚度包含拉索、主梁、主塔、墩柱的刚度等。施工过程中，截面尺寸发生变化，材料的弹性模量变化，特别是边跨结构所需混凝土量较多，弹性模量的离散的可能性也随之较大。这些变化都会影响相应构件的刚度，最终影响到结构的受力变形。

4. 环境误差

环境方面的影响主要在于温度变化和风荷载作用上。温度的影响通常体现在两方面：一是季节性的温差，使结构发生均匀的伸长或缩短；另一方面是昼夜温差，将在构件中产生温度梯度，计算分析也较为复杂。施工控制中，昼夜温差对结构内力及变形带来的影响最大。在每阶段二张及精匹配阶段，对主梁断面、索塔两侧和内外壁、拉索的温度测量应与主梁的线形及索力测量同步，以便对模型进行温度修正。实际中，往往不可能完全同步，存在滞后，而且按照当前的技术手段精确测量温度也存在较大的困难，因此导致温度修正的误差。在大跨度斜拉桥的施工过程中，一般在夜间 22:00 左右温度较为稳定情况下进行拉索二张，以及新梁段的精匹配，这样可以减少温度所带来的误差。此外，按照几何控制法的基本原理，温度对成桥的内力和线形是没有影响的，施工中的线形关系是按照局部相对关系联系起来的，即保证梁段局部无应力夹角不变，对梁段的精匹配和张拉控制均根据这一原则进行，亦可校验温度所带来的影响。

大跨度斜拉桥在施工过程中，易受风荷载的影响，尤其是大悬臂阶段，结构自身刚度较小，柔性较大，即使不大的风力也会加大结构的抖动，这将给线形的测量带来较大困难，导致测试数据出现误差。风荷载本身是一种随机过程，采用等效静力或准常数的方法亦会导致随机误差的产生。

5. 施工误差

混合梁斜拉桥在施工中，边跨一般采取支架现浇，支架变形对边主梁无应力线形的影响较大；且施工中混凝土浇筑时对锚点坐标的影响较大，出现偏差的情况时有发生，最终将影响拉索无应力索长。

6. 仿真分析误差

当前斜拉桥计算分析主要采用有限元法，将实际结构离散成诸如梁单元、杆单元等杆系单元，根据实际的构造及受力方式设置边界条件进行模拟，这个过程本身就是一种简化和近似处理，使仿真模型与实际结构出现一定的差异。对于大跨度混合梁斜拉桥还必须考虑几何非线性和混凝土收缩、徐变的影响。

拉索无应力索长及索力方面的误差主要来自计算公式、测试方法及拉索自重等方面的影响。求解拉索无应力长度时，根据 Ernst 等效弹性模量理论，计算简便，较为实用。但当拉索较长时，垂度效应导致的非线性较明显，若仍近似采用等效弹性模量理论，将会造成一定误差。长索采用悬链线理论计算拉索无应力长度较为精确。

施工中测试索力的方法较多，如千斤顶测索力、锚索计测索力、频率法测索力。拉索自重作用使得索塔锚固点和梁端锚固点不同。若不考虑自重的影响，直接将平均索力作为张拉端指导施工将带来较大误差。锚索计测索力和千斤顶测索力很类似，都是测锚固端的索力。不同的是，千斤顶测索力存在油压表标定、读数方面的误差，且只能在施工期间读数；与之相比，只要保证安装时锚索计与锚垫板垂直，且与相邻接触面紧密平整结合在一起，精度较高。但它们有个共同点：张拉过程中，若索导管处出现“卡壳”，端部的索力就会较正常情况大许多，这种情况在施工过程中并不少见。另外，用频率法测索力时，由于受端部约束方式、抗弯刚度、拉索有效长度、单位质量等参数的影响，需对索力进行修正。

4.3.2　参数敏感性分析

1. 参数敏感性研究基础

由于大跨度斜拉桥的独特特点，与一般中小桥不同，无论是传统的“单控”控制方法(施工阶段以标高控制为主，索力为辅；二期横载施工中以索力控制为主，标高为辅)，还是随后发展的“双控”控制方法(通过内力和线形控制)已较难满足其施工精度及施工安全性要求。为解决这一问题，国外提出了“精度控制”这一理念，以构件的几何形态为基础，加大对制造、安装阶段的控制，这一研究成功地运用于日本多多罗大桥的修建。这一理念有其独特进步之处，虽然未将构件的无应力关系作为施工控制的核心，但仍是施工控制的一大飞越。几何控制法的出现正好弥补了这一方面的不足，无应力关系不仅作为纽带将施工与成桥联系起来，也为参数敏感性的研究分析提供了新的思路。它的创新体现在：以结构的设计参数为基准，考虑结构的梁柱效应、大位移效应、拉索垂度效应等几何非线性的影响，计算成桥内力及线形，并以此内力和线形确定主梁和塔柱无应力关系（长度、夹角）及拉索无应力长度；以这些无应力关系作为敏感性分析的初始输入值，得到结构的响应为基准值，在敏感性分析中，保持无应力状态量不变，探讨设计参数在可能变化的范围内，对施工及成桥线形和内力（包括拉索索力、主梁变形、塔偏、结构应力等）的影响，从而确定影响结构的关键参数。

混合梁斜拉桥体系独特，施工复杂，影响参数较多，总体上可分为结构参数和环境参数，前者如梁重，无应力关系，混凝土的收缩、徐变等，后者如温度的变化等。这些参数的变化不仅影响施工期的结构行为，还将影响成桥以后的线形及内力。设计阶段计算分析通常假定这些参数为理想值，以此计算成桥标高及内力，确定合理的成桥状态。但施工过程中，由于种种因素所带来的误差，这些参数不可能时时处于理想值，若仍以原始理论值计算，将达不到理想的成桥状态。桥梁结构需经过一步步的施工逐渐形成一个完整体系，施工中结构安全不容小视。若对施工中结构的行为变化分析判断不准确，将对成桥的内力和线形产生较大影响。因此，在进行参数敏感性分析时，不仅需探明参数变化对成桥受力和变形的影响，还需分析施工阶段对结构的影响。但实际中，很难将所有的影响参数全部考虑，且同一参数对不同桥梁的影响会不同，即使同一类型的桥梁不同参数对结构的影响也是不同的。因此很有必要通过计算分析，探明哪些参数是影响施工期及成桥阶段结构行为的主要因素，哪些是次要、不敏感因素，这对于全面掌握混合梁斜拉桥施工期和成桥阶段结构行为特点、制定控制策略十分重要，为后续的大跨度斜拉桥施工控制过程中的误差分析及参数识别等工作做准备。

2. 基本原理

借助结构设计敏感性分析的原理，可以知道在结构设计中，总是有多个关于结构在外荷载作用下反应量值的约束条件。如在静力荷载下的节点位移、构件应力和失稳临界荷载上所加的限制、对动力分析时的自振频率及强迫振动振幅所加的约束等。

现选择设计向量 $\mathbf{X}\in\mathbf{R}^n$ 和性态向量 $\mathbf{Y}\in\mathbf{R}^m$，使目标函数如式(4.36)所示：

$$Z=\psi(X,Y)\to\min \tag{4.36}$$

且满足状态方程式(4.37)：

$$F_k=f_k(x,y)=0(k=1,2,\cdots,m) \tag{4.37}$$

及约束方程式(4.38)：

$$G_j=g_j(x,y)\leqslant 0(j=1,2,\cdots,n) \tag{4.38}$$

可以通过研究目标函数 $\psi(X,Y)$ 及约束函数 $g_j(X,Y)$ 在最优点 (X',Y') 处对设计参数 X 的梯度值来进行结构参数敏感性分析。对于施工控制来说，目标函数的最优点即可认为是设计提供的各参数的基准值以及结构相应的基准性态向量，设结构各设计参数的基准向量为 $\mathbf{X}'=[x_1',\cdots,x_k',\cdots,x_n']^{\mathrm{T}}$，相应的基准性态向量 $\mathbf{Y}'=[y_1',\cdots,y_k',\cdots,y_m']^{\mathrm{T}}$，与之对应的控制目标函数为 $\psi(X',Y')$、约束函数为 $g_j(X',Y')$。分析某结构参数 x_k 对控制目标的影响敏感性时，可令其余参数取基准值且固定不变，而 x_k 在其可能的范围内变动，从而可以求得目标函数和约束函数对各设计参数梯度值，分别见式(4.39)和式(4.40)：

$$\nabla\mathbf{Z}=\left[\frac{\partial\psi}{\partial x_1},\frac{\partial\psi}{\partial x_2},\cdots,\frac{\partial\psi}{\partial x_n}\right] \tag{4.39}$$

$$\nabla\mathbf{G}_j=\left[\frac{\partial g_j}{\partial x_1},\frac{\partial g_j}{\partial x_2},\cdots,\frac{\partial g_j}{\partial x_n}\right](j=1,2,\cdots,n) \tag{4.40}$$

从式(4.39)可以得到各参数对目标函数的敏感函数，见式(4.41)：

$$S_k(x_k)=\left(\frac{|\Delta Z|}{Z}\right)/\left(\frac{|\Delta x_k|}{x_k}\right)=|\psi_k'(x_k)|\frac{x_k}{Z} \tag{4.41}$$

式中：$\psi_k'(x_k)=\dfrac{\partial\psi}{\partial x_k}+\dfrac{\partial\psi}{\partial y}\dfrac{\partial y}{\partial x_k}$。

由于目标函数中包含结构的性态响应，与设计变量间的关系只有通过结构分析后才能确定，它是设计变量的非线性函数，没有显式关系，直接求解其对设计变量的导数较为困难，一般可采用近似求解法。

式(4.41)中，如取 $x_k=x_k'$，即可得参数 x_k 的敏感因子 S_k'，见式(4.42)：

$$S_k'=S_k(x_k')=|\psi_k'(x_k')|\frac{x_k'}{Z'} \tag{4.42}$$

S_k' 是一组无量纲的非负数，S_k' 值越大，表明在基准状态下，目标函数 Z 对 x_k

越敏感。通过对 S'_k的比较，就可以对施工过程中各参数的敏感性进行对比评价。

3. 分析实施

敏感性分析的目的就是要确定对桥梁施工影响较大的参数，具体表现在参数发生一定幅度变化后，结构控制部位位移及内力也发生一定幅度的变化。根据各个参数对结构状态影响的敏感程度，将影响参数分为主要参数和次要参数。但影响施工参数的因素很多，尤其是施工参数影响因素的随机性和模糊性，使得施工参数敏感性进行分析很难采用解析法进行。具体对施工参数进行敏感性分析时，可以按照以下步骤来实施。

(1)将参数变化幅度控制在1%左右。

(2)选定控制目标，如桥梁结构跨中挠度等，利用结构分析系统修改参数值，分析参数的改变对控制目标的变化幅度的影响。

(3)根据影响程度确定出主要和次要影响参数。

通过以上步骤确定出主要影响参数之后，在桥梁结构的施工控制之中，着重考虑对主要影响参数的修正。

4.3.3 施工控制精度目标值的确定

1. 施工控制精度目标值概述

施工过程中必然存在误差，为了利于施工操作，有必要建立一个量化的允许误差标准。在一般的设计规范中，对于预制构件尺寸误差、材料特性误差等都有规定，但对于大跨度混合梁斜拉桥施工的允许误差尚无具体标准。《公路斜拉桥设计规范》(JTG/T 3365-01—2020)只是指出，由于斜拉桥是分阶段形成的，加之结构轻柔，故对施工、材料、荷载、温度等影响非常敏感，各施工阶段误差的积累难以判断，对大跨度斜拉桥应加强施工控制，而对施工控制精度的目标值并没有给出具体规定。日本对此进行了大量的研究，而我国大部分斜拉桥施工时，一般是根据各自的技术水平和施工设备给出一个合适的控制目标值。

事先设定合理的斜拉桥施工精度目标控制值是十分必要的，既可以避免架设阶段无休止地调整索力和线形，又可以避免过大的误差累积而影响斜拉桥的耐久性和安全性。施工控制目标，或者说允许误差标准是最优化决策问题，一方面用以保证施工准确度，另一方面也要给予一定的宽容度，便于施工。

2. 施工控制精度目标值的确定

斜拉桥的施工误差不仅影响结构设计内力的变化，也对施工工期产生很大的影响。我国已经建成大量的大跨度混合梁斜拉桥，但至今仍然没有建立合理的施工精度控制标准。

为了缩短大跨度混合梁斜拉桥的架设工期，并使架设误差控制在合理范围内，根据过去斜拉桥施工业绩及其模拟分析，参考各国的相关资料，结合荆岳大桥的施工监控，下面提出大跨度混合梁斜拉桥施工控制精度目标值，供今后大跨度混合梁斜拉桥施工精度管理参考。

主梁拱度计算见式(4.43)：

$$S_g = \pm [25 + 0.5(X - 25)] \tag{4.43}$$

式中：S_g——主梁拱度控制误差(mm)；X——距离最近支点的距离(m)。

主梁塔顶变位计算见式(4.44)和式(4.45)：

$$S_t = \pm H/2000 \ (H \geqslant 100 \text{ m}) \tag{4.44}$$

$$S_t = \pm H/1000 \ (H < 100 \text{ m}) \tag{4.45}$$

式中：S_t——主梁塔顶沿桥轴向控制变位(mm)；H——塔高(mm)。

斜拉索张拉力计算见式(4.46)：

$$S_c = \pm 0.05T_0 \ (H \geqslant 100 \text{ m}) \tag{4.46}$$

式中：S_c——斜拉索索力控制误差；T_0——理论计算索力。

(1)主梁拱度精度目标值分析。

荆岳大桥以桥梁的几何线形为基本控制目标，以斜拉索长度为主要调控手段，以索力为辅助控制目标进行整个主梁的施工控制工作。最终决定采取北塔处主梁施工到 25 号梁段时，北塔附近主梁线形的实测值进行施工状态下的主梁拱度的精度分析。

由图 4.13 和图 4.14 可以看出，荆岳大桥在施工阶段上游和下游测点的标高差均不大于 10 mm，上游和下游测点标高的平均值误差最大值出现在 NZ22 梁段，为 82 mm，明显小于给出的经验公式的最大值 126 mm，满足提出的精度要求。

(2)斜拉索张拉力精度目标值分析。

采取北塔施工到 25 号梁段时，北塔处斜拉索的索力实测值进行施工状态下的斜拉索张拉力的精度分析。

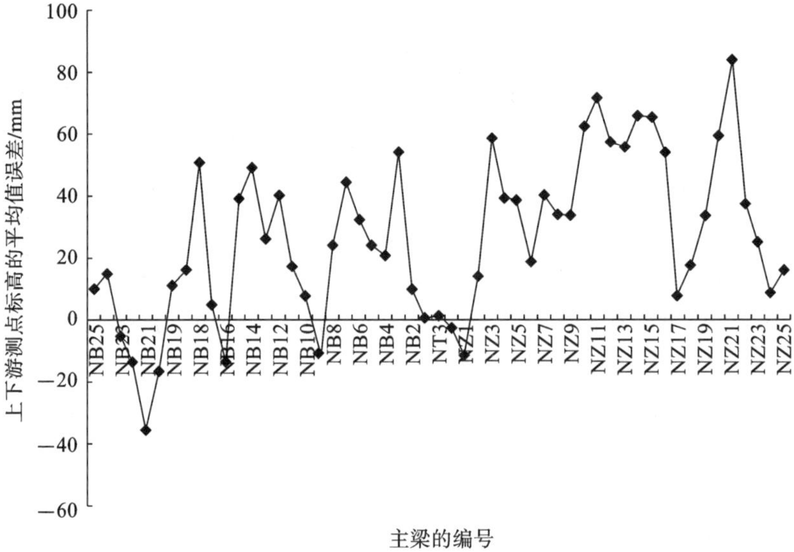

图 4.13　北塔附近主梁上下游测点标高的平均值误差

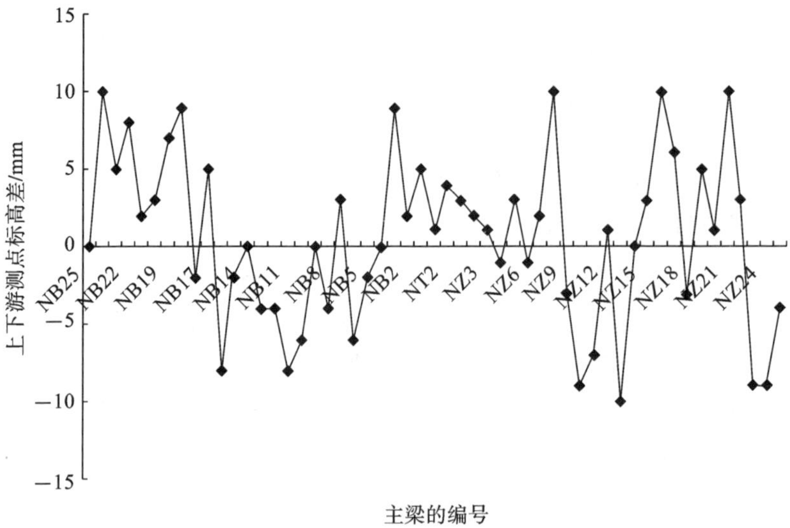

图 4.14　北塔附近主梁上下游测点标高差

由图 4.15 和图 4.16 可以看出，荆岳大桥在施工阶段上下游索力的相对误差均不大于 2%，上游和下游索力的平均误差在 3%附近，其中塔根部有几对斜拉索出现比较大的偏差，是因为这几对索张拉时，主梁基本在托架上，而且临时荷载也比较多。综上所述，实测数据表明给出的在施工阶段的施工控制精度指标值是比较合理的。

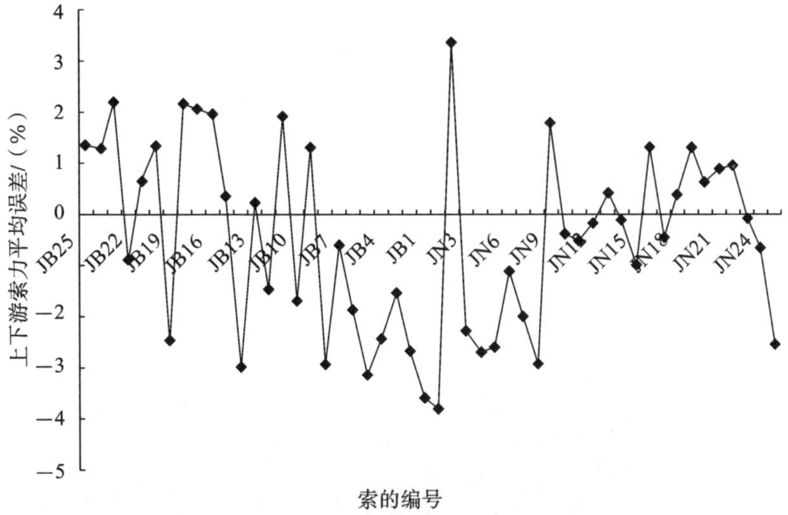

图 4.15　北塔附近斜拉索上下游索力平均误差

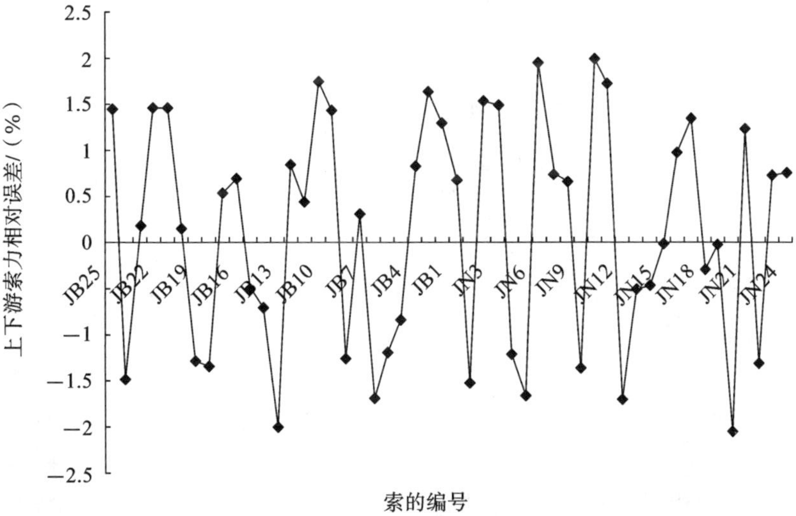

图 4.16　北塔附近斜拉索上下游索力相对误差

斜拉索的张拉力对大桥的成桥状态有很显著的影响，所以接下来在其他的参数保持不变的情况下，采用斜拉索张拉力分别超张 5%、3%、2%进行成桥状态工况下的分析。

由图 4.17 和图 4.18 可以看出，在斜拉索张拉力超张 5%的情况下，其对成桥状态下的主梁控制点弯矩和标高都有较显著的影响，其影响量已明显的超出在 2%、3%时的量值，对标高的最大影响量已达到近 0.5 m，而张拉力在超张

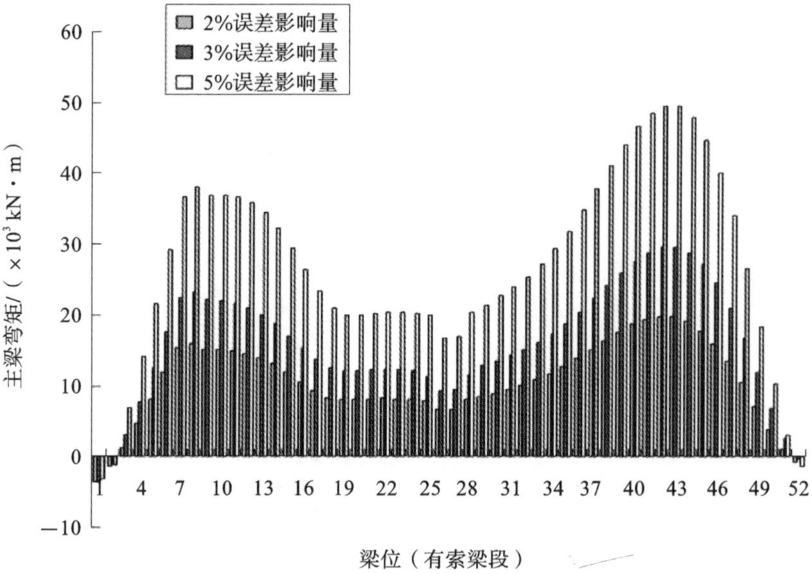

图 4.17　对主梁控制点弯矩影响比较

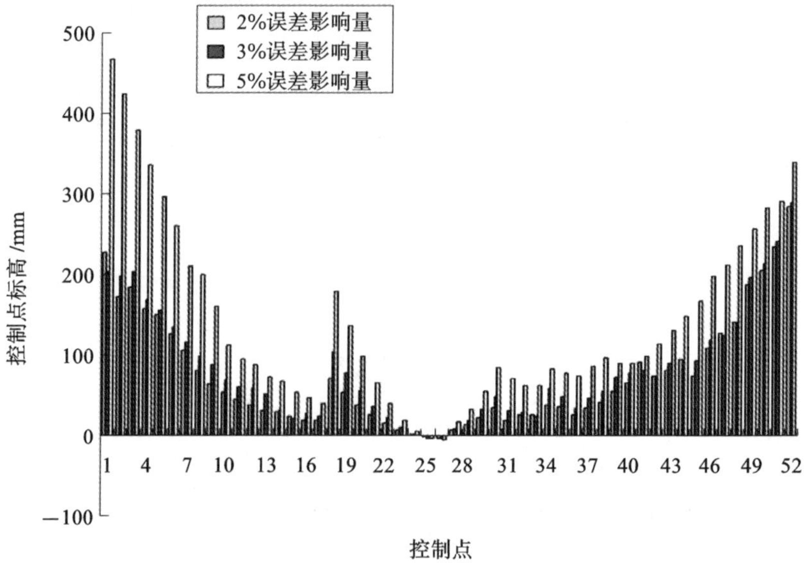

图 4.18　对主梁控制点标高影响比较

3%、2%时，其对主梁控制点弯矩和标高的影响量都相对稳定，影响量量值也相对接近，没有较大幅度的变化，标高差均在 0.25 m 以下。由于施工设备数量等条件限制，斜拉索张拉只能逐个或者分组进行，而对于柔性体系的斜拉桥而言，斜拉索的张拉对整个斜拉桥的受力均有较大的影响，其中包括对其他未张拉斜拉索的索力影响。综上所述，斜拉索张拉力的精度值应控制在 5%以下。

(3)梁重精度目标值分析。

斜拉桥的受力主要包括主梁、塔和索三大部分的截面内力。通常起控制作用的是主梁的上、下缘正应力，在恒载已定的情况下，成桥索力是影响主梁正应力的主要因素。主梁应力与主梁截面的轴力和弯矩有关，因为轴力是变化不大且影响较小的量，故弯矩是对主梁起控制作用的主要因素。

对主梁内力的调整最直接的方法就是调整索力，对主梁线形的调整，调整立模标高是最直接的手段。将参数误差以及索力调整引起的主梁标高变化通过立模标高的调整予以修正。其中索力调整采用恒载平衡法进行索力初拟计算，见图 4.19。

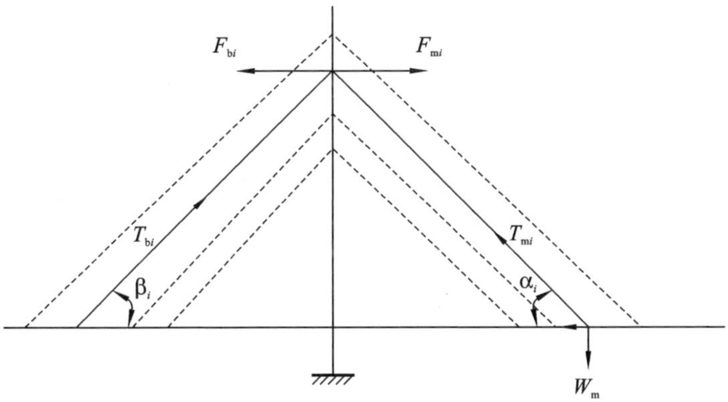

图 4.19　索力初拟计算图式

如图 4.19 所示，对于主跨，忽略主梁抗弯刚度的影响，则 W_m 为第 i 号索所支承的恒载重力，根据竖向力平衡，得到式(4.47)：

$$T_{mi} = W_m / \sin\alpha_i \tag{4.47}$$

拉索引起的水平力见式(4.48)：

$$F_{mi} = T_{mi} \cdot \cos\alpha_i = W_m / \tan\alpha_i \tag{4.48}$$

进一步考察边跨，忽略塔的抗弯刚度，则主、边跨拉索的水平分力应该相等，得到式(4.49)：

$$T_{bi} = F_{bi}/\cos\beta_i = F_{mi}/\cos\beta_i = \frac{W_m}{\tan\alpha_i \cdot \cos\beta_i} \tag{4.49}$$

边跨第 i 号索支承的恒载重力 W_b 可以根据 T_{bi} 作相应的调整，见式(4.50)：

$$W_b = T_{bi} \cdot \sin\beta_i = W_m \cdot \frac{\tan\beta_i}{\tan\alpha_i} \tag{4.50}$$

按照以上恒载平衡法的理论，可以得到北塔处 52 根斜拉索的初拟索力，在此不一一列出。

梁段自重对大桥的成桥状态有很显著的影响，所以接下来采用梁段自重超重 5%的参数误差影响量，其他的参数保持不变，进行成桥状态工况下的分析。

根据主梁弯矩调整结果，可知参数误差影响量很大，但是通过索力调整后，参数误差影响能够基本消除，最终的调整误差相对较小，所以应对参数误差进行严格有效的控制。

根据控制点标高调整结果，可知参数误差对主梁标高的影响也是很显著的，但是通过张拉索力的调整，最终的立模标高调整值很小。参数误差在主梁标高上有明显的反映，通过索力调整，可以让主梁标高维持在原有理论标高上（主梁标高的调整量很小），因此对于荆岳大桥这个柔梁体系的斜拉桥，在悬臂施工过程中以标高控制为主的思想是正确的。

综上所述，梁段自重误差可以通过索力调整基本得到消除，所以梁段制造精度值可以适当降低：混凝土梁段由于胀模，自重普遍超过设计值，精度值取±5%；而钢箱梁梁段自重普遍低于设计值，鉴于施工工艺水平，梁段制作误差稍微偏小，精度值取±3%。

3. 荆岳大桥各项精度目标值建议

基于以往大跨度斜拉桥的施工监控的内容和方法，考虑了施工监控中可能出现的误差，并采取相应的措施，结合荆岳大桥的施工监控，提出荆岳大桥的施工误差精度的目标建议值，如下所述。

(1)施工阶段控制目标的精度要求。

荆岳大桥在施工过程中精度要求如下。

①局部坐标系下主梁安装定位测量。

上游和下游测点标高的平均值误差：±5 mm。

相邻节段相对误差：±5 mm。

上游和下游测点的标高差：±5 mm。

主梁的轴线与已成的相邻梁段偏差：±4 mm，且首先要保证新旧梁段匹配安装到位。

②整体坐标系下主梁完成节段的竣工测量。

上游和下游主梁测点标高的平均值误差：$\pm L/3000$（L 为悬臂长度），如果 $L/300015$ mm，取 15 mm。

相邻节段相对误差：±10 mm。

上游和下游测点的标高差：±10 mm。

主梁的轴线偏差：悬臂长 200 m 之内，$\pm L/20000$，当 $L/20000 \pm 5$ mm 时，取 5 mm；悬臂长度 200～300 m，容许偏差为 $\pm(0.15L/1000-20$ mm)；悬臂长度大于 300 m，容许偏差为 $\pm L/12000$；以上 L 为主梁悬臂的长度(m)。

③索塔线形。

塔顶偏位：$\pm H/3500$，且塔柱轴线偏差：±30 mm。

塔顶高程偏差：±10 mm。

斜拉索锚固点高程偏差：±10 mm。

④斜拉索索力。

延伸量：张拉时的拉索延伸量控制误差为±1 mm。

索力：施工过程中上下游索力平均误差应控制在±3%，对近塔端根部 3 对索可以放宽至 5%。

上下游拉索索力相对误差：±2%。

⑤应力监测及其他技术要求。

索塔应力测量可以考虑索塔施工期间每个节段测试一次，架梁阶段每个梁段测试一次。当应力水平达到 80% 材料允许强度或超过误差范围时应提供预警。应力监测结果应在测试断面浇筑 30 d 后开始提供。

当主梁应力水平达到 60% 材料允许强度或超过误差范围时应提供预警。应力监测结果应在每个梁段完成后提供。

(2)成桥阶段控制目标的精度要求。

在 15 ℃设计基准温度下，成桥状态施工监控达到的目标如下。

①主梁标高。

中跨：$\Delta_g = \pm(0.45X/1000+50$ mm)，X 为距离塔中心线的距离(m)。

边跨(塔中心线至边跨跨中)：$\Delta_g = \pm(0.22X/1000+50$ mm)，X 为距离塔中心线的距离(m)。

次边跨(辅助墩至边跨跨中)：$\Delta_g = \pm(X/2000+12.5$ mm)，X 为距离辅助

墩中心线的距离(m)。

同时要求线形无明显折角、光滑圆顺。

②主梁轴线。

主梁轴线容许偏差:±(X/10000+10 mm)且其绝对值≤L/20000,X 为距离塔中心线的距离(m),L 为跨径(m)。

③主梁上下锚固点高差。

主梁上下锚固点高差:±X/10000,X 为距离塔中心线的距离(m)。

④索塔线形。

塔顶偏位:±H/3000,且塔柱轴线偏差控制在±30 mm。

塔顶高程偏差:±15 mm。

斜拉索锚固点高程偏差:±15 mm。

⑤斜拉索索力。

钢箱梁区域斜拉索索力见式(4.51):

$$\Delta_c \leqslant \pm 5\% \times T_0 \tag{4.51}$$

南边跨混凝土箱梁区域斜拉索索力见式(4.52):

$$\Delta_c \leqslant \pm 8\% \times T_0 \tag{4.52}$$

式中:Δ_c——斜拉索索力控制误差;T_0——成桥状态理论计算索力。

钢箱梁区域拉索上下游索力相对偏差:±2%×T_0。

南边跨混凝土箱梁区域拉索上下游索力的相对偏差:±3%×T_0。

⑥应力监测及其他技术要求。

索塔应力测量可以考虑索塔施工期间每个节段测试一次,架梁阶段每个梁段测试一次。

当主梁应力水平达到80%材料允许强度或超过误差范围时应提供预警。

4.3.4 施工控制误差修正

随着大跨度混合梁斜拉桥施工的进行,根据计算的夹角(梁段间无应力制造夹角)和无应力索长对各钢箱梁进行安装。

根据钢箱梁、斜拉索的制造数据,已安装梁段的竣工资料,更新计算模型后会得到更为准确的几何无应力线形和无应力索长。

因此随着施工的进行,应不断监测已经安装的梁体线形并与目标线形进行比较。在施工过程中,两者之间的差异可能由以下因素所致。

①梁段间夹角的制造或安装误差。

②斜拉索无应力索长的制造或安装误差。

③结构的实际刚度。

除此之外，当然也存在着测量精度误差和分析模型的计算误差。以荆岳大桥为例，影响主梁几何线形的参数及修正措施如表 4.3 所示。

表 4.3　影响主梁几何线形的参数及修正措施

参数	几何线形差异	修正措施
刚度	相对目标尺寸变化	调节斜拉索伸长量、梁段安装位置
荷载	相对目标尺寸变化	调节斜拉索伸长量、梁段安装位置
长度	相对目标尺寸变化	调节梁段安装位置

如果桥梁的目标线形和施工实际线形存在差异，现场可以通过下列方法校核：检查主梁上的所有施工仪器及设备的重量；检查和控制施工荷载；检查和控制张拉千斤顶；检查所有的几何测量数据；检查评估施工数据的方法和过程；检查所有和时间有关的数据，例如混凝土的收缩和徐变等。

钢主梁的几何形状监测主要是对钢主梁在预拼现场的实际拼装位置，焊缝宽度，腹板、轴线的位置和锚箱的位置进行监测。了解产生几何线形差异的原因是非常重要的，它可帮助鉴定系统特征和拟定所需的修正方法。

如果几何差异产生的原因是实际荷载比假设值高，或者预制的斜拉索长度比设计的长(索力较小)，那么，调节斜拉索的长度就可以使桥梁的几何线形符合目标线形。

如果几何差异产生的原因是制作误差或者是受到与时间有关的因素影响，那么就需通过改变制造构件的安装位置来调节几何线形。

无论是调节索力还是改变安装位置，必须分析这些措施导致的结构响应是否在容许范围内。

每个主梁节段的安装操作都要遵循几何控制和误差处理程序。比较目标数据和测量数据，评估安装误差，主要的操作包括：①主梁节段安装；②斜拉索二次张拉；③总体线形检查。

基本的误差处理程序如图 4.20 所示。

可能造成施工误差的原因有：①安装误差；②不同刚度；③不同荷载；④不同尺寸。

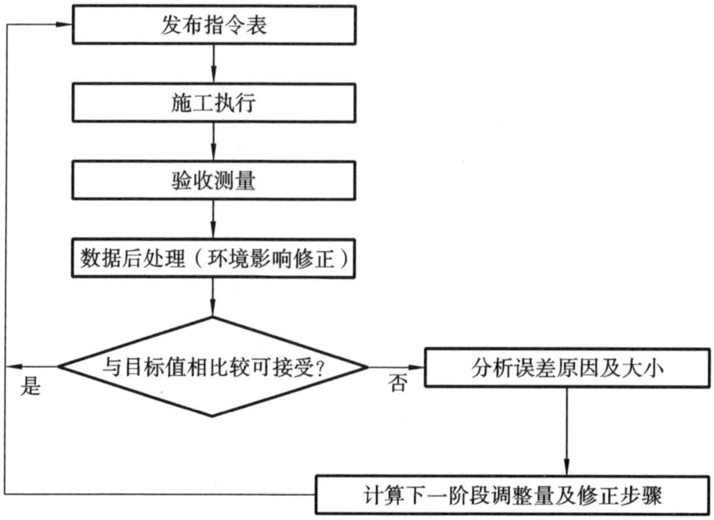
发布指令表
施工执行
验收测量
数据后处理（环境影响修正）
与目标值相比较可接受?
是
否
分析误差原因及大小
计算下一阶段调整量及修正步骤

图 4.20　误差处理程序

第 5 章　钢-混结合段施工要点及精度控制

5.1　钢-混结合段施工要点

钢箱梁与混凝土箱梁的连接是混合梁斜拉桥的关键点，为混合梁关键传力结构。下面结合两个混合梁斜拉桥施工项目案例，详细介绍混合梁斜拉桥的钢-混结合段的施工要点。

5.1.1　鄂东长江大桥钢-混结合段施工要点

鄂东长江大桥主桥为主跨 926 m 的连续半飘浮体系混合梁斜拉桥，钢-混结合段是整个主桥箱梁施工的关键部位。钢-混结合段施工中 M 梁段(非标准)钢箱梁选用镇航工 818 号 1200 t 浮吊安装，由临时支座和千斤顶组成的调位系统进行精确调位、定位。L 梁段采用抗裂性能较好的钢纤维混凝土，通过拖泵泵送，利用软管分层布料，插入式振捣器振捣，对称浇筑。M 梁段钢箱梁的顺利吊装说明了吊装、定位方案的合理性；钢-混结合梁试验段混凝土成品质量内实外美，验证了钢纤维混凝土配合比的优良性及 L 梁段混凝土浇筑方案与施工中防裂措施的可行性。

1. 工程概况

鄂东长江大桥为主跨 926 m 的九跨连续半飘浮体系双塔混合梁斜拉桥。主桥边跨为 PK 断面[美国帕斯科-肯纳威克(Pasco-Kennewick)桥首次采用的分离式双三角形边跨箱梁截面形式]混凝土箱梁，中跨为 PK 断面钢箱梁，钢-混结合段设置在中跨距桥塔中心线 12.5 m 处。

北钢-混结合段由江侧 M 梁段钢箱梁与岸侧 L 梁段混凝土箱梁共同组成。钢-混结合段长 8.5 m，其中 M 梁段长 5.5 m，重 200.8 t；L 梁段长 3.0 m，采用 C55 混凝土现浇，共计 78 m^3。钢-混结合段纵断面见图 5.1。

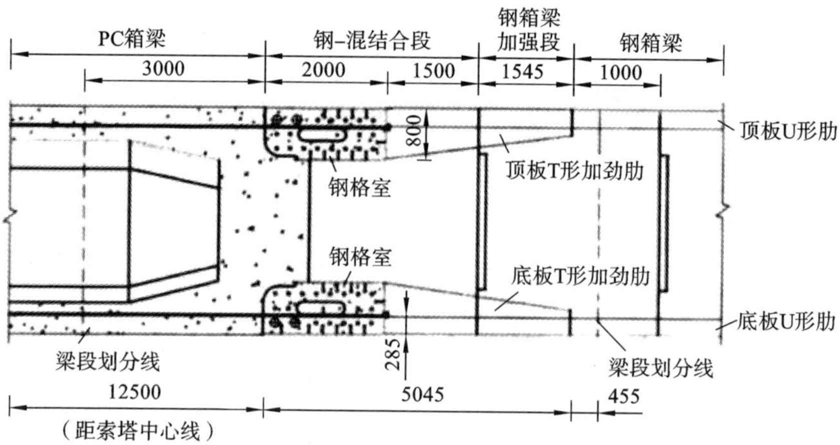

图 5.1　钢-混结合段纵断面(单位:mm)

2. 施工技术难点

钢-混结合段施工顺序为:将钢箱梁 M 梁段吊装于存梁支架,准确调位、定位;安装 L 梁段钢筋、张拉预应力钢筋、浇筑 L 梁段混凝土。

(1)M 梁段。

根据钢箱梁安装工艺及总体施工组织要求,决定采用大型浮吊在高水位期对 M 梁段(非标准梁段)进行吊装,精确定位。

①由于钢箱梁自重较大、位于桥塔江侧、水上施工且存梁时间较长,对存梁支架设计要求较高。

②吊装设备的选型,吊具的设计、加工等直接关系到吊装工作的成败。

③科学合理的吊装工艺及施工水域划分、维护方案是吊装工作顺利进行的保障。

④钢箱梁体积大、自重较大,精确调位、定位难度大。

(2)L 梁段。

钢-混结合段采用“钢格室+PBL 键+预应力”的结构,该结构对混凝土梁段(L 梁段)混凝土配合比设计、混凝土浇筑饱和密实工艺、防止钢-混凝土结合梁局部顺桥向开裂等提出更高的要求。

①钢-混结合段采用高强度钢纤维混凝土,混凝土的配合比设计直接关系到其强度、坍落度、扩展度等工作性能,进而影响整个结合段的施工质量。

②因结合段混凝土有部分要注入钢箱梁钢格室内部,且钢箱梁对应部分的

结构复杂，需采用科学合理的浇筑工艺确保结合部分混凝土的密实和后期质量。

③钢-混结合段结构受力比较复杂，施工中易产生纵向裂缝，混凝土施工过程中的防裂措施至关重要。

3. 钢-混结合段施工关键技术方案

(1)存梁支架设计。

通过对 M、F 梁段位置、重量及结构的分析，结合设计院有关钢箱梁临时支点的要求，依托 Midas Civil 有限元软件的验算和多次优化，最终确定存梁支架为利用北桥塔墩(主 5 号墩)承台作为基础的落地式钢管支架。

存梁支架顺桥向布置 3 排钢管立柱，1 排为直柱，2 排为斜柱，柱顶间距为 6.50 m；直柱每排 7 根，斜柱每排 4 根；与下横梁及下横梁支架通过附墙、平联连接成为整体。横桥向 2 根 2HN800×300 型钢作为主梁，上方搭设 4 根顺桥向 1200 mm×500 mm 的钢板组合箱形承重梁。承重梁靠近桥塔端部与下横梁顶面锚固，作为存梁支架主要受力构件。同时为满足存梁和后期钢箱梁精确调位需要，在承重梁上各梁段临时支点处设置支座支墩。存梁支架结构见图 5.2。

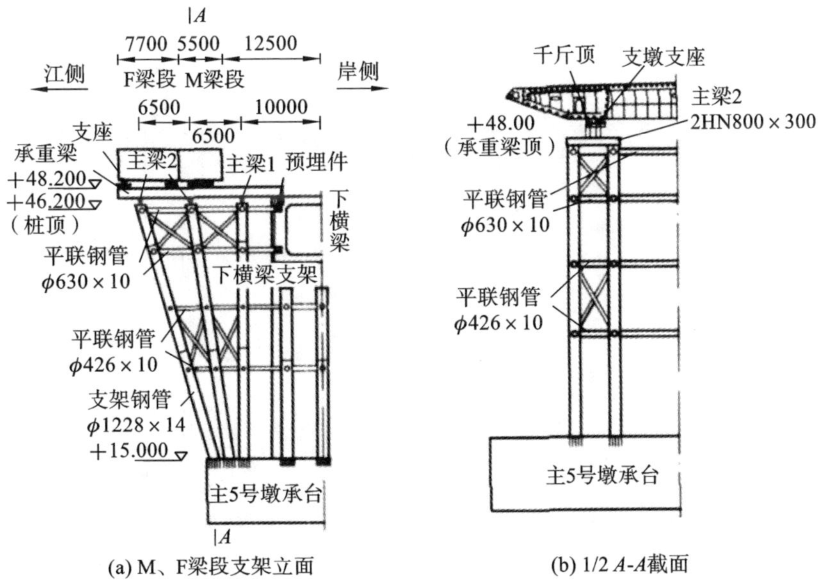

图 5.2　存梁支架结构(尺寸单位:mm;标高单位:m)

(2)M 梁段吊装。

①吊装设备选型。梁段重量加吊具重量超过 220 t，需采用 300 t 以上的大

型浮吊；通过调研，同时考虑满足通航净空要求，选用镇航工 818 号 1200 t 浮吊进行吊装作业。

②吊具设计。梁段采用 4 点吊装，吊具主要包括吊架和吊索。吊架由主吊梁、横撑及节点箱体组成，与吊索通过销轴与吊耳连成整体，共同受力。吊索分为主吊索和次吊索。主吊索采用钢丝绳，次吊索采用钢吊带。主吊索直接悬挂在浮吊吊钩上，与吊架上吊耳采用销轴连接；次吊索与吊架下吊耳及钢箱梁顶面吊耳亦采用销轴连接。

③施工水域划分。根据镇航工 818 号浮吊及运梁船的外形尺寸，结合抛锚范围及各种施工状态对梁段吊装时的施工水域进行规划。施工水域可分为浮吊工作状态施工水域和浮吊非工作状态施工水域。浮吊工作状态施工水域适用于浮吊抛锚、起锚及 M 梁段钢箱梁吊装，此状态下由于占用大部分上行航道，海事部门届时将会对施工水域上行航道进行封航。浮吊非工作状态施工水域适用于除工作状态以外的各种状态，此时浮吊松锚，将锚链沉于水底，停泊在码头运梁船边上，以缩小施工水域，届时海事部门将会对施工水域进行协调管制。

④吊装。M 梁段吊装采用镇航工 818 号 1200 t 浮吊。浮吊由拖轮编队抛锚、船体顺桥向定位，见图 5.3。

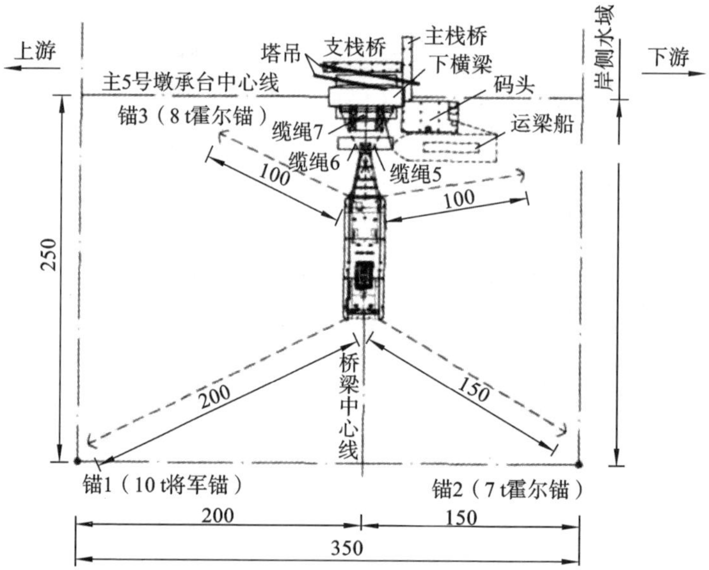

图 5.3 浮吊定位示意图(单位:m)

运梁船进场靠码头停泊、系固后，浮吊抛锚定位，调整吊架慢慢对准梁段，将次吊索与钢箱梁连接，进行正式吊装。吊装及初定位分为 6 个步骤。

a. 在钢箱梁底板临时支点位置用油漆做标记，以供后续定位参考。

b. 在支架承重梁上测放支座、支墩及梁段的安装位置，安装反力支座、支墩及限位型钢(设置在梁段分界线处，作为吊装定位的尺度参考)。

c. 将浮吊通过拖轮横行顶推至运梁船前端适当位置。

d. 浮吊落钩，将其副钩上的专用吊具与钢箱梁节段的临时吊耳连接，并挂设风缆，起吊梁段离开船上的支墩约 10 cm 后停钩试吊(约 10 min)。

e. 继续起升梁段直至超出支架顶约 1.5 m，停钩，拖轮横向顶推平移浮吊使其中心线与桥梁轴线重合；前进缆绳 7 移动浮吊使梁段到达安装位置(同时安装各种缆绳牵引系统)。

f. 梁段对正存梁支架的支座支墩后，浮吊缓慢落钩，使梁段平稳地落于滑块上，卸除吊具与临时吊耳连接，浮吊后退；将落放在支座支墩上的梁段临时限位固定，梁段吊装初定位完成。

2008 年 10 月 3 日，成功将 M 梁段吊装、临时固定于存梁支架之上；吊装初步定位实现轴线平面偏差≤2 cm、高程面偏差≤1 cm，满足轴线平面偏差≤5 cm、高程面偏差≤2 cm 的设计要求。

(3)M 梁段精确调位、定位。

①精确调位系统。

精确调位系统主要由临时支座及千斤顶组成。临时支座布置在存梁支架承重梁上(对应于钢箱梁内侧 4 个支撑点)，由基座和支墩组成。基座上覆不锈钢板，支墩底嵌有聚四氟乙烯滑板。同时支座内纵横桥向各设置 1 台 16 t 千斤顶，实现支墩平面移动，带动箱梁调位。高程(竖向)调整采用 100 t 千斤顶，亦布置于支架承重梁上，对应于钢箱梁外侧 4 个支撑点。

②调位、定位。

M 梁段作为钢箱梁的基准梁段，其定位精度至关重要。M 梁段的精确调位按照先调整高程、纵坡，再调整轴线(横向)，最后调整里程(纵向)的顺序逐步进行。当南、北两塔区的 M 梁段各自定位后，还须对其进行联测，检查两梁段中心测点的间距大小及其连线与桥轴线的偏差情况，进一步微调。当所有的检测项目均符合设计及监控要求后，将 M 梁段固定在临时支座上。

a. 高程、纵坡调整。采用 4 台 100 t 千斤顶同步顶起梁段，在支墩上平面放置不同厚度的钢板，反复调整直至将梁段调整到设计高程、纵坡。调整完毕后，千斤顶卸载将梁段荷载转移到支座支墩上。

b. 横向、纵向调整。调整遵循先横向后纵向的原则。平面位置的调整皆通过 4 台 16 t 千斤顶同时顶推临时支座的支墩带动钢箱梁位移，当一侧千斤顶顶推调位时，另一侧垫设钢支撑限位。

c. 定位。梁段精确调整到位后，利用型钢将支墩与基座焊接固定，千斤顶卸载、拆除，在千斤顶位置放置钢支撑。临时固定时的缆风绳收紧、系牢，确保存梁期间梁体的稳定和安全。支墩固定示意图见图 5.4。

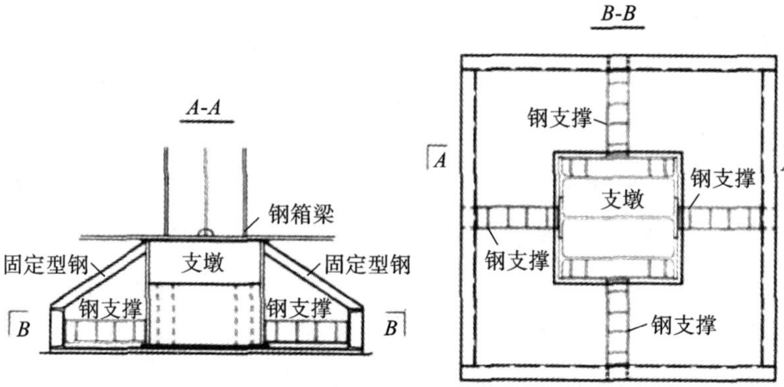

图 5.4　支墩固定示意图

(4)L 梁段混凝土配合比的确定。

①混凝土工作性能、力学性能指标。a. 宜自密实，初始坍落度 230～250 mm，坍落扩展度 600～650 mm，坍落度损失不大于 20 mm/h；b. 设计强度 C55，试配强度≥65 MPa，但不宜高于 75 MPa，7 d 强度不低于设计强度的 90%；c. 28 d弹性模量不小于 4.0×10^4 MPa；d. 应具有一定的阻裂增韧性能。

②混凝土配合比方案。鉴于钢-混结合段受力复杂、易产生纵向裂缝，比选了钢纤维混凝土(GH-1)和微膨胀聚丙烯纤维混凝土(GH-2)2 种方案，见表 5.1。

表 5.1　钢-混结合段 C55 高性能自密实(大流态)混凝土优选配合比

方案	混凝土原材料用量/(kg/m³)							配合比设计参数			
	水泥	粉煤灰	膨胀剂	水	砂	碎石	纤维	减水剂掺量/(%)	胶凝材料用量/(kg/m³)	水胶比	粉煤灰与膨胀剂掺量/(%)
GH-1	440	110	—	171	867.5	867.5	钢 46.8	1.6～1.9	550	0.31	20+0
GH-2	423.5	82.5	44	171	867.5	867.5	聚丙烯 0.75	1.5～1.8	550	0.31	15+8

③试验段验证配合比。钢纤维混凝土方案确定之后，除了进行常规的坍落度、抗压强度、弹性模量等试验，还依托同济大学钢-混结合段试验段试验，将该配合比混凝土用于实际浇筑，拆模后混凝土表面平整光滑，无裂缝、蜂窝、麻面等不良现象。

(5)L 梁段混凝土浇筑方案。

L 梁段混凝土浇筑量 78 m^3。混凝土通过拖泵泵送，利用软管分层布料，插入式振捣器振捣，对称浇筑。钢格室内的混凝土通过浇筑孔下料，相隔仓面混凝土高差控制在 30 cm 左右，使剪力键内混凝土气泡顺利排出。

①浇筑步骤。混凝土梁段箱梁顺桥向整幅(全断面)一次性布料，分层浇筑，分层厚度约为 30 cm。具体浇筑步骤如下。a. 从靠近钢箱梁的实心段开始浇筑，浇筑 50～60 cm 高后浇筑 2 个边箱腹板，同样浇筑 50～60 cm 高后开始浇筑风嘴处，使混凝土灌入斜底板、底板，直到将底板灌满。b. 按照步骤 a. 的浇筑顺序分别在实心段、腹板、风嘴处转圈循环分层布料，直到混凝土面与顶板底面平齐。c. 全断面布料，左右幅同步推进，直到混凝土将顶板底层钢筋埋没(剩余 20～30 cm厚度)停止。d. 结合顶面混凝土收面顺序及推进方向，进行分幅浇筑，直到将顶板剩余部分混凝土浇筑完毕，见图 5.5。

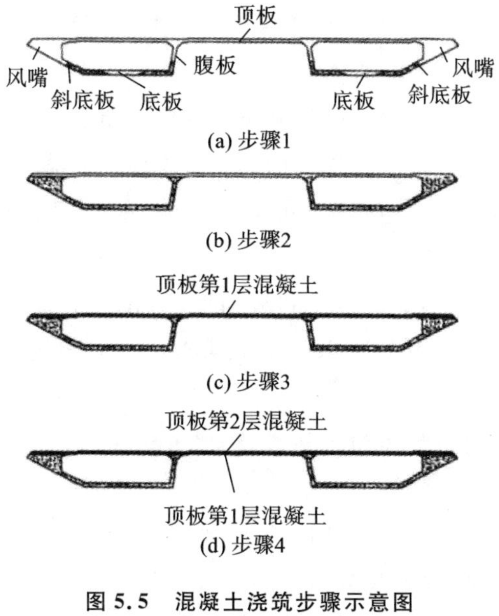

图 5.5　混凝土浇筑步骤示意图

②浇筑质量保证措施。钢-混结合段混凝土浇筑空间狭小、钢箱梁结构复杂，给浇筑带来很大困难。为保证浇筑质量，采取以下措施。a. 严格按照浇筑步

骤浇筑，控制分层布料厚度。b.混凝土箱梁与钢箱梁交叉部分混凝土通过钢箱梁上预留的浇筑孔仔细振捣，避免振捣时对剪力键、预应力元件的损伤，确保该部分混凝土质量。浇筑完成后，必要时从预留压浆孔向各个钢格室内灌注水泥浆，填充混凝土与钢箱梁未紧密结合处。c.为使钢格室部分混凝土密实，在相邻箱梁顶板混凝土上设置100 mm×100 mm方木作挡板(图5.6)。超浇该部分混凝土使钢格室内混凝土形成反压，直到混凝土从排气孔、压浆孔溢出，并在初凝之前将多余混凝土清除。d.局部空间相对狭小、振动棒无法操作的部位，必要时人工振捣确保混凝土密实。

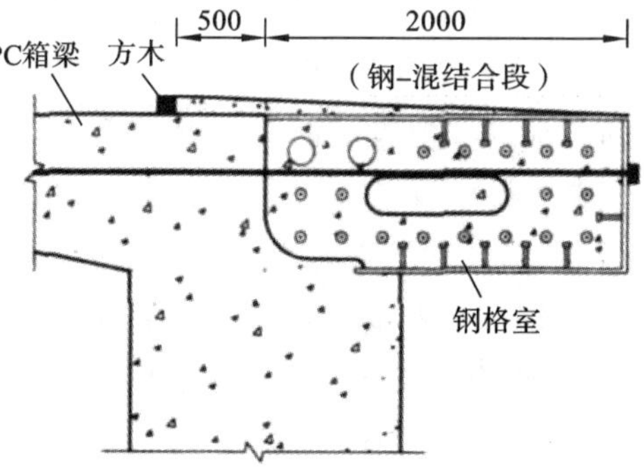

图5.6　挡板布置示意图(单位:mm)

(6)L梁段混凝土施工中的防裂措施。

①禁止踩踏已绑扎的上层钢筋，避免承受负弯矩的受力钢筋保护层加厚，导致箱梁的有效高度减小，形成与受力钢筋垂直方向的裂缝。

②加强混凝土振捣，杜绝蜂窝、麻面、空洞导致钢筋锈蚀或其他荷载引起的裂缝。

③严格控制混凝土的浇筑速度和流动性，防止因混凝土浇筑过快而流动性较低(在凝结前混凝土沉实不足，凝结后沉实过大)，在浇筑数小时后发生塑性收缩裂缝。

④重视因混凝土搅拌、运输时间过长，水分蒸发过多，引起混凝土坍落度过低，而出现的不规则收缩裂缝。

⑤加强混凝土养护，特别是初期养护，避免因急剧干燥，使混凝土与大气接触的表面出现不规则的收缩裂缝。

⑥严格按照试验室和相关科研单位的科研成果进行混凝土的拌和。禁止为保证混凝土泵送的流动性，增加水和水泥用量，或因其他原因加大水胶比，导致

混凝土凝结硬化时收缩量增加，出现不规则裂缝。

⑦在 L 梁段与相邻混凝土梁段交界处，先对混凝土接触面进行凿毛、清洗，避免新旧混凝土之间黏结力小，或后浇混凝土养护不到位，使混凝土产生收缩裂缝。

⑧浇筑之前加强对模板支撑的检查，防止在浇筑时，因侧向压力的作用使模板变形，产生与模板变形一致的裂缝。

⑨严禁施工时过早拆模，防止因混凝土强度不足，使结构在自重或施工荷载作用下产生裂缝。

5.1.2　甬江铁路大桥钢-混结合段施工要点

1. 工程概况

甬江铁路大桥主桥为铁路钢-混混合梁斜拉桥，孔跨布置为(54.55＋50＋50＋66＋468＋66＋50＋50＋54.55)m，全长 909.1 m，钢-混分界面位于主跨侧距索塔中心 24.5 m 处，如图 5.7 所示。

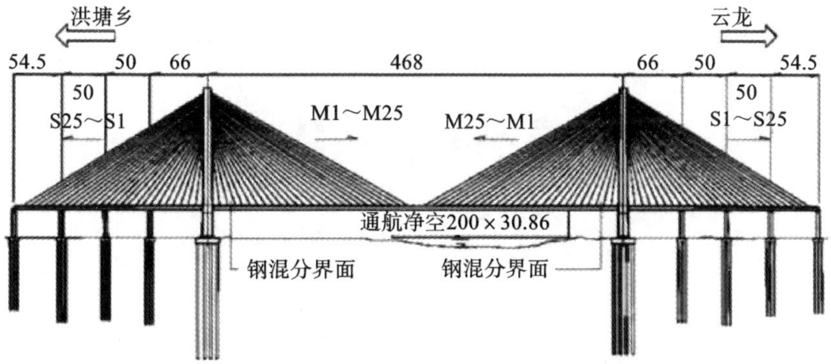

图 5.7　桥型布置(单位:m)

该桥边跨及部分中跨主梁为预应力混凝土箱梁，其余中跨主梁为钢箱梁，中间通过钢-混结合段连接，采用阶梯状填充混凝土前后承压板式钢-混接头，全桥共计钢-混结合段两处。单个钢-混结合段钢箱梁重 384.1 t，长 12.35 m，宽 21 m。

混合梁通过对两种材料的合理利用，在受力性能、跨越能力、经济性能等方面得到很大改善，在桥梁建设中得到越来越多的应用，目前已应用于公路的悬索桥、梁式桥、斜拉桥等结构中，相对于其他钢-混结合段而言，铁路混合梁斜拉桥钢-混结合段所受荷载更大,结构构造更加复杂,工艺要求更高。

甬江主桥钢-混结合段长 14.05 m、宽 21 m、高 5 m,构造如图 5.8 和图 5.9 所示。包含 3 m 顶底腹板变厚混凝土箱梁过渡段、2 m 混凝土横隔梁、4.05 m 顶底腹板变厚钢-混过渡段、5 m 顶底板 U(V)形肋加焊变高 T 形肋钢箱梁过渡段共 4 部分。结合点设置在 2 m 厚的横隔梁处,两侧梁体通过该实心梁段传力。

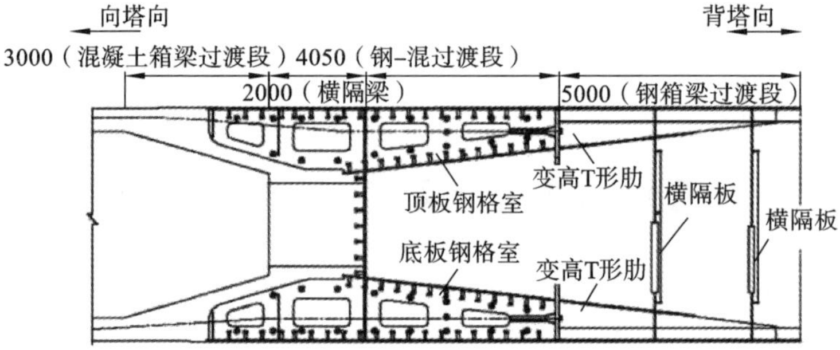

图 5.8　钢-混结合段中轴线立面

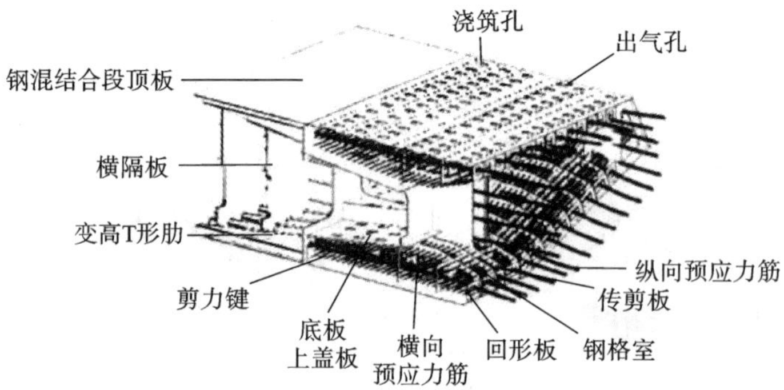

图 5.9　钢-混结合段三维结构

钢-混结合段构造包含钢箱梁壳体、传剪板及回形件围成的钢格室、纵横向预应力筋、剪力键、剪力钉等构件,其中钢箱梁底板上盖板及顶板上开有混凝土浇筑孔、出气孔。

甬江主桥钢-混结合段有两个特点:①4.05 m 长钢-混过渡段采用阶梯状填充混凝土前后承压板式钢-混接头,通过将腹板设置成阶梯状,钢格室顶、底板倾斜布置,与隔板和端承压板之间围封组成钢格室,其内填充混凝土,保证钢箱梁过渡段传力至横隔梁的平顺性;②3 m 长混凝土箱梁顶、底、腹板变厚衔接标准混凝土箱梁和混凝土实心横隔梁,使混凝土梁截面刚度平顺过渡,改善横隔梁受力。

甬江北岸的钢-混结合段上跨甬江大堤，东邻宁波绕城高速清水浦大桥北塔仅 28 m；北距索塔 13.5 m，南侵滩涂区 5 m，钢-混结合段梁面距离地面 38 m，施工场地狭小。

2. 钢-混结合段施工技术

钢-混结合段采用工厂内加工板单元，拼装场内轮次预拼装法制造，结合段钢箱梁模块分块运输，吊装至桥位总拼胎架拼装滑移定位，接长 PBL 剪力键并安装预应力钢筋，立模浇筑补偿收缩混凝土的方法施工。

钢-混结合段施工关键技术包括：钢-混结合段钢箱梁吊装方法及定位精度；PBL 剪力键、预应力筋安装方法及施工顺序；补偿收缩混凝土密实度控制。

(1)钢-混结合段钢箱梁模块组拼技术。

①分块方案。

综合考虑结构特点、现场条件、吊装工艺、施工精度等因素，钢箱梁在制作前，将 12.35 m 长钢-混结合段钢箱梁划为 4.8 m 长刚度过渡段和 7.55 m 长钢-混结合段，刚度过渡段沿中线横向分为 2 块，钢-混结合段横向分为风嘴单元、底板单元、斜底板单元共计 5 块，如图 5.10 所示。分块后最大尺寸为 4.8 m×11.4 m×5.026 m，自重 72.65 t。

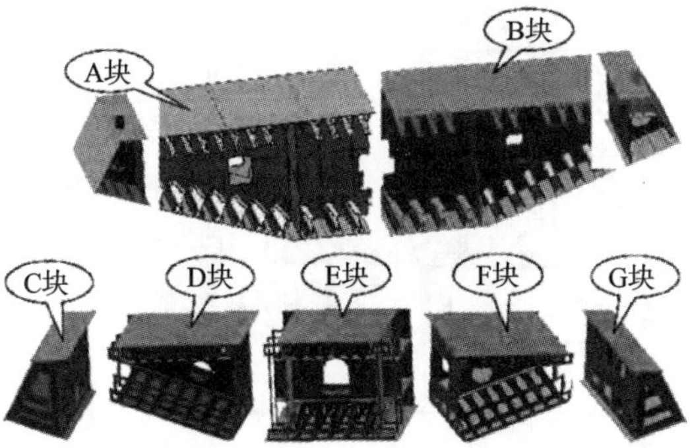

图 5.10 钢-混结合段分块示意图

②匹配制造。

在制造胎架上焊接拼装钢-混结合段单元件，各块体之间焊接好临时匹配件，如图 5.11 所示。通过匹配件控制钢-混结合段制造及桥位拼装精度。匹配件根据性能分为粗调匹配件和精调匹配件。

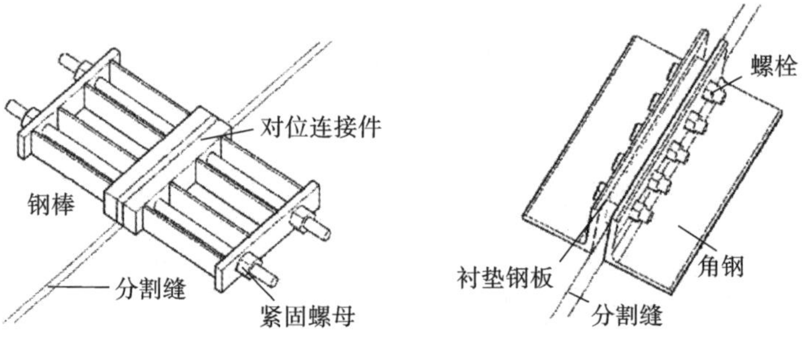

(a) 粗调匹配件　　　(b) 精调匹配件

图 5.11　匹配件示意图

③支架体系。

承重支架结构体系从下往上依次为钻孔桩基础、条形基础、钢管支架、落架砂筒、型钢分配梁，其上铺设贝雷梁，如图 5.12 所示，预压后安装钢-混结合段滑移胎架和浇筑胎架。

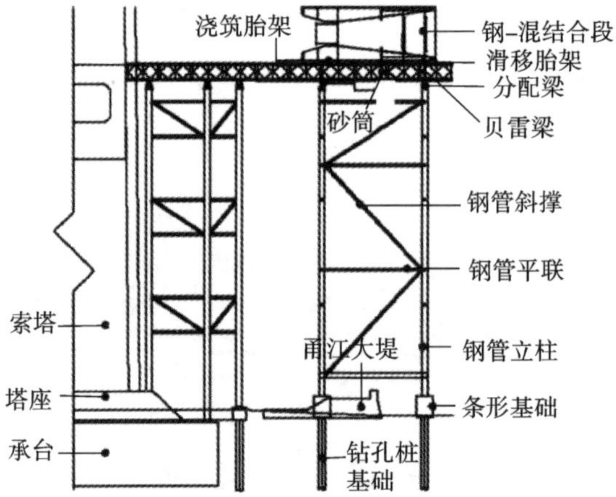

图 5.12　支架体系

④总拼胎架。

总拼胎架采用钢板与型钢焊接，共设置 4 片移梁胎架、7 片浇筑胎架，胎架间采用型钢焊接。每片胎架横向分为 3 节，胎架之间采用螺栓连接，如图 5.13 所示。

⑤移梁滑道及反力架。

自平衡凹槽式移梁滑道有增加滑道刚度和导向限位作用，胎架 H 型钢上安装有导向轮，保证结构精准滑移。

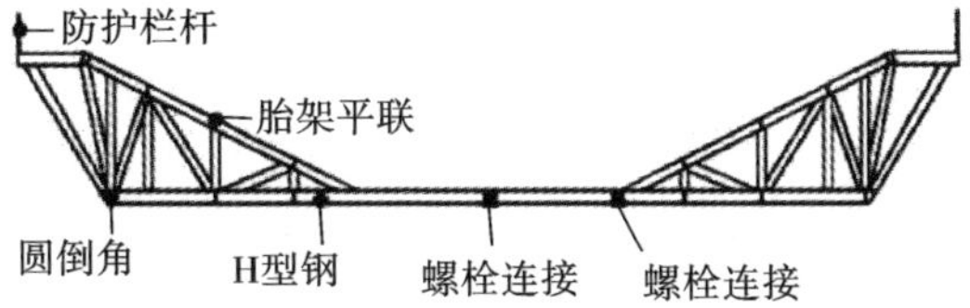

图 5.13　总拼胎架

⑥模块运输及吊装。

钢-混结合段模块采用挂车运输至施工现场，履带式起重机吊装至桥位处组拼。

⑦匹配连接与滑移。

分 8 步将模块匹配连接并滑移到位：a. 吊装左半幅总拼胎架后吊装 A 块；b. 吊装 D 块，A 块与 D 块匹配连接；c. 吊装 C 块，并与 A 块（D 块）匹配连接，通过移梁滑道将胎架及块段横移 3.2 m；d. 吊装底板总拼胎架后吊装 E 块，并与 A、D 块匹配连接，通过移梁滑道将胎架及块段横移 7 m；e. 吊装右半幅总拼胎架后吊装 B 块，并与 A、E 块匹配连接；f. 吊装 F 块，并与 B、E 块匹配连接；g. 吊装 G 块，并与 B、F 块匹配连接。h. 模块间焊接马板，分为 4 步焊接模块间的 6 道焊缝，模块及总拼胎架调整姿态横向滑移 0.3 m 后精确定位，钢板抄垫浇筑胎架与贝雷梁缝隙。

(2)PBL 剪力键及预应力筋安装技术。

①BIM 技术模拟施工。

单个钢-混结合段 PBL 剪力键 147 根，预应力管道 107 孔，普通钢筋 2644 根，施工前采用 BIM 软件建立建筑信息模型，模拟分析施工进程，论证施工顺序可行性，确定最优施工顺序。

②剪力键分段交叉预装。

根据模拟方案，分 5 步安装 PBL 剪力键：a. 将钢-混结合段 PBL 剪力键划分为若干节段后剥肋套丝；b. 节段完成套丝后按指定位置预装在部分完成拼装的钢-混结合段钢箱梁内；c. 在钢-混结合段钢箱梁拼装过程中调整节段 PBL 剪力键位置，使其不影响钢-混结合段拼装与焊接；d. 结合段钢箱梁桥位组拼完成后，调整节段 PBL 剪力键位置；e. 使用直螺纹套筒将节段 PBL 剪力键连接成整体。

③剪力键与预应力筋定位。

钢格室操作空间小，PBL 剪力键接长与预应力安装穿插按顺序交叉施工，采用纵、横向定位筋点焊的方式将剪力键钢筋固定在传剪板孔洞中心，确保预应力管道定位精准、牢固可靠。

(3)钢格室内补偿收缩混凝土浇筑技术。

①浇筑时间选择。

钢-混结合段补偿收缩混凝土的浇筑选择在环境气温介于 10～20 ℃、非温度变化剧烈的时间段进行施工。

②混凝土性能要求。

钢-混结合段内部构造复杂,空间狭小且相对封闭,在浇筑过程中要保证混凝土的和易性,既要防止发生离析,又要保证一定的流动性。

③混凝土运输与泵送。

混凝土在搅拌站采用 SJ600 型双卧轴强制式搅拌机拌和,罐车运输至施工现场,HBT80C 型高压混凝土输送泵泵送,框架式布料机布料。泵管用支架固定在浇筑完成的混凝土主梁上,布料机布置在钢-混结合段顶板上。

④布料顺序。

补偿收缩混凝土分 9 个区进行浇筑(图 5.14),布料原则为由低到高、由内往外,单个钢格室一次浇筑,结构对称浇筑。

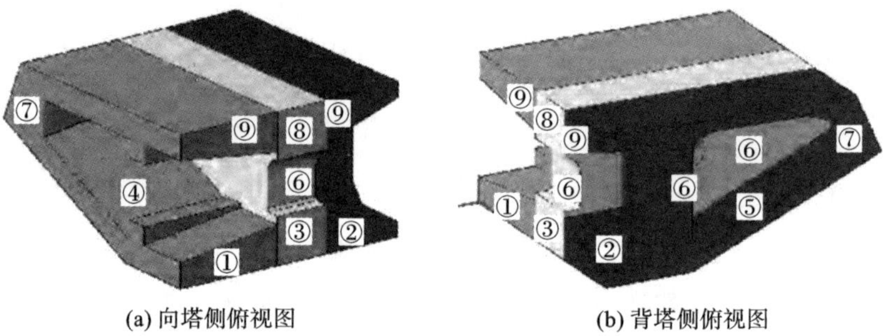

(a) 向塔侧俯视图　　(b) 背塔侧俯视图

图 5.14　分区浇筑示意图

⑤振捣工艺。

附着式振动器固定在钢箱梁壳体上振捣,插入式振捣器插入浇筑孔和出气孔振捣,布料厚度控制在 25～30 cm。每层混凝土分初振、复振和终振,附着式振动器每次振动时间为 40～60 s,当混凝土在钢格室内泛浆流动或呈水平状时即可停振。

钢-混结合段斜底板格室混凝土浇筑孔高于底板格室浇筑孔,待浇筑完底板格室混凝土后继续浇筑斜底板格室混凝土时,底板格室混凝土会溢出,这将导致斜底板格室混凝土难以浇筑,现场采用钢板封堵的方法完成混凝土的浇筑。

⑥密实度检查。

补偿收缩混凝土养护 14 d 后，采用磁力钻配 25 mm 空心钻头在钢-混结合段 4.05 m 范围内的钢格室开孔，通过对 20 个钢格室取孔检查，仅在斜底板最高处的两个钢格室局部小范围内不密实，采用真空压浆技术压注水泥浆至饱满。

⑦钢-混结合段施工精度检查。

通过对甬江两岸钢-混结合段端部控制点测量复核，汇总轴线及高程偏差表，高程偏差最大值为 5 mm，轴线偏差最大值为 4 mm，如表 5.2 所示，均满足设计要求。

表 5.2　控制点偏差　（单位：mm）

位置		点位 1	点位 2	点位 3
北岸	高程偏差	2	4	3
	轴线偏差	—	3	—
	里程偏差	3	2	3
南岸	高程偏差	4	3	5
	轴线偏差	—	4	—
	里程偏差	3	3	2

5.2　钢-混结合段施工精度控制

钢-混结合段是混合梁斜拉桥的关键部位，刚度发生较大突变，构造复杂。在施工过程中需要对这个部位的内力和变形进行严格的控制。确定施工工艺和斜拉索索力时需要充分考虑结合段的受力安全性。实际施工过程中还需要布设适当的测试元件，监测和分析该部位的局部应力变化。另外，结合段处第一段钢箱梁的安装精度对后续梁段的线形有较大的影响，需要采用比一般梁段更高一级别的精度来控制。

钢-混结合段包含钢筋和混凝土两种材料，两种材料特性的不同导致其细部构造的复杂多样性，在刚度发生变化的部分极易出现局部应力集中和变形不协调现象。因此实际工程中的钢-混结合段施工是一个重要且复杂的问题。钢-混结合段示意图如图 5.15 所示。钢-混结合段设置在全桥不同的位置、采用不同的构造形式都会对整桥结构的安全性和耐久性产生直接影响。

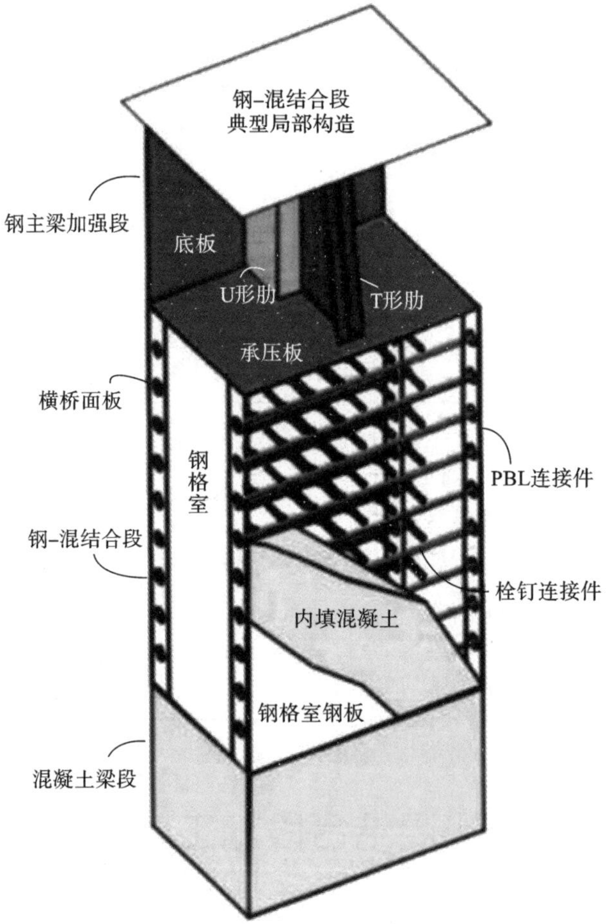

图 5.15　钢-混结合段示意图

5.2.1　钢-混结合段概述

1. 钢-混结合段的位置选择

选取合理的钢-混结合段位置，是混合梁斜拉桥设计及施工中首先要解决的关键问题，结合段位置的选取是混合梁斜拉桥设计是否合理的重要因素。首先，从全桥结构角度来看，混合梁钢-混结合段是钢梁与混凝土梁的分界线，对于边跨长度远小于中跨长度的混合梁斜拉桥来说，钢-混结合段的位置决定了边跨长度与中跨长度的比例，跨径比对成桥状态产生重大影响。从局部分析来看，混合梁钢-混结合段由两种不同的材料组成，位置选取不当将对局部位置产生不利影响，导致局部应力集中以致混凝土开裂，边跨甚至出现负反力现象，因此结合段位置的选取必须满足结构具备良好的耐久性和抗疲劳性能。综合以上因素，为保证结合段位置选取合理使结构安全可靠，需满足以下相关要求。

(1)总体布置。

混合梁钢-混结合段位置的选择，需要综合考虑工程的各方因素。跨径设置应当考虑工程所处的地理位置及环境，结合路线的平纵横设计以及施工等因素综合考虑设置钢-混结合段位置。

(2)经济性。

工程经济性分析主要包括直接费用分析和施工费用分析，应结合两种经济指标进行综合确定。混凝土梁造价相对钢梁造价要低，因此对于混凝土梁伸入钢梁的结合段位置方案可以考虑减小中跨跨径，有利于降低造价，降低工程直接费用。对于钢-混结合段位置的选取也要考虑到对施工方案的影响，施工不便会增加工程的施工费用。综合以上两种主要因素考虑钢-混结合段位置对工程经济性指标的影响。

(3)受力要求。

钢-混结合段由两种不同的材料构造组成，因此结合段位置选取在主梁内力较小的区域，并偏离斜拉索锚固区。斜拉桥的理想成桥状态是主梁在恒载的作用下弯矩与刚性支撑连续梁的弯矩相似，桥塔弯矩较小，若要达到斜拉桥的理想成桥状态，要求桥塔两侧的主梁达到重力平衡的状态。边跨梁重力平衡中跨梁重力，并且要求边跨梁在不利荷载作用下不出现负反力。因此，混合梁接头处一般设置在桥塔周围，可以设置在边跨侧，也可以设置在主跨侧。桥塔中心处的主梁受风荷载引起的弯矩和由桥面荷载引起的竖向弯矩较大，因此结合段位置应设置在桥塔附近，一般混凝土梁伸入钢梁 10～40 m。对于横向风荷载以及桥面荷载引起的弯矩，应在钢-混结合段位置设置一定数量的预应力钢筋以减小结合段局部的拉应力，使结合段处于合理的受力状态。

(4)方便施工。

钢-混结合段位置选取时，应当考虑桥梁工程所处的地理位置及环境，结合施工设备能力以及经济因素，调整钢-混结合段位置。对于大跨度混合梁斜拉桥，一般钢-混结合段设置在中跨侧靠近桥塔位置，便于钢箱梁吊装和混凝土梁施工。鄂东长江大桥在钢-混结合段位置选取时，若结合段位置设置在边跨侧，则不便于边跨侧钢箱梁吊装、施工。若使混凝土梁伸入主跨侧，将结合段位置设置在中跨侧且距离桥塔中心位置不得太远，否则考虑到搭设支架施工中跨侧混凝土梁，又会增加工程量、影响工程经济性，因此将结合段位置设置在中跨侧但又距离桥塔中心不远的位置，以在便于利用桥塔下横梁搭设膺架的最远距离内为宜。

表 5.3 给出了国内外部分混合梁斜拉桥钢-混结合段位置设置。

表 5.3　国内外部分混合梁斜拉桥钢-混结合段位置

桥名	跨径布置/m	钢-混结合段位置（距桥塔中心线）
跨东博斯鲁斯海峡大桥	60＋72＋3×84＋1104＋3×84＋72＋60	伸入边跨 70 m
法国诺曼底大桥	6×43.5＋96＋856＋96＋6×43.5	伸入中跨 116 m
香港汲水门大桥	80＋80＋430＋80＋80	伸入中跨 21.5 m
武汉白沙洲大桥	230＋618＋230	伸入边跨 143 m
上海闵浦大桥	4×63＋708＋4×63	伸入中跨 13.2 m
永川长江大桥	64＋68×2＋608＋68×2＋64	伸入中跨 10.8 m
汕头礐石大桥	2×47＋100＋518＋100＋2×47	伸入边跨 100 m
海南洋浦大桥	58.5＋63＋58.5＋460＋58.5＋63＋58.5	伸入 中跨 10 m
武汉天兴洲长江大桥	98＋196＋504＋196＋98	伸入边跨 126 m
鳊鱼洲长江大桥	2×50＋224＋672＋224＋2×50	伸入边跨 192 m

2. 钢-混结合段刚度

钢-混结合段由于截面形状及材料不同造成刚度突变，对于铁路桥梁来说，其活载占比较公路桥梁要大，因此在运营阶段的结构变形成为设计考虑的重点。

比如鄂东长江大桥主跨长 926 m，主梁断面采用 PK 断面，钢-混结合段设置在桥塔附近中跨侧 12.5 m 的位置。针对该桥建立结合段的局部空间有限元模型，可知承压板和剪力连接件各传递轴力的一半，混凝土梁剪力连接件传递的轴力随着与承压板的距离增大而减小，轴力顺利传递，刚度得以合理过渡。

比如九江二桥为一座公铁两用桥，主跨跨径达到 818 m，主桥长 1405 m。针对该桥建立混合梁钢-混结合段有限元模型分析结合段的传力情况，可知在该桥中承压板传递轴力的 70%，结合段应力变化平缓，刚度过渡合理。

3. 钢-混结合段的承载能力及传力机理研究

混合梁斜拉桥钢-混结合段构造复杂，传力路径不够明确，是混合梁斜拉桥设计的重难点。结合段的构造形式多种多样，没有统一的设计标准，针对各个混合梁斜拉桥不同的结合段构造设计，国内学者进行了大量的有限元空间模拟，建立试验模型对混合梁具体工程进行细部研究，将有限元数值模拟结果与试验结果相对比，以此为主要研究方法研究混合梁结合段的传力机理以及承载能力。根据工程的实际几何、物理以及边界条件制作比例模型，逐级加载至设计荷载来观察结合段的应力水平。将比例模型应力水平与数值模拟模型进行对比，在数值模拟模型中对不同位置截面进行应力积分得到截面传递轴力，以此来了解结合段传力机理。

比如鄂东长江大桥的钢-混结合段的构造形式为有格室后承压板的构造形式，同济大学对钢-混结合段设计的 1∶2 的缩尺比例模型进行加载，研究结合段的受力情况。试验结果表明，混合梁钢-混结合段承压板传递轴力的 52%，PBL 剪力键传力作用明确，传递轴力的 31%，其余轴力由混凝土与钢板的黏结力以及剪力钉等剩余结构传递。

比如舟山桃夭门大桥主跨为 580 m 的钢箱梁，边跨为三跨连续预应力混凝土箱梁。根据相似理论，针对舟山桃夭门大桥制作混合梁结合段沿梁高度、梁长度以及梁宽方向不同比例的缩尺模型，对模型进行逐级加载，分别加载轴力、弯矩、剪力最大时的荷载组合，对试验模型布置合理的试验测点，研究结合段的传力机理以及受力情况。试验结果表明，加载至 1.7 倍荷载时，模型仍处于弹性受力状态，表明钢-混结合段具有足够的安全储备。

比如九江二桥为一座公铁两用桥，主跨跨径达到 818 m，主桥长 1405 m。针对九江二桥制作 1∶2 的结合段缩尺比例模型。对混合梁钢-混结合段缩尺比例模型加载，研究结合段的钢材与混凝土的滑移情况以及结合段的受力特性。试验结果表明，在 1.8 倍最不利荷载作用下，钢-混结合段模型各构件均被破坏，应力值低于设计极限水平。在 4 倍活载作用下结合段模型依然未开裂，结合段安全储备较高。

比如武汉二七长江大桥为主跨径 616 m 的混合梁斜拉桥，针对武汉二七长江大桥的钢-混结合段建立 1∶3 的缩尺模型，对试验模型逐级加载至 1.7 倍设计荷载，模型完好无损，安全储备较高，结合段应力水平较低，低于各构件设计应力极限。

4. 钢-混结合段剪力键力学性能

对于混合梁斜拉桥钢-混结合段，剪力钉和 PBL 剪力键得到广泛的应用。

剪力钉与PBL剪力键的设置主要是为了防止混凝土与钢梁之间产生相对滑移和脱离，使混凝土材料与钢材密切接触，起到良好的传力效果。剪力钉施工方便，在设置中不用考虑受力的方向问题，但往往工程量较大。PBL剪力键具有较高的抗疲劳性能，承载能力较高，在工程中得到广泛应用。

在实际工程项目中，我国常选取剪力钉或者PBL剪力键为结合段的连接形式。其中，南昌英雄大桥、舟山桃夭门大桥采用剪力钉作为连接形式，鄂东长江大桥、汕头礐石大桥、荆岳大桥以PBL剪力键作为结合段的传剪构造。九江二桥采用PBL剪力键与剪力钉相结合的构造形式作为结合段的传剪装置。鉴于两种传剪形式在结合段剪力传递中的重要作用，国内外学者对两种传剪形式的极限承载力、滑移曲线以及破坏机理等内容进行了大量的研究。

根据弹性变形理论，将钢板与混凝土材料假设为各向同性弹性体，可推导出多排剪力键在竖向力作用下的剪力分布的计算公式。通过有限元模型算例对公式进行验证，公式计算值与有限元数值模拟计算结果相一致。对多排布置的剪力钉进行竖向荷载作用下的分析，剪力钉的刚度越大，剪力分布越不均匀，剪力钉自上而下发挥作用。

大尺寸剪力钉有较高的承载能力和受载延性，但是抗疲劳性能较差。

PBL剪力键具有群钉效应，每根贯穿钢筋的剪力承载能力为单根的80%。

PBL剪力键构件的动载承载能力与静载承载能力相差不大，破坏机理较复杂，抗疲劳性能较好。

PBL剪力键在破坏过程中分为弹性、弹塑性以及强化三个阶段，其中PBL剪力键的贯穿钢筋直径、钢板开孔直径、混凝土强度对各阶段的荷载滑移均有影响。混凝土的抗剪强度影响PBL剪力键在弹性工作阶段的荷载滑移情况，荷载滑移在该阶段呈线性关系。在弹塑性及强化工作条件下，PBL剪力键的荷载-滑移关系受贯穿钢筋与混凝土强度的影响，主要呈现为幂函数关系。

5. 钢-混结合段各构造参数影响

在构造上，钢-混结合段根据是否全截面结合的不同连接方法，分为无格室和有格室。根据承压板所处的位置，分为三种形式：后承压板、前承压板、前后承压板。钢-混结合段结构复杂，即使采用同种构造形式，细节设计也会存在差异。结合段的组成部件中，钢格室的长度和高度、结合段中承压板的厚度以及剪力键的刚度的差异对混合梁钢-混结合段的受力性能产生影响。可以对结合段各构件参数进行优化设计。

混合梁结合段有无格室承压板式和有格室后承压板式两种构造形式。在无格室承压板构造形式中，钢格室中剪力键的设置数量以及剪力键刚度和预应力的设置对混合梁结合段的受力产生较大影响，承压板的厚度对结合段的受力产生的影响不大，因此需要重视预应力的设置以及传剪装置的数量及刚度设置。在有格室后承压板构造中，钢格室长度对结合段影响不大；加强段在小于 1.5 m 的范围内对结合段的受力情况产生一定的影响，大于 1.5 m 后影响甚微。结合段钢格室的高度和剪力键的刚度对结合段的受力性能起到主要的影响作用，在结构设计中要着重考虑这两个因素。

利用有限元软件 ANSYS 建立钢格室有限元模型，对混合梁结合段各构件参数进行对比研究。可知承压板越厚，承压板传力比越高，承压板传力作用越明显，在超出 80 mm 板厚的范围内该结论不适用。在 150 mm 内增加剪力键的布置间距，单根剪力键的抗剪能力提升迅速；超过 150 mm 后增加剪力键的布置间距，单根剪力键承载能力提升缓慢，因此剪力键的布置间距以在 150 mm 范围内为宜。钢格室越长，布置的剪力键数量越多，承压板传力越少，剪力键传力越多，钢格室的长度为 2 m 时，二者的传力比例达到均衡。

5.2.2　钢-混结合段构造

1. 钢-混结合段的构造形式

钢-混结合段的细部构件有钢格室、承压板、混凝土、剪力连接件。标准钢箱梁段先传力给承压板，然后承压板将力进行分散和传递。承压板进行力的分散的形式主要有两种，一是承压板直接传力给混凝土，二是承压板先传力给钢格室，钢格室通过附着其上的剪力连接件传力给近端混凝土，近端混凝土再传递给远端标准混凝土段。而当钢-混结合段的构造形式不同时，传力机理也会发生改变，下面介绍钢-混结合段的主要构造形式。

钢-混结合段由两种不同的材料构造组成，钢材与混凝土材料的力学性能存在较大的差异，结合段受力复杂，在弯矩、剪力与轴力的共同作用下，设计不合理会导致内力无法顺利传递、应力集中危害结构安全，因此钢-混结合段是混合梁斜拉桥结构的关键。钢-混结合段存在多种形式，构造比较复杂。随着结合段构造形式的不断发展与完善，在混合梁结合段设计过程中出现多种结合形式混合使用的情况，结构形式逐渐趋于多样化、成熟化。

钢-混结合段构造形式的发展，从简单到复杂，从无钢格室向有钢格室连接形式发展。大致发展历程如下。

(1)在最初发展阶段,为了使钢板与混凝土两种材料更好地实现连接结合,混凝土箱梁部分伸入钢箱梁端,在钢板与混凝土的接触面上设置剪力钉连接件,提升钢板与混凝土两种材料的结合能力。混凝土梁与钢箱梁结合形式较为单一,形成无钢格室连接构造,其连接形式如图 5.16(a)所示。

(2)为了增大预应力混凝土箱梁伸入钢箱梁部分的结合面,在钢箱梁的顶板、底板以及腹板处增设与顶板、底板和腹板相连接的隔板,并在隔板上设置剪力连接件,提高隔板与混凝土箱梁的嵌入结合能力。增设的隔板将嵌入钢梁部分的预应力混凝土梁分隔成多个空间,提高了钢-混结合段的连接性能,混凝土箱梁嵌入钢箱梁段与钢箱梁及增设隔板相结合,形成有钢格室的构造,结构形式如图 5.16(b)所示。

(3)嵌入钢箱梁部分的预应力混凝土箱梁外边面被钢箱梁钢板所包裹,为了进一步提升钢-混结合段的连接性能以满足复杂工程下对结合段的要求,在增设隔板的同时,在嵌入钢梁部分的混凝土箱梁内表面增设钢板,通过承压板以及隔板与钢箱梁连接,形成双层钢板的有钢格室构造,其连接形式如图 5.16(c)所示。这样结合段混凝土的内外表面均被钢板包裹,结合段性能得到进一步提升。

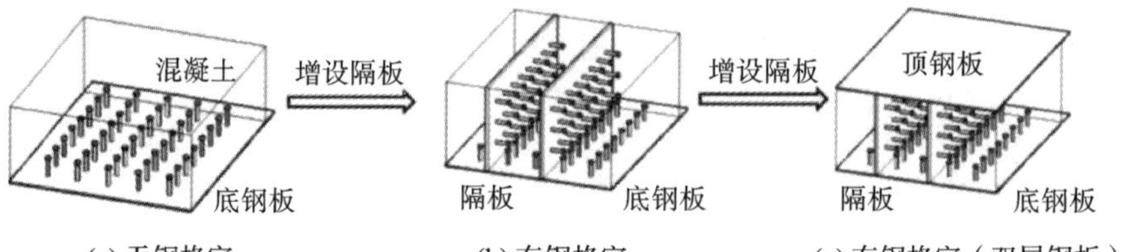

图 5.16 结合部钢格室构造示意图

有钢格室的结合段连接形式大大增加了混凝土梁与钢板之间的结合面积,增设钢板对混凝土形成约束作用,使得钢梁与预应力混凝土梁的连接能力得到提升,改善了结合段的混凝土受力情况,在混合梁钢-混结合段中具有较好的应用前景。

结合段钢箱梁所使用的钢板材料性能与混凝土材料性能存在较大差异,为了使刚度平稳过渡并使力更加顺利地传递,通常在钢-混结合段设置承压板使钢板受力,力通过承压板均匀作用于混凝土上,钢-混结合段在设置承压板之后,以承压型构造将钢梁与混凝土主梁连接起来。根据承压板相对于钢箱梁顶板、底板的位置,在钢-混结合段,承压板大致有 5 种布置形式。

①在钢箱梁与预应力混凝土箱梁交界处设置承压板，为前承压板式。

②距离钢箱梁与预应力混凝土箱梁交界处一段距离，于填充混凝土尾部设置承压板，为后承压板式。

③在混合梁钢-混结合段中，前、后承压板同时设置，为前后承压板式。

④仅在钢箱梁加劲段端部设置承压板，为端承压板式。

⑤混合梁钢-混结合段不设置承压板，钢箱梁与混凝土箱梁仅仅通过连接件结合，为无承压板式或连接件式。

在所有形式中，后承压板将承压型与连接件型技术进行组合，后承压板钢-混结合段混凝土的受力性能得到有效改善，在实践中运用较多。端承压板式构造因施工较为方便，也有工程应用。

2. 混合梁钢-混结合段的基本类型及特点

(1)混合梁钢-混结合段的基本类型。

根据格室内有无混凝土的填充，钢-混结合段可以分为有钢格室钢-混结合段和无钢格室钢-混结合段。在有钢格室钢-混结合段中，可以在钢格室中设置更多的剪力连接件，然后在钢格室中填充混凝土，可以增大钢材与混凝土的接触面积，来提高钢-混结合段的传力性能，是目前在实际工程中被广泛应用的构造形式。

结合承压板在结合段中的位置差异，可以对有钢格室钢-混结合段和无钢格室钢-混结合段进一步划分。具体分类如图 5.17 所示。

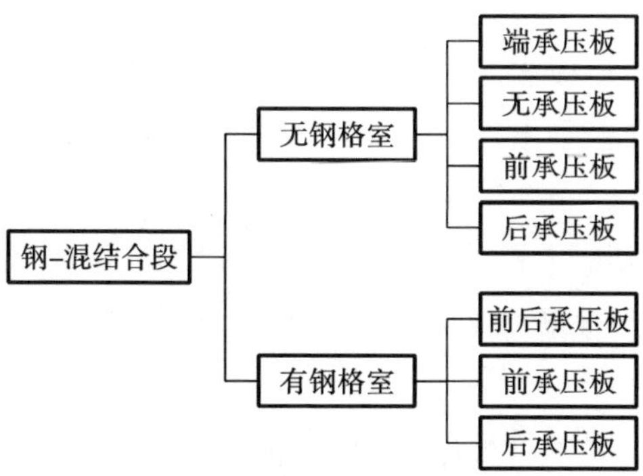

图 5.17　钢-混结合段构造分类

无钢格室钢-混结合段的构造形式,见图 5.18。

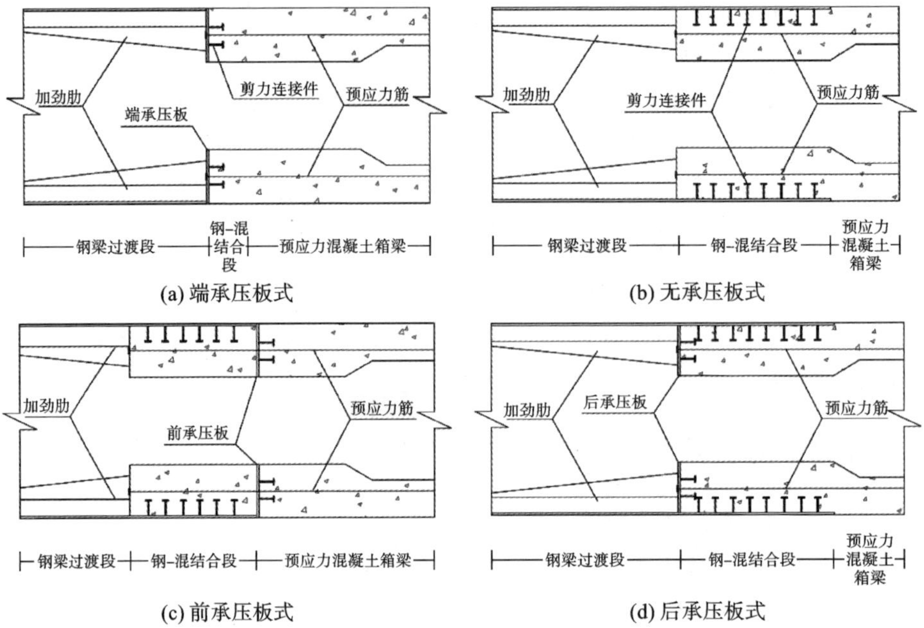

图 5.18 无钢格室结合段构造

①无钢格室端承压板式,指在钢箱梁加劲段端部设置承压板,承压板上设置剪力连接件。

②无钢格室无承压板式,指钢箱梁与混凝土梁之间不设置承压板,混凝土梁直接与钢箱梁加劲段端部相接,通过外伸的钢板将混凝土与混凝土连接,钢板内表面设置剪力连接件。

③无钢格室前承压板式,指在钢箱梁端部设置承压板,承压板与钢箱梁加劲过渡段端部之间填充混凝土,并在承压板表面、腹板和承压板之间的钢板上设置剪力连接件。

④无钢格室后承压板式,指在钢箱梁加劲段端部设置承压板,混凝土与承压板和外伸的钢板相接,钢板内表面和承压板上设置剪力连接件。

有钢格室钢-混结合段的构造形式,见图 5.19。

①有钢格室前后承压板式,指在钢箱梁加劲段端部和钢箱梁端部都设置承压板,钢格室内部填充混凝土,同时在钢格室的内表面上布置剪力连接件。

②有钢格室前承压板式,指在钢箱梁端部设置前承压板,钢箱梁加劲段端部与前承压板之间填充混凝土,钢格室内部表面和承压板表面设置剪力连接件。

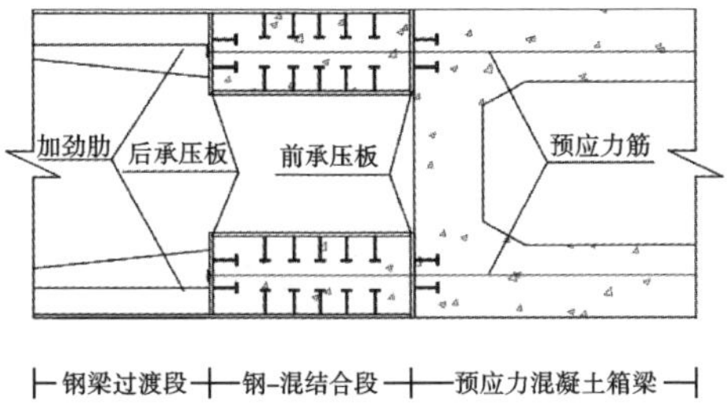

(a) 前后承压板式

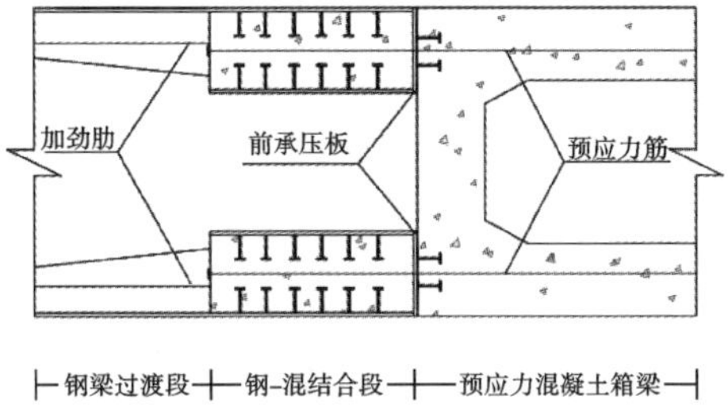

(b) 前承压板式

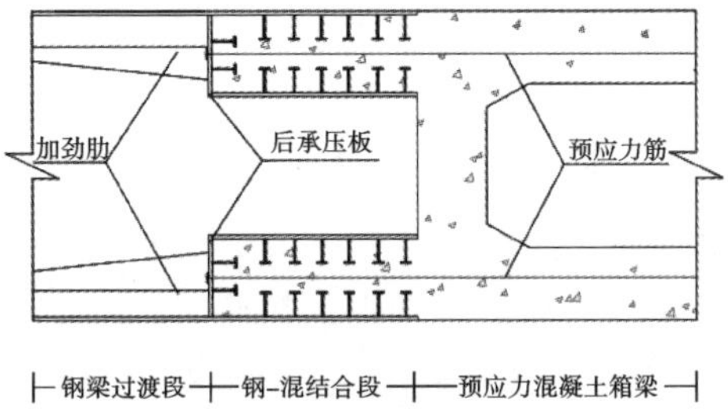

(c) 后承压板式

图 5.19　有钢格室结合段构造

③有钢格室后承压板式，指在钢箱梁加劲段端部设置承压板，外伸的钢格室内填充混凝土，承压板表面和钢格室表面设置剪力连接件。

在实际工程中，通常采用有钢格室钢-混结合段作为混合梁斜拉桥中钢箱梁和混凝土梁的过渡段。有钢格室钢-混结合段具有以下优点：通过在钢格室中填充混凝土，提高了结合段的整体受力性能；由于混凝土处于三向受力状态，其抗裂性能得到了改善。

(2)混合梁钢-混结合段的特点。

在钢-混结合段有钢格室后承压板方案中，主梁所受的轴力、弯矩荷载经由后承压板以及剪力连接件传递到钢箱梁上，剪力以及扭矩通过承压板上的剪力连接件传递。有钢格室后承压板方案中结合段刚度变化不大，钢格室应力分布均匀，混凝土加强处应力变化平缓，使得承压板附近的应力集中现象得以改善。但是有钢格室后承压板方案施工中存在较多弊端，如结合段混凝土需要竖立浇筑，钢箱梁焊接不便，钢-混结合段配筋以及混凝土浇筑不便。日本的生口大桥和多多罗大桥以及我国的鄂东长江大桥和南昌英雄大桥均采用有钢格室后承压板方案。

在有钢格室前承压板方案中，主梁所受轴力、弯矩通过钢-混结合段的前承压板以及剪力连接件进行传递，剪力及扭矩主要通过承压板上的剪力连接件进行传递,承压板传递轴力。有钢格室前承压板也存在诸多缺点,结合段混凝土浇筑困难,配筋不便,钢箱梁焊接施工性差,结合面应力集中较大。德国杜塞尔多夫-弗雷大桥采用此方案。

有钢格室前后承压板方案中,剪力连接件和前后承压板传递轴力和弯矩,前承压板上的剪力连接件传递剪力以及扭矩。此方案改善了承压板附近的应力状况,施工中钢梁易制作,结合段混凝土易浇筑、配筋,混凝土浇筑质量容易得到保证。此方案弊端是后承压板附近刚度变化较大,钢格室需填充砂浆。日本的揖斐川桥、木曾川桥和我国的荆岳大桥均采用有钢格室前后承压板方案。

与无钢格室结合段相比,有钢格室构造传力面增大加强了结合段的整体性,被钢板包裹的混凝土抗裂性得到改善。随着混合梁工程数量的增加以及对结合段研究的深入,有钢格室构造被工程青睐,受到更多的重视。在九江二桥以及鄂东长江大桥中,有钢格室结合段的构造形式得到了进一步的应用。

无钢格室构造主要分为端承压板式、前承压板式、后承压板式以及无承压板式 4 种类型。端部承压板方案,一般在钢梁端部设置较厚的承压板,焊接剪力连接件与混凝土相连,轴力和弯矩通过承压板传递,剪力和扭矩由剪力连接件及承压板与混凝土的摩擦力传递。无钢格室端部承压板连接形式构造简单,混凝土易于施工,钢箱梁加劲部分经由承压板与混凝土相接,未出现应力集中,法国的诺曼底大桥以及我国香港的昂船洲大桥采用无钢格室端部承压板构造方案。

无钢格室无承压板式混凝土梁伸入钢箱梁,通过钢箱梁的顶板、底板上设置的剪力连接件与填充混凝土相结合,未设置承压板。轴力与弯矩通过剪力连接件传递,剪力和扭矩由腹板连接件传递。无钢格室无承压板式连接形式构造简单,结合段混凝土易于浇筑,浇筑质量容易得到保证,但钢梁加劲与混凝土接触部分易产生应力集中。日本的宫野目桥和大洲高架桥采用了无钢格室无承压板式的方案。

无钢格室前承压板式混凝土梁与钢梁经承压板上的剪力连接件连接,承压板与加劲过渡段之间填充混凝土,承压板设置在钢梁加劲过渡段端部。轴力及弯矩由承压板传递;剪力及扭矩通过承压板上的连接件及混凝土与钢板的摩擦力传递。结合段的混凝土易于浇筑,承压板的使用改善了混凝土的受力状况,但钢梁加劲与混凝土接触部分易产生应力集中。德国的库尔特-舒马赫桥采用了该连接形式。

无钢格室后承压板式在钢梁端部设置承压板,混凝土伸入钢梁到承压板,在与混凝土相接触的钢板上设置剪力钉,由承压板及剪力连接件传递轴力和弯矩,剪力和扭矩由承压板上的剪力连接件以及混凝土与承压板的摩擦力进行传递。无钢格室后承压板连接形式中混凝土易配筋、浇筑，混凝土浇筑质量容易得到保证，承压板附近的应力集中得到改善。我国的武汉二七长江大桥、舟山桃夭门大桥和武汉白沙洲大桥均采用无钢格室后承压板的连接形式。

3. 钢-混结合段剪力连接件类型及特点

剪力连接件是钢-混组合结构中的重要部件，剪力连接件的性能决定了钢和混凝土结构能否协同受力。在混合梁斜拉桥中，钢箱梁和混凝土梁通过钢-混结合段进行过渡。剪力连接件如果设置不当，在钢与混凝土变形时，钢格室顶底板与混凝土容易发生脱空，从而给结构的安全带来危害。因此剪力连接件设计是影响混合梁斜拉桥钢-混结合段的重要因素。剪力连接件的作用机理主要有两种，一是抵抗混凝土结构和钢结构接触面上的纵向剪力，防止混凝土结构与钢结构之间发生相对滑移；二是在竖向将混凝土和钢板连接在一起，防止脱落。目前常用的剪力连接件主要有以下几种。

(1)钢筋连接件。

在混凝土与钢格室接触的钢板内表面上，焊接各种形状的螺纹钢筋。这种连接件的优点是施工简单，工艺要求不高。但缺点是抵抗剪力作用的方向单一，无法承受多个方向上的剪力作用。钢筋连接件如图 5.20 所示。

图 5.20　钢筋连接件

钢筋连接件通常与焊钉连接件混合使用，如德国的库尔特-舒马赫桥以及法国的诺曼底大桥。将焊钉和双肢 U 形筋直接焊接在结合段的承压板上，与焊钉连接件共同作用，防止钢与混凝土产生滑移和剥离。另一种形式为 U 形筋弯曲部分焊接在承压板上，双肢嵌入混凝土中，钢筋连接件传递轴力，焊钉连接件传递剪力。我国上海闵浦大桥主梁结合段采用焊钉连接件与钢筋连接件混合使用的形式，增加结合段的稳定性。

(2)高强度螺栓连接件。

在混凝土结构和钢结构接触的钢板上安装高强度螺栓，来抵抗使混凝土和钢结构发生相对滑移的剪力。这种连接件的优点是高强度螺栓具有良好的抗剪承载力，缺点是钢箱梁的制作比较复杂，高强度螺栓的应用成本较高。

(3)型钢连接件。

在混凝土和钢格室接触的钢板内表面上焊接各种形状的型钢，来抵抗使混凝土和钢结构发生相对滑移的剪力。施工简单，但由于焊接面积过大，可能会引起钢板变形过大，降低整体结构的承载力。且这种连接件一旦承受的荷载超过极限承载力的范围，连接件就将完全失去抗剪能力。型钢连接件如图 5.21 所示。因型钢连接件存在严重的缺陷，在实际工程中应用不多。

图 5.21 型钢连接件

(4)剪力钉连接件。

剪力钉连接件也称为焊钉连接件，应用广泛。通常直接将焊钉间隔一定距离焊接在结合段的钢板上，然后将焊钉埋置于混凝土中。剪力钉连接件示意图如图 5.22 所示。焊钉作为连接件，其力学性能不具有方向性，不但可以传递剪力还具有一定的抗拔能力，使钢板与混凝土紧密结合。焊钉受力简单，施工方便，在结合段得到广泛应用。但结合段的承压板以及钢板往往会等间距布置焊钉，焊钉总量需求较大，施工不便，在钢格室内的焊钉不便于焊接，且易发生疲劳破坏。这种连接件通常在工厂规模化生产，然后在现场进行焊接，由于施工的便捷性，在实际工程中被广泛应用。剪力钉连接件的最大受力部位在其根部，受拉-剪-弯组合荷载作用。剪力钉连接件由于其形状各个方向都是相同的，因此可以承受各个方向上剪力的作用。当根部承受的压力超过其极限承受压力时，剪力钉破坏。

(5)开孔板连接件。

当结合段需要设置大量焊钉时，焊钉焊接工作增加了工程的施工难度。于是有人提出将开孔钢板插入钢筋并沿着作用力的方向设置，替代剪力钉作为连

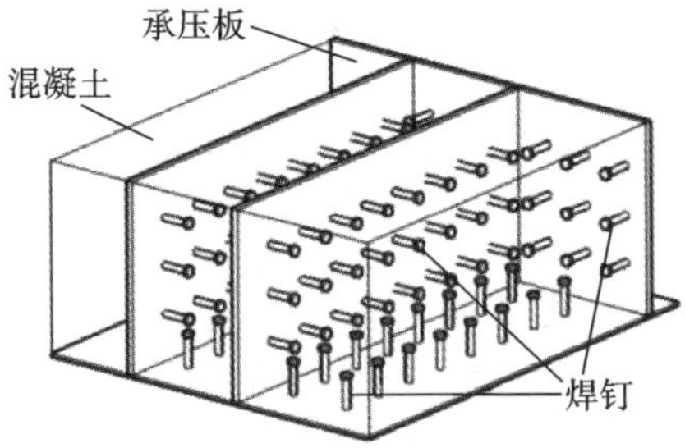

图 5.22　剪力钉连接件示意图

接件来使用，开孔板连接件即 PBL 剪力连接件，如图 5.23 所示。开孔板中孔内混凝土和钢筋具有防止混凝土和钢板分离的作用，依靠混凝土榫来传递剪力。PBL 剪力连接件分为两种：一种是直接在原钢板上开设孔洞；另一种是将开孔钢板焊接在原钢板上，这是更为传统的开孔板剪力连接件形式。前者剪力连接件直接在原钢板上设置孔洞，会影响混合梁钢-混结合段的整体性能，减弱结合段的刚度；后者剪力连接件的用钢量比前者要大，相对来说不经济。无论是哪一类剪力连接件，根据需要都可选择在其孔内放置贯穿钢筋或者不放置钢筋，设置贯穿钢筋将使混凝土三向受压，使结合段的抗剪能力得到进一步加强。开孔板连接件抗疲劳性能较好，作为一种新型的连接形式，在工程中得到越来越多的应用。

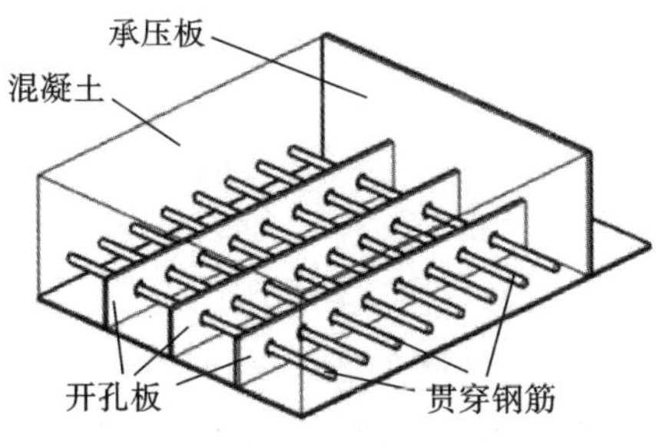

图 5.23　开孔板连接件示意图

4. 剪力连接件的受力及破坏形态

(1)剪力钉连接件的受力及破坏形态。

混合梁结合段设置剪力钉是为了使钢板与混凝土紧密结合，使二者不出现相对滑移与剥离，同时钢格室内设置的焊钉作为剪力连接件传递剪力。焊钉变形能力较大，受力性能不仅受自身规格影响，也与周围混凝土强度及密实度有关。焊钉受力较大时，受压面会产生应力重分布，焊钉所受剪力大部分由焊钉根部承担，使焊钉与钢板焊接面附近产生应力集中而发生破坏。

国内外学者对焊钉进行了大量的推出试验，总结分析发现剪力钉连接件的破坏形式主要为两种。

①混凝土破坏。

混凝土破坏分为剪力钉处混凝土破碎、混凝土开裂、混凝土剪切破坏三种形式，当混凝土强度较低时，焊钉处于弹性阶段下混凝土局部进入塑性变形阶段，在局部较大压应力作用下混凝土发生压碎或者劈裂破坏，这种情况下连接件焊钉抗剪强度的主要影响因素为混凝土的强度。

②焊钉受剪破坏。

当连接件中焊钉规格较小，与混凝土相比强度较低时，焊钉通常发生剪切破坏。当荷载足够大时，焊钉发生塑性变形，混凝土仍处于弹性阶段，焊钉底板的混凝土受到连接件钢板、焊钉以及周围混凝土的约束，局部混凝土抗压能力提高，焊钉因进一步变形受到限制发生脆性破坏，焊钉被剪断。此时连接件中剪力钉的抗剪承载力主要由自身规格与材质决定，与混凝土强度及弹性模量关系不大。

连接件中焊钉的承载力不仅与焊钉自身材质和混凝土的强度有关，还和焊钉的直径与长度有关。研究表明，焊钉越长，焊钉的承载力越大，但当焊钉长度和直径之比大于 4 时承载力基本不变。当长度较短时，可能出现焊钉被拔出的情况，导致结构破坏。

(2)PBL 剪力连接件的受力性能与破坏形态。

PBL 剪力连接件作为一种新型的连接件形式，在现代混合梁斜拉桥中越来越受到工程师的青睐，逐渐成为一种比较流行的剪力连接件形式。

PBL 剪力连接件的基本构造形式是在钢板面上开设圆形孔洞，根据工程具体实际情况决定是否在孔洞中插入贯穿钢筋，再浇筑混凝土使开孔板和贯穿钢筋嵌入混凝土中，这样混凝土在钢板开孔处形成混凝土榫，设有贯穿钢筋的开孔板承载能力变大。

PBL 剪力连接件破坏形式分三种。

①割裂破坏。当开孔板较薄时，孔洞中混凝土榫在较大剪应力作用下被割裂破坏。

②剪切破坏。PBL 剪力连接件发生剪切破坏时，主要分为两种情况。一种是因为开孔钢板比较薄，同时钢板开孔间距过小，使得钢板发生剪切破坏。通常

在连接件设计时选择合适的钢板厚度与孔洞间距，可以避免这种剪切破坏的发生。另一种是当选择的开孔钢板厚度比较大时，混凝土强度不够，致使孔洞中混凝土榫在较大剪应力作用下发生剪切破坏。

③压缩破坏。在 PBL 剪力连接件中，无论钢板的厚度如何，当混凝土榫受到横向约束作用时，孔中混凝土在荷载的作用下被压碎，一般出现压缩破坏。

在经过大量推出试验之后，M. R. Velendanda、M. U. Hosain 等人总结发现 PBL 剪力连接件破坏特点。PBL 剪力连接件的破坏是由混凝土裂缝引起的，随着荷载的增加，开孔板前的混凝土被压碎，钢板开孔板并未出现明显变形。与焊钉连接件相比，PBL 剪力连接件的刚度较大。在极限荷载作用下钢板与混凝土相对滑移较小，未出现卸载现象，表明混凝土榫发生剪切破坏和开孔板前混凝土压碎破坏，开裂的混凝土表面仍然能够依靠和钢板的摩擦受剪，这种特性有利于应力重分布。E. C. Oguejioror 和 M. U. Hosain 通过足尺梁试验证明 PBL 剪力连接件失效与混凝土有关，与推出试验结论相同。

5. 剪力连接件抗剪承载力计算公式

(1)焊钉连接件承载力计算公式。

焊钉连接件在结构完全被破坏之前所能承受的最大荷载称为其极限抗剪承载力。焊钉的极限承载能力不仅与焊钉自身的规格、材料相关，还与和焊钉相接处的混凝土强度及材料特性有关。20 世纪 50 年代以来，国内外学者利用推出试验和有限元仿真分析等方法对焊钉进行了大量研究，综合各种影响因素提出多种抗剪承载力计算方法，并在各国桥梁设计规范中做了相应规定。

①美国 AISC 钢结构协会规范中剪力钉的极限抗剪承载力见式(5.1)：

$$V_u = 0.5A_s\sqrt{f_c E_c} \leqslant A_s f_u \tag{5.1}$$

式中：A_s——剪力钉截面面积；E_c——混凝土的弹性模量；f_c——混凝土的抗压强度设计值；f_u——剪力钉的极限抗拉承载力。

②欧洲规范(EC4)中剪力钉承载能力取式(5.2)和式(5.3)计算的最小值：

$$V_u = 0.29\alpha d^2\sqrt{f_{ck} E_c} \tag{5.2}$$

$$V_u = 0.8 f_u \frac{\pi d^2}{4} \tag{5.3}$$

式中：α——剪力钉长度影响系数，$\alpha = 0.2(h/d+1) \leqslant 1.0$，$h$ 为剪力钉高度；d——剪力钉直径；f_u——剪力钉抗拉承载力；f_{ck}——混凝土圆柱体标准抗压强度；E_c——混凝土弹性模量。

③加拿大规范中剪力钉的极限抗剪承载力计算公式见式(5.4)：

$$V_u = 0.5\varphi_{sc}A_s\sqrt{f_cE_c} \leqslant \varphi_{sc}A_sf_u \tag{5.4}$$

式中：φ_{sc}——承载力系数，取0.8；A_s——截面面积；f_u——极限抗拉承载力；f_c——混凝土强度设计值；E_c——混凝土弹性模量。

④日本的桥梁规范对剪力钉承载力的规定为式(5.5)和式(5.6)：

$$N_V = 30d_s^2\sqrt{f_{ck}}(h_s/d_s \geqslant 5.5) \tag{5.5}$$

$$N_V = 30d_sh_s\sqrt{f_{ck}}(h_s/d_s < 5.5) \tag{5.6}$$

式中：N_V——设计值；h_s——高度；d_s——直径；f_{ck}——混凝土抗压标准值。

⑤《钢-混凝土组合桥梁设计规范》(GB 50917—2013)规定单个焊钉承载力取二者较小值，见式(5.7)和式(5.8)：

当焊钉被剪断破坏时：

$$N_V = 1.19A_{std}f_{std}\left(\frac{E_c}{E_s}\right)^{0.2}\left(\frac{f_{cu}}{f_{std}}\right)^{0.1} \tag{5.7}$$

当混凝土被压碎破坏时：

$$N_V = 0.43\eta A_{std}\sqrt{f_{cd}E_c} \tag{5.8}$$

式中：N_V——焊钉抗剪承载力；A_{std}——焊钉的截面面积；E_c——混凝土弹性模量；E_s——焊钉弹性模量；f_{cu}——边长150 mm混凝土立方体抗压强度；f_{cd}——混凝土轴心抗压强度设计值；f_{std}——焊钉抗拉强度，当焊钉材料性能等级为4.6级时取400 MPa；η——群钉效应折减系数。当$6<l_d/d<13$时，对于C30、C40混凝土，$\eta=0.021l_d/d+0.73$（l_d为焊钉纵向间距，d为焊钉直径）；对于C45、C50混凝土，$\eta=0.016l_d/d+0.80$；对于C55、C60混凝土，$\eta=0.013l_d/d+0.84$。当$l_d/d\geqslant13$时不考虑群钉效应，η取1.0。

(2)PBL剪力连接件承载力计算公式。

①Leonhardt等人在试验的基础上认为混凝土榫的剪切破坏是PBL剪力连接件的破坏形式，提出不考虑贯通钢筋影响只考虑混凝土强度等级和开孔直径的抗剪承载力计算公式，见式(5.9)：

$$V_u = 1.79d^2f_c \tag{5.9}$$

式中：d——开孔直径；f_c——混凝土抗压强度设计值。

②Oguejiofor等人采用类似焊钉推出试验的方法对PBL剪力连接件进行研究，认为PBL剪力连接件承载力由三部分控制。连接件开孔板周围的混凝土、普通钢筋以及混凝土榫的受剪面积是影响PBL剪力连接件承载力的主要因素，并给出了其承载力计算公式，见式(5.10)：

$$V_u = 0.6348A_c\sqrt{f_c} + 1.1673A_{tr}f_y + 1.6396A_{bs} \quad (5.10)$$

式中：A_c——连接件平面中混凝土面积；A_{tr}——横向普通钢筋面积；A_{bs}——混凝土榫受剪面积；f_c——混凝土圆柱体抗压强度。

③Nishiumi 等人认为 PBL 剪力连接件的抗剪性能与混凝土榫和贯通钢筋有关，应该考虑孔内贯通钢筋的影响，在贯通钢筋屈服之前，由孔内混凝土和贯穿钢筋共同承担剪力作用；贯通钢筋屈服之后结构的承载力仅由混凝土承担，见式(5.11)和式(5.12)：

$$V_u = 0.26A_cf_c + 1.23A_sf_y(A_sf_y/A_cf_c < 1.28) \quad (5.11)$$

$$V_u = 1.83A_cf_c(A_sf_y/A_cf_c \geqslant 1.28) \quad (5.12)$$

式中：A_s——孔内贯通钢筋面积；A_c——PBL 板圆孔面积；f_c——混凝土圆柱体抗压强度；f_y——孔内贯通钢筋屈服强度。

④Hosaka 考虑了贯穿钢筋对承载力影响后，认为贯穿钢筋和混凝土榫共同承担剪力作用，并提出计算公式，见式(5.13)：

$$V_u = 1.45[(d^2 - d_s^2)f_c + d_s^2f_y] - 26.1 \quad (5.13)$$

式中：d_s——贯通钢筋直径(mm)；f_y——贯穿钢筋的屈服强度(MPa)。

⑤宗周红等对 PBL 剪力连接件进行推出试验后得出计算公式，PBL 剪力连接件承载能力不仅与混凝土的强度有关，与钢筋配筋率和位置也有关，见式(5.14)：

$$V_u = \alpha_1\beta_1A_c\sqrt{E_cf_c} + \alpha_2\beta_2A_{tr}f_y \quad (5.14)$$

式中：α_1——混凝土类型影响系数，普通混凝土取 1.0，钢纤维混凝土取 1.25；α_2——横向钢筋位置影响系数，通常取 1.0，当与受剪方向相反的横向普通钢筋较多时取 1.5；β_1、β_2——回归系数，$\beta_1=0.0029$，$\beta_2=0.75$；A_c——混凝土纵向面积减去钢板面积；A_{tr}——横向钢筋的总面积；f_y——钢筋的屈服强度。

5.2.3 钢-混结合段传力和变形分析

1. 结合段整体受力分析

若不考虑截面扭矩和横向剪力作用，钢-混凝土混合梁节段受力情况如图 5.24所示。如果将该混合梁节段的每一部分按照刚度等效原则代换，可以简化为常见的变截面混合梁节段，如图 5.25 所示。

混凝土梁截面 D 的内力有轴力 N_D、竖向剪力 V_D和弯矩 M_D，钢梁截面 E 的

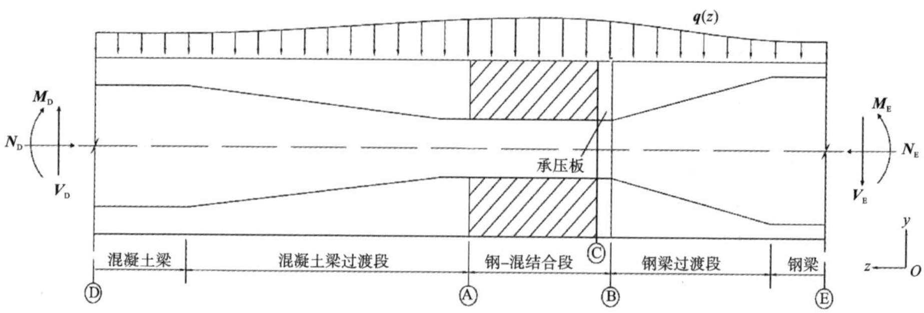

图 5.24　混合梁节段受力示意图

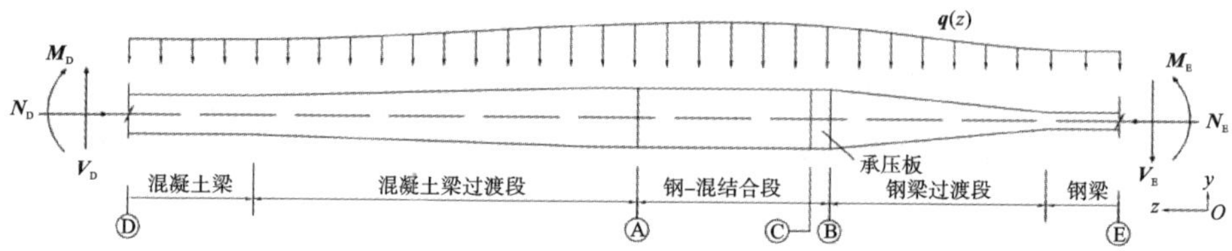

图 5.25　变截面混合梁节段受力示意图

内力有轴力 N_E、竖向剪力 V_E 和弯矩 M_E，混合梁节段承受分布荷载 $q(z)$。建立 yOz 坐标系，根据静力平衡条件，有式(5.15)～式(5.17)：

$$\sum Z = 0, N_D = N_E \tag{5.15}$$

$$\sum Y = 0, V_D = V_E + \int q(z)\mathrm{d}z \tag{5.16}$$

$$\sum M = 0, M_D = M_E + \int q(z)\Delta z\mathrm{d}z \tag{5.17}$$

式(5.15)～式(5.17)与一般梁段截面内力平衡关系并无差别，说明混合梁是能够整体受力的。应用结构力学基本理论进一步分析结合段各个典型截面，可得出如下结论。

(1)混凝土梁与钢-混结合段之间(截面 A)、钢梁与承压板之间(截面 B)完全刚结，故 A、B 截面内力和变形能够顺畅地传递，不会出现突变现象。

(2)截面 A、C 之间的钢-混结合段也是一个连续梁段，所以从整体上看内力和变形同样是连续的；但从局部来看，结合段不变形或变形很小，有利于其内部连接件的受力，因此结合段应具有较大的刚度。

(3)钢-混结合面(截面 C)是混合梁的一个特殊截面，它同样能够连续地传递内力，但是变形传递并不连续。

(4)钢梁与承压板交界面(截面 B)、钢-混结合面(截面 C)由于材料性质、截面面积、截面形状等不同,构件的局部应力和变形会突变。

2. 结合面受力分析

钢-混结合段之中,承压板与钢梁焊接为一体,结合段与过渡段混凝土一起浇筑且材料性质更为接近,因此可将结合段视作混凝土梁与钢梁端面之间一系列的弹簧连接。如图 5.26 所示,结合面承受轴力 N、竖向剪力 V 和弯矩 M 的作用,混凝土梁和钢梁端面之间由横向和竖向弹簧组连接,进一步分解为横向弹簧传递轴力与弯矩以及竖向弹簧传递竖向剪力两种受力情况的叠加。

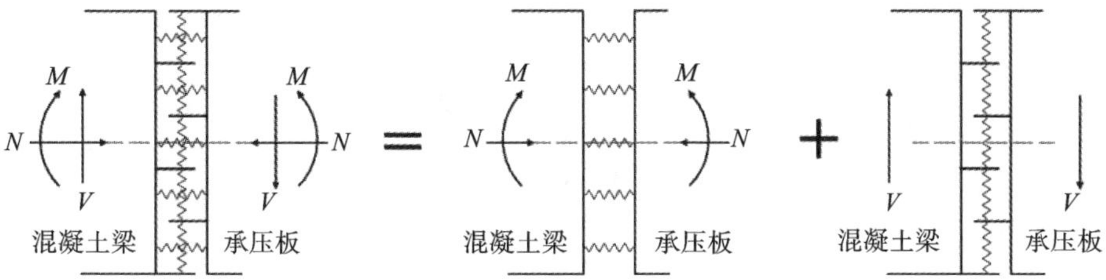

图 5.26　结合面受力分析示意图

(1)横向弹簧承受轴力与弯矩。

结合面承受轴力与弯矩作用时,仅有横向弹簧组起到传力作用。轴力为压力时,结合面趋向于紧密贴合,连接件和混凝土共同承担轴力,有利于结合段受力;轴力为拉力时,结合面趋向分离,主要以连接件承担轴力并使结合段混凝土受拉,不利于结合段受力。结合面仅承受弯矩时,结合面中性轴一侧受压而另一侧受拉,结合段受力不均匀。当结合面承受弯矩与轴向压力组合作用时,有利于抵消受拉作用,发挥结合段承压能力强的特性;而当结合面承受弯矩与轴向拉力作用时,加大了某一侧结合面分离的趋势,结合段受力既不均衡也不利。从传力的角度看,结合面横向弹簧刚度大小不影响内力的传递。

(2)竖向弹簧承受竖向剪力。

结合面承受竖向剪力作用时,仅竖向弹簧组起到传力作用,连接件以及混凝土与承压板共同承担竖向剪力。同时根据库伦摩擦理论,截面轴向压力越大抗剪能力越强。同样,从传力的角度看,竖向弹簧刚度大小不影响内力的传递。

总结上述分析,可以明确:

(1)当结合面轴力为压力时,既有利于结合段承受弯矩和竖向剪力,又有利于结合段整体受力和连接件受力,应采用预应力措施使结合段处于预压状态;

(2)结合面承受轴向拉力是典型的不利受力状态,更能检验结合段传力性能;

(3)结合段刚度大小不影响内力传递。

3. 结合面变形分析

在轴力、弯矩和竖向剪力作用下,结合面产生的相对位移如图 5.27 所示。

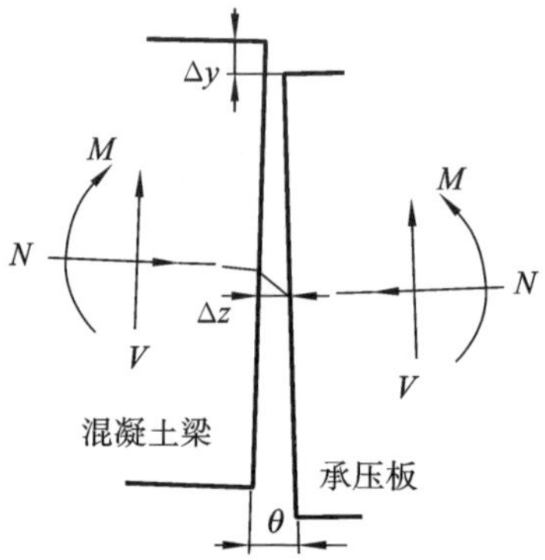

图 5.27 结合面变形分析图

设横向弹簧长度为 l_z,混合梁截面高度为 h,则近似有式(5.18)~(5.20):

$$\theta = \frac{Ml_z}{K_N I_y} \tag{5.18}$$

$$\Delta_z = \frac{Nl_z}{K_N} \tag{5.19}$$

$$\Delta_y = \zeta_V \frac{Vh}{K_V} \tag{5.20}$$

式中:K_N——横向弹簧综合刚度;K_V——竖向弹簧综合刚度;I_y——截面惯性矩;ζ_V——与截面形状、几何尺寸有关的竖向剪力分布不均匀系数。

横向弹簧综合刚度 K_N 和竖向弹簧综合刚度 K_V 都与连接件、混凝土以及它们之间的相互作用等因素有关,都代表结合段的连接刚度。由式(5.18)~式(5.20)可以看出,结合面的相对位移与结合段连接刚度负相关,连接刚度越大则结合段抵抗变形能力越强,混凝土梁和钢梁端面相对位移越小。

结合面相对位移影响混合梁的整体变形,即结合面相对位移增大时混合梁的挠曲变形增大且在结合断面处出现突变,因此应提高结合段及其连接构造的刚度以减小甚至消除结合断面变形突变。

4. 分析结论及建议

总结结合段传力和变形分析，提出如下结论及相应建议。

(1)从宏观上讲，结合段属于混合梁的一部分，内力能够通过结合段实现传递，但应从微观层面关注结合段连接措施，以保证结合段与混凝土梁、钢梁交界断面的连接，并尽可能实现刚性连接。

(2)结合段整体刚度及其连接构造刚度对混合梁变形传递有影响，故应增大结合段整体刚度以利于其内部的连接件受力，同时应增大连接刚度以减小结合面相对位移，控制乃至消除混合梁变形突变现象。

(3)结合段应力和变形传递性能与结合面受力状态有关，故可将结合段承受轴向拉力作为不利受力状态进行分析，应采取预应力措施使结合段处于低水平的受压状态。

(4)考虑到混合梁承载过程中结合段可能承受不同方向的作用，因此应将结合段连接构造均匀对称地全断面布置。

(5)结合段受力和变形特性主要受到连接构造及其受力性能的影响，很难用一般的力学方法进行研究，所以在设计中应建立空间模型并采用有限元方法进行计算分析。

5.2.4　钢-混结合段受力性能数值分析

1. 钢-混结合段构造单元受力分析

目前，绝大多数的钢-混凝土混合梁采用箱形截面，其中的钢-混结合段连接构造相应地沿箱梁顶板、底板和腹板均匀布置，构成了由若干连接构造单元组成的整体截面，当箱梁承受轴力、剪力和弯矩等主要内力(暂不考虑扭矩)作用时，各个连接构造单元受力状况基本一致。实际上，由于箱梁腹板受力与横截面剪力滞后效应的影响，每个连接构造单元的受力情况都存在一定差异，但考虑到箱梁顶板、底板和腹板等组成部件的尺寸与箱梁整体尺寸相比较要小得多，使得各个连接构造单元(除了箱梁翼缘部分)之间的差异较小，故认为它们能够协同受力，仅存在与相邻单元间的横向约束。这样就可以将全截面结构按照有规律的构造布置简化为构造单元结构，并利用构造单元上合理布设的横向约束使其受力状态与全截面结构受力相似，进而能够通过研究构造单元的受力性能来说明结合段整体结构的受力性能，同时避免了截面扭转畸变、边角效应的影响，将问题的关注点集中在结构的主体部分。

以陕西某高速公路渭河特大桥为例，根据大桥第一联钢-混结合段连接构造优化设计的基本成果，从结合段横断面中划取出一组连接构造单元，偏于安全地忽略钢筋骨架、预应力系统、焊钉连接件、钢箱梁过渡段的横隔板等其他构造，建立了结合段受力性能分析的基本模型。模型设计如图 5.28 所示。

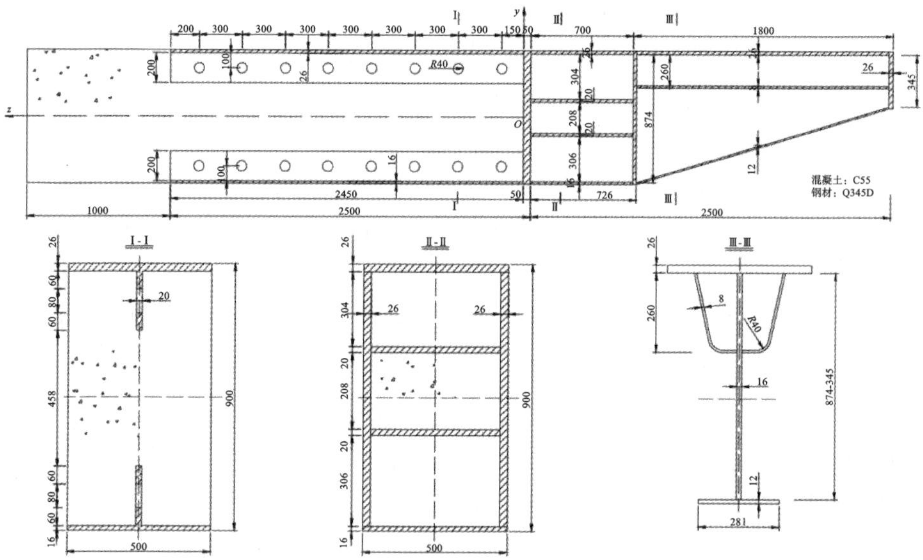

图 5.28　钢-混结合段构造单元模型设计示意图(单位:mm)

考虑到结合段设计的基本准则，构造单元的受力性能基于弹性理论计算分析，模型的荷载条件确定为：分别在钢梁过渡段端板上施加轴向集中力、竖向集中力和绕截面横轴旋转的集中弯矩，并约定轴力以受压为正，剪力以向下为正(绕隔离体顺时针为正)，弯矩以使得梁下侧受拉为正。考虑到弹性分析条件以及便于观察荷载分布情况与传递规律，轴力、剪力和弯矩均以单位荷载施加。模型的边界条件确定为：混凝土端面为完全固定约束，混凝土、顶板钢板、底板钢板、承压板、端板钢板侧面为横向链杆约束，顶面、底面及端板加载面无约束。数值分析模型的边界条件和荷载分布如图 5.29 所示。

受力性能分析遵循以下基本假定：

①结合段构造单元各组成部件均处于弹性工作状态；

②各种钢构件之间焊接牢固可靠，不会发生焊缝破坏；

③开孔钢板连接件与混凝土完全黏结，同一位置应变相同，不会出现相对滑移和剥离现象；

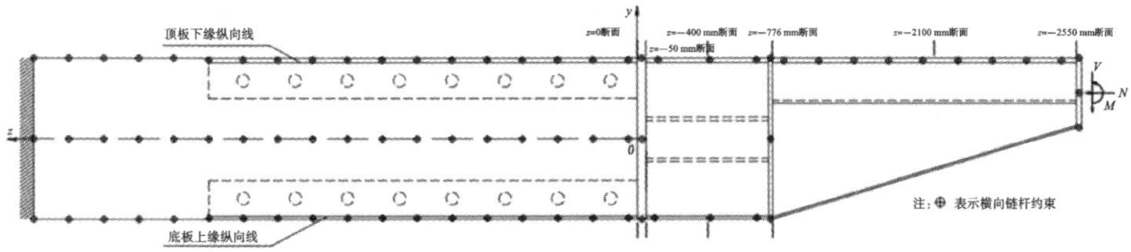

图 5.29　结合段构造单元受力分析模型的边界条件和荷载分布

④忽略顶板钢板、底板钢板、承压板与混凝土之间的黏结力和摩擦力的影响，认为它们之间为光滑接触，只传递压应力。

基于上述假定，相关材料主要力学参数取值见表 5.4。利用有限元软件分别建立混凝土和钢构件的连续三维柔体实体部件(3D deformable solid part)，按照实际位置装配成为结合段系统，采用嵌入区域约束(embedded region)将连接件镶嵌在混凝土之中使它们能够协同工作。结合段受力性能分析模型见图 5.30。

表 5.4　混凝土和钢材主要力学参数取值

材料	等级或牌号	弹性模量	泊松比
混凝土	C55	$E_c=3.55\times10\ \mathrm{N/mm^2}$	$v_c=0.2$
钢材	Q345D	$E_s=2.06\times105\ \mathrm{N/mm^2}$	$y_s=0.3$

如图 5.29 所示，在钢梁过渡段端板施加单位轴向力、竖向力和集中弯矩，分别截取结合段构造单元 $z=0$ 断面(开孔钢板连接件与承压板交界断面)、$z=-50$ mm断面(承压板与钢格室构造交界断面)、$z=-400$ mm 断面(钢格室构造中间断面)、$z=-776$ mm 断面(钢梁过渡段与钢格室端板交界断面)、$z=-2100$ mm断面(钢梁过渡段中间断面)和 $z=-2550$ mm 断面(钢梁过渡段与端板交界断面)共 6 个断面，以观测各个组成部件的应力或变形特性，同时观测沿钢板顶板下缘和钢板底板上缘纵向的应力或变形，用以说明内力和变形传递与变化情况。

图 5.31 给出了结合段单元构造承受单位轴向集中拉力作用时的应力和变形情况，图 5.32 给出了结合段单元构造承受单位竖向集中力作用时的应力和变形情况，图 5.33 给出了结合段单元构造承受单位集中弯矩作用时的应力和变形情况。当模型承受集中压力作用时，结合段处于较有利的受力条件，故在此不再赘述。

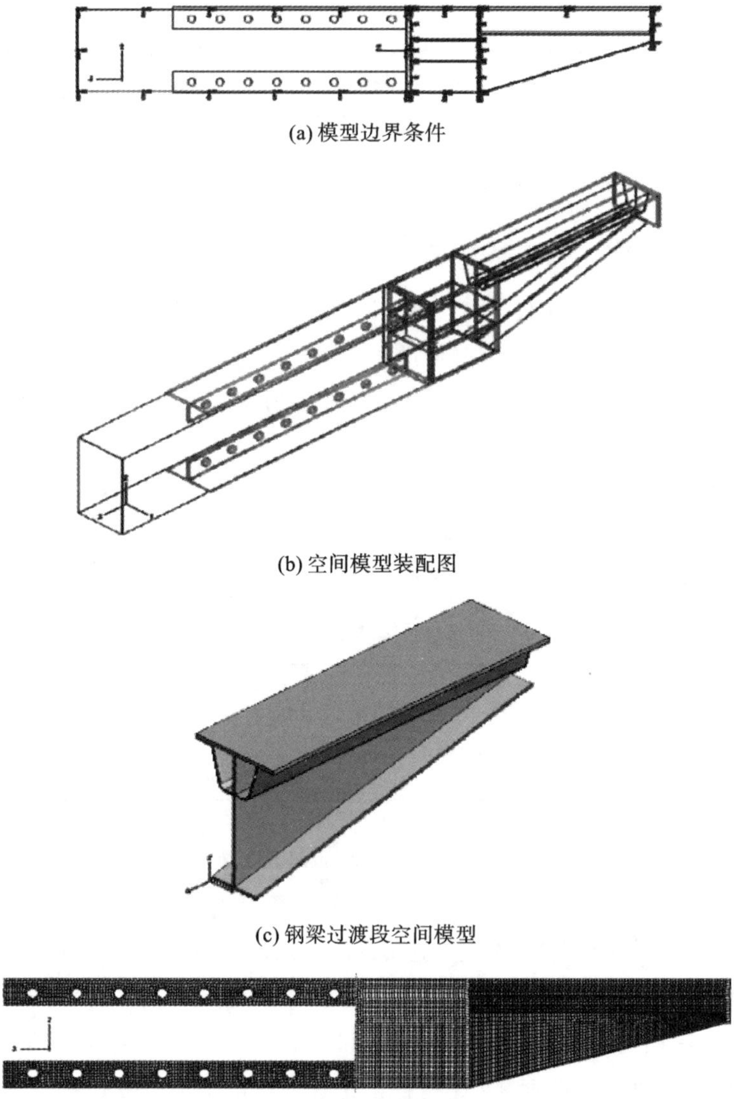

(a) 模型边界条件

(b) 空间模型装配图

(c) 钢梁过渡段空间模型

(d) 钢构件模型及单元划分

图 5.30 结合段受力性能分析模型

图 5.31～图 5.33 的计算结果总体可以说明，当结构处于弹性工作状态时，在钢-混结合段构造单元钢梁过渡段端板上施加轴力、竖向力或集中弯矩，混合梁各组成部分能够很好地共同工作，荷载通过钢-混结合段有效地传递给了混凝土梁。

结构各部位应力分布图以及应力分布曲线的变化规律说明，应力传递总体

(a) 轴向集中拉力作用下结合段S33应力分布（x=0断面）

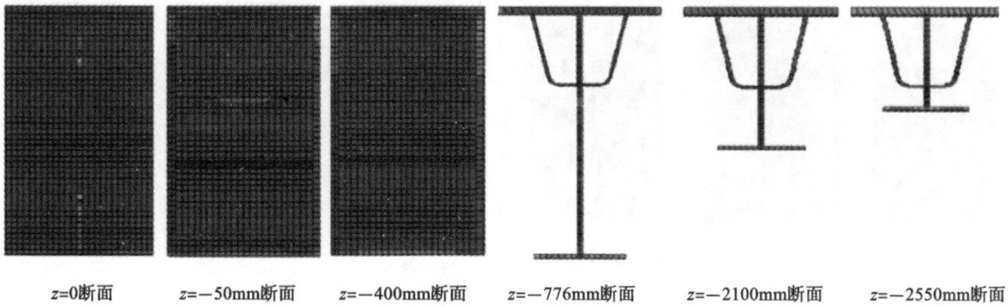

(b) 轴向集中拉力作用下各断面S33应力分布

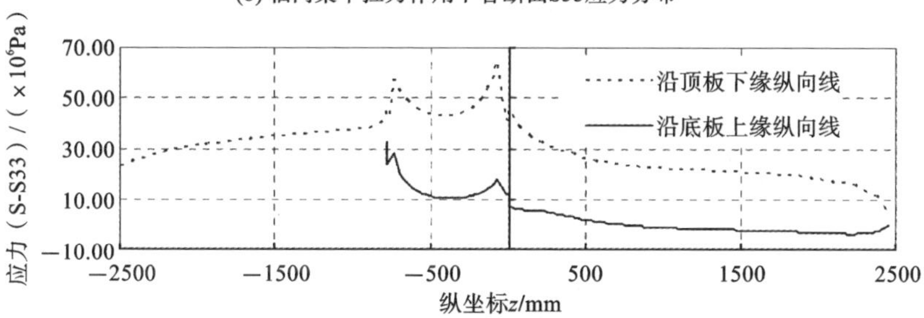

(c) 轴向集中拉力作用下沿顶、底板纵向线S33应力分布

(d) 轴向集中拉力作用下结合段节点位移分布

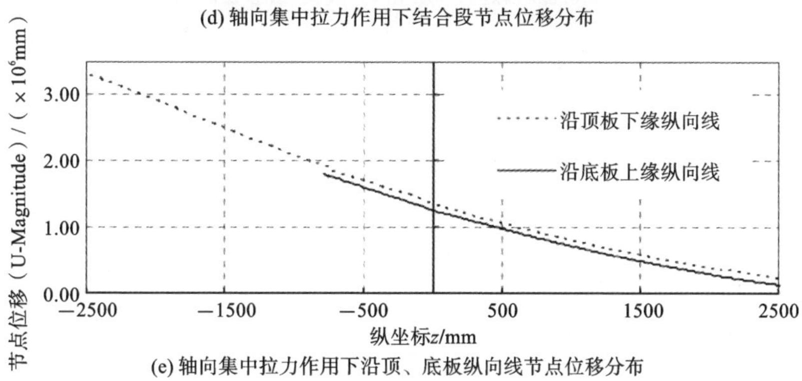

(e) 轴向集中拉力作用下沿顶、底板纵向线节点位移分布

图 5.31　轴向集中拉力作用下结合段受力性能

(a) 竖向集中力作用下结合段Mises应力分布（x=0断面）

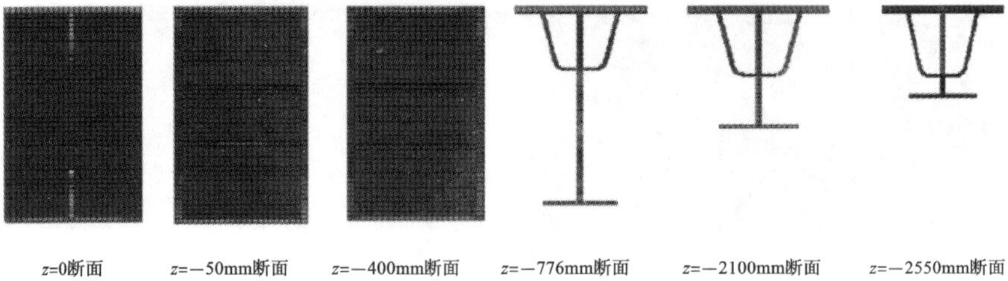

(b) 竖向集中力作用下各断面Mises应力分布

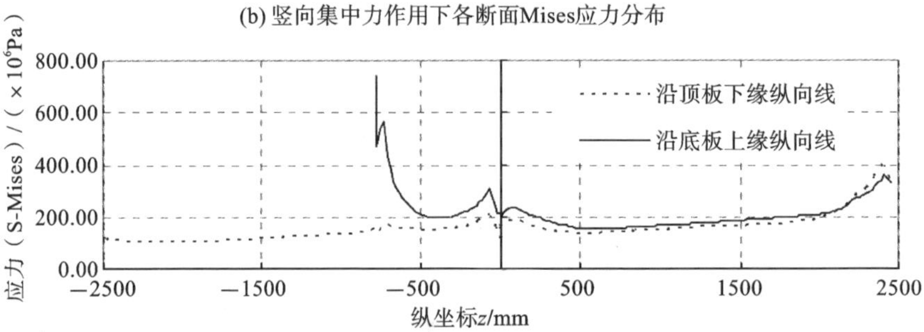

(c) 竖向集中力作用下沿顶、底板纵向线Mises应力分布

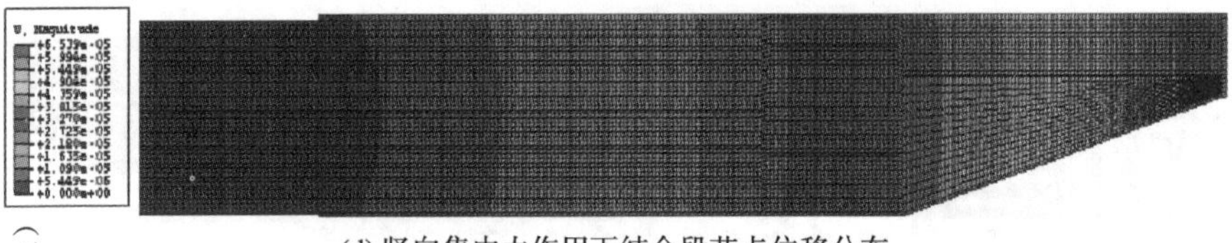

(d) 竖向集中力作用下结合段节点位移分布

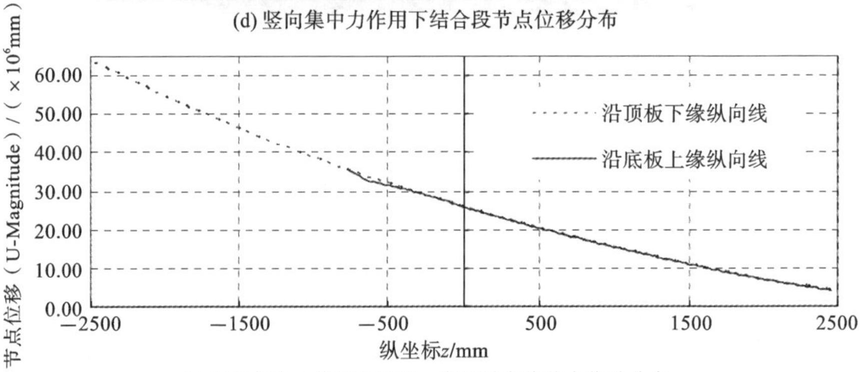

(e) 竖向集中力作用下沿顶、底板纵向线节点位移分布

图 5.32　竖向集中力作用下结合段受力性能

(a) 集中弯矩作用下结合段Mises应力分布（x=0断面）

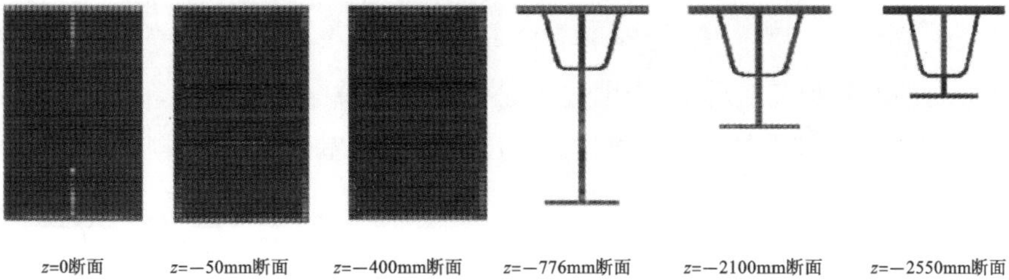

(b) 集中弯矩作用下各断面Mises应力分布

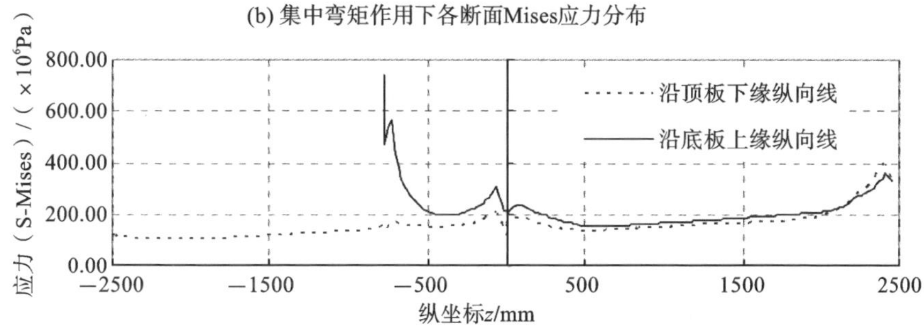

(c) 集中弯矩作用下沿顶、底板纵向线Mises应力分布

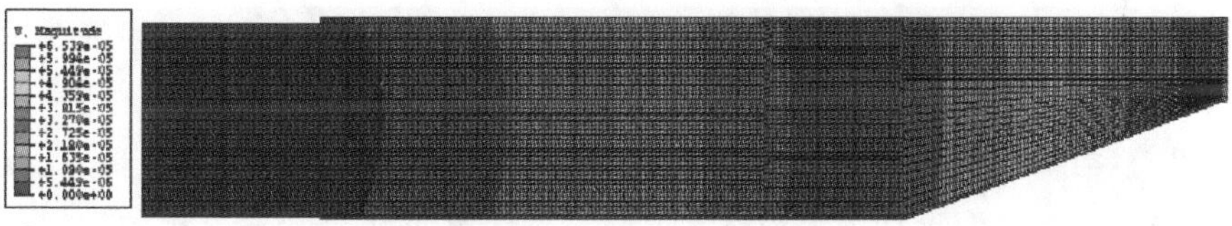

(d) 集中弯矩作用下结合段节点位移分布

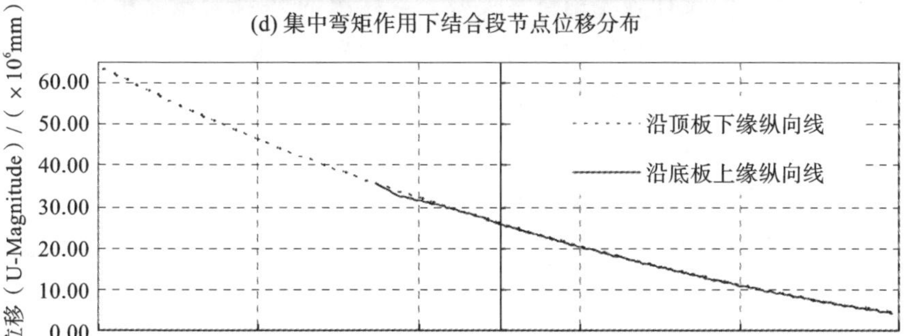

(e) 集中弯矩作用下沿顶、底板纵向线节点位移分布

图 5.33　集中弯矩作用下结合段受力性能

较为连续均衡，但在材料变换交界位置(如：钢梁过渡段与钢格室混凝土交界处、钢格室混凝土与承压板交界处、承压板与PBL连接件交界处等位置)应力发生突变，这些位置往往也是应力集中点。此外，钢梁过渡段T形加劲肋腹板可能会出现局部屈曲现象。结合段构造单元位移分布图和位移曲线反映了结构各截面位移变化连续顺畅，证明结合段刚度过渡合理、平顺。

承压板处于钢格室混凝土和混凝土梁之间，应力水平较低，受力较为有利。钢格室内部的隔板起到骨架作用，尤其是当结构受拉时作用明显，而钢格室内的混凝土起到传递和分散应力的作用。承压板与钢格室对结构整体应力和变形的影响不大。

2. 钢-混结合段设计参数的取值建议

结合段设计参数主要指承压板厚度、钢格室混凝土段长度、混凝土过渡段长度和钢梁过渡段长度等指标。

从结合段受力性能分析结论看出，承压板厚度对结构应力传递和分布影响不大。但是，承压板起到连接混凝土梁与钢梁的作用，承受着结合段预应力锚底巨大的集中压力，同时在施工过程中为PBL连接件、钢格室等钢构件的焊接起到连接支撑作用，因此应保证承压板具有较大的厚度。根据《钢结构设计标准》(GB 50017—2017)、《组合结构设计规范》(JGJ 138—2016)等相关规定，结合工程经验，建议承压板采用和其他钢构件相同的牌号，厚度不小于与之焊接连接的钢板厚度，一般不宜大于50 mm。

目前，当结合段连接件使用PBL连接件时，为了简化构造、明确受力、方便施工，连接构造多数设计为无钢格室类型。本算例钢-混结合段之中的钢格室设置在承压板之后，并不承受纵向预应力，属于钢梁过渡段的一部分。因此，此时的钢格室混凝土段长度主要考虑必须满足预应力施工空间。

为了设置纵向预应力筋，混凝土过渡段长度较大，按照工程设计经验一般为2～3个预应力混凝土箱梁节段长度。而钢梁过渡段长度对结合段受力和变形传递有一定影响，但增大长度对改善结合段力学性能效果并不明显，因此建议其长度不宜小于钢箱梁单个节段长度且不宜小于钢-混结合段(接头段)长度。

第 6 章　合龙施工要点及精度控制

6.1　合龙施工要点

6.1.1　合龙施工工法

1. 几何合龙法

大跨度混合梁斜拉桥中跨钢主梁施工一般采用悬臂拼装的施工方法。斜拉桥的合龙段施工，转换了结构体系，是整座桥梁施工的关键部位，同时也是难度较大的部位。斜拉桥的合龙是将斜拉桥从施工期结构体系转换为成桥结构体系的过程，一般包括合龙口调整和锁定、合龙段吊装和焊接、主梁施工临时约束解除以及主要施工临时荷载的拆除等多项施工内容。

在斜拉桥的设计中，设计单位都会提供一个理想的合龙温度，称为合龙基准温度（一般都取为 20 ℃左右）。但是在实际的施工过程中，合龙施工时刻系统环境的温度与设计状态一般不相符合，合龙口宽度与合龙段设计长度不匹配，但是又不能停工等待合适的时间，此时可采用根据合龙口宽度对合龙段加长或切割，改变合龙段设计长度去匹配合龙口的宽度，这种改变合龙段设计长度来进行合龙的方法属于传统的合龙方式，即温度合龙法，很显然此法改变了合龙段设计的无应力长度，对成桥的理想状态影响较大。针对这一情况，此刻可通过一系列措施主动调整合龙口姿态使之与合龙段设计长度互相匹配，然后合龙，这种新型合龙方式就是几何合龙法。

（1）几何合龙法概述。

①传统合龙方式。

斜拉桥的传统合龙方式一般指定合龙温度，合龙前进行不少于 48 h 的合龙口宽度和形状的连续观测，并以预设合龙温度的合龙口宽度作为合龙段的长度。然后待现场的温度条件适宜时锁定合龙口（一般采用劲性骨架锁定，仅释放合龙口纵向自由度），起吊合龙段至合龙口，待实际温度与预设合龙温度接近、合龙段焊缝跨度满足要求时，再锁定纵向自由度，至此完成力学意义上的结构合龙，最后焊接合龙缝，合龙过程完成。这种合龙过程依赖于预设合龙温度与现场实际温度的吻合程度，无论是合龙段的吊装时机还是焊接时机，对环境温度条件与预设合龙温度的吻合程度都有较高的要求，可称之为温度合龙。

从上述合龙过程的分析可看出，温度合龙是以指定合龙温度下的合龙口宽度作为合龙段长度的，若指定的合龙温度与设计基准温度不一致，则将导致合龙段长度与设计合龙段长度间存在偏差，从而导致附加变形和应力，其原因可通过图 6.1 的示例说明。在图 6.1 中，设基准温度下合龙口宽度为 D，当指定合龙温度低于基准温度时，由于主梁缩短，此时合龙口宽度将变化为 $D+\Delta$，合龙段的长度也为 $D+\Delta$，将施工期结构体系转换为成桥结构体系。合龙后，当温度恢复至基准温度时，理论上合龙口宽度将恢复至 D，但由于合龙段长度为 $D+\Delta$，因此合龙口宽度只能保持 $D+\Delta$ 不变，这实际上相当于合龙段向两侧各施加了 0.5Δ 的强迫位移。这将不可避免地在主梁中产生温度附加应力，并将导致索力、主梁线形、塔偏的改变。对于指定合龙温度高于基准温度的情况也有相同的结论。

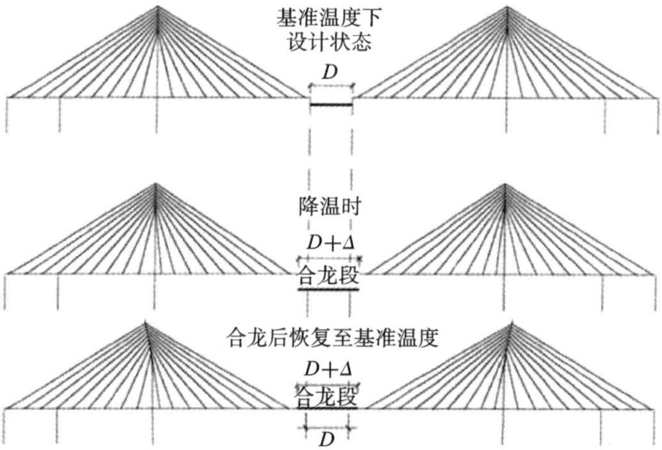

图 6.1　温度合龙示意图

从温度合龙过程看，这种合龙方式工艺较简单，但对环境条件依赖程度高，会改变结构成桥设计状态。通过以上分析，温度合龙法的特点总结如下。

a. 合龙工艺较简单。

只需在合龙口焊接劲性骨架，当环境条件适宜时锁定劲性骨架即可，不需要采取其他临时构造措施，这是温度合龙的主要优点。

b. 对环境条件依赖程度高。

只有在与合龙段加工指令尺寸相适宜的温度条件下才能实现合龙，当现场的环境条件变化剧烈时不易“碰”到适宜的环境条件，同时需要进行长时间的连续观测，因此温度合龙时合龙过程一般较长，且合龙时间难以预测。

c. 可能改变结构的成桥设计状态。

温度合龙时一般很难保证合龙温度恰好为设计基准温度，有时合龙温度可能与基准温度相差较大。当合龙温度与设计基准温度有偏差时，成桥结构内力状态和线形将偏离设计目标。

②几何合龙法。

基于几何控制法原理，可采用如下的合龙过程：合龙前不需要进行合龙口观测，合龙段按正常梁段制造流程，以设计基准温度下的尺寸加工合龙段即可，当合龙温度与设计基准温度不一致时，通过主梁临时顶推构造等措施调整合龙口形状以实现结构合龙。这种合龙过程通过调整合龙口几何形状实现合龙，因此可称之为几何合龙。

如图 6.2 所示，几何合龙时，合龙段长度为基准温度下设计合龙段长度即 D，当合龙温度低于基准温度时，合龙口宽度也为 $D+\Delta$，此时在合龙段两侧各存在宽度为 0.5Δ 的合龙缝。在几何合龙中，通过施加外力（如在塔中心处顶推主梁）的方式调节合龙口宽度至 D，并在此时将施工期结构体系转换为成桥结构体系，在锁定合龙口定位架并卸除顶推力时，主梁中的附加轴力即为顶推力 P，可以证明顶推力 P 与降温至合龙温度时的温度力相等，可见，这实际上相当于将降温时的温度位移和温度力预先施加在结构上。若温度恢复至基准温度，则合龙口宽度仍为 D，此时与合龙段的长度正好是匹配的（理论上此时合龙段长度将变化为 $D+\Delta l_t$，但由于合龙段长度较短，Δl_t 很小，可忽略），因此不会产生温度附加应力和变形。

根据上述分析可看出，在几何合龙中，合龙口宽度是通过外力来调节的，因此无论在何种温度下均可实施，只需根据合龙口宽度的不同变化顶推力即可，对环境条件基本无要求，是实现全天候合龙的可行途径。

与温度合龙相对应，几何合龙具有合龙工艺较复杂，但不依赖环境条件，且不改变成桥结构设计状态的显著特点。

a. 合龙工艺较复杂。

除需安装主梁临时顶推构造外，为了确保合龙过程顺利，可能还需要其他辅助预案。几何合龙对施工机具、人员和施工监控的要求均较高。

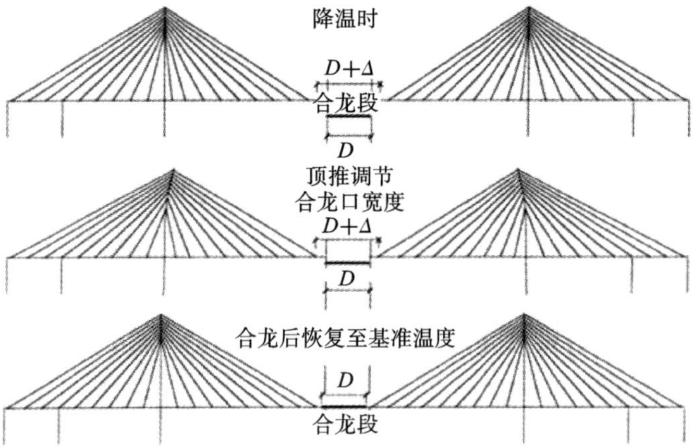

图 6.2　几何合龙示意图

b.不依赖环境条件。

无须进行合龙口观测，理论上可在任意温度条件下实现结构合龙，因此合龙时间可以较准确地预测。

c.不改变结构的成桥设计状态。

合龙段是按设计基准温度下的几何尺寸加工，因此几何合龙后结构的成桥状态与设计状态将保持严格一致。

(2)几何合龙法的关键因素。

①合龙口姿态的调整。

斜拉桥一旦确定合理的成桥状态，其结构构件的受力状态就唯一确定了。此时，斜拉索、主梁、主塔等都处于结构成桥荷载作用下的变形状态。对于主梁、主塔来说，如果将结构拆成一个个的离散单元，卸除各单元上的杆端力以及节间荷载，则单元内的应力将化为零，此时单元的形状和尺寸便为无应力状态量。基于几何控制法，为了保证合龙段安装完成之后，结构成桥的内力和位移满足设计要求，合龙段也必须实现无应力状态的安装。

基于几何控制法，合龙段的无应力状态量是根据成桥状态通过一些计算方法确定的，这些计算方法有单元解体法、结构解体法、单元 CR 位移法和切线拼装迭代法四种。在几何合龙法中，通过上述方法的分析计算可得出合龙段单元的设计尺寸，也就是说合龙段的无应力状态量是明确已知的，因此在合龙段施工前就可以预先加工好合龙段。然而在合龙阶段的环境温度与设计温度不符合、且在施工过程中难免有些不可控制的因素，最终导致合龙口的姿态与合龙段制造尺寸不相匹配。在温度合龙中可以采取切割或等待温度吻合等措施完成合龙施工，等待温度吻合的方式会在一定程度上影响桥梁的施工工期，在保证工期的前提下，可以采取切割措施改变合龙段尺寸，但是这种措施改变了合龙段的尺寸，明显改变了合龙段的无应力状态量，最终导致成桥阶段结构的内力和位移偏离设计值。在基于几何控制法的几何合龙法中，为了使结构的成桥状态逼近设计状态，需要保证的是结构构件的无应力状态量，也就是说不能对合龙段的设计尺寸进行调整，而是要通过调整合龙口姿态，使其与合龙段尺寸相匹配，然后再进行合龙段的安装。

合龙口姿态包括合龙口的宽度和形状，如图 6.3 和图 6.4 所示，控制梁端 AB 与梁端 CD，保证合龙口间距 AC 和 BD 分别与合龙段的上下缘尺寸相等。为了达到合龙口姿态与合龙段设计尺寸相匹配，可以采取下述的措施来进行调整。

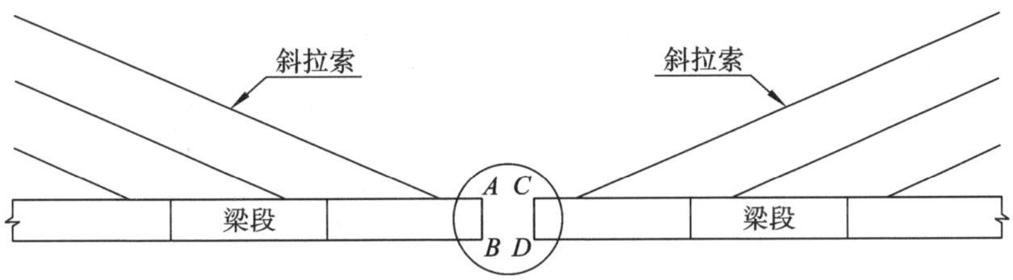

图 6.3　合龙阶段合龙宽度口示意

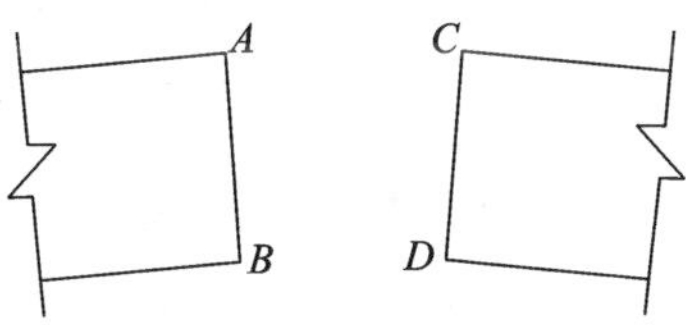

图 6.4　合龙口详图

对于合龙口宽度调节，主要是通过千斤顶的顶推等措施来调控。采用通过千斤顶的顶推来调整合龙口的宽度，那么千斤顶可以设置在合龙口位置或桥塔位置上。当千斤顶设置在合龙口位置，在合龙施工阶段环境温度高于基准温度时，合龙口宽度偏小，可以在合龙口位置设置不约束纵向位移的劲性骨架临时锁定，然后进行顶推，以增大合龙口的宽度；但是当合龙施工阶段环境温度小于基准温度时，合龙口宽度偏大，需要减小合龙口的宽度，用千斤顶操作较困难，因此此状态不宜在合龙段设置千斤顶进行调整。当千斤顶设置在桥塔位置处时，以塔柱为支点，可以进行两个方向顶推，能够适用于不同合龙施工阶段的温度情况。在调节合龙口顶推的施工中，需要解除塔梁的纵向约束，此状态会给施工带来一定的风险，针对此问题，可以在桥塔设置限位装置，如图 6.5 和图 6.6 所示，此举能够约束主梁的纵向位移，可以减小施工风险，这在下面主梁解除临时约束中也会提到。

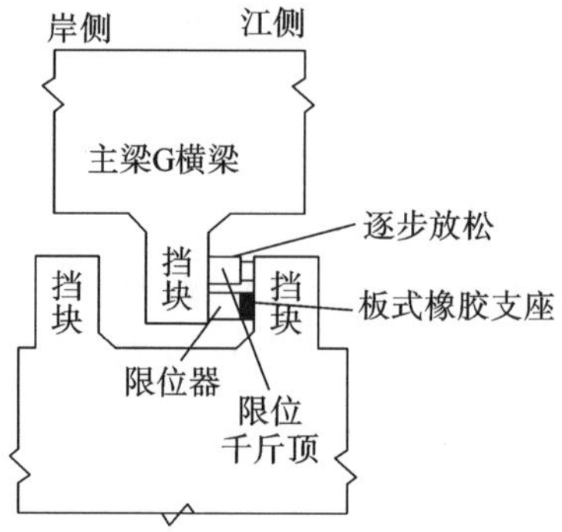

图 6.5　限位方案示意图

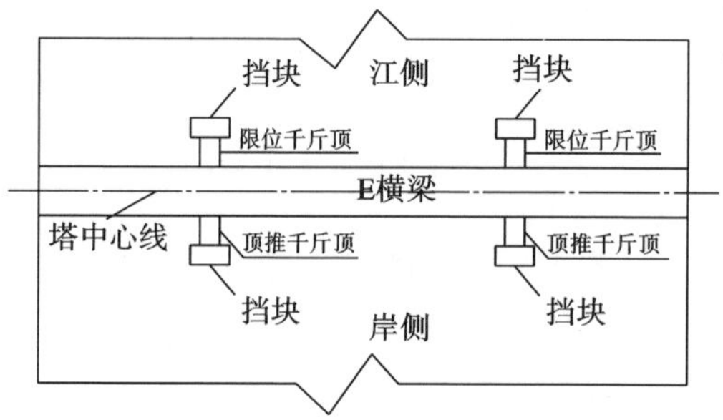

图 6.6　顶推方案示意图

对于合龙口形状的调节，可采用临时配重和斜拉索张拉等措施。临时配重是在合龙段两边的梁段上分别压重，如图 6.7 所示，可使得合龙口梁段向下弯曲，以改变合龙口形状，使其逼近合龙段设计尺寸。斜拉索张拉是在其张拉端进行索的拔出或回缩工作：索的拔出即减小索的无应力长度，索力值增大，可使合龙口向上弯曲翘起；索的回缩即增加索的无应力长度，索力值减小，可使得合龙口向下弯曲变形；在合龙施工完成之后，应对临时调索进行恢复，保证其无应力长度与设计相符。

基于几何控制法，合龙施工阶段应保证合龙口姿态与合龙段设计尺寸互相匹配，这样才能保证结构的成桥状态满足设计要求。几何合龙法采取上述措施调节合龙口的姿态以满足合龙段的设计尺寸，保证结构各构件的无应力状态量

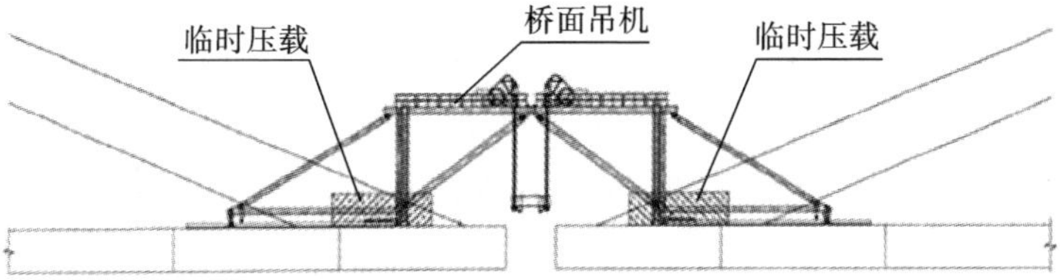

图 6.7　合龙口形状的调整

满足设计要求。根据几何控制法，只要坚持不改变成桥无应力参数、成桥恒载及成桥线形和应力，上述的调控措施就不会影响结构的成桥状态。

②边跨现浇支架的拆除时机。

对于边跨混凝土梁采用支架现浇的混合梁斜拉桥，在所有拉索张拉完成时，仍有可能保留混凝土梁支墩，可供选择的方法有合龙前拆除和合龙后拆除两种。根据几何控制法原理，支架的拆除时机对成桥状态无影响，卸架是一个过程控制问题，在确定卸架时机时只需考虑卸架过程和卸架后结构的安全以及何时卸架更有利于合龙的实施。

从结构安全来分析，当所有拉索张拉完成后，边跨混凝土梁的应力状态与合龙后差别并不大，因此，合龙前拆除支架或合龙后拆除支架均是可行的。从便于合龙的实施来考虑，采用几何合龙时需通过外加力调节合龙口宽度，此时边、中跨主梁均会发生纵向水平运动，边跨混凝土的临时支架将阻碍主梁的运动，而且临时支架的阻力大小难以准确计算，从减少影响顶推的不利因素考虑，在确保卸架过程和卸架后的结构安全的前提下，应以合龙前卸除支架为宜。

③顶推力的计算及顶推方向的确定。

在合龙口调节过程中，影响主梁运动的结构内力包括边、中跨不平衡索力的水平分量和支座摩阻力两个方面。在斜拉桥中为减小中跨活载产生的塔根弯矩，通常索塔向岸侧预偏，而岸侧索力的水平分力一般较江侧索力要大，因此主梁向江侧运动时，边、中跨不平衡索力的水平分量是有利于主梁运动的因素，而向岸侧运动时则成为阻碍主梁运动的因素。而支座摩阻力，无论主梁向江侧运动还是向岸侧运动，均是阻碍主梁运动的。根据上述分析，顶推力 P 的计算公式见式(6.1)。

$$P = \sum_{i=1}^{n} R_i \mu_i \pm T_{\mathrm{H}} \tag{6.1}$$

式中：R_i——支座 i 的支反力；μ_i——摩擦系数，需注意，对于采用四氟板的支座，摩擦系数与压应力水平有关，需根据各支座的应力水平确定，不一定每个支座均相同；T_H——边、中跨不平衡索力的水平分量，当向江侧顶推时取负值。

顶推力分析如图 6.8 所示。向江侧顶推时顶推力较向岸侧顶推要小得多，尤其是对于混合梁斜拉桥，由于混凝土梁重量大，支座摩阻力较大。

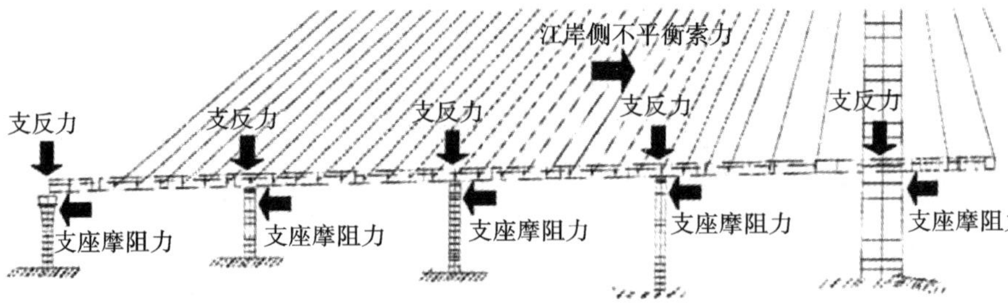

图 6.8　顶推力分析

若合龙施工阶段的环境温度较基准温度低，顶推方向自然为江侧；若合龙施工阶段的环境温度较基准温度高，则合龙口宽度小于基准温度时的合龙口宽度，需要向岸侧顶推。

需补充说明的是，在顶推过程中，随着主梁的运动，边、中跨不平衡索力的水平分量是逐渐变化的，因此顶推力并非一成不变；在一般情况下，主梁向江侧运动时，边、中跨不平衡索力的水平分量是逐渐减小的，因此顶推力需逐步增大。

④主梁纵向临时约束的解除。

塔梁纵向约束的解除十分重要，这意味着结构体系向成桥结构体系转变的开始。在混合梁斜拉桥中，需特别注意的是由于支座的摩阻系数有较大的离散性，支座摩阻力的大小难以准确计算，存在边、中跨不平衡索力的水平分量大于支座摩阻力的可能性，此时若无适当的限位装置，一旦解除约束，主梁将自行向江侧运动，后果极其严重。因此，解除塔梁临时约束宜与顶推同时进行，还必须设置适当的限位装置，防止意外情况的出现。

如图 6.5 和图 6.6 所示，顶推点设置在索塔下横梁，利用主梁预留限位挡块进行顶推的限位，采用顶推千斤顶与限位千斤顶组合方案，在江侧布置限位千斤顶，岸侧布置顶推千斤顶。当顶推工作开始时，解除纵向临时约束限位装置，限位千斤顶和顶推千斤顶替代了限位装置的功能，相当于活动的纵向约束。顶推工作中，顶推千斤顶逐步顶进，同时限位千斤顶配合收缩，二者协同工作。这种顶推方式可限制主梁自行滑动，提高顶推施工的安全性。

2. 梁段配切法

梁段配切法是当合龙温度与设计基准温度不一致时，根据合龙时实际的温度状况，确定合龙口宽度，然后根据合龙口宽度现场切割合龙段长度，最后完成合龙的方法。

从施工工艺的角度来说，梁段配切法和几何合龙法的差别在于对合龙口的处理，几何合龙法是通过调整合龙口宽度来适应合龙段长度的要求，而梁段配切法是通过合龙段长度的改变来适应合龙口的宽度，两者在合龙的具体步骤上也有差别，所以选择哪种合龙方法对于中跨合龙有着重要的影响。对于具体桥梁，选择哪一种施工方法应该从结构的线形、内力、工艺的可靠性等方面来综合考虑。

几何合龙法和梁段配切法最大的区别就在于改变合龙段的长度还是调整合龙口宽度，两种方法各有它们的优缺点，如表 6.1 所示。

表 6.1　几何控制法和梁段配切法比较

对比项目	几何控制法	梁段配切法
优点	①结构受温度变化影响小，可不改变合龙段设计尺寸； ②可不进行连续温度观测，施工控制环节少； ③合龙段两侧连接、匹配、焊接、线形可调性较大； ④施工时间较短，基本可实现连续作业	①通过连续观测温度对线形和内力产生的影响，提前修正合龙段尺寸，减少了吊装后的调整； ②不需要改变合龙口长度，没有释放塔端临时固结产生的风险； ③施工临时设施较少，不需要进行梁体顶推
缺点	①顶推需要释放塔梁临时固结，释放的结构变形可能无法恢复； ②顶推施工可能引起主梁扭转； ③结构跨度越大，顶推距离和顶推力越大，计算分析和施工难度较大	①结构受温度影响较大，合龙段配切后可能无法嵌入合龙口； ②焊缝宽度不易控制； ③两条接缝同步焊接，施工组织难度较大； ④匹配缺乏调整措施，质量和安全保障较低

3. 缝接合龙法

(1)缝接合龙法的基本原理。

缝接合龙法是在综合了几何控制法和梁段配切法优点的基础上产生的。合龙前就先将塔梁固结处单侧的临时约束转换成纵向牵引装置,牵引或拉移主梁改变合龙处宽度,并且通过 24 h 观测计算并分析出中跨最后悬拼节段的下料长度。在合龙的过程中,桥面吊机对称起吊,先精确匹配并焊接一侧的梁段,形成两端悬臂状态;然后回移另一侧主梁,采用桥面吊机调整悬臂高差和接缝顶底口宽度差,最后接缝匹配焊接另一侧主梁。

缝接合龙法提出了在两端悬臂状态下用精确控制合龙缝代替中跨合龙段合龙施工的控制方法,该方法是建立在自适应无应力构形控制的基础上提出的,并在荆岳大桥中跨合龙过程中得到了成功的验证。

(2)缝接合龙法优点。

①无需水箱配重和劲性骨架锁定措施。

在以往的合龙方法中,在合龙前通常在已安装的悬臂梁前端设置跟合龙段重量一致的水箱进行配重来消除中跨合龙段重量对桥梁线形和合龙口相对状态的影响。上合龙端前,在悬臂两侧安装与中跨最后悬拼节段同等重量水箱。当中跨最后悬拼节段起吊脱离立面时,水箱重量也完全消除。

为了确保最大悬臂处的悬臂梁在调整后不因外部条件的变化而产生相对位置的改变,一般情况下在最大悬臂处的悬臂梁间设置劲性骨架来确保悬臂梁的相对轴线和高程位置不发生变化。

缝接合龙法在中跨合龙的过程中,由于采取的是无应力线形计算方法,最终成桥目标与设计保持一致。若采用水箱配重,将改变中跨附近结构的内力。劲性骨架本来应该是作为一个临时固结设施来固定最大悬臂两端的相对位置,一般合龙段较短,劲性骨架的刚度就相对较大,能更好地发挥临时固定作用,但是在大气温度相对稳定的情况下,最大悬臂两端的相对轴线和高程位置不会发生变化,所以可不采用劲性骨架。

荆岳大桥在中跨合龙过程中取消了梁端配重和劲性骨架的锁定措施,简化了施工过程,将合龙段转变为悬臂两端合龙缝的施工控制方法,大大地降低了合龙施工的难度,保证了中跨合龙施工质量。

②合龙处接缝控制精度高。

在中跨合龙过程中,能够通过悬臂两侧桥面吊机进行有效的拼装调整,合龙前主梁合理牵引力计算，能够精确地控制合龙缝的宽度并进行无应力焊接，使得主梁的应力状态、线形与设计状态一致。

③塔梁临时约束解除快速。

由于在合龙前，就已经将一侧塔梁结合处的临时固结转换成了纵向牵引装置。在中跨合龙后，只需解除一侧塔梁的纵向牵引装置和另一侧塔梁临时固结即可。在荆岳大桥中跨合龙后，快速地解除了塔梁处临时约束，有效地保证了合龙后桥梁线形和内力与理论控制数据的一致性。

④可 24 h 全天候嵌入中跨最后悬拼节段。

在合龙过程中，由于塔梁牵引装置可以调整悬臂两端宽度，反向牵引能使中跨最后悬拼节段在规定的焊缝宽度条件下顺利闭合。缝接合龙法摆脱了常规的中跨合龙对时间和温度较高的依赖性，确保了合龙缝在无温度限制条件下进行定位焊接。

⑤施工操作简便。

在中跨合龙施工中，取消了梁端水箱配重和劲性骨架的锁定措施；能够始终保持合龙缝的焊接在无应力状态下进行；合龙后能够快速有效地解除塔梁固结处的临时约束；实现了中跨最后悬拼节段的高精度拼装并保证了合龙缝的精度控制。整个施工操作过程大大简化并且极大地降低了施工难度。

(3)缝接合龙法操作步骤。

与常规的几何合龙法和梁段配切法不同，在荆岳大桥缝接合龙法中，修正了中跨最后悬拼节段长度的同时也精确计算了牵引行程和牵引力与温度的关系，结合了几何控制法和梁段配切法的优点。

将缝接合龙法归纳到一般的斜拉桥中跨合龙的程序中，如表 6.2 所示。

表 6.2　大跨度斜拉桥缝接合龙法新技术工序流程

工序	内容
1	在合龙前两侧悬臂还各差五段梁时在统一的坐标系下联测全桥
2	在两侧悬臂行进至最后三片梁段精匹配后焊接，并进行 24 h 观测，同时根据观测结果确定中跨最后悬拼节段一侧下料长度
3	在两侧悬臂行进至最后一片梁段精匹配后焊接，并进行 24 h 观测，同时根据观测结果确定中跨最后悬拼节段另一侧下料长度
4	同步分级拆除塔梁临时固结装置，通过纵向牵引装置牵引开悬臂端
5	起吊中跨最后悬拼节段
6	中跨最后悬拼节段一侧与悬臂一侧梁段精匹配，并焊接打码

续表

工序	内容
7	通过桥面吊机调整中跨最后节段与另一侧悬臂梁段相对几何空间位置
8	利用塔梁纵向牵引装置引回悬臂端并与另一侧悬臂梁段精匹配,并打码焊接
9	及时拆除所有塔梁纵向固结装置,防止主梁结构变形
10	拆除桥面吊机,进行后续施工

由于缝接合龙法能够确保中跨最后悬拼节段的嵌入不受温度条件限制,合龙缝在无应力条件下进行定位焊接,该合龙方法只需要在合龙前对悬臂位置处进行严密监测和合龙时对塔梁纵向牵引力和牵引行程进行精确计算。故该方法适用于任何的塔梁结合处可以安装纵向牵引装置的大跨度钢斜拉桥或混合梁斜拉桥。

(4)缝接合龙法关键技术。

①缝接合龙法关键几何参数计算。

斜拉桥中跨合龙施工是整座桥施工过程中最为重要的部分,也是施工控制最为关键的环节之一。在斜拉桥中跨合龙施工时,结构具有最大悬臂长度,对于塔梁不对称斜拉桥结构体系,合龙前对全桥特别是悬臂端附近线形的严格控制和结构内力的严格监测;分析大气温度场与悬臂端测点坐标空间位置的关系;对中跨最后悬拼节段长度的精确计算等都为顺利进行中跨合龙施工提供了保证,并最终确保成桥线形平顺和结构内力的安全。

②合理顶推力的计算。

合龙之前将塔梁临时约束转换成纵向牵引装置,预先计算好索塔水平方向上的不平衡力并考虑支座摩阻效应,通过合龙温度偏离设计温度时产生的梁段伸长量来合理地计算顶推力。

③合龙温度和体系转换温度变化对成桥目标影响分析。

温度对暴露在大气中的桥梁结构有着极其重要的影响,特别是对于主跨为钢结构的大跨度混合梁斜拉桥,由于其属于多次超静定结构,均匀温度作用将使其结构产生较大的内力。斜拉桥中跨合龙时,结构具有最大的悬臂长度,此时结构的变形对温度变化也最为敏感。对合龙后温度的变化进行精确的分析和控制,有利于保证成桥后的线形和内力的合理性。

6.1.2 石首长江大桥合龙施工要点

下面结合石首长江大桥中跨合龙段的施工,分析了合龙段的施工难点、施工方案以及施工过程。

石首长江大桥是湖北省“953”高速公路网纵五线“枣阳—石首”的过江通道，也是国道“G234 兴隆—阳江”跨越长江的控制性工程。建设单位采用大跨度混合梁斜拉桥中跨合龙段施工技术，稳固整体结构的受力状态，提高其使用寿命。

1. 工程概况

石首长江大桥项目始于潜石高速公路江陵段，然后于大垸镇北碾村跨越长江，终点在石首市高基庙镇与岳阳至宜昌高速公路的相交位置。

主桥采用双塔混合梁斜拉桥，桥跨布置 75 m+75 m+75 m+820 m+300 m+100 m。大桥索塔采用倒“Y”形造型，北边跨主梁采用预应力混凝土箱梁，南边跨和中跨主梁采用钢箱梁。混凝土箱梁和钢箱梁均采用分离式双箱断面，全宽 38.5 m，至索塔区缩窄为 35.98 m，钢箱梁顶板顶缘至底板顶缘的高度为 3.8 m，钢-混结合段箱梁外轮廓梁高 3.822 m（对应的预应力混凝土箱梁外轮廓梁高 3.822 m）。主桥斜拉索采用强度为 1770 MPa 的低松弛高强平行钢丝束，热挤双层 PE 防护。拉索索面扇形布置，顺桥向标准间距为 15 m，边跨混凝土箱梁段标准间距为 7.5 m，全桥共设 4×26 对斜拉索。桥型布置如图 6.9 所示。

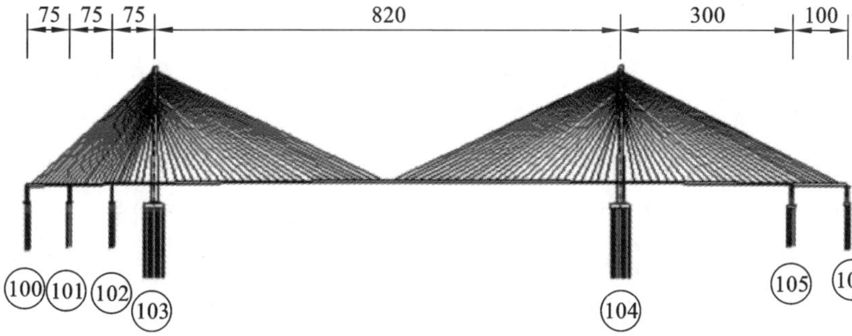

图 6.9　石首长江大桥桥型布置图（单位：m）

石首长江大桥中跨合龙段长 12.4 m，吊装重量为 249.1 t，由合龙口南岸桥面吊机起吊，主桥合龙段施工是主桥贯通的最后工序，石首长江大桥主桥合龙段的施工受到温度、斜拉索索力、梁段自重与临时荷载等各方面因素的影响，施工质量的优劣直接影响到整个结构的受力状态和使用寿命，因此，合龙段施工显得尤其重要。

2. 大跨度混合梁斜拉桥中跨合龙段的施工方案

就目前我国的基本国情来看，大跨度混合梁斜拉桥中跨合龙方法一般采用几何控制法和梁段配切法。石首长江大桥主要采用几何控制法进行施工，具体的施工过程为：在南塔的塔梁之间安装对应的顶推装置，合龙段的长度和合龙口的宽度容易受到现场温度的影响，因此，技术人员采用了顶推南边主梁来进行控制，降低温差对合龙段顺利嵌入合龙口的影响，从而实现合龙成桥目标。除此之外，主桥合龙建设时的温度与设计基准温度的差异比较小，技术人员需要确保成桥后主梁的应力状态、线形和塔偏满足设计要求，减少温度对合龙段嵌入合龙口的影响。

3. 大跨度混合梁斜拉桥中跨合龙段施工要点

(1)运梁船抛锚定位。

项目施工人员应该提前进行桥位的水位特点的调查工作，再结合自身的工作经验，采用运梁船抛锚定位和拖轮完成配合，并且将定位偏差控制在 50 cm 以内。施工人员在进行实际的运梁船抛锚定位工作前，首先要保证桥面吊机的扁担梁落至运梁船的正上方，然后按照扁担梁的位置实现运梁船的初步定位。

(2)顶推装置施工。

在起吊合龙段前，为了使中跨合龙段能够安全地嵌入，需要对主梁进行牵引。为了能够及时顶推南塔主梁使之产生纵向位移，需要将起吊合龙段前的临时固结转换成纵向顶推装置，纵向顶推装置不但要布置正向顶推千斤顶，也要布置反向顶推千斤顶，以保证南塔钢箱梁开始移动后，还可以使用反向千斤顶顶推力将钢箱梁顶回，并且在中跨合龙后能够及时解除南塔塔梁之间的临时约束(此时为纵向顶推装置)。在单侧顶推过程中，顶推力过大可能导致主梁发生扭转变形，因此，在正式顶推前需进行试顶推。南塔临时固结结构示意图如图 6.10 所示，水平约束为 4 根带预张力的水平拉索，竖向约束为临时支座垫石、临时支座和 12 根带预张力的竖向拉索。

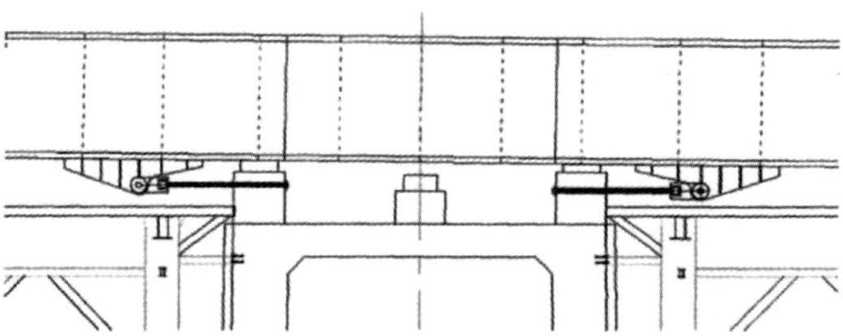

图 6.10　南塔临时固结结构示意图

通过计算，顶推力与顶推行程及合龙温度的关系如表 6.3 所示。

表 6.3　纵向顶推装置顶推力与顶推行程及合龙温度的关系

合龙温度/℃	顶推力/kN	顶推行程/mm
5	－4250	－46.4
10	5860	1.8
15	6410	50.0
20	6980	98.2
25	7540	146.4
30	8100	194.6
35	8660	242.8

根据纵向顶推装置最大行程(242.8 mm)的计算结果，按照合龙段的匹配尺寸要求，并且考虑临时约束力的误差，可按单侧 2 台 600 t 的千斤顶来进行配置，则两侧共有 4 台 600 t 的千斤顶。

顶推装置是在临时水平约束基础上改造而成的，它利用了原有的临时支承垫石和临时水平拉索的锚固装置。对 ST01、BF1 节段钢箱梁安装纵向约束位置进行加强，对钢箱梁阻尼装置连接构件加焊钢牛腿，以满足钢箱梁顶推需要。顶推装置由 600 t 千斤顶、130 cm 长 HW400×400 型钢与厚 20 mm 钢板组成的双钢箱结构(两侧翼缘板间加通长 20 mm 钢板)、栓接在钢箱梁底部的牛腿组成。

合龙之前进行南塔的纵向顶推装置安装，顶推装置不仅要设置正向顶推千斤顶，亦要设置反向顶推千斤顶，以保证钢箱梁顶开后，又能利用反向千斤顶的顶推力将钢箱梁顶回，同时保证在梁体顶推到位后有可靠装置保证锁定，如图 6.11 所示。

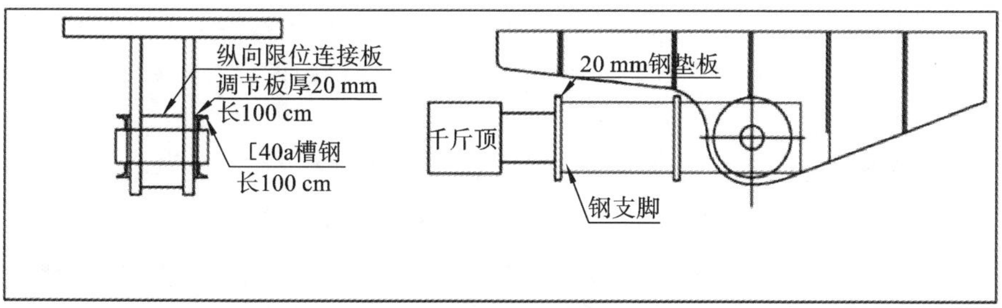

图 6.11　顶推装置细部

临时约束的转换时机为南塔 106 号墩墩顶钢箱梁第 1 次压重完成之后。临时约束的转换流程为：

①卸除边跨侧临时约束水平拉索；

②卸除边跨侧临时约束竖向拉索；

③卸除边跨侧临时竖向支座；

④边跨侧顶推装置安装锁定；

⑤卸除中跨侧临时约束水平拉索；

⑥卸除中跨侧临时约束竖向拉索；

⑦卸除中跨侧临时竖向支座；

⑧中跨侧顶推装置安装锁定。

(3)中跨临时荷载。

在起吊合龙段之前，桥面吊机前移到位，卷扬机、索盘、吊车必须放在指定的位置，且临时荷载的重量要与报给监控的一致。钢箱梁焊接设备在合龙段起吊前必须归位至指定区域，检修小车位于指定的匹配缝位置且锁定好。

在合龙之前，临时荷载的堆放要求每一个梁段施工时各项临时荷载中心的顺桥向实际位置与申报的一致；按上下游对称的原则堆放临时荷载，对施工中的梁段不产生偏载；在施工监控控制测试(包括几何测量和物理测量)前，监控单位对桥面临时荷载的大小及位置进行检查，只有通过了现场检查，才能进行各项测试工作或验收工作。

(4)合龙段起吊。

施工人员要按照施工方案中的移梁计划，通过南岸顶推装置实现南塔钢箱梁梁段整体向南岸边跨侧的纵移，确保合龙段顺利嵌入中跨合龙口。

施工人员要操控集中控制台成功将 2 台桥面吊机钢丝绳起吊到对应梁段100%临界负载后停车，通过平衡船体来检查桥面吊机、扁担梁与吊耳连接及钢箱梁的实际情况，确定无异常后，调整操作重心至梁段完全呈水平状态，然后再下放钢卷尺端头，将其固定在钢箱梁上下游对称位置处，派遣专人进行钢箱梁起吊平衡的测量。

此时，施工人员要最后检查钢箱梁与运梁船的保险连接装置，并进行拆除。在桥面吊机达到临界荷载的时候，检查各起吊项目是否正常，然后派遣 2 台吊机进行连续提吊，保证在钢箱梁吊离运梁船、桥面吊机进入正常吊装状态且现场温度合适的时候，完成大跨度混合梁斜拉桥中跨合龙段的嵌入工作。

(5)合龙段定位安装。

合龙段的初匹配阶段，施工人员要将合龙段的 ZH27 梁段朝着 NZ26 梁段纵向移动，从而最大程度地缩小 ZH27 梁段与 NZ26 梁段之间的缝隙，通过安装顶板匹配件螺栓，实现合龙段的初匹配。然后，工作人员要根据要求对北岸钢箱梁高程及轴线进行调整，完成合龙段与北岸钢箱梁精匹配。

合龙段的顶推装置安装在南主塔下横梁的临时支座垫石处，其工作原理是用 4 台张拉千斤顶张拉纵向限位索对主梁进行顶推，并使用岸侧 2 个 750 t 千斤顶防止主梁突然前冲。施工现场的夜晚温度相对稳定，此时，施工人员应该利用南塔下横梁纵向张拉千斤顶顶推钢箱梁梁段整体，从而减小 ZH27 梁段与 SZ26 梁段之间的缝隙，将南岸钢箱梁与合龙段之间的距离控制在 5 cm 之内，然后停止张拉。同时，要特别注意的是在纵向顶推装置顶推钢箱梁时，必须遵照对称、分级的原则。在进行两岸焊缝宽度检测的时候，要及时纠正两岸的焊缝差，然后再锁定北岸临时连接件及拉压杆，此时，方能允许北岸焊缝进行焊接施工。再回顶南岸钢箱梁，至缝宽为 2 cm 时停止顶推并锁定，按照监控指令调整合龙口轴线及高差，完成南岸合龙段精匹配，锁定临时连接件及拉压杆，对南岸合龙口焊缝进行打码焊接作业。

①合龙时几何状态的调整控制。

a. 相对高差的微小调整。

合龙时 SZ26 和 NZ26 梁段合龙口间的相对高差误差预先通过前期的控制过程大部分消除，在 ZH27 与 SZ26 和 NZ26 梁段精匹配时，可以通过调整 NJ26 和 SJ26 斜拉索的索力对合龙口的相对高差加以精确消除。

在索力调整的过程中，索力的变化幅值不能超过当前工况下索力的 5%，上下游的索力必须平衡，且悬臂前端上下游的标高要保持平整。NJ26 和 SJ26 斜拉索索力变化与悬臂前端标高变化关系如表 6.4 所示。

表 6.4　26 号斜拉索索力调整值与 26 号梁段前端控制点标高变化关系

北侧			
NJ26 索力/kN	NJ26 索力调整幅度/(%)	NJ26 索力调整值/kN	NZ26 前端标高变化/mm
5091	−5	−268	−79
5145	−4	−214	−63
5198	−3	−161	−48
5252	−2	−107	−32
5305	−1	−54	−16
5359	0	0	0

续表

北侧			
NJ26 索力/kN	NJ26 索力调整幅度/(%)	NJ26 索力调整值/kN	NZ26 前端标高变化/mm
5413	1	54	16
5466	2	107	32
5520	3	161	48
5573	4	214	63
5627	5	268	79
南侧			
SJ26 索力/kN	SJ26 索力调整幅度/(%)	SJ26 索力调整值/kN	SZ26 前端标高变化/mm
4954	−5	−261	−77
5006	−4	−209	−62
5059	−3	−156	−46
5111	−2	−104	−31
5163	−1	−52	−15
5215	0	0	0
5267	1	52	15
5319	2	104	32
5371	3	156	46
5424	4	209	62
5476	5	261	77

b. 主梁轴线相对偏差的调整措施。

合龙口前，两悬臂主梁各自轴线的整体偏差需预先通过前期控制过程调整在允许范围内，而不是在合龙时调整整体偏差。合龙时只是通过设置的手拉葫芦调整两悬臂主梁轴线的相对偏差。

②合龙口锁定。

合龙口的锁定装置为设置在合龙段与相邻梁段间的匹配件，为钢板焊接成的锚箱及 $\phi46$ 钢棒组成的拉杆箱结构。它具有良好的竖向及横向抗弯刚度，使顶推完毕后主梁的轴线偏位、合龙口形状能够保持调整后的状态。拉杆箱在合龙段及相邻梁段吊装前进行安装，共设置 18 个拉杆箱，分别设置在钢箱梁顶板及腹板位置。合龙口形态调整完后，安装拉杆完成合龙段的锁定，限制合龙段的横、竖向自由度，同时承受合龙段的部分重量，以满足合龙段环缝焊接施工要求。拉杆箱结构见图 6.12 和图 6.13。

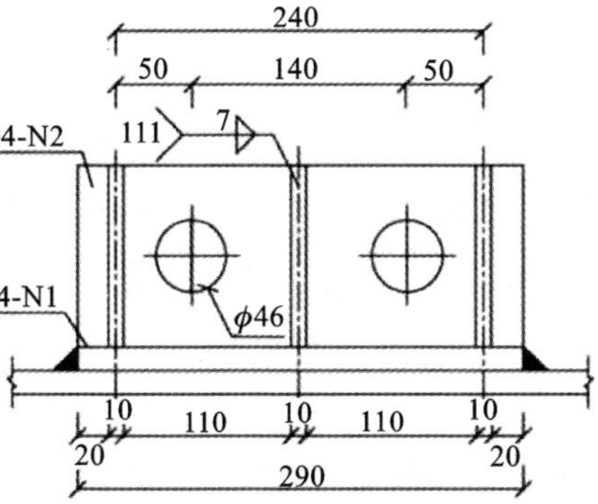

图 6.12　拉杆箱立面(单位:mm)

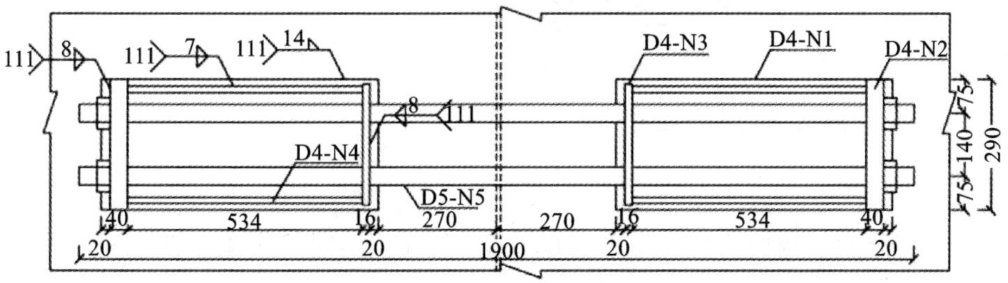

图 6.13　拉杆箱平面(单位:mm)

(6)解除临时约束。

施工人员在完成中跨合龙段腹板部位焊接工作(打码完成、拉压杆连接、合龙段腹板焊接完成)后，要以迅速、分级、同步和对称的原则解除南塔纵向顶推装置。解除完成后方可进行对合龙段和其他部位的焊接，一切完成后，拆除北塔的临时固结。最终顺利合龙。

(7)合龙后体系转换。

施工人员在完成全桥钢箱梁合龙后，进行桥面吊机及其他临时设施的拆除，完成 105 ＃、106 ＃墩顶梁段箱内的第二次永久压重(105 ＃压重混凝土 306 m^3，106 ＃压重混凝土 119 m^3)，进行合龙通测，最后一次调整索力，安装桥面系、塔梁阻尼器。

6.2 合龙施工精度控制

对于大跨度混合梁斜拉桥，合龙施工是整个桥梁建设过程中尤为重要的一个阶段。在桥梁建设中，有的采用强制合龙，有的采用反复调索，甚至在运营阶段出现斜拉索拉断的危险情况。如果施工控制工作做得不好，可能会导致桥梁在合龙前垮塌，这是因为结构实际参数与理论计算参数有差异，因此需要在前期严格控制每一个阶段的施工控制精度避免偏差累积。另外很重要的一点是还需要在合龙段施工前制定详细的合龙施工方案，并通过计算优化合龙前的施工工序，且在合龙段施工前务必要连续监测合龙口的距离随温度的变化情况，便于分析计算并给出精确的施工控制数据。

6.2.1 合龙施工控制概述

1. 合龙施工控制的目的

混合梁斜拉桥属于超静定结构，随着施工的进行，桥梁结构体系和荷载状态的不断变化对结构内力和线形的影响很大，因此要对每一个施工阶段进行理论分析计算，得出主梁标高、斜拉索索力、塔偏及桥梁结构应力、应变等理论值，通过比较分析该阶段的理论值跟实际值误差，为后面工序的施工控制提供参考，确保桥梁结构处于安全状态。斜拉桥结构的实际参数与设计参数会存在一定差异，加上外界环境的影响，会使结构的实际值与理论值产生很大的偏差，如果不及时进行参数修正，不但影响成桥后主梁的线形，还会不利于桥梁结构在施工过程中的安全。此外，斜拉桥的上部结构施工通常情况下都是在高空开展，对于作业人员来说难度增大，而由于施工的进行，悬臂长度越来越长，内力与线形也越来越复杂，作业人员及桥梁结构出现不安全情况的可能性增大。再加上主梁的吊装及精匹配，斜拉索与主梁、主塔的连接，桥面吊机前移等重要工序的进行，如果稍有不慎，后果将是不堪设想。斜拉桥合龙前处于最大悬臂状态，处于最关键也是最危险的状态，所以，斜拉桥合龙时对桥梁结构受力、线形的监测与控制显得十分重要。混合梁斜拉桥合龙控制的目的是让斜拉索、主塔、主梁在合龙过程中的受力满足要求，在合龙过程中使斜拉桥结构实际线形趋向于理论线形，并且能确保桥梁结构合龙施工的安全。

2. 合龙施工控制的原则

在起吊合龙段的施工过程中，以标高控制为主。以标高控制为主并不是单纯地仅仅以控制标高为目标，不考虑实测索力与理论索力之差，而是应该根据桥梁施工方法及桥梁结构特点选用合适的措施。若主梁刚度较小，斜拉索索力的微小变化就会引起主梁标高较大的变化，则在斜拉索张拉时应以标高控制为主。若主梁刚度较大，索力变化对主梁标高影响较小，此时则应该以拉索索力控制为主，根据标高的实际值再对索力进行相应的调整。

3. 合龙施工控制的内容

在进行混合梁斜拉桥合龙施工控制时，首先在合龙段起吊前要根据合龙方案进行模拟计算，获得相关控制参数的理论值，然后，通过对比分析结构的现场测量值跟理论计算值的误差，确定好相关方法进行施工。斜拉桥施工控制的具体内容如下。

(1)线形控制。

斜拉桥结构在外在荷载的作用下会产生变形，线形控制的目的就是使结构的变形满足要求，如果结构变形过大，超出了可控范围，会使斜拉桥很难合龙，例如美国的 P-K 桥在合龙时标高相差了 17 cm。

(2)应力控制。

对斜拉桥进行应力控制，一般是通过在关键截面埋置测点，通过应力监测来获取结构截面的实际应力状态，如果发现实际观测值跟理论值相差过大，要进行分析，并采取相应调整措施，确保桥梁结构的安全。

(3)稳定与安全控制。

稳定性对于桥梁结构的安全来说十分重要，例如加拿大的魁北克大桥，由于悬臂端下弦的腹板屈曲而突然崩塌。而目前还没有有效的监测方法对结构的稳定性进行控制，只能通过监测结构的变形及内力来进行评估。安全控制作为桥梁施工控制最重要的一环，要依据现场情况，对可能不利于结构安全的因素进行控制，保障结构的安全。

4. 合龙施工控制的方法

混合梁斜拉桥在合龙时，为了能使合龙段顺利地嵌入合龙口，当前主要有几何控制法与梁段配切法两种方法。

几何控制法指的是在结构体系跟结构所受作用体系不变时，主要能确保结构安装时的无应力状态量跟成桥目标状态量相同，则最后的成桥线形与内力就跟理想状态一样。几何控制法实际上也是一种无应力状态法，该方法会让成桥状态不会发生变化，混合梁斜拉桥大多采用该方法进行合龙。目前，国内外对几何控制法做了很多研究，提出了许多改进的方法，在实际合龙时取得了不错的效果，形成了一套较为完善的控制方法。

梁段配切法要在合龙前对主梁长度、温度进行连续观测，确定好主梁长度并进行切割，再等待合适的温度进行合龙。采用该方法进行合龙，能减少施工工序并减小施工控制的难度，也会降低混合梁斜拉桥合龙施工的危险程度。

5. 影响合龙施工控制的因素

为了使最终的实际成桥状态与理论设计相符，应该事先清楚可能影响施工控制质量的因素，从而能够提前采取合适的举措来避免影响。影响混合梁斜拉桥合龙施工控制的部分因素如下。

(1)结构参数。

结构参数是施工控制中进行仿真分析的基础数据，它的准确性会对最后计算得到的结果产生很大的影响。实际上，桥梁设计参数与实际结构参数肯定会存在着或多或少的误差。因此，怎么处理这些误差，使设计结构参数跟实际参数之差更小，这是确定结构参数前就要处理的事情。结构参数主要包括以下几个方面。

①结构构件截面尺寸。截面尺寸的误差会影响到截面特性值，从而会给结构的计算结果带来误差。

②材料容重。材料容重主要会导致结构变形跟内力产生变化。因此，一定要将实际容重跟理论值之间的误差考虑进去。对于混凝土材料，集料跟钢筋含量的差异会影响到容重，要重点考虑劲性骨架的重量对容重的影响。而对于钢箱梁，由于无法精确对钢箱梁截面进行模拟，应取单位截面上的钢箱梁重量。而这一过程也将存在着一定误差，应根据实际的数据反馈来不断地修正材料的容重。

③结构材料弹性模量。斜拉桥是高次超静定结构，结构的弹性模量对结构变形有着很大的影响，如斜拉索的垂度效应。混合梁斜拉桥的钢主梁及斜拉索都是提前在工厂预制好的，其弹性模量跟设计值有一定的出入。因此，在实际施工中，应时常进行现场抽样试验，对相关材料的弹性模量取值进行不断修正。

④材料热膨胀系数。混合梁斜拉桥的材料热膨胀系数指的是主梁和斜拉索的系数，由于主梁(特别是钢箱梁)和斜拉索的温度敏感性较高，热膨胀系数的准确性会对施工控制有着较大的影响。

⑤斜拉索索力。斜拉索索力的大小对结构的影响很大。目前斜拉索是由千斤顶进行张拉，以油表读数进行控制，所以油表跟张拉系统的误差决定了斜拉索索力的误差。施工单位在张拉过程中通过索力仪对各阶段索力值进行复核，通过现场测试可以将误差降到 5%以内。

⑥预加应力。在预应力混凝土梁施工控制中，预加应力是重点需要考虑的参数。实际施工中有很多因素影响着预加应力值，预应力束张拉误差由油表读数及预应力损失造成。预应力束张拉对主梁的轴力有影响，并影响着主梁截面应力。

(2)温度变化。

温度变化对混合梁斜拉桥结构内力与变形的影响是复杂的，如在施工过程中，温度变化对主梁标高、斜拉索索力及塔偏影响很大。温度变化对现场测量数据的真实性影响也很大。例如在白天时，钢箱梁的顶底板及箱内外存在着温差，顶板温度高开始膨胀，而底板温度较低并开始收缩，因此主梁有下挠变形的趋向。而到了晚上，温度降低，情形刚好相反。因此，要立刻计算出温度所造成的影响是极为困难的。在实际测量过程中，一般选择在温度比较均匀稳定的时候进行，例如早晨跟晚上，但对于夏天这种持续高温，到了凌晨温度也不会稳定的天气，此时就应该找几个特定的点来观测其温度变化规律，相应地修正测量数值。

(3)结构分析模型。

在施工控制中，为了获得理论值，事先要用计算机建立有限元模型。然而无论用哪个有限元软件，都先要将实际结构进行简化处理来创建模型，这样就造成实际结构跟模型的差异。因此需要尽最大努力去建立能够真实反映实际结构的模型。

(4)施工工艺。

施工控制与施工工艺联系紧密，施工工艺对施工控制有很大的影响。施工控制应考虑实际施工过程中构件制造、安装等工序带来的误差，确保后续施工工序的进行。

(5)施工方案。

施工方案中的施工顺序及施工方法直接影响斜拉桥的结构内力与线形，因此，施工控制应考虑施工方案带来的影响。

(6)施工监测。

施工监测对象包括线形、索力、结构应力应变、温度等。因测量仪器本身、仪器安装、测量方法、数据采集、外界环境等方面存在误差,故监测总是存在误差。误差可能会营造出测量值跟理论值差值很小的假象,也可能产生将原本很小的差值调整到相差很大的情形。因此,实际测量中应尽量从可能产生误差的方面来减小误差,尽可能真实地反映出实际状态量。

(7)临时荷载。

桥面的临时荷载分为两类,第一类相对比较固定,如卷扬机、吊索机等,第二类比较随机,如桥面堆放的钢筋、型钢、锚具等。桥面荷载分布较为随机,在施工中,应严格管控临时荷载的位置。对于第一类应准确估计其重量,第二类则应该随时记录其堆放时间跟重量。对于混合梁斜拉桥中的钢箱梁一般采用桥面吊机起吊,桥面吊机与钢箱梁的连接位置和连接牢固情况对施工控制的平顺性影响很大,要在正式吊装前进行试吊以保证桥面吊机的正常工作,同时在起吊钢箱梁时实时监测吊机变形来修正主梁拼装标高,减少施工误差。

6.2.2 合理顶推力的计算

1. 合理顶推力计算的重要性

在中跨合龙过程中,为了使得中跨最后悬拼节段能够安全地嵌入,必须在合龙前对主梁进行牵引。对于不对称斜拉桥结构体系,主要是将单侧塔梁固结处的临时约束在合龙前解除并转换成牵引装置。在单侧顶推过程中,顶推力过大可能引起主梁发生扭转变形,导致结构变形释放后无法恢复,所以根据顶推距离确定合理顶推力的计算对于不对称斜拉桥的中跨合龙施工控制尤为重要。

2. 牵引装置的安装

临时约束的转换是指将塔梁间的临时固结转换成纵向牵引装置。对于不对称斜拉桥体系,其合龙前主梁的顶推方法与常规的有所区别。此时只能够对塔梁固结处的单边设置牵引装置。为了能够及时地牵引主梁并使之产生纵向位移,需要在合龙前将临时固结转换成纵向牵引装置,并且在中跨合龙后能够及时解除北塔塔梁之间的临时约束。

(1)临时约束转换时机。

临时约束转换时机一般为合龙前对边跨进行压重之后。以荆岳大桥为例,临时约束的转换时机为北塔 NB26 号墩顶 L 型钢箱梁箱内压重完成之后，此时先要计算出最大悬臂状态和起吊中跨最后悬拼节段的北塔竖向支座反力。表 6.5 为不同工况下北塔竖向支座反力计算表。

表 6.5　不同工况下北塔竖向支座反力计算表　（单位：t）

工况	不加配重	加配重
最大悬臂状态	112	232
起吊中跨最后悬拼节段	118	238

根据表 6.5 的理论计算，临时固结解除之后北塔竖向永久支座将承受压力，压力大小为 112 t。由于此时竖向永久支座还没有完全安装好，并且为了使临时约束的转换过程能够分级受控地进行，临时固结拆除前，应在塔区梁段钢箱梁顶板上施加临时压重。

（2）临时压重安全性考虑。

临时压重一般根据临时固结的拆除进度分级对称逐步卸载，在临时固结全部拆除的同时，临时压重也卸载完毕。施加压重荷载一般采用能够快速加载重量和卸载重量的设备。由于荆岳大桥北塔在临时固结转换成牵引装置过程中，索塔处的竖向约束力不对主梁的挠度变形造成影响，故北塔索塔处无需压重。

3. 大跨度不对称斜拉桥结构体系下塔梁纵向牵引装置计算分析

合龙之前塔梁的纵向牵引装置必须安装到位，对于荆岳大桥这种不对称斜拉桥结构，先将主梁单侧的塔梁临时约束解除后安装千斤顶，纵向牵引装置即起作用。在中跨最后悬拼节段起吊之前增大悬臂两端的距离，中跨最后悬拼节段顺利嵌入后，反向牵引使合龙缝在规定的焊缝宽度条件下顺利闭合，给中跨最后悬拼节段的定位焊接施工提供了方便。纵向牵引装置应同时具有牵引调整和锁定的功能。

（1）单侧纵向牵引行程分析。

牵引装置的牵引行程由两部分组成，即起吊时需要的操作间隙和合龙温度偏离设计温度时产生的梁段伸长量。下面以荆岳大桥为例进行具体说明。

①合龙温度与北塔纵向牵引行程的关系（表 6.6）。

表 6.6　不同合龙温度与北塔纵向牵引行程对应表

合龙温度/℃	牵引行程/mm
5	50
10	10
15	－50
20	－90
25	－130
30	－17

注:①设计基准温度为 15 ℃;②牵引行程以向岳阳方向移动为正,反之为负。

②牵引行程最大值。

根据桥位处合龙时段的气温变化规律,设定合龙时合龙温度与设计温度(15 ℃)最大偏差 15 ℃(即合龙温度为 30 ℃,只考虑升温情况,因低温合龙时悬臂处宽度自动增大),则温度导致梁长变化量为－12 cm。加上合龙时需要操作的间隙(根据施工单位要求,一般取 5 cm),则合龙施工时牵引装置的牵引行程最大为－17 cm。

③牵引行程预期值。

根据预计可能的中跨合龙温度为 22 ℃,与设计基准温度 15 ℃相差 7 ℃,则相应的北塔纵向牵引装置行程为－11 cm。

(2)北塔纵向牵引装置牵引力分析。

①纵向牵引力与牵引行程之间的理论关系。

考虑支座摩阻效应(支座摩擦系数取为 0.05),则纵向牵引力与牵引行程之间的计算关系如表 6.7 所示。

表 6.7　纵向牵引力与牵引行程的关系表

合龙温度/℃	牵引力/t	梁塔相对位移/mm	合龙长度变化/mm
－3	0	93.0	48.0
7	－100	13.5	48.7
9	－345	0	49
15	－408	－50.0	50.0
22	－484	－110	50.1
30	－560	－170	52.5

注:牵引力为在塔梁间施加于主梁上的力,以指向岳阳方向为正,反之为负;梁塔相对位移为主梁相对塔发生的顺桥向位移,以指向岳阳方向为正,反之为负。

②最大牵引力建议值。

根据纵向牵引装置最大行程 17 cm 的估计，按照中跨最后悬拼节段的匹配尺寸要求，并且考虑临时约束力的误差，可按纵向牵引力最大值 600 t 配置相应的牵引装置。

③牵引力预期值。

根据纵向牵引装置纵向行程的预期值 11 cm，推算相应的牵引力约为 484 t。

4. 塔梁纵向牵引装置设置要求

(1)塔梁纵向牵引装置不仅要设置正向牵引千斤顶，亦要设置反向牵引千斤顶，以保证悬臂一端顶开后，又能利用反向千斤顶牵引力将钢箱梁顶回。

(2)在梁体牵引到位后要有可靠装置保证锁定。

(3)纵向牵引装置采用软牵引形式，因此必须采用必要措施防止在牵引过程中由于静动摩阻力的差异以及软牵引索的张弛产生的主梁移位过程中的“窜动”现象。

(4)对于钢牛腿及相应钢箱梁受力关键部位应进行专门的设计和验算，以保证纵向牵引装置的安全可靠。

5. 临时约束解除

在不对称斜拉桥结构体系中，由于在合龙前就将一侧塔梁固结处的临时约束解除并转换成为牵引装置，在合龙后只需解除另一侧的临时约束，极大地缩短了合龙后临时约束解除的时间，保证了合龙后塔梁临时约束解除前桥梁不受温度次内力所产生的影响。

(1)主桥南侧塔下临时约束解除。

主桥南塔塔区由于采用混凝土箱梁，其仅在箱梁和下横梁上的限位挡块间垫塞工字钢＋薄软垫层作为纵向限位约束，在梁塔间采用木楔块做横向限位约束。

纵向限位约束可采用凿除薄软垫层、对工字钢采用 V 口切割的方式逐步拆除，同时逐步释放纵向约束力。横向限位约束采用逐步拆除木楔的方法予以拆除。

(2)北塔钢箱梁纵向牵引装置拆除。

中跨合龙焊接完成后，只需逐步松弛主桥北塔钢箱梁纵向牵引装置的北塔反向纵推千斤顶即可。

(3)临时约束解除要求。

合龙完成之后,临时结束解除需要在受控条件下分步进行,在解除过程中,观测主梁可能产生的水平位移,并采取缓慢释放的措施。

(4)主桥支座及阻尼器安装。

主桥合龙完成后,即完成主桥南、北塔横向抗风支座,北塔竖向支座及南、北塔阻尼器的安装。

6.2.3 合龙温度的影响分析

混合梁斜拉桥一般主跨使用钢梁,边跨使用混凝土梁,两者通过钢-混结合段相连,使斜拉桥的受力性能、跨越能力、经济性能等方面得到较大改善。对于混合梁斜拉桥,中跨合龙是关键工况,对结构成桥状态能否达到设计所确定的理想目标起着至关重要的作用,需要分析该工况下各个参数值的影响,其中温度是影响混合梁斜拉桥中跨合龙的一个重要因素。温度变化对于混合梁斜拉桥结构的作用比较复杂,要计算分析温度变化的影响,首先要研究结构的温度场,混合梁斜拉桥结构温度场由于经常受外界天气变化、结构所处位置与太阳辐射角度等因素的作用,它的变化是不确定的。混合梁斜拉桥的温度场一般包括主塔温度场、混凝土梁温度场、钢主梁温度场及斜拉索温度场。

1.温度作用的分类及特点

(1)气温年变化。

气温年变化,顾名思义,指的是一年内月平均温度的变化,在我国,通常在七月份时的气温最高,一月份时的气温最低。年气温变化会使桥梁结构的各部分均匀升降温,会造成结构的整体位移发生变化。

(2)气温日变化。

气温日变化指的是一天内气温的变化。由于太阳辐射,桥梁结构的阳侧与阴侧会产生温差,同时,斜拉桥的主塔、主梁随大气温度变化有滞后性,而斜拉索随外界气温变化较快,因此索、塔、梁结构也会产生温差。日照温差会使结构内形成不均匀温度场,在纵向及竖向产生位移,也会引起较大的温度自应力及温度次应力。气温日变化对斜拉桥结构的线形及内力的影响要比气温年变化大很多,因此斜拉索张拉、精匹配等工序都在凌晨或温度相对较为稳定时进行施工。

(3)骤然温度变化。

冷空气的侵袭以及夜晚由于温度降低导致结构内部温度高于外部,形成温度呈内高外低的情形都会导致温度应力产生骤然变化。

2. 温度场监测

下面以石首长江大桥为工程背景，对桥梁主要结构的温度场进行测试分析。

为了在主梁施工监控过程中对温度影响进行识别和修正，必须在塔柱中预埋温度传感器，温度传感器采用 JMT-36B 半导体温度传感元件。温度传感器的布设采用先在塔柱中预留孔道，成塔后再在孔道中置入温度传感器，然后再用混凝土对孔道进行封填的方案，这样可以有效保证温度传感器的存活率。南塔柱预留孔道位置距塔底 40 m 处（中塔柱 9＃节段），北塔柱预留孔道位置距塔底 43 m处（中塔柱 9＃节段）。孔道直径 20 cm 左右，布置在中塔柱的边跨侧及中跨侧，每塔 4 个孔道，南北塔共 8 个孔道。孔道一般采用 PVC 管，在混凝土初凝之后、终凝之前将 PVC 管拔掉，这样可以有效避免 PVC 管对混凝土内部传热的影响。塔柱温度测点预留孔道具体布置如图 6.14 所示。

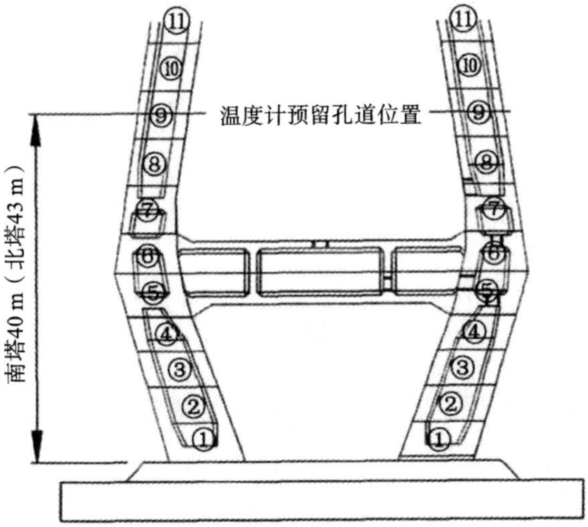

(a) 塔柱正面图

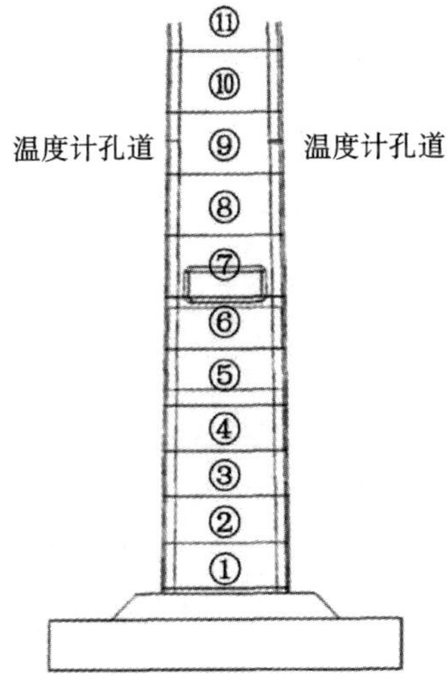

(b) 塔柱侧面图

图 6.14　塔柱温度测点预留孔道布置图

根据大气温度对塔壁温度的影响规律，温度测点在塔壁内的布置如图 6.15 所示。

由图 6.15 可知，温度测点离塔壁表面的距离分别为 2 cm、5 cm、10 cm、20 cm、30 cm、40 cm，每个塔壁布置 13 个温度测点，在北塔的上游肢和南塔的下游肢各布设一个温度测试截面，每塔布置温度测点 26 个，全桥共布置温度测点 52 个。

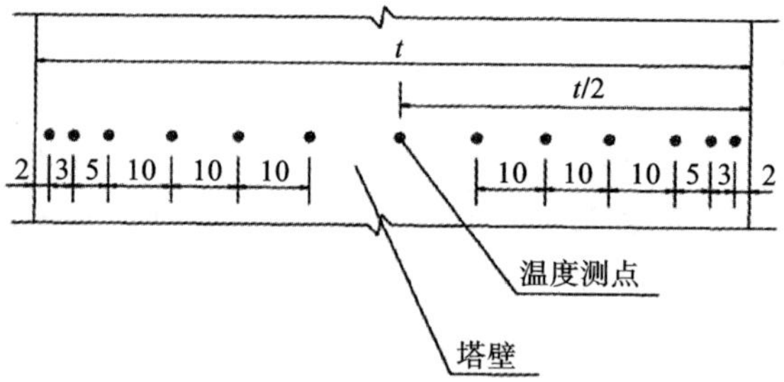

图 6.15 温度测点在塔壁内的布置图(单位:cm)

t—顺桥向塔壁厚度

主梁的温度(均温和梯度)测点设于北边跨和主跨共 3 个断面,分别在北塔边跨 3 号梁段、北塔中跨 5 号梁段和南塔中跨 5 号梁段上。在混凝土主梁每个测试断面上埋置 17 个温度传感器,测量腹板、顶板、底板和斜底板的沿板厚和沿梁高竖向方向的温度分布,具体布置如图 6.16 所示。在钢箱梁每个断面上,布置 11 个温度传感器,测量底板、顶板和腹板的温度,具体布置如图 6.17 所示。

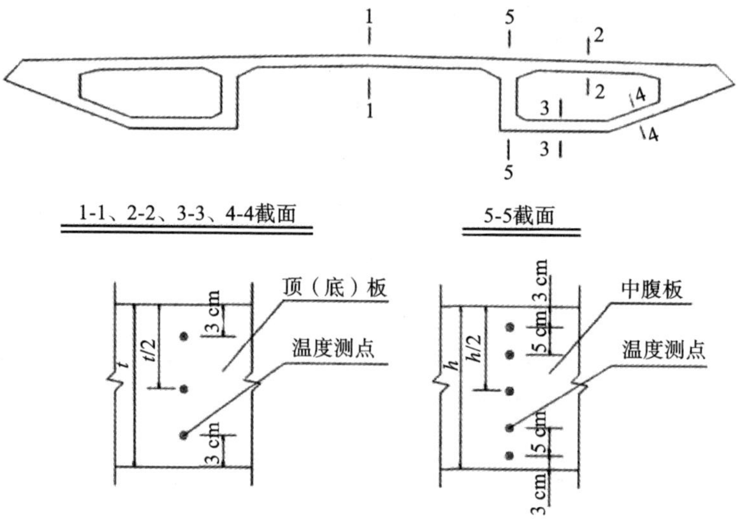

图 6.16 混凝土主梁截面温度测点布置示意图

主梁温度传感器采用半导体温度传感元件,尽量采用温度自动采集箱来进行测试,并实现数据的无线传输,钢箱梁的温度也采用红外测温仪进行辅助测试。

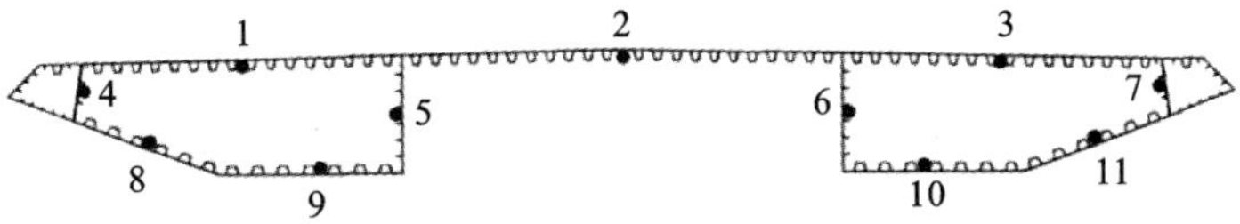

图 6.17　钢箱梁截面温度测点布置示意图

图 6.18 给出测量斜拉索索温的建议方案。在主梁上放置仿制斜拉索(温度索),在仿制拉索内安装温度传感器测量索温,以仿制斜拉索索温代表斜拉索的索温。

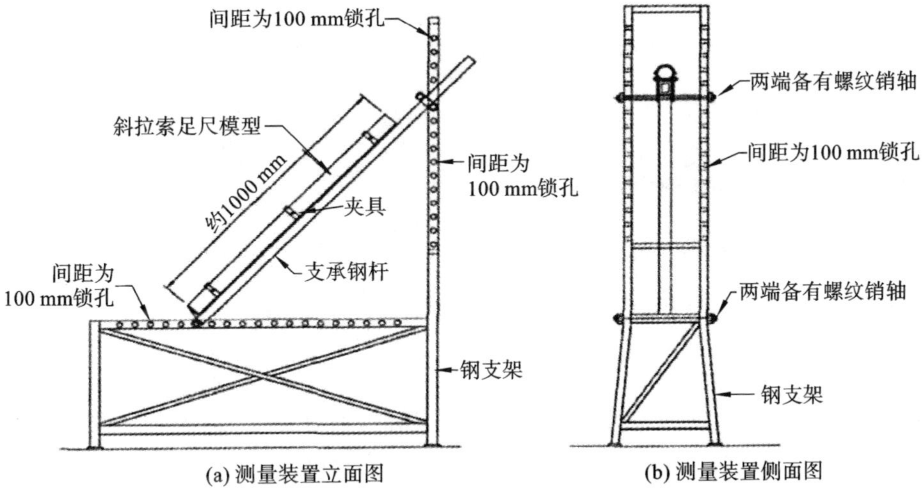

(a) 测量装置立面图　　(b) 测量装置侧面图

图 6.18　斜拉索温度测量装置布置图

在每个仿制斜拉索内放置 5 个温度传感器并与数据记录仪连接。

仿制斜拉索共制造 4 根,分别放置在南塔和北塔的两侧悬臂上,每塔放置两根。随主梁的施工,放置位置逐渐往前推移。索温的测量一般与梁温、塔温的测量以及其他状态参数(如标高、索力)的测量同步。

3. 分析温度场的方法

(1)热传导求解法。

通常情况下,结构内某一点的温度 T 跟其所在的位置及时间有着密切的关系,可以用式(6.2)来表达:

$$T = f(x, y, z, t) \tag{6.2}$$

式中:x、y、z——这一点的空间直角坐标;t——时间。

按照热传导理论，假设物体各向同性，根据傅里叶定律及能量守恒定律，推算出三维非稳态导热问题的微分方程，见式(6.3)：

$$\lambda\left(\frac{\partial^2 T}{\partial x^2}+\frac{\partial^2 T}{\partial y^2}+\frac{\partial^2 T}{\partial z^2}\right)=c\gamma\frac{\partial T}{\partial t}+q \tag{6.3}$$

式中：λ——导热系数[W/(m·℃)]；c——材料的比热[J/(kg·℃)]；q——单位体积内释放的热源强度(W/m^3)；γ——材料的容重(N/m^3)。

对物体的边界来说，其换热条件通常包括以下三种。

第一类边界条件：物体表面温度 T 是时间的已知函数，即式(6.4)：

$$T(t)=f(t) \tag{6.4}$$

第二类边界条件：物体表面的热流量是时间的已知函数，即式(6.5)：

$$-\lambda\frac{\partial T}{\partial n}=f(t) \tag{6.5}$$

式中：n——表面外法线方向，如果表面绝热，则 $\frac{\partial T}{\partial n}=0$。

第三类边界条件：当物体跟空气接触，假定经过物体表面的热流量与物体表面温度 T 和气温 T_a 及日辐射强度关系见式(6.6)：

$$-\lambda\frac{\partial T}{\partial n}=\beta(T-T_a)-\alpha_s S \tag{6.6}$$

式中：β——表面总放热系数，考虑对流及辐射的综合热交换；T_a——蔽阳处气温；α_s——结构表面日辐射量吸收系数；S——日辐射强度。

当桥梁结构处在荫蔽处时，β 为对流放热系数，T_a 为荫蔽处气温，S 等于零；当研究箱梁内表面时，β 为内部综合放热系数，T_a 为箱梁内部气温，S 等于零。

经过上述阐述，相比较而言用第三类边界条件去计算更为合适，获得的结果也更加准确。但在实际操作过程中，第三类边界条件中的热交换系数很难测定，因此，现实中通常选用第一类边界条件去计算，只要测量结构实际表面温度就可以，得到的结果可能不是特别精确，但是容易操作。

(2)近似数值求解法。

当研究对象的形状比较规则时，可以使用上面的公式进行求解。但当结构形状相对复杂，或者存在热交换复杂及热交换参数难以确定的情形时，通常还是选用近似数值求解方法。

①有限差分法。

有限差分法的发明时间相对较早，伴随计算机运算的进步，有限差分法在现在还能得到普遍的运用。以微分方程为基础，有限差分法对区域进行离散化处理，用差分和差商来替换微分和微商，进而将微分方程在边界条件上的计算转变成线性方程组的计算。倘若可以适当地选用计算步长，能得到比较准确的解，尤其是对形状比较规则的研究对象来说，计算精度还是比较高的。

②有限单元法。

有限单元法是处理一般连续区域问题的近似求解的数值计算方法。与有限差分法相比，有限单元法相对来说更为合适以及灵活，因为它全面研究了节点和单元的作用，可以剖析任何形状的结构。在有限差分法对结构离散化处理的基础上，有限单元法使用选择试探函数，对区域划分的实际基本单元进行积分，得到的结果也更加准确。

在二维问题中，基本微分方程见式(6.7)：

$$D[T(x,y,t)]=\lambda\left(\frac{\partial^2 T}{\partial x^2}+\frac{\partial^2 T}{\partial y^2}\right)-q-c\gamma\frac{\partial T}{\partial t}=0 \tag{6.7}$$

取试探函数 $\widetilde{T}(x,y,t)=\widetilde{T}(x,y,t,T_1,T_2,\cdots,T_n)$，其中 $T_1,T_2,\cdots,T_n$ 为 n 个待定系数，再进行格林公式的计算，得到平面单元场有限单元法计算的基本方程式，见式(6.8)：

$$\frac{\partial J_{\mathrm{D}}}{\partial T_1}=\iint_{\mathrm{D}}\left[\lambda\left(\frac{\partial W_1}{\partial x}\frac{\partial \widetilde{T}}{\partial x}+\frac{\partial W_1}{\partial y}\frac{\partial \widetilde{T}}{\partial y}\right)-W_1q_{\mathrm{v}}+\rho c W_1\frac{\partial \widetilde{T}}{\partial t}\right]\mathrm{d}x\mathrm{d}y-\int_{\Gamma}\lambda W_1\frac{\partial T}{\partial n}\mathrm{d}s=0 \tag{6.8}$$

接下来开始单元的划分及温度场的离散化处理，把区域 D 划分为有限个单元跟节点，然后求得每个节点上的温度。通常来讲，单元划分得越细，得到的计算结果也更加准确，一般选择三角形单元进行划分。

对三角形单元，假定单元 e 上一点的温度 T 跟该点坐标成线性关系，见式(6.9)：

$$T=a_1+a_2x+a_3x \tag{6.9}$$

式中：a_1、a_2、a_3——待定系数，由节点的温度确定。再对它进行形函数的转换，然后代入式(6.8)，得到单元内部积分的矩阵表达式，见式(6.10)：

$$\left\{\frac{\partial J}{\partial T}\right\}^{\mathrm{e}}=[K]^{\mathrm{e}}\{T\}^{\mathrm{e}}+[N]^{\mathrm{e}}\left\{\frac{\partial T}{\partial t}\right\}^{\mathrm{e}}-\{P\}^{\mathrm{e}} \tag{6.10}$$

总体合成前面单元的计算结果，得到每个节点的温度值，见式(6.11)：

$$[K]\{T\}+[N]\left\{\frac{\partial T}{\partial t}\right\}=\{P\} \tag{6.11}$$

式中：t——时间；$[K]$——稳态矩阵；$\{T\}$——t 时刻各节点的所求温度；$[N]$——瞬态矩阵。

③半经验半理论公式求解法。

作为目前分析温度场使用的最多的方法，半经验半理论公式求解法一般是对实测数据进行研究，参考相关理论知识，使用数理统计方法推导出温度场的变化规律，得到该地域的温度分布情况。通常情况下，太阳辐射主要影响结构热交换，因此，将太阳辐射强度作为影响半经验半理论公式的一个决定性因素。此外，气温变化会直接影响结构初始温度场分布，这也是影响该公式的重要因素。

下面介绍上述几种方法目前存在的问题。

热传导求解法：该方法和导热系数、热交换系数、结构物表面的热量吸收系数、混凝土比热等参数有关系，所需参数较多，参数的精确度对结果影响很大。

有限单元法：有限单元法通过计算机进行建模，计算精准，但结构建模较复杂，理论性很强，在对结果精准度要求不高时，一般不采用该方法。

半经验半理论公式求解法：该方法与现场实际相结合，操作简单且实用，一般在结果精准度要求不高时使用，不适用于结果精准性要求很高的情形。

4. 混合梁斜拉桥温度场的变化规律

在施工过程中，由于日照的变化，组成混合梁斜拉桥的钢箱梁、混凝土梁、主塔以及斜拉索等构件对温度的敏感性也各不相同，接下来对石首长江大桥在最大悬臂状态下的各构件的温度变化情况进行分析。图 6.19 是在 2019 年 4 月 5 日进行的温度测量数据，此时 26＃斜拉索已张拉，南边跨已合龙。

从图 6.19 可知，钢箱梁、斜拉索、混凝土梁及主塔的温度基本都高于大气温度，但这些结构的温度变化都比大气温度慢一些，大气温度大小跟主塔及混凝土的温度相近。混合梁斜拉桥在 17:20—20:15 的温度下降较快，晚上 23:20 温度达到最低，在 10:10—11:20 这一时间段升温较快，中午 14:15 温度达到最高。

钢箱梁及斜拉索的温度始终高于混凝土梁、大气及主塔，两者温度幅度的变化都比较大，斜拉索最高温度大于钢箱梁，斜拉索最大温差达到 25.1 ℃，比钢箱梁最大温差 23.6 ℃要大一些。混凝土梁跟主塔都采用的是混凝土材料，变化规律基本一致，受到温度的影响较小，其温度变化滞后于斜拉索及钢箱梁。

总而言之，全桥各结构的温度变化要滞后于大气温度的变化，主塔的温度变化受日照影响最小，混凝土梁所受影响稍稍大于主塔，而钢箱梁及斜拉索所受影响则相对较大。

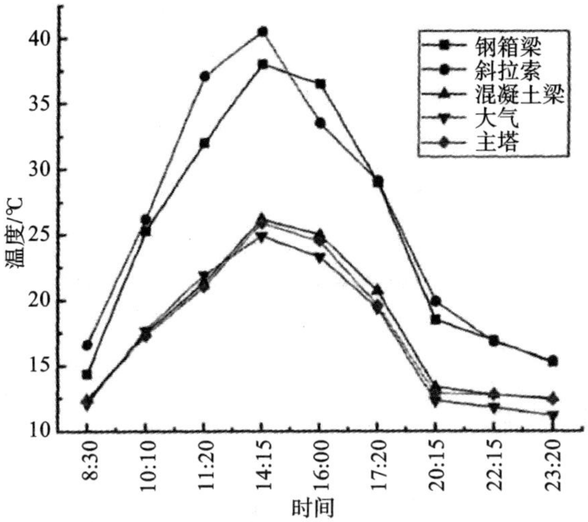

图 6.19　混合梁斜拉桥温度场的变化图

5. 温度变化对混合梁斜拉桥合龙的影响

(1)合龙温度对合龙口宽度、标高和塔偏的影响。

在合龙前的最大悬臂状态根据实际温度情况进行温度影响分析，由于主桥合龙时大气温度最低为 20～25 ℃，与设计基准温度相差 5～10 ℃，经理论计算，在最大悬臂状态温度影响计算结果如表 6.8 所示。

表 6.8　最大悬臂状态温度影响结果表

温度变化工况	合龙口宽度/mm	合龙口前端标高/mm	北塔塔偏/mm	南塔塔偏/mm
整体升温 5 ℃	−48.2	−4.9	2.3	0
整体升温 10 ℃	−96.5	−9.9	4.7	0
索与梁、塔温差+5 ℃	—	−110.3	24.4	−25.0
索、梁与塔温差+5 ℃	—	−42.4	15.9	−6.0

由表 6.8 可知，整体升降温对最大悬臂状态的影响主要是合龙口宽度，对于主梁标高、塔偏的影响较小，而索、梁、塔之间的温差对主梁标高及塔偏的影响较大。

(2)索、梁、塔之间的温差效应分析。

从表 6.8 可知，桥梁主要结构之间的温差对线形有较大的影响。石首长江大桥南北主塔采用 C50 混凝土，混凝土箱梁采用 C55 混凝土，钢箱梁主体结构采用结构钢 Q345qE，斜拉索所用钢丝采用锌-5%铝-混合稀土合金镀层，所使用的材料不同，热膨胀系数也不一致，因而温度引起的变形也不相同。当石首长江大桥处于最大悬臂状态时，对索、梁比塔高 10 ℃，梁比索、塔高 10 ℃这两种情形进行结构的敏感性分析。

①索、梁比塔高 10 ℃(图 6.20 和图 6.21)。

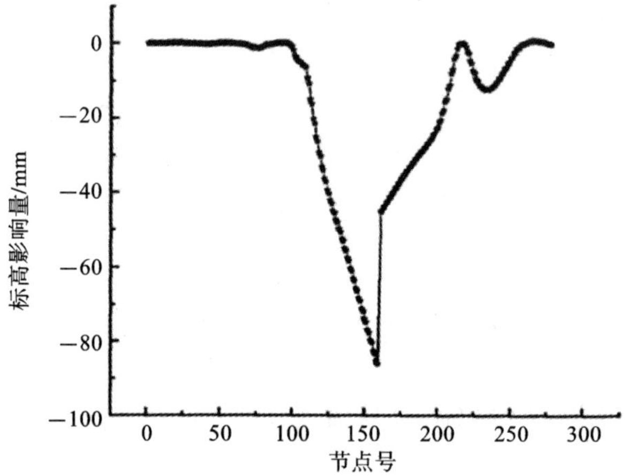

图 6.20 索、梁比塔高 10 ℃时主梁标高变化图

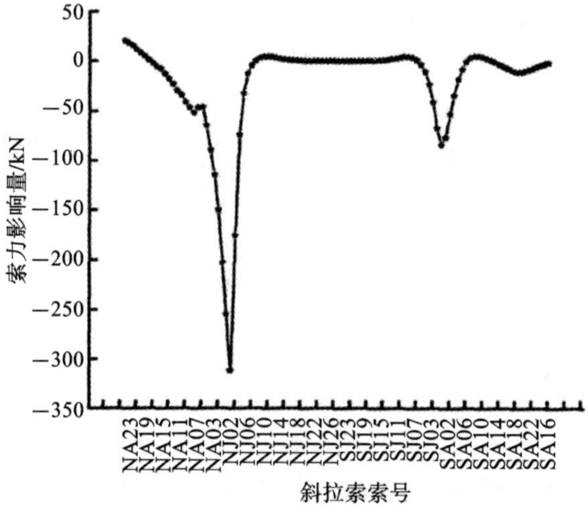

图 6.21 索、梁比塔高 10 ℃时索力变化图

由图 6.20 和图 6.21 可知，混凝土主梁标高基本没发生变化，钢箱梁最大标高变化发生在中跨的最大悬臂位置，其中北岸为 −86.1 mm，南岸为

−45.2 mm，主要原因是温度对此位置的弯矩影响最大。斜拉索索力变化主要发生在南北塔附近，由于这个地方的斜拉索索长比较短，主梁的纵向变形小于斜拉索的伸长量。北塔索力最大变化量发生在 NJ01＃索，为−311 kN，南塔索力最大变化量发生在 SJ01＃索，为−84 kN，北塔索力变化量大于南塔索力变化量的主要原因是北边跨混凝土的重量。

②梁比索、塔高 10 ℃（图 6.22 和图 6.23）。

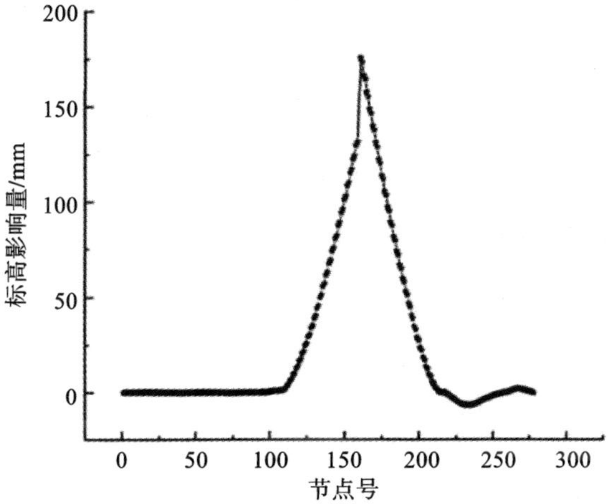

图 6.22　梁比索、塔高 10 ℃时主梁标高变化图

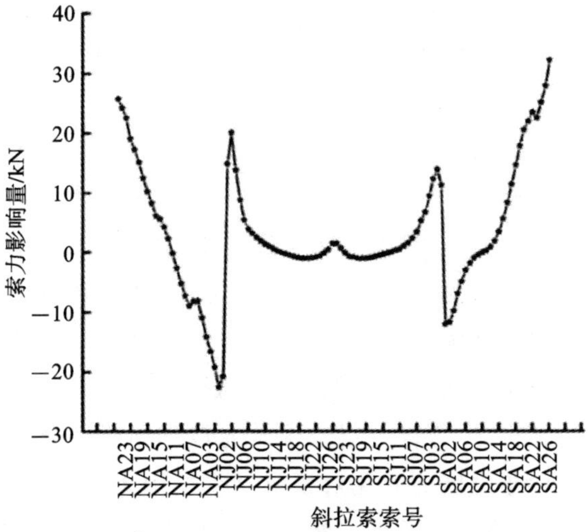

图 6.23　梁比索、塔高 10 ℃时索力变化图

由图 6.22 和图 6.23 可知，主梁标高最大变化发生在中跨的最大悬臂位置，其中北岸为 131.4 mm，南岸为 175.6 mm。主梁两端的斜拉索索力变化量最大，最大值为 32 kN(SA26＃索)，主要是主梁的纵向位移导致的。

通过上述结构之间不同温差效应的比较，梁与索、塔之间的温差对主梁标高的影响最大，索、梁与塔的温差对斜拉索索力影响最大。两种情形中，在最大悬臂位置的主梁标高会产生最大的变化，由于这个地方的温度变化会对钢箱梁产生很大的弯矩作用。

由图 6.19 可知，在 23:20 时，钢箱梁跟斜拉索的温度基本一致，比混凝土梁跟主塔的温度大约高 3 ℃。在实际施工中，一般在钢箱梁跟斜拉索的温度高于混凝土梁跟主塔 1 ℃左右时开始合龙，此时的最大标高影响量大约是索、梁比塔高 10 ℃情形的十分之一，为 8.6 mm，对合龙的影响不大。

6. 温度影响及对策

温度影响包括均匀温度影响和梯度温度影响，但中跨合龙段的施工通常选择在温度稳定的时间段来进行，因此合龙时的温度影响实际上主要还是均匀温度影响。合龙施工期间的温度对结构的影响主要包括两个方面：一是对成桥状态参数有影响，由于合龙时的温度与设计基准温度不一致，成桥时在设计基准温度下斜拉桥的塔偏、标高、索力等会显著偏离目标值；二是对合龙段临时匹配件的受力有影响，应根据合龙时有可能的温度变化计算临时匹配件的最大受力，据此来对临时匹配件进行合理设计，确保合龙段焊缝的焊接质量。

对于成桥状态参数的影响主要是因为在合龙前的最大悬臂状态，均匀的温升温降只对梁长、合龙口的宽度有影响，而对于索力、标高、塔偏、应力等的影响较小，而在合龙完成后，均匀的温升温降会显著影响结构的塔偏和标高。由于合龙前的标高、塔偏与理论值是吻合较好的，这样当合龙后温度回到设计基准温度时，结构的塔偏和标高就会与理论值发生偏离了。另外，合龙前温度对合龙口宽度的影响也会导致合龙段的长度与合龙口宽度不匹配从而使得合龙段嵌入困难或嵌入后焊缝宽度过大而无法进行焊接施工。对于混合梁斜拉桥，目前常用的对策是在钢主梁的塔梁之间设置双向顶推装置，通过合龙时的温度差确定顶推方向和计算相应的顶推量，这样可以解决合龙段的施工及合龙温度对成桥状态参数的影响问题。由于温度的变化对桥梁结构的内力和线形有很大的影响，在钢结构中更为突出，顶推施工适用于外界温度相对比较稳定的情形，不适用于温度骤然变化的情形。

合龙温度对合龙段临时匹配件的影响主要是指通常临时匹配件也是合龙段

在焊接过程中的临时锁定装置，合龙段的焊接需要一定的时间（通常需要 24～48 h），在此期间，如果温度升高或降低，则临时匹配件会受压或受拉，如果拉压力超过了临时匹配件的强度，则临时匹配件会发生破坏，从而影响合龙段焊缝的焊接质量。因此需要根据温度影响量对临时匹配件的最大受力进行计算，并据此合理设计临时匹配件的结构形式、尺寸和数量。

（1）温度变化对控制参数的影响。

按 20 ℃、25 ℃合龙施工试算至成桥，然后将温度回到设计基准温度（15 ℃），此时塔梁临时约束已解除，所得成桥状态与目标成桥状态标高和索力偏差如图 6.24、图 6.25 所示。北塔塔偏偏差最大为 0.3 mm，南塔塔偏偏差最大为 99.3 mm。20 ℃合龙时钢箱梁下缘应力偏差最大，为－1.8 MPa，25 ℃合龙时钢箱梁上缘应力偏差最大，为 3.6 MPa。

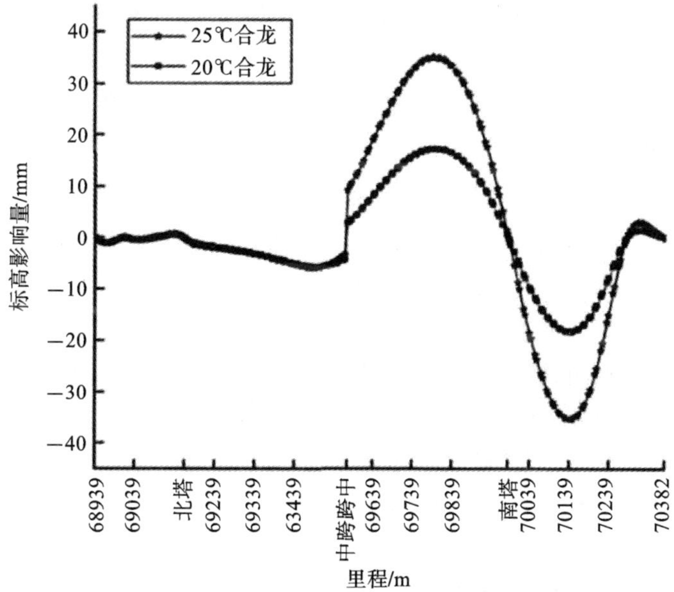

图 6.24　25 ℃与 20 ℃合龙对主梁标高的影响图

由以上计算结果可知，合龙温度与设计基准温度不一致对成桥钢主梁部分主塔的塔偏影响最大，其次是主梁标高，对索力、应力影响较小。当在 20 ℃、25 ℃下合龙时对南塔塔偏的影响量最大为 99.3 mm，对主梁标高的影响量最大为 35 mm，对索力的影响量最大为－65 kN，对应力的影响量最大为 3.6 MPa。由此可见，如果不采取相关举措，最后得到的成桥状态塔偏和标高会显著偏离目标状态。

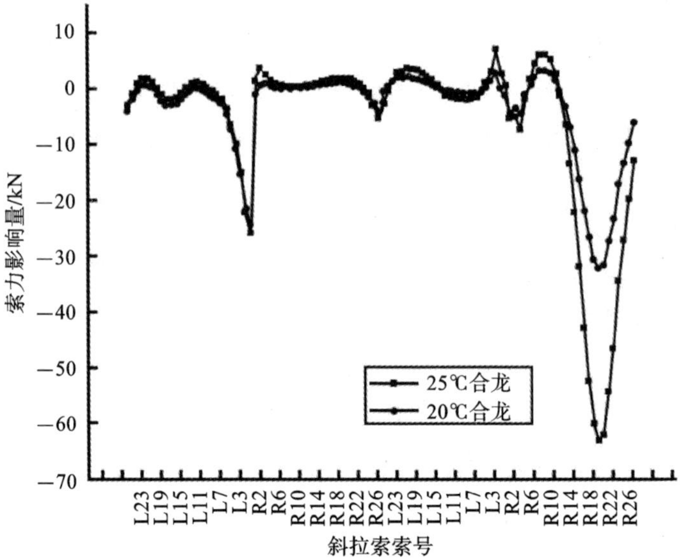

图 6.25　25 ℃与 20 ℃合龙对成桥索力的影响图

(2)顶推措施。

为了克服合龙温度对成桥目标参数的影响,在钢箱梁的塔梁之间设置顶推装置,顶推方向与温度影响的方向相反。当合龙温度比设计基准温度高时将主梁往边跨方向顶推,当合龙温度比设计基准温度低时将主梁往中跨方向顶推。顶推的行程理论上与温度对合龙口宽度的影响量相等即可。

确定顶推量后可通过施工控制有限元计算模型算得相应的顶推力 F[计算见式(6.12)]。顶推力主要由以下三部分组成:支座摩阻力 f[计算见式(6.13)],当前状态下中、边跨水平不平衡索力 T_1 和因顶推行程所引起的中、边跨水平不平衡索力增量 T_2[计算见式(6.14)]。

$$F = f + T_1 + T_2 \tag{6.12}$$

式中:f、T_1、T_2以顶推的反方向为正。

$$f = \mu \cdot N \tag{6.13}$$

式中:μ——摩擦系数;N——各支座的支承反力。

$$T_2 = k \cdot l \tag{6.14}$$

式中:k——顶推力与顶推行程的比值;l——顶推行程。

对于石首长江大桥,假设按 25 ℃合龙来计算,由表 6.8 可知,顶推量为往边跨方向顶推 96.5 mm。在合龙段起吊前南塔钢箱梁部分各墩的支座反力如表 6.9 所示。

表 6.9　合龙段起吊前各墩支座反力　　(单位:kN)

104 号墩	105 号墩	106 号墩
6857	5583	5076

由表 6.9 可知,南塔总的竖向力为 6857+5583+5076=17516 (kN),取摩擦系数为 0.05,则需要克服的摩擦力为 17516×0.05=876 (kN)。

由施工控制仿真计算模型结果可知,当前状态下中、边跨水平不平衡索力为 1761 kN,方向为向中跨方向。

经试算,顶推行程为 1 mm 时的顶推力为 11.45 kN,则当顶推行程为 96.5 mm时,需要的顶推力增量为:11.45×96.5=1105 (kN)。也就是由 96.5 mm 的顶推行程会引起新的中、边跨水平不平衡索力增量 1105 kN。

则总的顶推力为:876+1761+1105=3742 (kN)。

在合龙前将结构升温 10 ℃,然后去掉南塔临时固结,对南塔主梁施加向边跨的顶推力 3742 kN,经合龙施工后,在成桥时将结构降温 10 ℃,所得成桥状态与目标成桥状态相比,北塔塔偏偏差为 0.2 mm,南塔塔偏偏差为 −0.2 mm,标高、索力、应力偏差如图 6.26～图 6.28 所示。

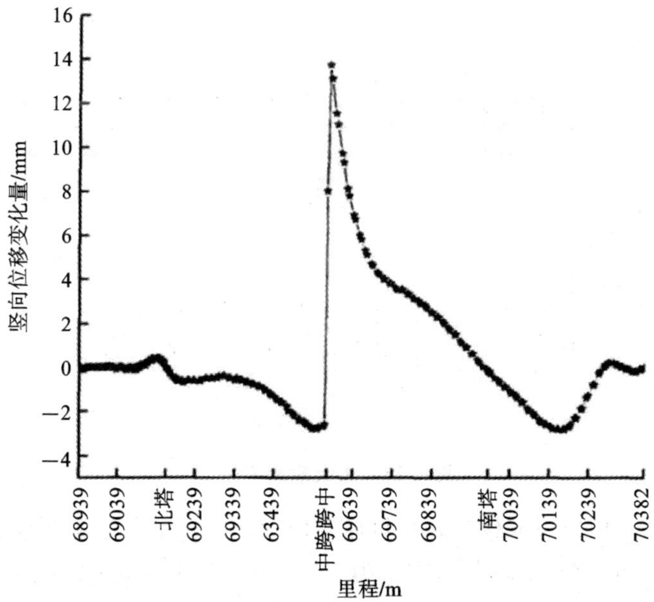

图 6.26　主梁标高偏差图

由以上计算结果可知,在对主梁进行合理顶推之后,虽然合龙温度与设计基

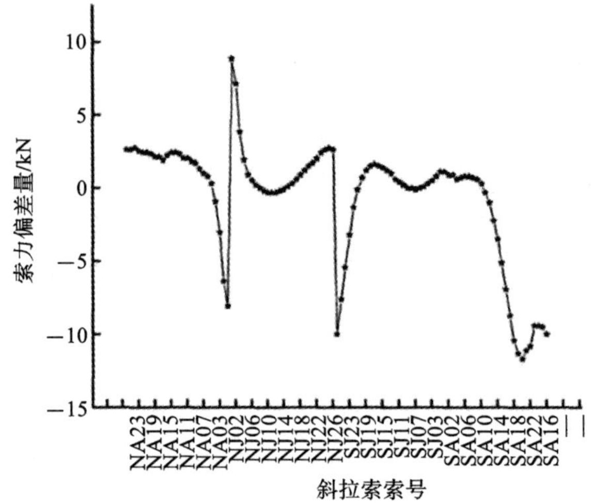

图 6.27　斜拉索索力偏差图

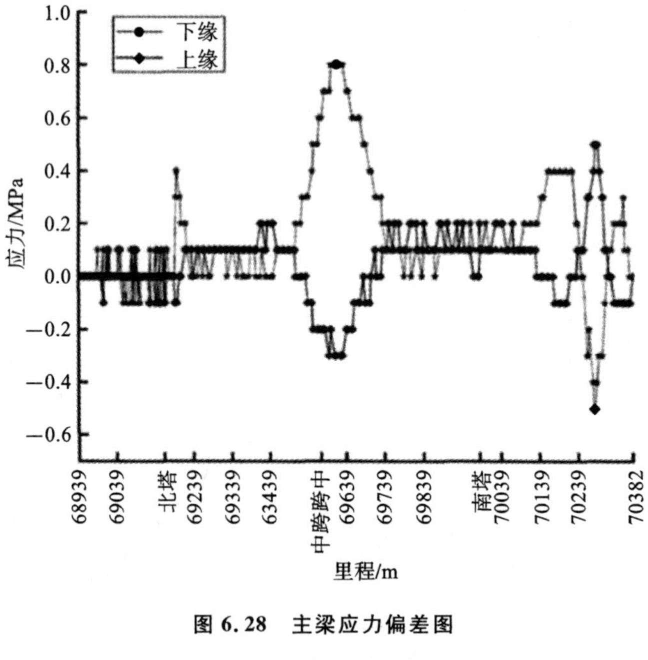

图 6.28　主梁应力偏差图

准温度不一致，但所得成桥状态与目标成桥状态的偏差已非常小，对于塔偏的影响量为 0.2 mm，对于标高的影响量为 13.7 mm，对于索力的影响量为－12 kN，对于上缘应力的影响量为 0.5 MPa，对于下缘应力的影响量为 0.8 MPa，合龙温度对成桥状态参数的影响基本可以忽略不计。

(3)合龙后塔梁临时约束未解除时温度变化的影响。

合龙后塔梁结合处会受到很大的水平力，可能会使结构发生变形，因此应分析在合龙后临时约束未解除前温度变化带来的影响。南北塔临时约束处的水平力大小如表 6.10 所示。

表 6.10　南北塔临时约束处的水平力大小

南北塔临时约束处	整体升温 5 ℃	整体升温 10 ℃
北塔临时固结水平力(温度变化前)	4009.4 kN	4009.4 kN
北塔临时固结水平力(温度变化后)	－14071.2 kN	－32136.8 kN
北塔临时固结水平力增量	－18080.6 kN	－36146.2 kN
南塔临时固结水平力(温度变化前)	－1115.1 kN	－1115.1 kN
南塔临时固结水平力(温度变化后)	15845.3 kN	32812.8 kN
南塔临时固结水平力增量	16960.4 kN	33927.9 kN

表 6.10 中数值为正代表往大里程方向，数值为负代表往小里程方向。由以上结果可知，温度变化会在合龙后的结构中产生很大的内力增量，而施工人员一般选择在一天中温度最低时进行合龙，因此合龙后必须迅速解除南、北塔临时约束，不然等到第二天温度上升，就会给结构带来较大的安全风险。

通过分析温度变化对梁上、下缘应力的影响，可知，中跨合龙但临时约束未解除时，温度变化对中跨钢箱梁应力的影响最大，其次是南边跨钢箱梁，而对于北边跨混凝土主梁基本没影响。此外，上、下缘应力最大变化发生在南北塔梁结合处的主梁上。

(4)温度对临时匹配件的影响。

合龙段焊接施工期间，当温度变化时，其受力主要由临时匹配件来承担。温度升高受压力，温度降低受拉力。合龙段焊接施工时间通常为 24～48 h。假设这段时间的最不利温度变化为±20 ℃，可据此算出临时匹配件的最大受力。当钢箱梁与主塔之间的纵向约束解除之后，临时匹配件的受力也由三部分组成：温度位移所引起的支座摩阻力，当前状态下中、边跨水平不平衡索力和因顶推行程所引起的中、边跨水平不平衡索力增量。

当温度变化为－20 ℃时，临时匹配件的受力为：－96.5×2×11.45＋1761－876＝－1325 (kN)(拉力)。

当温度变化为 20 ℃时，临时匹配件的受力为：96.5×2×11.45＋1761＋876＝4847 (kN)(压力)。

当钢箱梁与主塔之间存在纵向约束时，临时匹配件的受力可按式(6.15)进行估算：

$$F = \varepsilon_t E_s A_s \tag{6.15}$$

式中：ε_t——温度应变；E_s——钢的弹性模梁；A_s——钢箱梁的截面面积。

由此可知，当温度每变化 20 ℃时，临时匹配件的受力为 19382 kN。

石首长江大桥合龙段临时匹配件的布置如图 6.29 所示。

图 6.29　合龙段临时匹配件布置图

由图 6.29 可知，合龙段临时匹配件在顶板布置了 8 套，在底板布置了 6 套。每套临时匹配件包含 M24 高强螺栓 6 个，按单个高强螺栓的极限承载力为 200 kN计算，则全部的临时匹配件的受拉承载力为：14×6×200＝16800 (kN)，与高强螺栓匹配的连接筋板和顶底板之间焊缝的承载力不小于高强螺栓的受拉承载力，因此全部的临时匹配件的受压承载力不会小于 16800 kN。由于 4847 kN＜16800 kN＜19382 kN，可见当临时匹配件连接之后，应迅速解除钢箱梁与主塔之间的纵向约束和顶推千斤顶，这样临时匹配件的拉压承载力远大于由温度所引起的拉压力荷载，临时匹配件在合龙段焊缝施工期间受力安全。否则，如果钢箱梁与主塔之间的纵向约束不及时解除，临时匹配件将有可能因受力过大而破坏，从而会影响合龙段焊缝的焊接质量。

参考文献

[1] 陈明宪.斜拉桥建造技术[M].北京:人民交通出版社,2003.

[2] 高荣雄.混合梁斜拉桥施工控制技术研究[D].武汉:武汉理工大学,2005.

[3] 高智健.混合梁斜拉桥施工监控及钢混结合段局部受力分析[D].济南:山东大学,2022.

[4] 胡金桂.桥梁上部结构施工[M].成都:西南交通大学出版社,2019.

[5] 国家市场监督管理总局,中国国家标准化管理委员会.焊缝无损检测 射线检测 第1部分:X和伽玛射线的胶片技术:GB/T 3323.1—2019[S].北京:中国标准出版社,2019.

[6] 国家市场监督管理总局,中国国家标准化管理委员会.桥梁缆索用热镀锌或锌铝合金钢丝:GB/T 17101—2019[S].北京:中国标准出版社,2019.

[7] 李辉.大跨度混合梁斜拉桥合龙施工控制技术研究[D].长沙:长沙理工大学,2020.

[8] 李忠三.大跨度混合梁斜拉桥施工控制精度研究[D].长沙:长沙理工大学,2010.

[9] 林桂枫.大跨度混合梁斜拉桥中跨顶推合龙施工技术[J].钢结构(中英文),2022,37(3):43-49.

[10] 刘琳.大跨度混合梁斜拉桥施工期主梁应力控制与合龙技术研究[D].成都:西南交通大学,2013.

[11] 罗世东,刘振标.铁路钢箱混合组合梁斜拉桥[M].北京:中国铁道出版社,2017.

[12] 裴路通.混合梁斜拉桥钢-混结合段受力分析及传力机理研究[D].天津:河北工业大学,2019.

[13] 任世朋,孙小猛,朱元元,等.甬江铁路混合梁斜拉桥钢混结合段关键施工技术[J].施工技术,2014,43(23):61-64.

[14] 中华人民共和国国家质量监督检验检疫总局,中国国家标准化管理委员会.焊缝无损检 测超声检测 验收等级:GB/T 29712—2013[S].北京:中国标准出版社,2014.

[15] 中华人民共和国住房和城乡建设部.钢-混凝土组合桥梁设计规范:GB 50917—2013[S].北京:中国建筑工业出版社,2014.

[16] 石金刚.大跨度混合梁斜拉桥中跨合龙段施工技术[J].工程建设与设计,2019,412(14):159-160.

[17] 宋书玉.混合梁斜拉桥钢混结合段施工技术[J].工程建设与设计,2018,384(10):208-209.

[18] 汪洪能.大跨径铁路混合梁斜拉桥钢-混结合段受力机理研究[D].重庆:重庆大学,2021.

[19] 谢明志.特大跨度混合梁斜拉桥全过程监控中的误差控制[D].成都:西南交通大学,2011.

[20] 徐国平,张喜刚,刘玉擎,等.混合梁斜拉桥[M].北京:人民交通出版社,2013.

[21] 余丹丹.桥梁工程与施工技术[M].北京:中国水利水电出版社,2014.

[22] 曾洋.混合梁斜拉桥施工控制中关键影响因素分析[D].武汉:武汉理工大学,2017.

[23] 张建军,李松,高安荣,等.鄂东长江大桥钢-混结合段施工关键技术方案[J].桥梁建设,2009(S1):27-31.

[24] 张鹏.钢-混凝土混合梁结合段受力性能与设计参数研究[D].西安:长安大学,2012.

[25] 中华人民共和国交通运输部.公路斜拉桥设计规范:JTG/T 3365—01—2020[S].北京:人民交通出版社,2020.

[26] 赵亮.大跨径混合梁斜拉桥施工控制方法研究[D].重庆:重庆交通大学,2014.

[27] 郑强.昌赣客专赣江特大桥施工监控的研究与实践[D].赣州:江西理工大学,2018.

[28] 中华人民共和国住房和城乡建设部.组合结构设计规范:JGJ 138—2016[S].北京:中国建筑工业出版社,2016.

[29] 中华人民共和国住房和城乡建设部.钢结构设计标准:GB 50017—2017[S].北京:中国建筑工业出版社,2018.

[30] 中交第二航务工程局有限公司.公路桥梁施工系列手册斜拉桥[M].北京:人民交通出版社,2014.

[31] 中华人民共和国交通运输部.公路钢筋混凝土及预应力混凝土桥涵设计

规范:JTG 3362—2018[S].北京:人民交通出版社,2018.

[32] 中华人民共和国交通运输部.公路桥涵施工技术规范:JTG/T 3650—2020[S].北京:人民交通出版社,2020.

[33] 周晟.大跨径混合梁斜拉桥中跨合龙施工控制研究[D].长沙:长沙理工大学,2011.

后　记

大跨度混合梁斜拉桥因其独特的构造与技术特点显示出强大的生命力，在国外得到广泛的应用，国内起步较晚，虽近年也建成了为数不少的大跨度混合梁斜拉桥，但与发达国家建成的诺曼底大桥、多多罗大桥、跨东博斯鲁斯海峡大桥相比仍存在一定的差距，因此，积极开展混合梁斜拉桥研究具有重要的现实意义，研究工作应包括以下几个方面。

(1)钢梁与混凝土梁的结合段是结构特性和材料特性突变处，容易形成结构的弱点。处理不当容易出现问题，因此，有进一步深入研究的必要。

(2)结合段是混合梁斜拉桥设计中的关键结构部位，钢与混凝土结合主要依靠剪力键和张拉预应力钢筋来传力，其受力和力的分布、传力机理需进一步进行理论分析，如条件允许，应通过模型试验来研究其受力、传力机理。

(3)结合段刚度的匹配至关重要，结合段的结合形式、结合段的长度、混凝土的填充量等都会影响结合段的刚度，国内的研究资料较少，需进行大量的研究工作。

(4)边跨混凝土梁的作用之一是平衡主跨的重量，应研究合理的主跨与边跨比例关系、选择合理的混凝土梁与钢梁的连接位置并进行边跨受力分析，最大限度地发挥混凝土的作用，使之既能满足受力要求，又能达到经济合理且利于施工的目的。

(5)结合段在恒载、活载共同作用下的使用性能需结合实际桥梁工程进行观测。

未来，组合结构作为一种极富创新空间的结构形式将会得到更大的发展。混合梁斜拉桥将在世界范围内大规模建设，混合梁斜拉桥在大跨度斜拉桥中所占比例会越来越大，应用范围也会越来越广。

道路桥梁工程的从业人员应该积极学习新技术，巩固基础，开拓创新，努力提升混合梁斜拉桥主梁钢-混结合段轴向传力能力、耐疲劳性能，保证主梁钢-混结合段和边跨 PC 梁的质量和耐久性，向实现混合梁斜拉桥的钢梁与混凝土梁同等寿命的目标迈进。